O BRASIL COMO DESTINO

Eva Alterman Blay

O BRASIL COMO DESTINO

Raízes da imigração judaica contemporânea para São Paulo

2ª edição

Para Enio, filho querido,
que cultiva com carinho sua herança judaica.

SUMÁRIO

III. BRASIL: O FUTURO CONSTRUÍDO

IV. DO PASSADO AO PRESENTE

APRESENTAÇÃO À SEGUNDA EDIÇÃO

Para Sophie e Olivia, amadas netas

Nos anos 1980 decidi encontrar respostas a indagações a que, embora judia, não encontrava respostas: o que significava ser judeu e o que era ser judeu no Brasil? Não se tratava apenas de conhecer a origem de minha família, que, aliás, pouco falava sobre o assunto, mas queria saber mais, entender como se constituía a chamada "comunidade" judaica brasileira.

Naquela época, ao recuperar as memórias do povo judeu brasileiro, eu não tinha noção do tempo cronológico; pensava entrevistar mulheres e homens com 60 anos ou mais, essa era a idade dos meus pais e eu, como filha, me imaginava jovem. Agora retomo a publicação dessa pesquisa, porém, pensando em vocês, minhas netas! Momentos diferentes no tempo, é verdade. Mas iguais nas questões que ainda buscam respostas: quem somos, de onde viemos, o que o Brasil significa para nós e o que significamos para o Brasil? Persiste, pois, o antiquíssimo problema: compreender nossa identidade.

O mundo depara continuamente com problemas imigratórios. Em navios, barcos ou a pé, pessoas tentam sair de suas terras à procura de outras. Empurradas por guerras, pobreza, perseguição política, têm de buscar novas moradas. As histórias que

coletei contam os mesmos drásticos problemas: obrigadas a deixar suas casas, escolas, cemitérios, a língua falada, e construir o que fosse possível. Sempre me espantava como conseguiram fazer tudo isso.

Os caminhos que seguiram estão nas histórias aqui relatadas. O que descobri foi além da superação da vida material; eles e nós participamos de complexas etapas da criação de um país, um novo mundo. A gênese desse encontro foi tensa, criaram-se contradições na relação "nós" com "eles", nós que chegamos e eles que teoricamente já estavam aqui.

E fomos nos descobrindo: o "nós" não é uma unidade e sim um conjunto diversificado. Percebi concretamente que não era parte do "eles" quando ouvi de colegas da escola e mesmo da universidade frases que me colocavam como "vocês". E eu me indagava: "Vocês... quem, cara-pálida? Então não sou igual a você?".

É um verdadeiro trauma quando nos situam como "diferentes" na terra que a gente considera nossa! Como entender, depois de quinhentos anos de imigração judaica, depois das várias levas de judeus que chegaram nos últimos séculos no Brasil, a persistência dessa pergunta? Atualizo a questão ao tomar como exemplo um artigo recém-publicado na revista do clube Hebraica, com um brilhante jornalista esportivo. Perguntava-se a ele se tivera uma "relação próxima com a comunidade, se estudara em escola judaica... etc.". Ele entendeu perfeitamente que por comunidade se referiam à comunidade judaica, ao que respondeu: "Sou judeu e nunca fiz questão de esconder, muito pelo contrário!...". E a seguir completou: "Uso o espaço que tenho na mídia e nas minhas mídias sociais sempre para divulgar o judaísmo e Israel! Mostrar as coisas boas, o bom humor e jamais ter vergonha de se [sic] posicionar e assumir publicamente que sou judeu! É motivo de muito orgulho!".

Essas respostas atualizam o centro do problema que eu encontrara há quatro décadas: por que é necessário afirmar-se como judeu? Por que o entrevistado pressupôs que ser judeu poderia ser interpretado como uma "vergonha"?

Daí por que quero reimprimir este livro onde estão as respostas à origem de tais preconceitos. Como seres humanos somos todos iguais, e como humanos somos todos diferentes: nas crenças, nas línguas, na política, na ideologia, no gênero. É preciso explicar a diversidade do povo judeu e a persistência das diferenças entre uns e outros. Existe um passado cultural que aproxima os membros das diversas comunidades ju-

daicas. Somos tão diferentes e tão iguais. Não farei um rol das identidades, muitos já o tentaram e não o conseguiram. Não importa. É mais fácil que afinidades despontem quando ouvimos cantos nas sinagogas, sentimos o cheiro da comida, ou lemos uma história que lembra a nossa. Identificamo-nos na desconfortável sensação de sermos tratados como diferentes. As diferenças não são ocasionais, elas provêm de uma longa história comum. No Brasil e nos países católicos, ela se perpetua no ritual da acusação pela morte de Jesus, no passado distorcido ensinado nas escolas, nas encenações antissemitas do folclore, nas caricaturas. Não é por acaso que se incute um sentimento de culpa e vergonha entre os judeus. Só meu herói literário Amós Oz pode explicar com palavras o que tento mostrar aqui através dos fatos relatados.

Esta coleção de histórias de vida ilumina a constituição contemporânea, revelou a comunidade judaica, como chegaram os judeus ao Brasil no fim do século XIX e antes da Segunda Guerra Mundial. Foram empurrados como a maioria dos imigrantes pelos mesmos motivos e sempre buscaram a tão desejada paz. Trabalharam, educaram os filhos e filhas. Eu só vim a descobrir a extensão do antissemitismo e as perseguições pela fala dos entrevistados, pela literatura, nunca pelos meus pais ou parentes próximos. Entendo por que agiram dessa maneira, possivelmente para que tivéssemos um começo mais fácil. Hoje, ao contrário, acho que saber é uma qualidade que nos torna mais fortes.

Por isso, minhas queridas, nossa história pessoal faz parte do conjunto das histórias aqui contadas, da força que todos eles tiveram ao se fixar e compartilhar na construção do Brasil.

Eva
São Paulo, 2019

APRESENTAÇÃO À PRIMEIRA EDIÇÃO

Depois de quase três décadas de trabalhos sempre pensando e coletando dados sobre a imigração judaica para o Brasil, é quase impossível agradecer a todos e todas que partilharam desta infindável busca. Ganhei muito ao conhecer pessoas interessadas no tema, que o tinham pesquisado de diferentes maneiras no Brasil e em outros países. Conhecer o que se passa em nossa casa pela perspectiva do outro impõe o relativismo, exclui visões etnocêntricas.

A Fapesp me permitiu um pós-doutorado em Paris na École des Hautes Études en Sciences Sociales, onde fui recebida de forma extraordinária por Ignacy Sachs. Todos, na École, me ofereceram total apoio, e Afrânio Garcia somou muito carinho. Fazer o trabalho de que se gosta e privar do ambiente da École foi um dos momentos mais significativos de minha vida. Lá tive o privilégio de encontrar Fredrik Barth, que foi generoso me incentivando no caminho a seguir. Victor Karady pôs à minha disposição toda a bibliografia que tinha coletado sobre a questão judaica. Visitei Estrasburgo, onde o professor Freddy Raphäel me fez ver concretamente a forma como a Igreja católica diabolizava os judeus.

Por várias vezes tive de interromper esta pesquisa para escrever outros livros. Sempre voltava a ela, pois parecia que meus historiantes[1] aguardavam a devolução das

1 Historiante, aquele que conta sua história. Termo criado por Maria Isaura Pereira de Queiroz (1989).

histórias que tinham contado. Mal sabiam eles que não seriam suficientes os artigos, nem as apresentações em congressos, nem o vídeo e nem mesmo este livro. Mas, aos poucos, estamos nos aproximando do que pretendíamos.

Ao longo deste tempo, muitas vozes se calaram. Entre elas a de Cecília Abramczyk e a de Elka Frost, amigas, companheiras, colaboradoras criativas e generosas. Sem a poesia de Cecília, tudo ficou mais árido. A modesta persistência de Elka foi insubstituível.

Novas pessoas se incorporaram ao projeto. A jovem estudante Ana Luisa Campanha Nakamoto, meu braço direito, foi insuperável na edição e organização do acervo fotográfico coletado e composto por mais de quinhentas fotos.

Tive o privilégio de contar com uma discreta e competentíssima colaboradora, que menciono pelo respeito às falas dos historiantes que transcreveu: Rose Genevois. Estou certa de que, se vivos, eles agradeceriam o respeito que ela revelou por eles.

Nancy Rosencham fez mais do que ler uma das versões finais deste livro: crítica severa, corrigiu com generosidade os erros e me obrigou a escrever mais e mais.

Duas companheiras que desde o início participaram da pesquisa não me deixavam esquecer que eu tinha de vencer os períodos de inércia, talvez pelo medo de tarefa tão significativa. Celia Rubinstein Eisenbaum e Roberta Alexandre Sundfeld (esta com uma bolsa de iniciação científica da Fapesp) são as colaboradoras que todos nós queremos ter. Amáveis, críticas, incansáveis. Cada vez que eu desanimava, elas continuavam o trabalho e me obrigavam a retomá-lo. O estímulo de Celia e Roberta foi precioso. Com elas compartilho a obra.

As competentes pesquisadoras Fulvia Leirner e Betty Loeb Greiber (esta com bolsa de iniciação científica para estudar a família Klabin) enriqueceram a coleta de dados e o acervo fotográfico. Boris Kossoy, extraordinário fotógrafo, foi o primeiro a me dar uma mão para reproduzir as fotos coletadas e ensinar como catalogá-las e armazená-las.

A Fapesp e o CNPq são mais do que instituições. Apoiaram este e outros trabalhos ao longo dos anos, nunca deixando faltar recursos para bolsistas, equipamento e reconhecimento. Isso fez e continua a fazer enorme diferença. Vai permitir novos livros e textos relativos ao enorme acervo coletado sobre a presença dos judeus no Brasil contemporâneo.

Espero o perdão daqueles historiantes que terão de esperar mais tempo para que novas obras venham se somar à atual.

Mais uma palavra: alguém que está sempre presente leu a primeira versão e é coautor deste livro. Meu marido, Julio Blay.

Uma história oculta

INTRODUÇÃO

A presença dos judeus no Brasil não é, em geral, encontrada na historiografia brasileira. Nos livros escolares, nos compêndios universitários, não há vestígios desta presença. Faça-se justiça a Carneiro da Cunha, que na *História geral da civilização brasileira* (Holanda, 1977, p.33-4) incluiu algumas indignadas linhas contra o papel usurpador do Santo Ofício, interessado nos "cabedais a serem confiscados" dos judeus, e contra a Inquisição, que, em 1713, condenou em Lisboa 32 homens e 40 mulheres do Rio de Janeiro.

Várias hipóteses podem ser aventadas para explicar a ausência até o fim do século XX de estudos sobre imigrantes no Brasil – exceção feita a raros estudos sobre italianos e japoneses.[1] Intelectuais, sociólogos e historiadores demonstravam constante preocupação em definir a identidade brasileira.[2] Ao confundir identidade com homogeneidade cultural,[3] desprezaram as diferenciações internas e a pluralidade cultural e étnica do

---

1 Dentre os estudos sobre imigração italiana, destaco Ângelo Trento (1989). Sobre imigração japonesa, cabe citar as obras de Hiroshi Saito (1973), Arlinda Nogueira (1971) e Ruth Cardoso (1972; 1984).

2 Assim, nem mesmo uma tese do final da década de 1970 (Vasconcellos, 1977) sobre o movimento integralista que tomou por base a obra de Gustavo Barroso examinou os livros antissemitas dele; ignorou-os, como se fossem irrelevantes para a compreensão do pensamento do membro da Academia Brasileira de Letras.

3 Ver os importantes estudos de Maria Isaura Pereira de Queiroz (1971, 1979) sobre as várias correntes precursoras da Sociologia brasileira.

Brasil. Além disso, as ciências humanas, ao adotarem o critério racial para abordar a população brasileira, dividiram-na em três categorias – branca, negra e índigena –, encobrindo as diferenças internas dos diversos grupos étnicos.

Os judeus, embora ignorados, tornaram-se objeto de ampla polêmica na década de 1930. Com a emergência do integralismo no país e as simpatias de Getúlio Vargas pelo nazifascismo, instalou-se entre os intelectuais uma discussão sobre a presença dos judeus no Brasil. Liderada pelo acadêmico Gustavo Barroso, editaram-se, além das suas, obras antissemitas. Barroso não estava sozinho; a ele se juntaram vários escritores, como Arci Tenório D'Albuquerque (1935; 1937; 1941), Luis Amaral (1948), Antonio Campos de Camargo (1935) e José Felici de Castilho (s.d.). Barroso também traduziu obras antissemitas de Isidore Bertrand (1938), bem como *O judeu internacional* (1938), de Henry Ford, além de divulgar e comentar o apócrifo *Protocolos dos sábios de Sião*.[4] Nem por isso deixou de ser aclamado como imortal pela Academia Brasileira de Letras.

São obras crivadas de preconceitos e acusações contra "os judeus". Para os integralistas, "todos os judeus" eram muito ricos e "todos" eram comunistas; "todos" eram Trotski e "todos" eram Rockfeller, no feliz dizer de Maio (1992); "todos" eram incapazes de se assimilar aos países onde viviam, "todos" só queriam dominar o mundo, e assim por diante. Essas acusações eram extremamente perigosas num momento em que os judeus tentavam arduamente sair da Europa já dominada por Hitler e quando o Brasil era governado por Getúlio, simpático aos nazistas.

Procurando desmistificar tais acusações, intelectuais judeus e não judeus passam a publicar livros. Numa coletânea, Uri Zwerling (1936, p.5) reúne intelectuais brasileiros a fim de "fazer justiça ao elemento judeu como factor da realidade brasileira". Nela, Rodolfo Garcia e Solidonio Leite Filho escrevem sobre a presença de judeus no Brasil desde 1502, quando a Coroa arrendava terras a cristãos-novos, que deveriam mandar seus navios para descobrir, todos os anos, 300 léguas.[5] Preocupado em registrar a participação dos judeus na formação brasileira, o editor Zwerling publica curtíssimos extratos de Paulo Prado e Gilberto Freyre, que registraram a presença de "cristãos-novos em Piratininga e no Recife respectivamente". Inclui Roquette-Pinto, que, em duas páginas, reproduz os "sinais da suspeição" que o Santo Ofício indicava para denunciar os suspeitos de praticar a fé judaica e que deveriam ser punidos com a morte.

4 Beneficio-me na indicação desta bibliografia da excelente publicação de Margulies (1974).

5 Carta de Piero Rondinelli, de Sevilha, 3 out. 1502, divulgada na *Raccolta Colombiana* (Zwerling, 1936, p.3).

Agripino Grieco relembra "Maylasky, um judeu que serviu ao Brasil", mas deixa muitas dúvidas para o leitor graças à exacerbada ironia e preconceito[6] de seu texto. O tom se altera radicalmente no capítulo de Evaristo de Moraes – em "Judeus sem dinheiro", compara as condições de pobreza dos imigrantes judeus norte-americanos, descritas por Michael Gold (1934), com as difíceis condições de vida dos imigrantes judeus, homens e mulheres, que chegavam ao Rio de Janeiro. Moraes descreve o duro trabalho dos vendedores à prestação que para atender seus clientes caminhavam quilômetros, bem como a pobreza que levava judias à prostituição e aos cáftens que as exploravam. Arthur Ramos (1936) invoca as novas teorias da psicologia social para explicar "o sentimento de inferioridade" e de isolamento dos judeus. Para ele, esses sentimentos resultariam da opressão perpetrada pelas maiorias étnicas, exceto, é claro, no Brasil, cujo povo é "democraticamente mestiço, na biologia, na psicologia, na sociologia".

Para os judeus ameaçados na Europa pelo nazismo e no Brasil pelo integralismo, é alentador o capítulo de Afrânio Peixoto (1936) que encerra o volume de Zwerling. No texto, "Israel continuará", argumenta que a persistência do povo judeu se deve a dois fatores: "a fé em si e o ódio dos outros". Era uma corajosa declaração num período ditatorial. Era portanto necessário, naquele momento, mostrar que os judeus estavam no Brasil desde longa data, eram úteis ao país, trouxeram inovações e eram também ricos e pobres como todos os outros.

Azevedo Amaral e Samuel Wainer (1937) publicam no *Almanaque Israelita* um retrospecto da desconhecida história dos judeus e das condições sociopolíticas que produziram imagens preconceituosas: Amaral associa a emergência do antissemitismo àqueles que combatem a liberdade de pensamento, impõem a censura prévia à imprensa e ao livro, e opõem-se à ciência. Faz um longo estudo sobre o pensamento grego e hebraico, o surgimento do cristianismo, a contraposição entre o poder do Estado e o da Igreja, para mostrar a importância da contribuição dos judeus ao pensamento filosófico e à ciência. Mais uma vez as acusações aos judeus são respondidas: Horácio Lafer afirma

6 Grieco refere-se a Luiz Matheus Maylasky, que, "nativo de Lemberg e certamente de procedência judaica, chegou a Sorocaba em meados do século XIX. Chegou de bolsa murcha e com jeito de vagabundo, de aventureiro romântico, tendo de recorrer à caridade dos monges beneditinos para não rebentar de fome. Ainda que sem carregar o violino e as melenas dos artistas ciganos, Maylasky atraiu a filha de um capitalista, e desposou-a num hábil cálculo aritmético, de quem nada sabia fazer sem muito boa escrituração mercantil...". E assim continua, alternando elogios e suspeitas (Zwerling, 1936, p.88-9).

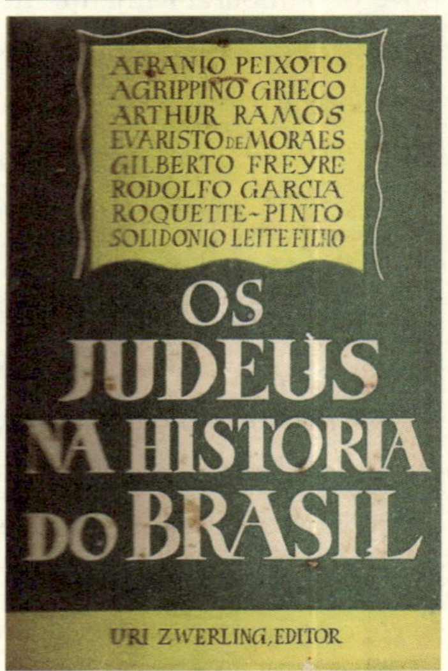

Publicações em defesa dos judeus.

que os "israelitas se assimilam" nos países onde vivem; o rabino Isaias Raffalovich[7] explica a ética judaica voltada para a moral, a benevolência, o trabalho; e finalmente, dois terços do livro são dedicados a biografias de personalidades judaicas que se destacaram em todos os campos da vida humana, desde a diplomacia, a ciência, a política, até às artes, provavelmente para mostrar que nem todos estavam interessados em dinheiro. A ignorância e os preconceitos se imiscuíam mesmo entre os que "defendiam" os judeus.

7 Grão-rabino trazido ao Brasil pela Jewish Colonization Association (ICA). Teve importante atuação na assistência a imigrantes e refugiados e apoiou a fundação de muitas escolas judaicas.

A ausência da história dos judeus na historiografia brasileira e de sua presença na formação do Brasil reflete e fortalece preconceitos e ignorância. O judeu é em geral uma figura desconhecida. Algumas imagens sobre ele são trazidas pela religião católica pré-Concílio Vaticano II, como a de responsável pela morte de Cristo, a de usurário, a de diabo, a de mau. Movimentos políticos como o integralismo, o oportunismo fascista do getulismo e da ditadura de 1964 usaram dessa imagem como o fez o nazismo, difundindo-a para a visão popular.

Quando os primeiros imigrantes dos séculos XIX e XX chegaram, encontraram esse fértil campo preconceituoso. Fugindo de situações adversas na Europa – pogroms, serviço militar rude e escravizante, pobreza, proibição de mobilidade geográfica, carência de direitos civis –, depararam no Brasil com uma situação incomparavelmente mais branda, porém cheia de armadilhas.

Assim, na coletânea *Os judeus na Allemanha no momento actual* (1933), Humberto de Campos propõe que o Brasil acolha os judeus dizimados por Hitler. Porém, diz ele: "O Brasil devia, pois, abrir os braços a Israel, na hora em que o perseguem no Velho Mundo. Livres do terrível espectro de Diogo Furtado de Mendonça [então governador-geral] poderão os judeus trazer para este lado do Atlântico a lei e *o seu ouro*. Nós possuímos, no céu e na terra lugar para o seu Deus *e para o seu dinheiro*. Venham com *os livros e com os livros de cheque*. E só encontrarão irmãos, desde, está bem visto, que *não venham augmentar o número dos vendedores de móveis à prestação*" (grifos nossos). Por outro lado, ele afirma: "De qualquer modo, aqui fica, e bem alto, o protesto de um escriptor brasileiro contra a perigosa aventura do racismo alemão". E fecha o texto da seguinte forma: "Hitler nasceu hontem. Moisés tem quatro mil annos" (Campos, 1933, p.18-9).

Do mesmo modo, o poeta Coelho Neto, ao falar das perseguições nazistas, assim se expressa: "Deve haver um motivo forte para que, de certo modo, justifique esse procedimento antipathico [contra os judeus]. Pois venha a público esse motivo para que o mundo não se rebelle contra a nação, que aliás, não tem culpa do que fazem alguns dos seus filhos allucinados" (Coelho Neto, 1933, p.16).

A ambiguidade desses discursos incorpora preconceitos – e até aceita que os judeus não sejam cidadãos desde que lhes seja garantido o direito à vida. Como diz Coelho Neto: "Negue-se ao judeu o direito de intervir na administração pública, de votar, de ser votado, de manifestar-se em comícios, de ser homem, enfim, com todas as liberdades e de todos os direitos próprios do homem, mas não se expulse, com violência e ultraje, o chefe de família, arrancando-o do lar edificado e onde lhe nasceram os filhos, arregimentados sob a bandeira de que tanto se orgulha a Alemanha" (Coelho Neto, 1933, p.10-1).

São poucos os que como Nitti (Lima, 1933, p.29), ex-ministro do Conselho de Ministros da Itália, ou o eminente jurista Evaristo de Moraes, se contrapõem inteiramente a Hitler ou à limitação dos direitos civis e políticos aos judeus.

Na polêmica da época, é notável o profundo conhecimento de Evaristo de Moraes Filho. Na introdução do livro em que reúne artigos e conferências pronunciadas por seu pai sobre os judeus, ambos analisam a história das frequentes expulsões e saques aos quais as comunidades judaicas foram submetidas desde a Idade Média até o nazismo. No prefácio, Antonio Piccarolo se associa ao tribuno Evaristo de Moraes, destacando que este fora socialista, abolicionista, republicano e defensor da causa semita, pois defendia a "dignidade humana", a "luta contra os privilégios hereditários" e, no caso do antissemitismo, o direito à "liberdade pessoal, de pensamento e de ação", conquistas da sociedade moderna (Moraes Filho, 1940, p.11).

As palavras de Piccarolo e Evaristo de Moraes são precursoras da luta pelos direitos humanos no Brasil.

A literatura produzida pelos próprios imigrantes judeus era relativamente numerosa. Alguns, preocupados em conquistar sua cidadania, lutavam para que, como brasileiros naturalizados, não fossem tratados como "meios cidadãos" (Felmanas, s.d.). Outros escreviam livros com orientação ético-religiosa, e uma corrente progressista editava ou trabalhava em jornais destinados à comunidade judaica, muitas vezes escritos em ídiche. E muitos outros se preocupavam em reafirmar a identidade judaica investindo contra uma oposição nem sempre ostensiva. Toda essa literatura procurava responder às "acusações", como se fosse possível argumentar com teorias preconceituosas e literatura forjada (como os *Protocolos*). E dos judeus se exigia – ou eles se sentiam exigidos a – justificar o direito à própria existência graças à contribuição que faziam à humanidade por meio dos notáveis que, de fato, contribuíram para a ciência, as artes, a literatura, a política, e assim por diante.

Mas afinal quem eram estes incômodos vizinhos? Quem eram estes estrangeiros? De onde vinham, por que vinham, como se identificavam? Como começou a comunidade judaica contemporânea? Como se instalou em São Paulo? E, afinal, como ela persiste com fronteiras tão visíveis?

EM BUSCA DAS RAÍZES

Na busca das raízes da imigração judaica contemporânea, dei início, em 1980, à pesquisa "Os judeus na memória da cidade de São Paulo", da qual resultou este livro.[1] As dificuldades documentais me levaram a buscar esse passado próximo por meio de uma coleta sistemática de "histórias de vida" (Bertaux, 1981) dos velhos imigrantes, certamente inspirada no seminal livro de Ecléa Bosi (1979). Buscava especialmente o período de 1880 a 1940, datas limitadas pelas condições históricas brasileiras: a abolição da escravatura e o pré-Segunda Guerra Mundial. Neste período, deu-se grande imigração, a base da sociedade judaica contemporânea. Além disso, havia a contingência da idade da vida humana: quantos velhos ainda lúcidos seriam encontrados?

Todos nós, imigrantes e filhos de imigrantes, temos uma memória que se estende além de nossa própria vivência. É a memória das experiências narradas por aqueles com quem convivemos. Nossa vida é acrescida de outras emoções, temores, esperanças; as histórias contadas sintetizaram essas múltiplas experiências. Pessoas de origens nacionais distintas trouxeram na bagagem outros costumes, valores, sofrimentos, alegrias, parentesco, amigos, visões políticas. Mas uma experiência era comum a todos: pobreza e perseguição.

1 Além de outros artigos citados nas referências bibliográficas e um vídeo: *Judeus em São Paulo: o encontro de diferentes trajetórias* (1984).

Vidas distintas, observadas em conjunto, muito se assemelhavam. Essa coincidência não era fortuita; eram todos judeus.

Entre eles existe certa reserva em revelar perseguições, seja por necessidade de esquecimento, pudor, ou para exorcizar a imagem do "eterno perseguido". Mas elas estão sempre nas entrelinhas da história trazida e são fundamentais para se entender a formação do grupo social. É uma experiência vivida por meio de séculos de pogroms, que culminaram com o Holocausto, do qual ninguém escapou: nem aqueles que o viveram diretamente nem os que o viveram por meio dos integrantes de suas famílias.

As histórias ouvidas não podem ser resumidas numa única história. No entanto, elas formam um conjunto peculiar. Aproximando-as, vê-se que elas se entrelaçam numa trajetória comum, internamente diferenciada, mas compondo um conjunto com limites definidos.

Na reconstrução histórica, a fonte documental pode se beneficiar muito das informações trazidas pelas histórias de vida. Alguns autores se equivocam ao usá-las apenas para ilustrar conclusões derivadas de relatórios ou de atas de reuniões. As histórias de vida mostram o outro lado dos documentos, corrigem versões institucionais e oficiais; revelam como os imigrantes enfrentavam, de fato, a burocracia, resolviam enormes problemas da vida cotidiana, da subsistência e da luta para reunir as famílias.[2]

Quando começam a imigrar para o Brasil, os judeus se distinguem dos respectivos grupos de mesma origem nacional: não são poloneses, romenos, libaneses etc., mas judeu-poloneses, judeu-romenos, judeu-italianos, judeu-franceses, judeu-sírios, judeu-marroquinos... O qualificativo "judeu" é uma marca externa que dá identidade ao imigrante; escrita ou não em seus documentos, está difusa no imaginário do novo país como o estava no país de origem.

---

2 Veja-se, por exemplo, Lesser (1995, p.67) cujas afirmações ignoram que a pequena ajuda para os primeiros dias se resumia a encontrar onde dormir e fornecer um ou dois dias de alimentação. Comprar uma carroça, como diz ele, era um objetivo tão difícil que apenas aqueles que tinham atingido um nível socioeconômico mais elevado é que o conseguiam. Não se dava tal ajuda para imigrantes urbanos. As enormes dificuldades dos primórdios da imigração judaica para o Brasil, quando lidos através de documentos da Jewish Colonization Association (ICA), não podem ser generalizados. A ICA teve uma importante porém limitada atuação no Rio Grande do Sul, onde comprou terras e patrocinou a vinda de colonos. Todavia, em geral, a compra de passagens pelos imigrantes judeus constituiu verdadeira saga seja para os que chegaram primeiro, seja para os que quiseram depois reunir a família. A ajuda financeira para se estabelecer não contou com caixas de empréstimo, as quais só vieram a se organizar, na forma de cooperativas, nos fins da década de 1930, quando já havia pelo menos duas gerações de judeus estabelecidos nos estados de São Paulo, Rio de Janeiro e Rio Grande do Sul, e há mais tempo ainda no Norte (vide as histórias de vida aqui relatadas).

O período colonial

O movimento imigratório judaico para o Novo Mundo seguiu exatamente a mesma trajetória das imigrações em geral. Os judeus fizeram parte das esquadras dos navegantes descobridores portugueses e espanhóis. Eram astrônomos, geógrafos, escribas, homens do mar.

A colonização portuguesa trouxe para o Brasil uma imagem controvertida sobre os judeus. Às posições antijudaicas de frei Amador Arrais, João de Barros e dom Francisco Manuel de Melo se contrapuseram as obras literárias de Gil Vicente, do padre Antônio Vieira, de Camilo Castelo Branco e de Alexandre Herculano.[3] Ao denunciar, pela via literária, as perseguições aos judeus portugueses, estes mostravam como a hierarquia da Igreja católica e certos grupos da população portuguesa acossavam os judeus para se aproveitar de seus bens materiais.[4] No entanto, romances como *O judeu*, de Camilo Castelo Branco, nunca constaram das indicações bibliográficas oferecidas aos estudantes brasileiros.

A expulsão dos judeus da Espanha (1492) e de Portugal (1500) ocorreu exatamente no mesmo momento da descoberta das Américas. Ao deixarem a Península Ibérica, muitos foram para o norte da África, outros para a Holanda ou para outros países, inclusive o Brasil. A historiografia brasileira ainda ensina aos estudantes que Portugal enviou para o Brasil navios com "degredados" como ladrões e assassinos, mas nunca esclarece que entre eles avultavam "prisioneiros políticos" e os perseguidos por razões de fé. Os judeus em fuga da Inquisição estavam entre estes.

Desde a primeira metade do século XVI, os judeus vieram para o Brasil com "ânimo de permanência". A "Gente da Nação" já estaria em Pernambuco antes da chegada dos holandeses, como informa Mello (1996).

Para Arbell (1998), os primeiros judeus encontrados no Brasil foram os duzentos cristãos-novos que viviam na Bahia e que, durante a ocupação holandesa daquela região, por volta de 1630, puderam retornar ao judaísmo. Com o fim da ocupação holandesa, em 1654, e a saída do governador Wilkens aqueles judeus foram extremamente perseguidos.[5]

3 "A obra de Gil Vicente constitui excelente ponto de partida para um estudo do judeu, por intermédio da literatura luso-brasileira. De fato nela se encontram embrionárias, na sua maior parte, as perspectivas dos diversos autores, durante vários séculos." (Lafer, 1963, p.106.)

4 É paradigmático o romance de Camilo Castelo Branco *O judeu*, publicado primeiramente em 1866, a respeito da perseguição e morte do dramaturgo brasileiro Antônio José, o "Judeu". Devo ao meu amigo Jô Araujo o conhecimento, embora tardio, desta obra.

5 Arbell (1998) cita Furtado de Mendoza: Denunciações do Santo Ofício, Bahia, p.86 apud *Encyclopedia Judaica Castellana*, México: Encyclopedia Judaica Castellana, 1948-1951, v.2, p.43.

Ao se instalar a Companhia das Índias Ocidentais em Pernambuco, em 1631, para cá vieram algumas famílias judias de origem ibérica que viviam nos Países Baixos. Acompanhavam o príncipe Maurício de Nassau. Em 1645, haveria em Pernambuco 14.500 moradores, entre brancos, negros e índios (Berezin & Mezan, 1975). Dos 6.500 brancos (ou 5 mil para Arbell), 1.500 eram judeus. Dedicavam-se à plantação, à comercialização e ao financiamento da produção açucareira e de outros produtos, mantendo relações comerciais com cristãos-novos do Brasil português e das colônias espanholas.

Sob a dominação holandesa, gozavam da liberdade de culto[6] e construíram a primeira sinagoga do país em Recife, Zur Israel [Rocha de Israel], que trouxe, em 1642, Isaac Aboab da Fonseca[7] e Moses Rafael d'Aguillar (Arbell, 1998, p.5). A presença desses importantes rabinos indica que os judeus estavam estabelecidos na região e tinham recursos para arcar com a vinda e a manutenção de tais personalidades. Afirmam Berenzin & Mezan (1975, p.243): "A comunidade era próspera e organizada nos moldes das 'kehilot' tradicionais, isto é, mantinha-se com um imposto sobre as transações comerciais dos judeus e era governada por um conselho de cinco membros, eleitos anualmente. Este controlava todos os aspectos legais da vida dos judeus, exercia autoridade judicial, impunha multas e regulamentava as relações internas da comunidade".

Recife, 2006.
Foto: Eva Alterman Blay.

6 Autores como Novinsky (1972) e Berezin & Mezan (1975) afirmam haver liberdade religiosa, ao passo que Holanda (1977, p.241) informa que houve "perseguição aos israelitas" por parte das autoridades holandesas. A contradição entre esses autores mostra como o assunto ainda precisa ser estudado. É certo, porém, que haviam sido construídas as sinagogas Zur Israel (em Recife), Maguen Abraham, em Maurícia, e outras na Paraíba e em Penedo. Segundo Holanda, "os israelitas" foram vítimas de "uma verdadeira campanha antissemita", porque "quase todos os negócios passavam-lhes pelas mãos e daí o ódio que contra eles acumularam os seus concorrentes holandeses" (p.248).

7 Isaac Aboab da Fonseca é considerado o autor do primeiro texto escrito em hebraico nas Américas, "Zekher asiti liniflaot El" [Erigi um memorial aos milagres de Deus], composto em Recife em 1646 (Holanda, 1977, p.249 e 384).

Recife, 2006. Portas de entrada da antiga sinagoga Kahal Zur Israel.
Foto: Eva Alterman Blay.

Recife, 2006. Micve descoberta no interior da sinagoga Kahal Zur Israel.
Foto: Eva Alterman Blay.

A permanência holandesa durou apenas vinte e quatro anos. Com a retirada de Nassau, a metade dos judeus holandeses de origem hispânica e portuguesa, temerosos de serem novamente perseguidos pela Inquisição, deixaram o Brasil; alguns o acompanharam, outros se instalaram nas Guianas e nas ilhas do Caribe. Um grupo foi para a América do Norte, onde criaram a Nova Amsterdã, na ilha de Manhattan, hoje Nova York. Cemitérios do século XVII, com lápides em hebraico e português, são testemunhos desse trajeto que inclui Curaçao, Suriname e Jamaica.

Em 1654, quando Pernambuco foi reconquistada pelos portugueses, alguns judeus permaneceram no Recife e outros se embrenharam pelo sertão.

A Inquisição enviou para o Brasil o Santo Ofício, cujas Visitações tinham a função de verificar como agiam os chamados cristãos-novos, judeus convertidos ao catolicismo, cujo "sangue impuro" os proibia, assim como seus filhos e netos, de ocupar funções públicas, serem boticários, médicos ou professores em alguma cadeira universitária. Não podiam pertencer às ordens militares, negociar na Bolsa, se casar com cristãos-velhos nem serem fidalgos. Tentaram impedir que trabalhassem no comércio, sob a alegação de que prejudicariam os "naturais".

No Brasil, as imposições da Inquisição[8] eram obedecidas de maneira flexível, envoltas num medo constante de denúncia, processo, prisão, tortura e pena de morte. Havia razão para isso: os "familiares", o braço da Inquisição, eram pagos para delatar. Cada vez que se instalava um auto de fé, recebiam pagamentos por dia de serviço, além de ordenados e outros proventos pelas denúncias que fizessem. Oliveira (1943 apud Novinsky, 1972, p.106) relata que na Bahia "o total de propinas nos autos de fé era de 350$000...". Entre 1624 e 1654, "a Bahia... estava abarrotada de 'familiares'", pessoas regiamente pagas para delatar. Além disso, a primeira providência da Inquisição era sempre a apropriação dos bens dos "hereges", isto é, dos judeus acusados de praticar a antiga religião.

Saraiva (1956 apud Novinsky, 1972) para Portugal, Netanyahu (1966 apud Novinsky, 1972) para a Espanha, Karady (1991) para o Império Austro-Húngaro, Novinsky (1972) para o Brasil; todos consideram que os mecanismos postos em prática para perseguir os judeus, despojá-los de seus bens, impedi-los de ocupar posições econômicas e políticas, enfim, de se inserir na sociedade, foram mecanismos para reprimir o fortalecimento da burguesia ascendente e resguardar o poder da minoria aristocrática. Judeus, mouros ou negros, todos tinham sangue "infecto" e, como tal, constituíam uma "casta" excluída de posições ou cargos mais elevados, devendo se manter sujeitos à aristocracia, ao poder dominante e desprovidos de liberdades que pusessem em risco monopólios e privilégios.

Entretanto, na Colônia, as regras foram reinterpretadas, e alguns cristãos-novos receberam sesmarias, tiveram propriedades, tornaram-se senhores de engenho, produziram e negociaram com o açúcar (Mello, 1996). A situação vivida era bastante contraditória, sob permanente ameaça de que, a qualquer momento, pudessem ser arrastados

8 Os casamentos com cristãos-velhos seriam punidos e o castigo atingiria os descendentes, impedindo-os até mesmo de andar a cavalo ou que suas mulheres e filhos andassem de coche ou cadeira. Essas formas de discriminação, visíveis socialmente, tinham por objetivo mostrar com clareza que os judeus eram um grupo inferior, impuro, "párias" da sociedade (Novinsky, 1972).

para as punições da Inquisição. Fundamentava essa intranquilidade a prisão, a deportação e a morte na fogueira da Inquisição em Lisboa do dramaturgo brasileiro Antônio José da Silva, o "Judeu", e de sua mãe cristã-nova, ou, ainda, a perseguição a Branca Dias e a suas filhas (Mello, 1996; Blay, 2008).

Camaragibe, 2006. Aqui viveu Branca Dias.
Foto: Eva Alterman Blay.

2006. Altar católico na casa de Branca Dias. A escada levava à sinagoga oculta.
Foto: Eva Alterman Blay.

II

A história trazida

A IMIGRAÇÃO CONTEMPORÂNEA: SÉCULOS XVIII E XIX

Apesar dos gritos de guerra da Revolução Francesa, a liberdade, a igualdade e a fraternidade não se estenderam pela Grande Rússia (que incluía vastas porções de toda a Europa Oriental), pela Índia (colônia do Império Britânico) e pela África, em grande parte então ocupada pela "República" francesa. Os judeus na Rússia, na Polônia, na Romênia e na Alemanha estavam sujeitos a formas de subordinação que os excluíam dos direitos civis: não tinham o direito de se locomover no território, eram obrigados a morar em "áreas determinadas", não tinham liberdade de trabalho, eram submetidos a *numerus clausus* na educação e, sob os mais fortuitos pretextos, eram vítimas de pogroms. As exceções eram os mais abastados ou os especialistas, úteis ao poder, por exemplo os médicos.

Imigrar, para os judeus, significava libertação e contingência de sobrevivência.

Supor que a imigração romperia as relações solidárias não se confirma quando se analisam os judeus no Brasil e os argelinos na França (Sayad, 1998), para citar apenas dois grupos étnicos. Eles trazem heranças sociais que servem de base para a reconstrução da vida coletiva no novo país, fundamentais para a rearticulação dos grupos étnicos nos países de imigração, como veremos mais adiante.

No século XIX e no começo do XX, vastas levas populacionais deixaram seus países, principalmente por razões econômicas (redução da produção agrícola, fome, grandes deslocamentos internos provocados pelo turbulento início da industrialização

e da urbanização), guerras, perseguições políticas e religiosas. Todos os países das Américas receberam imigrantes em magnitudes diferentes. Os Estados Unidos foram o país que mais recebeu imigrantes, seguindo-se o Canadá, a Argentina e o Brasil. Além da pobreza, os judeus procuravam deixar a Europa em consequência dos pogroms, do serviço militar e da perseguição política, como veremos detalhadamente mais adiante. Essa memória acompanhou a fixação dos judeus no Brasil.

Na segunda metade do século XIX, aportam imigrantes judeus de várias partes da Europa, especialmente da Europa Oriental.

Os historiantes

Os *historiantes* que contaram sua vida nesta pesquisa são originários de dezessete países (Quadro 1): Polônia, Bessarábia e/ou Romênia, Rússia, Lituânia, Cáucaso (Bielorrússia), Áustria, Alemanha, França, Itália, Argentina, Uruguai, Líbano, Hungria, Ucrânia, Egito, Palestina e Brasil. Com frequência, como vimos, ao contar de onde vêm, os historiantes fazem um relato detalhado para "explicar" onde nasceram. Para eles mesmos se afigurava confuso simplesmente dizer o nome do país de onde saíram, pois em poucos anos de sua vida estas pessoas viveram sob diversas potências e assistiram a vários retraçamentos de fronteiras, dependendo de guerras e de acordos de paz de duração temporária. Ademais, por serem judeus, na maioria das vezes nem tinham direito à nacionalidade do país de nascimento, o que tornava ainda mais difícil tal definição. Obtivemos também muitas informações de pessoas que detalharam aspectos da vida judaica no Brasil e que chamamos aqui de "depoentes".

A maioria dos imigrantes veio da Europa Oriental diretamente para o Brasil. Para alguns o Brasil foi o segundo ou mesmo o terceiro país de imigração, depois de tentarem viver em outros países da Europa ou da América Latina. A Argentina, por exemplo, tivera uma política de atração imigratória com doação de terras agrícolas no começo do século XIX. Mesmo tendo se encerrado a distribuição de terras, continuou existindo atrativa propaganda enganosa. Sem dispor de maiores informações, famílias inteiras imigravam para a Argentina e, ao se verem sem alternativas de trabalho, rumavam para o Brasil. Alguns, por terem parentes ou amigos no Brasil, vinham juntar-se a eles, que ofereciam ajuda para introduzi-los no trabalho, como vimos ao analisar as histórias de vida.

Quadro I
Local de nascimento e sexo dos historiantes e dos depoentes

PAÍS	HOMENS	MULHERES	TOTAL
Alemanha	–	3	3
Argentina	1	–	1
Áustria	1	1	2
Bessarábia/Romênia	8	9	17
Brasil	10	10	20
Cáucaso (Bielorrússia)	1	–	1
Egito	1	–	1
França	1	2	3
Hungria	2	1	3
Itália	2	1	3
Líbano	1	1	2
Lituânia	2	2	4
Palestina	2	–	2
Polônia	8	9	17
Rússia	4	3	7
Ucrânia	4	–	4
Uruguai	–	1	1
Não informado	1	–	1
Total	49	43	92

13. AGO 1934
LIETUVOS RESPUBLIKA
RÉPUBLIQUE DE LITHUANIE
UŽSIENIO PASAS
PASSEPORT POUR L'ÉTRANGER
PASO Nr. / Nr. du passeport: 1168
PASO SAVININKO PAVARDĖ IR VARDAS / Nom du porteur: Epšteinas Giršas
DRAUGE KELIAUJA ŽMONA / Accompagné de sa femme: Musia gim. Dagonaitė
IR / et de — VAIKŲ / enfants
PILIETYBĖ / Nationalité: Lietuvis / Lithuanienne

1934. Capa e primeira página do passaporte lituano de G. Epstein e sua esposa.

Imagens cedidas por Elka Frost.

تذكرة مرور

صادرة من ادارة عموم الأمن العام

بوزارة الداخلية بالقطر المصرى

LAISSEZ-PASSER

ISSUED UNDER AUTHORITY OF THE
DEPARTMENT OF PUBLIC SECURITY,
MINISTRY OF THE INTERIOR, EGYPT.

1922. *Laissez-Passer* de Muriel Elie Hakim para vir do Egito ao Brasil.
Imagem cedida por Clara Kochen e Moises Hakim.

1929. Capa de passaporte polonês.
Imagem cedida por Moysés Lejb Alterman.

1929. Fotos para o mesmo passaporte de Rivca Sheindl Bornstein, Faiga Jachet Bornstein e Rachel Bornstein.
Imagens cedidas por Shalom Bornstein.

Os originários da Europa Oriental – Polônia, Rússia, Bessarábia/ Romênia – eram quase a metade dos imigrantes. Esta preponderância coincide com a onda migratória dos anos 1920 que marcou a comunidade judaica antes da Segunda Guerra Mundial. As marcas daquelas regiões estão na memória da história trazida por aqueles imigrantes e, de certo modo, moldaram as condições a que os provenientes de outras regiões tiveram de se adaptar.

JUDEUS NA EUROPA ORIENTAL

Por séculos, os judeus ocuparam a Europa Oriental, territórios que depois viriam a constituir a Romênia, a Polônia, a Ucrânia, parte da Rússia e da Lituânia. Estabeleceram-se antes que muitas fronteiras nacionais tivessem se formado e tiveram relativa autonomia de organização. Sua história foi marcada pelas guerras de conquista, por lutas nacionalistas, por mudanças nos grupos hegemônicos e pela constituição de Estados nacionais. Protegidos ou perseguidos pelas elites dominantes, nunca alcançaram a cidadania como grupo social.

A recomposição histórica a ser feita a seguir procurará sistematizar os processos políticos e sociais de cada um desses países. Devido às constantes alterações dos limites territoriais nacionais, haverá muitas vezes extravasamento e superposição entre as fronteiras políticas. Serão focalizadas basicamente as regiões europeias de onde imigraram a maioria dos historiantes.

Romênia (Valáquia, Morávia, Transilvânia, Galícia e Bessarábia)

Grande parte dos imigrantes judeus brasileiros que chegaram entre 1880 e 1940 veio da Romênia, especialmente da região da Bessarábia, incorporada àquele país depois

do Tratado de Versalhes (1919). Também na Romênia a história dos judeus esteve oculta até recentemente. Os judeus romenos desprovidos legalmente de cidadania dedicaram-se a tentar conquistá-la deixando de lado a investigação e o relato da própria história. No período pré-comunista, os historiadores não judeus procuraram reduzir a história dos judeus à história romena, sem analisar sua especificidade. No período comunista, os historiadores não quiseram ou não puderam mostrar as várias formas de perseguição do regime, quando os judeus, sobretudo nos anos 1950, eram considerados "agentes imperialistas". Ainda, depois da queda de Stálin, todos os judeus foram responsabilizados pela desastrosa introdução do stalinismo na Romênia.

Cerca de 4% da população romena em 1938-39, ou seja, 850 mil pessoas, eram judias (Rosen, 1993).[1] Após a Segunda Guerra Mundial, restaram 428.312. Quando Ceauşescu chegou ao poder, havia 100 mil, e os últimos dados indicavam 19 mil (1992), dos quais a metade tinha mais de 60 anos e 230 eram crianças com menos de 5 anos. Esta redução é explicada pelo antissemitismo dominante e, como diz o historiador e diplomata israelense Yosef Govrin (Govrin, 2002), há hoje liberdade política e de culto,

Pequeno Atlas Histórico, 1938.

1 Observe-se que a maior parte dos autores citados, sobre a Romênia, foram editados por Liviu Rotman na conferência Jewish Problems in Eastern Europe: First International Conference on the History of the Jews in Romania (1993), realizada em Tel-Aviv em dezembro de 1991, pelo Diaspora Research Institute e pelo The Goldstein-Goren Center for the History of the Jews in Romania (Rotman, 1993). Obtive esses dados graças à enorme gentileza do professor Victor Karady.

CONFLAGRAÇÃO EUROPÉIA (1914 - 1918).
56. — Frentes balcânicas.

liberdade de ir e vir, mas "ainda o Estado é obrigado a garantir o bem-estar (dos judeus) devido às frequentes manifestações antissemitas na Romênia... as quais talvez sejam, provavelmente, um subproduto do processo de democratização".

A presença dos judeus é extremamente antiga nos principados e territórios que vieram a constituir a Romênia; apesar da persistente coabitação, continuaram a ser considerados estrangeiros e profundamente rejeitados. No atual regime de liberdade de expressão, os intensos sentimentos antissemitas populares vêm à tona e se expressam por meio da reafirmação da identidade romena. Essa liberdade gera condições que permitem expor publicamente antigas formas de "discriminação individual" envolvendo explicitamente os judeus.

As fronteiras romenas variaram ao longo do tempo. Basicamente ela se constituiu pela anexação dos territórios da Valáquia, da Morávia, da Transilvânia, da Galícia e da Bessarábia. Na Transilvânia, os judeus já estavam presentes no século XI, conforme os autos do Sínodo de Szábolcs de 1092 (que proibia os judeus de trabalhar aos domingos). No período medieval, Casimiro, o Grande (1333-1370), vendeu aos judeus o direito de viver em suas terras e de ter autonomia na administração interna, jurisdição própria, respeito à religião e às práticas rituais. Casimiro desejava que as "coletividades alógenas" pagassem impostos e estimulava essas imigrações para seus territórios.[2]

Uma das fontes imigratórias para os principados romenos da Valáquia, da Moldávia e da Transilvânia foi a Espanha, de onde os judeus tiveram de fugir, em 1492, devido à perseguição dos reis católicos Isabel e Fernando de Aragão. Mais de 150 mil judeus, para preservar sua identidade espiritual, deixaram a Espanha e foram para a França, a Itália, a Holanda, a Inglaterra, a Alemanha, as Américas, o Marrocos, a Argélia, o Egito e o Império Otomano, especialmente Salônica, Constantinopla e Esmirna (Barnavi, 1995). Com o incremento das relações comerciais entre a Europa Central e o Império Otomano, aumentou-se a presença judaica no Reino da Polônia e na Romênia.

Para comprovar essa presença há cartas do período medieval e do Renascimento enviadas por pequenas comunidades judaicas aos "sábios rabinos" que viviam em grandes centros urbanos, perguntando como resolver assuntos importantes ou simples questões cotidianas, para que os mandamentos da religião judaica fossem observados.[3]

---

2 Pippidi, 1993; Stanciu, 1993.

3 Consultas por correspondência eram práticas comuns. O Grande Rabino de Salônica, em 1550, recebeu carta dos judeus de Bucareste, cuja resposta foi interpretada por Samuel de Médine (Eskenasy, 1986, p.31 apud Stanciu, 1993, p.119). No Brasil, esse tipo de correspondência também existiu ao longo dos séculos e é prática que persiste ainda hoje, acrescida de outros meios como o telefone, o fax ou a internet.

Em 1623, o príncipe Gabriel Bethlen, da Transilvânia, "visando aumentar a capacidade econômica do principado", acolheu judeus sefaraditas provenientes do norte da África, permitindo que constituíssem uma comunidade, que seria representada perante ele por um "juiz" (Stanciu, 1993).

Durante cinco séculos, no mínimo, os judeus foram atraídos ou aceitos na Romênia a fim de pagarem impostos e produzirem bens necessários ao consumo, especialmente para a nobreza. Esta prestigiava os médicos, em particular, solicitados a prestar serviços e trazer medicamentos; esses médicos, por sua vez, procuravam interceder junto aos príncipes para garantir a integridade da comunidade judaica, sempre sob perigo de expulsão e de agressões.

Em 1714, a comunidade judaica romena, de origem espanhola, teve sua sinagoga destruída. Apenas nove anos depois, em 1723, o conde Sandor Karoly de Carei acordou com um grupo de judeus um contrato de locação pelo qual estes poderiam dispor de "dez casas para serem usadas em suas práticas habituais, isto é, tabernas de vinho, um açougue, uma escola, uma sinagoga e um cemitério". A justiça interna seria feita de acordo com as leis judaicas, e quando houvesse apelação, o conde daria a palavra final.[4]

Os túmulos mais antigos conhecidos em território romeno datam de 1636; no cemitério de Jassy Ciurchi há tumbas dos assassinados nos pogroms cossacos de 1648.

Presença e perseguição são igualmente antigas

Na Moldávia, entre 1779 e 1856, havia mais de quarenta *shtetlach*;[5] sempre estabelecia-se, por meio de um contrato com o detentor do território, um pagamento para o direito de ter "uma casa de educação, isto é uma sinagoga", alimentação ritual, açougue, vinho, padaria, cemitério e também o banho ritual (Stanciu, 1993, p.125).

As comunidades judaicas tinham uma organização interna própria. Datam do século XVIII alguns estatutos escritos que mostram suas prioridades: garantir "a solidariedade perante a morte e a doença, a assistência mútua, assim como assegurar – muito rigorosamente – o ritual do enterro".[6]

4 Eskenasy, 1986, p.23 e 43 apud Stanciu, 1993, p.123.

5 *Shtetl* (*shtetlach*, no plural) é a denominação em ídiche para "cidadezinha", e se refere a pequenas cidades ou aldeias de população predominantemente judaica. Uma análise mais minuciosa sobre a vida nos *shtetlach* será feita mais adiante.

6 Sobre este assunto, Eskenasy (1986 apud Stanciu, 1993) cita Kaufman (1928). Refere-se aos estatutos de Oradea, de Piatra Neamţ e de Teleneşti.

Polônia, 1910. Três gerações da família Eisenbaum.
Foto cedida por Cecília Abramczyk.

Cada comunidade elegia uma direção de cinco a sete membros, um dos quais era o presidente. Esta comunidade assim organizada, a *kehila*, era dirigida por uma cúpula responsável por toda a vida coletiva de seus integrantes, principalmente para coleta e entrega dos impostos a serem pagos ao príncipe ou outro detentor da terra. A direção da comunidade fixava os impostos e os cobrava, por vezes semanalmente, pois eram comunidades muito pobres. Havia taxas anuais fixas para a carne, o vinho e o grão, mais os ofícios religiosos como circuncisão, matrimônio etc. A direção, além de resolver problemas internos à comunidade, representava-a "diante das autoridades do Estado ou da comuna" (Stanciu, 1993, p.126).

Na comunidade funcionava um tribunal [*Beth Din*] composto por judeus. Se a questão envolvesse um cristão, era acrescentado um juiz cristão, membro do Conselho Comunal, e então se constituía um "Fórum Judaico-Mixtum". O resultado era escrito no registro da comunidade "em húngaro ou alemão, e o assessor cristão assinava em letras latinas. A direção da comunidade e o *Beth Din* indicavam um administrador e um tesoureiro para a [escola religiosa] Talmud Torá e dois curadores para as sinagogas e as ações de caridade".

Esse tipo de estrutura e organização, com algumas variações locais, funcionou até o início do século XIX, quando se iniciou a imigração de judeus vindos da Rússia e da Áustria para a Romênia, os quais Stanciu (1993) chama de "judeus alógenos", para diferenciar dos que lá já estavam. Para solucionar a questão criada com a diferença entre os impostos pagos pelas comunidades já fixadas e os pagos pelos novos imigrantes judeus, o governo dos principados estabelece pagamentos individualizados, chamados de *paten-*

tes, desaparecendo "a função fiscal da comunidade". Para autores como Stanciu (1993), "a corporação étnica, que tinha como função principal manter as relações econômicas feudais, perderia sua razão de ser no alvorecer do capitalismo".

Mas acaso essas funções não se restaurariam no próprio sistema capitalista?

Se é verdade que a *kehila* deixou de ter todas as ações de intermediação com o governo nacional, por outro lado observou-se, como veremos nos capítulos seguintes, que apesar das mudanças sofridas pela comunidade judaica no tempo e no espaço, a estrutura e a organização social da *kehila*, elaborada ao longo dos séculos, foi sendo recomposta face a cada novo momento histórico. O fenômeno não ocorreu apenas nos países de origem dos imigrantes, mas a continuidade judaica apoia-se na reconversão[7] da *kehila*, que variou conforme o país para onde os judeus imigraram, como no caso do Brasil.

A história da relação dos judeus com o Estado romeno revelou que: 1. Os judeus foram admitidos mediante pagamento ou a convite dos governantes dos territórios que posteriormente viriam a constituir a Romênia; 2. Os judeus se reuniram em comunidades nas quais prevalecia um comportamento social regido por normas religiosas; 3. Foi constante uma organização social similar constituída por uma comunidade que comportava uma ou mais sinagogas, escola judaica, preparação e venda de alimentação e bebida casher, sepultamento ritual, auxílio aos mais pobres, às viúvas e aos órfãos, assistência médica e cobrança dos impostos para os governantes; 4. A *kehila* possuía uma liderança política que fazia a interlocução com as autoridades do país.

Essa estrutura estava presente nas comunidades judaicas de praticamente toda a Europa, desde as maiores até o menor *shtetl*, variando em complexidade. As comunidades eram constituídas por uma população economicamente pouco diferenciada, e o saber religioso era fator de relativa hierarquização social.

Antissemitismo e ordem

Ao longo de toda a Idade Média há menções a perseguições e a assassinatos de judeus, ações muitas vezes apoiadas pelas leis. Havia uma "tolerância hostil" aos judeus no mundo bizantino e no romeno pois, responsabilizados pela morte de Cristo, possuíam portanto a "culpa original" (Elazar, 1969, p.71), que se revelava nos contos populares, na liturgia, em afrescos, nos vitrais das catedrais e na estatuária – antiga tra-

7 Saint Martin define reconversão em: *Les Élites: Formation, reconversion, internationalization*, 1995.

dição que perdura até hoje em várias partes do mundo, inclusive no Brasil. Raphaël e Weyl,[8] analisando a estatuária da região de Estrasburgo, mostram que o "desprezo e o opróbrio" estão associados à representação do judeu na igreja de Saint Leger de Guebwiller; do Rico Mau, na catedral de Estrasburgo; e dos judeus como morcegos na igreja de Sigolsheim. A figura da avareza e da usura, de homens cofiando a barba, com uma ou mais bolsas presas à cintura, por vezes com os pés voltados para dentro, são associadas aos judeus. Os escultores utilizam animais notívagos como a coruja e o rato, que preferem o escuro (sinagoga) à luz (igreja), ou até mesmo o morcego, que chupa o sangue das crianças adormecidas. São os judeus simbolizando a própria encarnação do demônio.

Estes símbolos refletem a permanência de uma tradição teológica e de sua incorporação pela visão popular. Segundo Raphaël, a Idade Média usou a arte como instrumento didático; os vitrais e as estátuas ensinavam a correta hierarquia do mundo, a ordem social que deveria ser obedecida, os dogmas a acatar e a vida considerada exemplar.

Talvez as imagens mais terríveis sejam a da gárgula com formato de porca, a "porca dos judeus" (*la truie aux juifs*) que faz parte do Collegiale Saint Martin de Colmar, e a do "diabo aos judeus" (*Judenfresser*) da igreja paroquial de Rouffach e que está depositada no Museu de Unterlinden.[9] Para Raphaël, essas esculturas, como as demais do período, ilustram o ensino tradicional da Igreja e refletem o imaginário popular: a porca se vê cercada por um agrupamento de judeus de chapéus pontiagudos e por dois outros judeus, um com barba, "mamando gulosamente nas tetas do animal".

Ensinam Raphaël e Weyl que na arte eclesiástica medieval "o porco era o judaísmo"; o judeu "vil e depravado" que não aceita a verdade cristã é representado nas gravuras do século XVI "alimentando-se dos dejetos de uma porca" e são assemelhados a esses animais.

Assim, no imaginário popular, didaticamente se impôs a diabolização dos judeus. O gato e outros animais eram associados ao diabo e ensinava-se que eles eram adorados na sinagoga a fim de destruir o cristianismo. Nas representações religiosas incluíam-se massacres dos bairros judeus.

Em 1469, "os edis de Frankfurt decretam medidas especiais para evitar o massacre da população judaica durante estas representações", existissem ou não judeus presentes nesses locais. "Esta imagem mítica era elaborada nas representações teatrais, nas gravuras

---

8 Raphaël & Weyl, 1977, p.18-36. Entrevistei o professor Raphaël em Estrasburgo, em 1996, a quem agradeço as imensas informações.

9 Visitei todos esses locais em 1996, em ocasião da bolsa de pós-doutorado da Fapesp.

em madeira, e nas esculturas em edifícios públicos e religiosos, que constituíam verdadeiras '*mass media*' de uma civilização já fortemente marcada por espetáculos visuais" (Raphaël & Weyl, 1977, p.45 e 49).

É evidente que a representação do imaginário diabólico não se restringia aos limites do norte da França e seus arredores alemães; estava presente em toda a representação católica da Europa. O recinto da igreja era um espaço social e os valores dominantes se estendiam às igrejas da Europa Oriental e Central, onde os judeus podiam se fixar, construir sinagogas – mesmo que feitas somente com madeira – e às vezes até comprar terras. Entretanto, somente a conversão poderia romper a inferioridade legal de que dispunham em relação aos "autóctones" (Raphaël & Weyl, 1977, p.71).

Na segunda metade do século XIX, a situação dos judeus na Romênia tornou-se muito mais perigosa, marcada por violência. Em 1859, constituiu-se o Estado nacional, com a união da Moldávia e da Valáquia, e aprovou-se a liberdade de culto, restringindo-se aos cristãos os direitos políticos. Mesmo tendo lutado na guerra da independência ao lado da Moldávia e da Valáquia, os judeus, perplexos, não obtiveram direitos civis. O jornal *O Israelita Romeno*[10] estampava em seu título a reivindicada dupla identidade política que os judeus desejavam. A situação discriminatória não mudou com a conquista do Estado independente.

Em 1861, na Valáquia, houve interdição à entrada de judeus nas "comunas rurais e houve mesmo algumas expulsões" (Berindei, 1993, p.146). A ausência de direitos civis estimulava movimentos populares contra os judeus sob vários pretextos: econômicos, religiosos, místicos. O resultado era sempre o mesmo: destruição de casas, roubo de bens, violência física e sexual, assassinatos. Em reação a tais brutalidades, realizou-se em Bruxelas, em 29 e 30 de outubro de 1872, "a primeira reunião dos tempos modernos" para lutar pela igualdade civil e política dos judeus. Reuniram-se[11] delegados judeus da Alemanha, da Inglaterra, da Bélgica, dos Estados Unidos, da França e da Holanda, onde não existia (ainda) aquele tipo de violência, e da Romênia – sem nenhum resultado.

A naturalização, mas não a cidadania, só foi alcançada por 888 judeus, alguns entre os muitos que tinham participado das guerras russo-romeno-turca, da guerra da independência (1877) e das guerras balcânicas (1912-1913).

Por um breve período, durante a dominação dos Habsburgos austríacos (1848), os judeus foram emancipados. As crianças foram integradas ao ensino oficial alemão, e os

10 *Israelitul roman*, Bucareste, n.8, 1857, p.1-2 apud Berindei (1993).

11 Iancu, 1992; 1978, p.67.

adultos, embora falassem o ídiche entre si, eram obrigados a dizer que falavam o alemão.

Sem data. Golde e Pessi Sirulnik, Romênia.
Foto cedida por Eni Leiderman.

Com o retorno do domínio romeno, perderam novamente a cidadania. O Conselho Nacional Judaico tentou formar escolas judaicas separadas e ensinar o hebraico. No entanto, visto que não eram reconhecidos como minoria nacional, tiveram as escolas fechadas. O ídiche tornou-se uma língua que simbolizava a resistência e, mesmo não sendo a utilizada pelos intelectuais, estes decidiram expressar sua oposição ao governo romeno promovendo o Primeiro Congresso Mundial da Língua e Cultura Ídiche, em 1908, em Czernowitz, na região da Bucovina.[12]

Excluídos das funções públicas como todos os judeus de todos os países da Europa Central e Oriental, impedidos de exercer numerosas atividades econômicas, seus filhos dificilmente eram aceitos nas escolas oficiais e, quando o eram, deviam pagar taxas elevadas, como contaram vários historiantes a esta pesquisa. No entanto, obrigados a servir o Exército, eram chamados imediatamente para as guerras. Na Primeira Guerra Mundial, os judeus romenos, 3,3% da população, mandaram 23 mil soldados. (Infelizmente não dispomos do tamanho do Exército.) Não alcançaram a cidadania, mas os mortos, os feridos e os prisioneiros judeus tiveram, ironicamente, seus nomes publicados no *Moniturul Oficial* (Iancu, 1994, p.260).

Contra as discriminações e agressões, a União dos Judeus da Terra enviou, em 1910, um protesto ao Parlamento. Três anos depois e nenhuma providência tomada, enviaram uma carta ao rei mostrando a discriminação infligida pelos antissemitas "na

12 Schaary (1993). Czernowitz foi uma cidade importante na trajetória de vários historiantes.

imprensa, no teatro, em encontros e no Parlamento" (Ancel & Eskenasy, 1991, p.39-58). Gigantesco esforço, esperançosa ingenuidade buscar direitos políticos e humanos pela via da burocracia!

Partidos romenos antissemitas

Ações pacíficas tentavam denunciar e impedir um antissemitismo historicamente arraigado em largas parcelas da população, ratificado pelas leis que excluíam os judeus da cidadania romena. No fim do século XIX e nas primeiras décadas do século XX, o antissemitismo se organizou politicamente: em 1910 formaram-se a Liga de Defesa Nacional, liderada por Cuza e Iorga, dois antissemitas declarados; a Legião de São Miguel Arcângelo, de Codreanu; o Partido Cristão-Nacional, também de Iorga e Cuza; além de outras ligas e partidos de caráter antissemita. A cruel figura de Cuza cruzou o caminho de vários historiantes – como Rifca Gutnik e o doutor Aizenstein.

Em 1910, Iorga e Cuza fundam o Partido Nacional Democrático, o primeiro a propor como programa a luta antissemita, e chamam de "atos patrióticos" as violências praticadas pelos estudantes contra judeus (Ancel & Eskenasy, 1991, p.46). O relato do doutor Aizenstein revela como ele foi obrigado a abandonar a Faculdade de Medicina devido à perseguição dos estudantes desse partido. Cuza se candidata com uma plataforma antissemita; é eleito. Os citados movimentos consideravam, como os nazistas mais tarde, que os judeus não eram humanos e, sendo desprovidos desta qualidade, podiam ser eliminados. Ao mesmo tempo, desenvolviam-se dois contraditórios estereótipos sobre os judeus: ou todos eram capitalistas exploradores ou todos eram comunistas. Em qualquer dos casos, deveriam ser combatidos. Como se vê, o nazismo não foi original.

A diplomacia internacional – Clemenceau pela França, os Estados Unidos, o ministro italiano Luigi Luzatti – intervém algumas vezes face aos pogroms e às enormes levas imigratórias, como os *fussgeir* [imigrantes a pé] e as constantes perseguições de 1900, 1902, 1912 e 1913 (Iancu, 1994, p.247-81).

À doutrina de Cuza e Iorga se incorporara a Guarda da Consciência Nacional, depois chamada União Cristã Nacional, que em 1923 se tornaria a Liga Cristã de Defesa Nacional, patrona da Associação Cristã dos Estudantes. Em seus discursos, Cuza acusava "o judeu" de pretender dominar a Romênia e o mundo; para se defender desse suposto perigo criou, em 1927, a Guarda de Ferro. Esse cruel personagem político interferiu em várias vidas, como na turbulenta trajetória universitária do doutor Aizenstein, contada mais adiante.

O movimento Guarda de Ferro difunde a imagem formulada por Goga de que o maior perigo estava numa maldade judaica "invisível". A conclusão era que o mal só podia ser extirpado pela destruição. A essa corrente filia-se o "talento" de Mircea Eliade, historiador muito traduzido e lido nas universidades brasileiras, que propõe destruir "os filhos do diabo" (Ancel & Eskenasy, 1991, p.53). As ideias nazistas estavam inteiramente contidas na ideologia dos movimentos antissemitas romenos. Como bem mostrou Rosetta Loy (2008) em conferência pronunciada em Paris, nos anos que antecederam o nazismo houve uma clara preparação sem que as forças democráticas tivessem manifestado intenção de reprimi-las; o mesmo ocorreu na Romênia, para não citar outros países.

Em 28 de maio de 1930, Wilhelm Filderman, presidente da Federação das Comunidades Judaicas da Romênia, fez um protesto "mostrando como em nome de Jesus e do Novo Testamento se estava usando a Igreja para destruir sinagogas e escolas judaicas" (Ancel & Eskenasy, 1991, p.51).

A reação judaica se expressava, em geral, dentro dos limites legais. Realizaram congressos, dirigiram-se às autoridades constituídas, enviaram cartas ao Parlamento e ao rei, manifestando-se contra o antissemitismo expresso nos jornais, no Parlamento, nas escolas. Agindo dentro da ordem, absolutamente nada conseguiram.

Surgem, então, algumas reações pessoais, como no caso abaixo relatado, ou por meio das milícias de autodefesa que se formaram nos *shtetlach*.

> Eu e um amigo queríamos fazer Medicina e fomos para Praga. Lá era mais fácil. Por motivo de doença tive que voltar e, para não perder o ano, fui para Iassi, na Romênia. Lá existia o maior antissemitismo, os maiores antissemitas estavam numa célula de *cuzistas* declarados. Cuzistas eram os chefes dos antissemitas. Era conhecida como a cidade mais antissemita de toda a Romênia e de toda a Europa. Lá estava a Guarda de Ferro.
>
> Meu principal professor de química, chamado Schmulano, para se vingar dos judeus, não os admitia na sua aula e fazia o seguinte: havia um anfiteatro com uma escadinha de quatro degraus e uns bancos. Na mesa dele tinha um tijolo com uma suástica; também usava uma suástica na gravata, nas abotoaduras. E quando a aula começava, dizia: "Vocês devem ter cuidado com esses judeus sujos". Isso era logo na entrada...
>
> Então me inscrevi, mas precisei ter muito cuidado. A aula começava às 8 horas e ele começava a fazer chamada às 7h45. Os judeus não podiam passar na frente, tinham que ficar atrás na fila. Com o tempo tomado para chamar os cristãos todos, se conseguissem entrar

três ou quatro judeus já era muito. Aí não entrava mais nenhum. Então praticamente não se frequentava a aula.

Nossos colegas cristãos "judiavam" muito da gente. Tínhamos duas colegas que, quando era a vez de uma delas entrar na sala, os judeus tinham que subir os degraus da arquibancada do anfiteatro para ficar lá em cima, então eles se abaixavam e olhavam debaixo da saia. Naquela época não se usava colante, nem meia-calça. E assim não aguentei muito.

Uma vez, numa outra aula, de fisiologia, o professor era um sujeito muito simpático, um grande filossemita, mas tinha-se que subir mais ou menos vinte e poucos degraus na aula dele. Os cristãos estavam lá em cima e cada vez que os judeus chegavam, jogavam eles todos para baixo. Isso aconteceu uma vez, depois outra... E ele ameaçava os estudantes, dizia: "Olha, tem uma arma aqui em cima da mesa, se vocês fizerem algum mal para os judeus, eu mato mesmo". Mas não adiantava.

Essa faculdade era autônoma, e a polícia, nem se fosse chamada, poderia entrar. A polícia não entrava para ajudar os judeus. Aí fizemos uma coisa. Um belo dia fomos num bairro judeu daquela cidade, onde geralmente moravam as pessoas mais pobres da colônia judaica (os açougueiros, os carregadores), e conversamos com eles, que eram jovens também. "Vocês arrumem umas roupas boas, umas roupas decentes e venham com a gente. Quando começar a briga, vocês avançam."

Eles pegaram uns facões, deram surra uma, duas vezes neles. Mesmo assim, não se aguentava muito. Exames, não se podia fazer. Terminei o segundo semestre sem exame, sem nada. Descansei no verão, época de férias, e fui procurar outro país. Fui para a Itália. (Doutor Júlio Aizenstein,[13] médico.)

Reações coletivas ou individuais de nada adiantaram. A diplomacia externa conseguiu, após o Tratado de Paz da Primeira Guerra Mundial, uma cidadania limitada. Mas nada reduziu a exclusão social e a discriminação contra os judeus.

Em 1918, formou-se a Grande Romênia com a reconquista da Bessárabia, da Bucovina e da Transilvânia, territórios ocupados pelos Impérios Russo e Austro-Húngaro. Durante as negociações do Tratado de Paz, houve fortes pressões da França e dos Estados Unidos pela cidadania dos judeus, sem muito sucesso, sobretudo devido ao poderio bélico romeno. À maioria dos judeus restava a pobreza, a violência ou uma alternativa: imigrar para a América ou para outros países onde a perseguição ainda não existia. Incrementou-se, assim, o fluxo iniciado no século XIX.

13 Entrevista realizada em 18 de junho de 1982 por Eva Alterman Blay e Lia Rosenberg.

Proibição à liberdade de trabalhar

Em 1937 os judeus eram 4% da população romena, distribuídos pelas várias regiões do país: moravam em *shtetlach* e, quando foi permitido, migraram para a capital, Bucareste. Esta tinha, em 1900, cerca de 40 mil judeus, e, em 1938-1939, aproximadamente 100 mil judeus. A Bucovina, nos seus 10.441 km², situada ao norte da Moldávia, tinha em torno de 800 mil habitantes, dos quais 10% a 12% eram judeus (Rosen, 1993).

Não havia liberdade de trabalho e, em nome do "nacionalismo econômico", a maior parte das atividades profissionais era proibida. Um *survey* nacional de 1901-1902 mostra que, como resultado dessa proibição, os judeus se concentravam em poucas atividades: 20% dos 98 mil artesãos do país eram judeus, quatro vezes mais do que a proporção de judeus na população total. Em Bucareste, eram 2,1% do total de artesãos, conforme se vê no Quadro 2. Observe-se que o próprio *survey* separava os judeus do resto da população.

Quadro 2
Distribuição dos artesãos por *status* e etnia em Bucareste

	TOTAL	ROMENOS	ESTRANGEIROS	JUDEUS
Empregadores	5.231	2.259	1.542	1.430
Trabalhadores	6.212	3.655	1.322	1.235
Aprendizes	3.477	2.446	500	531
Total	14.920	8.360	3.364	3.196

Fonte: Ancheta industriala din 1901-1902 Bucaresti, 1904, v.II, p.702-3 apud Rosen, 1993, p.237.

As mulheres artesãs somavam 31,4% entre os judeus, enquanto eram 15,8% entre os romenos; nas outras etnias, eram 5,7%. Costuravam, faziam roupa de cama, eram chapeleiras, bordadeiras etc. Uma recorrente afirmação alega que entre os judeus haveria uma divisão de gênero no trabalho, sobretudo entre os pobres, na qual os homens se dedicariam ao estudo da Torá e dos livros sagrados, enquanto às mulheres caberia prover e manter o lar, além de seguir as prescrições da casa judaica. Não se pode generalizar esta suposta divisão sexual do trabalho; é certa a elevada participação econômica das mulheres judias na Europa em geral e, posteriormente, no Brasil. O mercado de trabalho era estreitamente limitado, as proibições reduziam a muito pouco as alternativas de ocupação e são inúmeros os relatos dos homens ambulantes que caminhavam pelas estradas para comprar ou vender mercadoria, ou que exerciam as atividades artesanais que lhes eram permitidas.

A guerra de 1914 interrompeu o crescimento econômico romeno; os judeus foram convocados para o Exército e houve grandes perdas de vidas. Com a retomada do desenvolvimento do país, cerca de 30% das manufaturas em 1930 pertenciam a judeus. Em Bucareste, entre proprietários e empregados, havia 31 mil judeus economicamente ativos, dos quais 29% trabalhavam na indústria, 33% no comércio e 11% em crédito, representação e agências comerciais (Rosen, 1993). Esta concentração é decorrente, como já se mostrou, das restrições ao trabalho em inúmeras atividades, sobretudo públicas, de magistério, profissões liberais etc.

O antigo e constante antissemitismo se exacerbava, e, em 1940-1941, os judeus foram totalmente excluídos da vida econômica em nome de uma "romeinização das atividades comerciais e industriais" (Rosen, 1993, p.244). Após séculos de vida na Romênia, os judeus nunca alcançaram plena cidadania. Foram convocados para guerras, pertenceram a grupos políticos, participaram da economia e das lutas nacionais e políticas, mas não venceram o antissemitismo. A exclusão, as perseguições, os pogroms, o *numerus clausus*, o cerceamento ao trabalho, reduziram a maioria à pobreza. O êxodo dos judeus da Romênia foi permanente.

Muitos deles aportaram no Rio de Janeiro, em Santos (São Paulo) e no Recife (Pernambuco); foram esses os portões de entrada para o Brasil.

Polônia

Morar e trabalhar

Para conhecer a origem dos judeus poloneses, lituanos e ucranianos é necessário um rápido voo a partir do século XIV, quando alterações políticas na Europa Central e Oriental literalmente empurraram os judeus para novas fronteiras. A Lituânia e a Polônia formaram a Federação Polono-Lituana, e, pela aliança entre ducados do norte, formou-se o Reino de Moscou.[14] Os judeus foram alocados na Crimeia tártara e no Estado polono-lituano. A eles veio juntar-se a imigração proveniente do leste da Renânia, para onde os judeus tinham ido desde o movimento das cruzadas e onde houvera uma "perseguição endêmica em todos os pequenos estados alemães" (Rosen, 1993, p.23). Somem-se os massacres consequentes à peste negra,[15] cujos "culpados" eram os judeus;

14 O sudeste se tornou parte do território mongol.

15 Poliacov, 1955 apud Ertel, 1986, p.23.

1921. Kozienice, Polônia. Aniversário de um ano de Sônia Eisenbaum.
Foto cedida por Cecília Abramczyk.

às expulsões da Espanha, no século XV, pelos reis católicos Isabel e Fernando de Aragão; e às de Portugal, por resistência à conversão e por medo da Inquisição. O resultado foi o aumento da imigração para a Polônia.

Diz a lenda que, exauridos após tantas fugas e perseguições, ao chegarem à Polônia, no fim da Idade Média, os judeus teriam visto no alto de uma árvore uma inscrição – "Po-lin" – e a traduziram como "repouse aqui" (Ertel, 1986, p.20). Cruel engano!

Do século XV ao XVII, a população judaica da Polônia cresceu devido a saldos positivos entre nascimentos e falecimentos e entre imigração e emigração. Estudos estimam que no fim do século XV ela era constituída de 20 mil a 30 mil pessoas, e duzentos anos após, em 1648, por centenas de milhares.[16]

A primeira colônia judaica da Polônia teria se fixado na Cracóvia, originando-se de judeus que faziam comércio marítimo entre Kiev e a Alemanha desde o século XI. A rota partia de Regensburg, passava por Praga e Cracóvia, chegando a Kiev; ali os

16 Weinryb, 1973, p.114 e *passim* apud Ertel, 1986, p.27; Dobroszycki & Kirshenblatt-Gimblett, 1977, p.259-60.

judeus eram chamados de "viajantes pelos caminhos da Rússia" (Ertel, 1986, p.27). Até o século XIII, caravanas de comerciantes atravessavam a Europa, e os judeus tanto eram agentes comerciais das manufaturas de Regensburg como negociantes independentes. Tão antiga atividade profissional como comerciante perdura ao longo dos séculos e se restaura no Brasil.

A imigração para a Polônia também foi incentivada pelos reis poloneses, interessados em atrair comerciantes e artesãos judeus que substituíssem os mongóis. A guerra destruíra a "camada burguesa", dedicada ao comércio e à indústria. Nesta época, entre os séculos XIII e XIV, houve uma "integração horizontal, isto é, econômica e geográfica" dos judeus, segundo Ertel (1986, p.29).

No período medieval, as atividades dos judeus na Polônia não eram especializadas. Excluídos das guildas, tinham obrigatoriamente de se dedicar às atividades não monopolizadas por elas, como alguns ramos de artesanato, de produção de alimentos etc.; praticavam também o empréstimo de dinheiro, menos comum do que "a propaganda eclesiástica fazia crer e que também era exercida pelos cristãos", diz Ertel (Ibid.). Os judeus foram os primeiros agricultores que aceitaram pagamento em espécie ou em produtos, faziam comércio a atacado e a varejo, exportação e importação de produtos agrícolas ou manufaturados – todas elas raízes de conhecimentos que serão trazidas para o Brasil.

Feira em Rovne, Polônia.
Cartão-postal cedido por Eni Leiderman.

Com o desenvolvimento do artesanato urbano, concentraram-se em "dois ramos de atividade: alimentação (essencialmente pães e doces) e a produção de roupas (tecelagem, couro e costura)". Eventualmente eram camponeses arrendatários de pequenas áreas de terra, nas quais mantinham pastagens, criavam animais de pequeno porte e produziam alimentos para sua própria subsistência.

O século XVI foi denominado por Ertel de "Idade de Ouro" do judaísmo polonês, pois nele (e em parte do século seguinte) os judeus diversificaram e ampliaram suas atividades. Tornaram-se importantes na classe de comerciantes de exportação e importação com o norte, o oeste e o sul (Moldávia) da Europa, com a Turquia e o Mar Negro.

Cresceu também a produção artesanal e, no começo do século XVII, alguns deles desenvolveram um "sistema de crédito que prefigura o capitalismo. O comerciante capitalista antecipava a matéria-prima ao artesão, que a manufaturava e devolvia a um preço que dava lucro substancial ao primeiro".[17] O mesmo foi feito na produção de couro e peles. Não dispondo de nenhum capital para investir, muitos judeus pobres encontraram trabalho nessa atividade artesanal.

Reprodução da carga carregada às costas pelos comerciantes-ambulantes judeus. Museu Judaico de Berlim.
Foto: Eva Alterman Blay, 2009.

É no século XVII que "nasce entre os artesãos judeus aquilo que se tornou sua especialidade", uma forma original de trabalho: o trabalho itinerante. Estes "comerciantes do interior", "*dorfsgeïer*", "ambulantes",[18] saíam de suas casas no domingo e iam para aldeias, lugarejos pequenos e afastados, e só voltavam para casa para o *shabes*,[19] o sábado, dia sagrado e dedicado ao descanso. Esse trajeto era feito a pé; carregavam a mercadoria nas costas[20] e pernoitavam em "casas de abri-

17 Braudel, 1979, p.273-9 apud Ertel, 1986, p.31.
18 Ertel, 1986, p.31, especialmente n.19.
19 Beller (1991) ilustrou magnificamente esses caminhos.
20 O Museu Judaico de Berlim reproduziu o judeu carregando seu fardo e utensílios de uso diário, nas costas.

go comunitárias", eventualmente em pensões judaicas ou em celeiros de camponeses. Além da mercadoria, levavam utensílios para cozinhar, já que a comida deveria ser "casher" (de acordo com prescrição religiosa).

Judeus do príncipe, judeus do papa

No século XIII, os judeus da Polônia e da Lituânia estavam submetidos a um estatuto de servidão (*servitudo camarae*), comum em outras partes do Ocidente, por exemplo na França. Quando a Igreja de Roma cindiu-se e o papado se instalou em Avignon, os judeus daquela região passaram a ser conhecidos como *judeus do papa*, pois eram de sua "propriedade". O referido estatuto estendia-se além de Avignon, alcançando as regiões vizinhas de Carpentras e de Cavaillon. (Visitei as sinagogas dessas duas cidades; estão conservadas em seus detalhes.) Durante todo o século XIII, os judeus do papa tiveram a proteção dele e, em contrapartida, contribuíram para seu fortalecimento.[21]

No século XIV (1354) este estatuto foi reforçado com Casimiro, O Grande (a quem vimos quando tratamos da Romênia ao tempo em que esta pertencia à Polônia), e os judeus tiveram autonomia para fazer negócios, circular, alugar terras da nobreza e do clero ou fazer hipotecas. Questões entre judeus e não judeus só podiam ser julgadas pelo príncipe.

Museu na antiga sinagoga de Cavaillon. Cartão-postal, 1996.

A posição dos judeus pendia então na balança fortalecendo o poder do rei, ao qual pagavam impostos e forneciam bens produzidos fora do monopólio das guildas católicas. A nobreza, parte do clero e, posteriormente, a burguesia polonesa reagiram. Na luta entre poder religioso e poder do monarca, a Igreja impunha leis antijudaicas que levavam a pogroms sob acusações varia-

21 Moulinas, 1992; Weinryb, 1962, p.445-502 apud Ertel, 1986, p.23.

Sinagoga de Carpentras.
Foto: Eva Alterman Blay, 1996.

das, entre elas a de que os judeus sacrificavam cristãos em seus ritos religiosos. É recorrente na história a utilização da acusação de "morte ritual" como álibi para a perseguição aos judeus. Provavelmente resultante desta acusação-perseguição-pogrom é a figura do Golem, a criatura mítica de barro que descobre os verdadeiros assassinos e salva os judeus dos massacres e assassinatos (Wiesel, 1986).

Desse modo, o *shtetl* era um lugar de relativa liberdade e autonomia que permitia aos judeus morarem fora dos burgos e não dependerem das guildas.

Na concorrência entre a nobreza e a burguesia cristã, aquela procurava quebrar o monopólio das cidades e guildas por meio da livre empresa, mantendo para si o monopólio dos produtos agrícolas. Os judeus passaram a morar e a trabalhar nos domínios da nobreza e da realeza que dispunham dos comerciantes e da produção dos artesãos judeus. Ao morar em "cidades privadas", isto é, pertencentes à nobreza, esta criou um sistema interno de proteção excluindo de tais benefícios os judeus de outras regiões. Cada *kehila* protegia "seus" moradores numa espécie de reprodução da ordem burguesa que ora nascia.

Os judeus se dividiram em duas categorias em relação ao poder polonês: os judeus da Coroa e os judeus privados. Os primeiros viviam nos domínios do rei e pagavam impostos a ele; os segundos, nos domínios dos nobres, mas neste caso pagavam impostos a eles *e* ao rei.

Desde 1551, quando Sigismundo Augusto modificou o estatuto que dera autonomia aos judeus, até o século XX, estes foram mantidos (ou se mantiveram) separados do povo polonês por meio de uma organização social própria.

Guerras imperialistas: judeus "úteis" e judeus "nocivos"

As guerras imperialistas da segunda metade do século XVIII alteraram hegemonias políticas e fronteiras territoriais. A Europa Central e Oriental fizera-se dominar por três impérios: o tsarista, o austro-húngaro e o prussiano. Pelos desmembramentos do território polonês (1772 e 1795), cerca de 1 milhão de judeus ficaram subordinados aos três impérios.[22]

Do ângulo dos territórios dominados, a condição dos judeus agravou-se consideravelmente: eram tidos como *concorrentes* indesejáveis ou pessoas "inúteis". Rússia, Áustria, Hungria e Prússia "herdam" as populações judaicas; a Prússia e o Império Austro-Húngaro classificam os judeus em dois grupos, os *úteis* (ricos que tiveram proteção governamental) e os *nocivos* (os outros, que deviam ser "reduzidos"). O cenário variou conforme as nações e a condição de classe dos judeus.

No começo da Primeira Guerra Mundial, o *shtetl* desapareceu na província prussiana de Poznam em decorrência das migrações para as grandes cidades e do declínio do número de judeus. (Essa província possui papel de protagonista nesta pesquisa: é o local de nascimento de Suzana Frank, uma das historiantes cuja trajetória será apresentada no na Parte IV.) Em 1782, para reduzir a população judaica, José II taxou os casamentos; exigiu que os noivos fossem alfabetizados; impôs áreas restritas para moradia; aumentou impostos para o exercício de atividades próprias à religião judaica, como o consumo de velas no sábado, a frequência a sinagogas, a carne casher; limitou os direitos rabínicos, reduzindo-os aos assuntos religiosos; proibiu que cristãos fossem empregados por judeus e que se enviasse dinheiro para a Palestina. Os judeus tiveram sua entrada limitada em Viena, consentida apenas com o pagamento de um imposto (Ertel, 1986, p.58).

Como se vê, restringiram-se de tal maneira as condições de vida da população judaica já empobrecida, que imigrar passou a ser um sonho para os pobres, os *inúteis*.

Na Galícia Ocidental, onde os judeus eram 11,7% da população, a Constituição de 1868 proporcionou relativa igualdade. Concentrados no meio urbano, começaram a participar da vida política e chegaram a ocupar postos no Legislativo e no Executivo em âmbito local.

Contrariamente, na Galícia Oriental, tanto os poloneses como os ucranianos queriam uma "burguesia autóctone", livre dos "elementos parasitas" (leia-se: judeus).

22 A Bielorrússia passou para o Império Tsarista, a Galícia para a Áustria e o oeste da Polônia para a Prússia. A Polônia só se reorganizou depois de um século, com o Tratado de Paz da Guerra de 1914-1918.

Início do século XX. Colegas da escola de Vilna.
Foto cedida por Ester Siegel.

Nos últimos trinta anos do século XIX, os judeus estavam divididos em duas camadas na Galícia Oriental: uma rica, constituída por profissionais liberais, comerciantes de todos os níveis e alguns proprietários rurais que, por intercasamento e conversão, "se polonizaram e começaram a se dissolver no meio da população"; a outra, formada pelos demais judeus, a maioria pauperizada e cravada por impostos impossíveis de pagar, vivia no *shtetl* superpovoado e insalubre, e era constituída de artesãos, comerciantes sem dinheiro e trabalhadores ambulantes (Ertel, 1986, p.59-60).

Nesta condição de povo dominado, impossibilitados de gerir seus negócios com autonomia, os poloneses demandavam às autoridades do Império Austro-Húngaro um "comércio nacional", ou seja, lutavam "pela exclusão dos judeus" do mercado. Queriam eliminar os concorrentes e, para isso, boicotavam as empresas de judeus e chegavam mesmo à violência antijudaica.[23]

---

23 O jornal *Glos Norodu* [A Voz do Povo] apoiava o boicote e aprovava os pogroms e a violência antijudaica (Ertel, 1986, p.61).

1920. Henrique Blay ao centro e seu conjunto musical em Rovne, Polônia. Henrique imigrou para o Brasil.

Foto cedida por Eni Leiderman.

1920. Lucz, Polônia. Julio e José Zilberberg, alunos do Tarbut.

Foto cedida por José Zilberberg.

Por outro lado, nas dezenas de *shtetlach* a situação dos moradores foi se agravando por causa do aumento populacional decorrente do crescimento demográfico e do êxodo rural para as pequenas aldeias.

No começo do século XX, as pequenas oficinas de alfaiates, de sapateiros, de marceneiros, os albergues e as destilarias eram praticamente as únicas ocupações permitidas aos judeus – os quais, mesmo no *shtetl*, eram proibidos de comercializar com os camponeses cristãos. A pobreza foi se tornando cada vez maior. Com o êxodo rural para o *shtetl*, aumentou a oferta de mão de obra, barateando-a em demasia. Além das restrições e dos monopólios, reduziram-se as concessões de venda de bebidas alcoólicas de 20 mil albergues para 800 estabelecimentos, deixando mais de 40 mil pessoas sem nenhuma atividade econômica. Todos se tornaram comerciantes, artesãos, ou ficaram sem nenhuma atividade. A pobreza se tornou sufocante (Dubnov, 1933).

Entre 1881 e 1891, mais de 45 mil judeus abandonaram o Império Austro-Húngaro, dirigindo-se para os Estados Unidos, para outros países da Europa e também para a América do Sul, incluindo o Brasil. O fluxo não mais se interrompeu; os que ficaram no *shtetl* sofreram drasticamente; serão eles as futuras vítimas do Holocausto. É notável a diferença entre as condições de vida do *shtetl* e a da que descreve Michel Löwy (1989) entre os judeus intelectuais que residiam em Viena e em outros centros metropolitanos europeus (alguns destes também fizeram parte de nosso rol de historiantes, como Ignacy Sachs e Khäte Schwarz).

Concomitantemente, fortaleceu-se a relação da reduzida burguesia judaica com a aristocracia polonesa. Houve certa assimilação e o número de judeus nas escolas de todos os níveis aumentou. Nos anos seguintes, cresceu a grande diferença econômica entre classes, e uma tentativa de polonização da economia e da política propiciou forte retorno do antissemitismo, seja na burguesia, seja na camada trabalhadora. Em 25 de dezembro de 1881, "Varsóvia, ao lado dos pogroms que ensanguentaram a Rússia, fez o seu próprio".[24]

Como na Romênia, também na Polônia a Democracia Nacional (Endecja), "organização nacionalista radical", teve como plataforma o antissemitismo. Paradoxalmente, a mesma opressão e as mesmas terríveis condições de vida do operariado polonês eram partilhadas pelos trabalhadores judeus, que enfrentavam ainda o antissemitismo.

Em 1877 a população judaica crescera para 1.321.000 pessoas,[25] a maioria morando em bairros miseráveis de cidades industriais ou nos *shtetlach*. Poucos trabalhavam nas

---

24 Ertel, 1986, p.65; Barnavi, 1995, p.190.

25 Hersh, Ydishe Demografie. In: *Algemeïne Entziklopedie*, Nova York, 1950, v.I, p.331-87 apud Ertel, 1986, p.66.

fábricas. A maioria trabalhava a domicílio, de maneira penosa. (Sachs, em sua história, faz um emocionante relato do que presenciou, quando criança, em Varsóvia e nos arredores.)

Rússia

A zona de residência obrigatória

O auge da reclusão dos judeus em espaço territorial ocorre no território russo. Por 145 anos, desde Catarina II até a Revolução de 1917, os tsares transferiram os judeus para uma "zona de residência obrigatória"[26] que se estendia do Mar Báltico ao Mar Negro. Exceções eram permitidas em algumas grandes cidades como Kiev, Nikolaiev, Sebastopol, Yalta e São Petersburgo.

Aos judeus russos somaram-se outros, provenientes dos territórios dominados pelo Império Tsarista por meio de guerras. Assim, cerca de 1 milhão de judeus vieram com a dominação de grande parte da Polônia e da Lituânia, entre 1772 e 1795. Em 1882, os judeus que viviam na zona rural – cerca de 500 mil – foram obrigados a deixar suas casas e mudar-se para pequenas cidades ou *shtetlach* da zona de residência. A eles se somaram mais 250 mil pessoas, que viviam ao longo da fronteira oeste da Rússia. Em 1891, os 700 mil judeus que viviam a leste da fronteira também tiveram de se mudar para a zona de residência: portanto, em 145 anos, mobilizaram-se 2.450.000 judeus para uma única área, restringindo suas atividades econômicas e procurando isolá-los do restante do país. Some a isso o crescimento vegetativo: na zona de residência, os judeus não tinham liberdade de circulação e de trabalho, estavam circunscritos a todas as arbitrariedades e, para poder exercer qualquer atividade religiosa, educacional ou social, eram crivados de impostos.

O *shtetl*

O magnífico livro de Rachel Ertel *Le Shtetl* (1986) reconstrói a vida reclusa dos judeus da Polônia. Habitantes de inúmeros *shtetlach*, pequenas cidades de no máximo 5 mil habitantes, eram na maioria judeus. O retrato que ela empreende e analisa pode

26 Zona de residência, ou "área restrita": *pale* em inglês, *rayon* em ídiche. Veja-se Mendes-Flohr e Reinharz (1980, p.307-8), entre outros. Usarei, para simplificar, "zona de residência".

1928. Sucaron, Bessarábia. Sra. Polacov com os cabelos cobertos e sua neta.
Foto cedida por Malvina Teperman.

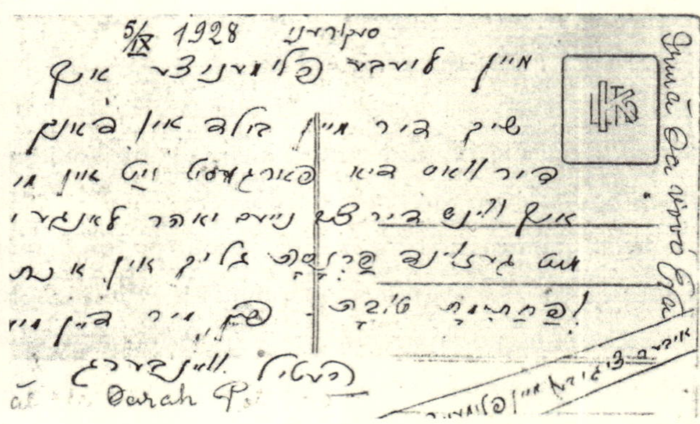

ser estendido aos *shtetlach* de outros países, sobretudo os da Europa Oriental, por possuírem a mesma forma de organização social. Provas desta semelhança constam nos Yizker-Biher,[27] "livros de lembranças" escritos em conjunto pelos sobreviventes do Holocausto e por judeus que já haviam emigrado da Europa antes da Segunda Guerra Mundial. São livros de memórias, depoimentos e lembranças da vida no *shtetl* que podem ser encontrados em grande parte das casas dos imigrantes de primeira geração, incluindo as dos historiantes desta pesquisa, bem como na casa de meus pais.

Os Yizker-Biher eram muitas vezes guardados distante dos olhos: relembravam pais, mães, famílias inteiras destruídas pelo nazismo, pelo antissemitismo. Neles se conta como eram as cidades, fala-se de poesia, de humor, de trabalho. Páginas são dedicadas ao teatro, às sinagogas. É um documento que contém depoimentos sobre a vida cotidiana, os problemas, a estrutura social, a vida política das antigas cidadezinhas cuja população judaica foi quase inteiramente dizimada pelo Holocausto. Os que restaram

27 O nome "Yizker-Biher" é composto das palavras "Yizker", que é a reza que se diz em lembrança aos mortos; e "Biher", que significa "livro".

nunca quiseram ou puderam retornar às suas antigas moradias. Os que tentaram o retorno logo após a guerra foram novamente vítimas de pogroms, como no caso da cidade de Kielce.[28]

Os Yizker-Biher são a memória escrita para a posteridade de um povo que, por mais diverso que seja, tem uma memória comum (Valensi, 1996; Wachtel, 1986).

As origens do *shtetl* remontam no tempo. No Império Greco-Romano ele já é encontrado: os judeus formavam comunidades urbanas, dispunham de alguns direitos cívicos e de relativa autonomia religiosa, legal e administrativa. Constituíam uma *kehila*, e a sinagoga era "o farol da vida" (Ertel, 1986, p.34).

Ao longo dos séculos, passando pelo período medieval, pelo Renascimento e pela idade moderna, o *shtetl* judaico distinguia-se dos aglomerados cristãos (Suganas, 1996). A comunidade era dirigida pelos anciãos que conheciam os ensinamentos dos livros sagrados. Eles eram "reconhecidos pela comunidade" para julgar questões de direito civil quando os contendores eram judeus e tinham poder para expulsar aqueles que não os acatassem. Quando a disputa se dava entre judeus e cristãos, ou em casos de crime, a decisão cabia a um juiz indicado pelo governante, embora o processo ocorresse na sinagoga e o veredicto fosse dado após consulta aos representantes da comunidade judaica (Ertel, 1986; Minczeles, 1995; Beller, 1991).

A necessidade de haver um "juiz" que decidisse disputas e conflitos perdura praticamente até nossos dias. Desde que chegaram ao Brasil e mesmo décadas após, em caso de disputas entre judeus, era sempre procurada uma pessoa sábia, um "homem honrado" ou um religioso, um *eitze guiber* [conselheiro], pois se considerava que esses problemas não deveriam extravasar a comunidade. Desavenças econômicas, separação de casais, questões de honra, tudo se resolvia dentro da comunidade. A decisão tomada pelo "sábio" jamais era desobedecida.

Perdendo a liberdade de transitar e de morar em outros lugares, os judeus ficaram também restritos a produzir e consumir entre eles. Quando muito, havia trocas com alguns camponeses. Evidentemente a consequência foi um enorme empobrecimento. Por outro lado, os impostos aumentaram. É claro que desse quadro não participava a restrita burguesia em geral, inclusive a judaica, dedicada à indústria têxtil, metalúrgica etc.

---

28 Na cidade de Kielce, ao sul da Polônia, havia antes da guerra 26 mil judeus. No fim do conflito alguns sobreviventes resolveram voltar a suas casas. Não por acaso iniciaram-se as velhas acusações de que os judeus praticavam crimes rituais, dando ensejo a que no início de julho de 1946 se iniciasse um pogrom. Foram mortos 46 judeus e feriram-se outros tantos entre aqueles que retornaram (*Actualité Juive*, n.467, 21 mar. 1996, p.18).

A população judaica cresceu dentro de limites territoriais fixos. Estreitaram-se as possibilidades de trabalho com a imposição da proibição de cargos na administração pública, na agricultura, em profissões liberais, no ensino e no comércio com camponeses.

A partir de 1827, a legislação militar obrigava os meninos judeus a servir o Exército a partir dos 12 anos – e pelo período de 25 anos. Cada *shtetl* tinha de encaminhar um determinado número de recrutas, provocando terríveis evasões como o rapto, a fuga e o esconderijo de meninos (Minczeles, 1995, p.17). Essa obrigação de servir ao Exército e de afastar os meninos de suas famílias é uma das mais dramáticas memórias de nossos historiantes.

O rapto dos meninos

Nicolau I da Rússia estabeleceu um projeto de assimilação forçada[29] de judeus, convocando meninos teoricamente com mais de 12 anos, mas, na verdade, com 7 ou 8 anos. Mandava-os para locais muito distantes de suas famílias, encerrando-os em escolas pré-militares e, em seguida, no Exército regular, perfazendo um total de 25 anos. Algumas estratégias de resistência organizaram-se contra essa assimilação forçada para a preservação da identidade e da própria vida, uma vez que no Exército estavam submetidos a tarefas servis e à violência física (Mendes-Flohr & Reinharz, 1980). Várias histórias de vida fazem menção ao serviço militar de crianças e adultos e ao "rapto de meninos".

O "fazendeiro cristão filossemita Britcheva"

Meu nome é Júlio Aizenstein, doutor Júlio Aizenstein. Nasci em 1904, numa pequena cidade, Britcheva. Ela foi fundada em 1812, no tempo do imperador Alexandre III da Rússia. Lá existia a captura, não sei se já ouviram falar sobre isso: capturavam, prendiam jovens judeus, muito jovens, digamos entre 9 e 10 anos, e levavam para longe, para a fronteira com a China, com a Mongólia, para eles se assimilarem. Depois eles faziam o serviço militar e a maioria deles perdia até a noção de quem eram seus pais. Cumpriam o serviço militar, que naquela época era de 25 anos.

---

29 Estatuto de 26 de agosto de 1827. Vitaly Levanda, *Polnyi khronologicheskii sbornik zakonov i polozhenii, kasaiushikhksia evrev* [Coleção cronológica completa de leis e ordens relativas aos judeus], São Petersburgo, 1874. p.193-200 apud Mendes-Flohr & Reinharz, 1980, p.305-6.

Havia um fazendeiro, cujo nome era Britchevan, um cristão, um filossemita, digamos. Ele aceitou que os jovens vivessem numa de suas terras, que fundassem uma cidadezinha, uma colônia agrícola, porque trabalhando na agricultura eles não eram capturados. Isso foi na Bessarábia, que naquela época pertencia à Rússia, depois passou para a Romênia, depois, agora, voltou novamente para a Rússia.

Ele aceitava os judeus. Então todos os judeus naturalmente logo souberam que existia um lugar onde podiam se esconder, trabalhar, escapar dessa extradição, dessa prisão... E foram para lá. Vieram de diversas cidades, especialmente das da Ucrânia. Se tinham dois filhos homens, menores, mandavam uma irmã junto, para ser a dona da casa. A irmã podia ter 9 anos, 10 anos, e já era suficiente para ela cuidar desses dois irmãos, que tinham 7 ou 8 anos. E assim se fundou essa colônia, que se chamava Britcheva, em homenagem àquele fazendeiro... Aí eu nasci em 1904.[30]

Este não foi o único relato envolvendo a assimilação forçada. Rifca Gutnik conta que na Rua Remanowitz, onde morava seu avô, os jovens mobilizados para a Primeira Guerra Mundial iam pedir que ele os abençoasse.

Formavam-se filas de rapazes da cidade e das aldeias vizinhas para se apresentar, inclusive muitos judeus e não judeus que procuravam meu avô materno, Hersh Libers Mester, para pedir a bênção dele antes de embarcar. Meu avô tinha fama de santo e, com lágrimas nos olhos, não negava bênção a ninguém, alegando que todos os homens são filhos de Deus, independentemente de religião, e que mãe nenhuma gera filho para morrer na guerra.

1898. Varsóvia. Shmuel Voloch, peleteiro de profissão.

Foto cedida por seu primo, Shalom Bornstein.

30 Outro trecho da mesma entrevista foi transcrito nas p.52-3, na seção "Partidos romenos antissemitas".

> Este meu avô tinha 5 anos na época de Nicolau I, quando pegavam meninos judeus para o Exército. Na verdade, jogavam os meninos nos campos para morrer. Meu bisavô, que era *shoichet* [abatedor casher] e peleteiro, escondeu o filho de 5 anos numa carroça, cobriu-o com peles e disse para que não se mexesse nem respondesse a não ser a uma pessoa que dissesse uma senha. O menino foi deixado num campo, à noite, até que chegou um homem com a senha para buscá-lo. Levou-o para a Romênia, adotou-o como filho, criou-o e colocou-o na escola. Ensinou a profissão de peleteiro que era a sua. O menino cresceu lá e voltou para casa homem feito após a morte de Nicolau I. Este menino teve outro irmão que foi adotado e que ficou com o sobrenome da família de adoção, Berel Iacker. Meu avô nunca deixou a profissão de peleteiro, mesmo quando lhe ofereceram o cargo de professor de escola religiosa. Dizia que um homem deve ganhar sua vida com o trabalho de suas mãos, e assim viveu. Era muito honesto, nunca ficava com nenhum pedaço das peles com que trabalhava. Por tudo isso teve a fama de um homem santo, um dos 36 santos: a lenda diz que no mundo existem 36 santos pelos quais Deus não castiga o mundo – *lomed vuv tzadikem*. O pai dele, que era *shoichet*, um dia abandonou a profissão; ao ter de matar uma vaca, ele leu nos olhos dela o protesto: "Por que você me mata?". Nunca mais matou. "Foi ser professor." (Rifca Gutnik)[31]

A vida num *shtetl*: Britchon[32]

Britchon é um *shtetl*, uma cidadezinha estruturalmente semelhante a centenas de outras localizadas na Rússia, na Polônia ou na Romênia, habitada sobretudo por judeus. Fica na região da Moldávia, na Bessarábia; pertenceu sucessivamente à Rússia tsarista, à Áustria e à Romênia. Ficou por pouco tempo sob a República Democrática da Moldávia. Com o Tratado de Versalhes (1919), passou ao Reinado Romeno – o que levou a tragédia à cidade, em consequência da enorme inimizade dos romenos para com os judeus e os russos (Minczeles, 1995, p.17; Mendes-Flohr & Reinharz, 1980, p.305-6). No fim do século XIX, 96,5% da população (ou 7.184 habitantes) de Britchon era constituída por judeus. Lá construíram uma estrutura para servir às necessidades da

31 Entrevistas realizadas em 26 de junho de 1982, por Cecília Abramczyk, e em 16 de abril de 1992, por Eva Alterman Blay.

32 Todos os dados relativos a Britchon, exceto quando informado, foram obtidos no livro organizado por Amitzur, Amitz & Waizberg (1964) e gentilmente traduzidos para o português por Rifca Gutnik para esta pesquisa.

própria comunidade: em 1847 foi fundada uma escola judaica, e em 1885 um hospital e uma escola hebraica.

Britchon era um ponto de passagem entre dois rios, o Dniester e o Prut. O primeiro é como um ser vivo: sempre participa das narrativas dos moradores, caudaloso no verão, no inverno uma estrada gelada sobre a qual se andava, patinava... O Dniester guardou muitos corpos dos que tentaram atravessá-lo quando perseguidos durante a Segunda Guerra Mundial.

A população judaica era essencialmente urbana, obrigada a se dedicar às poucas atividades comerciais permitidas. Em 1924, apenas 125 judeus eram agricultores, trabalhando basicamente em terras arrendadas. Em 1930, o Censo Oficial contou 5.354 judeus, 95,2% da população total. O decréscimo populacional reflete efeitos da emigração, de grande parte para os Estados Unidos e depois para o Brasil, especialmente para São Paulo e Rio de Janeiro.

Por volta de 1940, acumularam-se em Britchon cerca de 16 mil judeus provenientes dos *shtetlach* vizinhos – Lipkon e Sucaron –, que fugiam da ocupação nazista. Acolher, no espaço de um ano (de 1939 para 1940), 4 mil pessoas, alimentá-las, encontrar habitação e tudo o que é necessário para mantê-las, em plena Segunda Guerra Mundial, foi realmente além das possibilidades da pequena cidade, que, finalmente, acabou destruída. Ouvi de um antigo morador que encontrei circunstancialmente em viagem a Israel, por volta de 1962, que carroças incendiadas foram espalhadas pelo *shtetl*, provocando grande incêndio, que consumiu as casas de madeira. Nada restou.

O traçado da cidade

Britchon tinha duas vias principais: a Rua dos Correios (Potshtova) e a Rua Remakovitz. Suas extremidades conduziam aos *shtetlach* vizinhos: Iedenitz, Sucaron, Hotim e Lipkon. Uma rede de famílias e amigos interligava-os, relações estas que se mantiveram e se reproduziram em São Paulo, no Brasil.

Por meio do mapa de ocupação do espaço, observa-se que a cidade se dividia em duas partes: o leste, habitado por judeus, e o oeste, por cristãos. Embora não houvesse nenhum impedimento à circulação, a população judaica tinha suas residências, oficinas, comércio e instituições concentradas no leste; e a população romena e as instituições do poder político e administrativo, no oeste.

Os camponeses cristãos moravam nas regiões mais elevadas fora do limite urbano da cidade. A disposição no espaço indica a existência de uma estratificação social e étnica fundada na hierarquia do poder político.

מאפע פון בריטשאן

עצייכנט פון אינזש׳ שלמה סערעברעניק

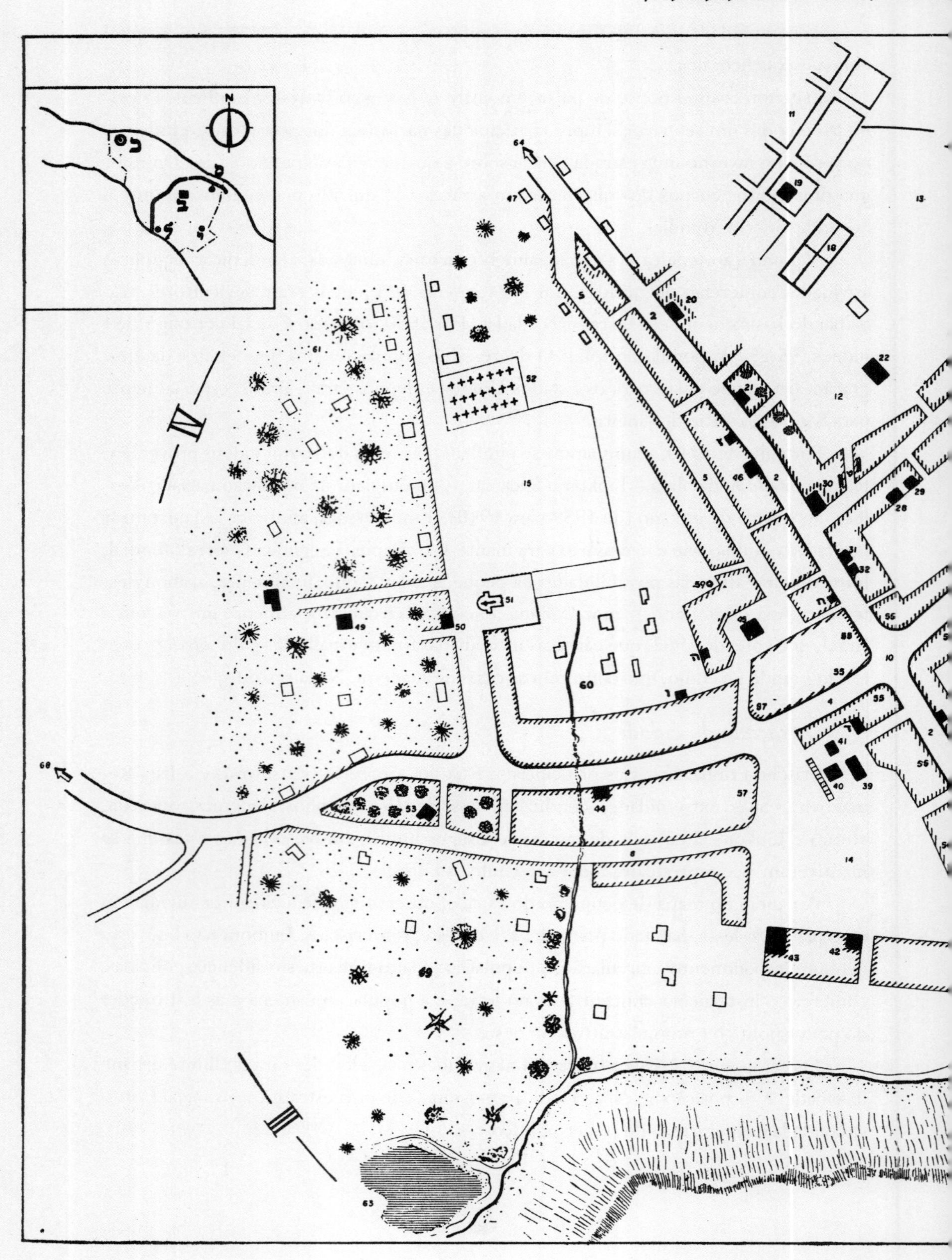

פלאן פון
בריטשאן

Traçado de Britchon

1. Rua Iedenitz
2. Rua do Correio
3. Rua dos Romenos
4. Rua Bucovina
5. Rua Hotin
6. Rua do Bernardo José Isaac
7. (omitido)
8. Rua Lipcan
9. Rua da Madeira
10. Centro
11. Plano Novo
12. Mercado de animais
13. Bombeiros
14. "Torovitse" [campo vazio]
15. Igreja Toleke
16. Monte Toleke
17. Ponte Iedenitz
18. Campo de futebol
19. Escola de Comércio
20. Correios
21. Sala Gurvitzes (Teatro)
22. Bombeiros
23. Hospital Israelita
24. Sinagoga de Itsi Cohen
25. Sharei Tsion e Novo Talmud Torá
26. Estação de energia elétrica
27. Sinagoga dos Trabalhadores em Peles e Couros

'א Rua do Linat Hatsedek (Rua da Vovó Hinde)

28. Talmud Torá Antigo
29. Sinagoga dos Sapateiros
30. Sinagoga Galanski
31. Cinema Sala Moti Kreimer
32. Grande Biblioteca
33. Sinagoga dos Carregadores de Água
34. Sinagoga de Berel Iosef Itsik
35. Sinagoga dos Alfaiates
36. "Di Bitlech" [banheiros]

'ב Rua dos Alfaiates
'ג Rua dos Ferreiros

37. Memorial
38. Banco
39. Grande Sinagoga
40. Beit Amidrash [Casa de oração]
41. Sinagoga Seletsher

'ד Sinagoga Velha

42. Central telefônica
43. Casa de Leis (Fórum e Prisão)
44. Beit Amirchat [Casa de banhos]
    Padaria de Matzes

'ה Salão Antigo
'ו Sociedade e Escola Metucan

45. Sinagoga dos Hassidim de Sodiguere
46. Cooperativa de Crédito

'ז Biblioteca Sionista

47. "Di liaches" [estrangeiros, não judeus]
48. Hospital Oficial
49. Prisão Nova
50. Escola Oficial
51. Igreja
52. Cemitério cristão
53. Ginásio
54. Armazém de cereais
55. Lojas de comércio

'ח Farmácia Grande

56. Casas de Enforazes (pensões)
57. Adegas
58. Artesãos
59. "Isvor" [fonte]
60. Túmulo dos Turcos e Heróis
61. Subúrbio
62. Cemitério judaico
63. Rio Dadales
64. Caminho para Hotim
65. Ponte Romankavitse e Caminho da Estação Ferroviária (Voskotsi)
66. Caminho para Sucaron

'ט Açougue e Rua dos Açougues

67. Caminho para Iedenitz
68. Ponte Lipkan e Caminho para Lipkan
69. "Mahla"
70. Asilo Israelita de Velhos

Do lado oeste de Britchon, concentravam-se a Igreja Toleke, o cemitério cristão, os edifícios do Fórum, a Prisão Nova, o Hospital Oficial e a Escola Oficial. Lá estava também o Túmulo dos Turcos e Heróis, derrotados e expulsos após ocuparem a cidade por séculos. A única fábrica de cerveja, "onde fabricavam uma maravilhosa pomada para a pele com os restos da cevada", como contou Rifca Gutnik, também ficava no lado oeste.

As sinagogas

No leste, a cidade concentrava toda a parte judaica. Comecemos pelas doze sinagogas:

1. Sinagoga dos Trabalhadores em Peles e Couros
2. Sinagoga dos Sapateiros
3. Sinagoga dos Alfaiates
4. Sinagoga dos Carregadores de Água
5. Sinagoga de Itsi Cohen
6. Sinagoga de Berel Iosif Itsik
7. Grande Sinagoga
8. Beit Amidrach
9. Sinagoga Seletsher
10. Sinagoga Velha
11. Sinagoga dos Hassidim de Sodiguere
12. Sinagoga Galanski (frequentada pelos ricos)

Por que tantas? Há interpretações jocosas para o fato muito comum de se construírem várias sinagogas, embora fosse a população pouco numerosa. Interpretação mais realista revela que há clara relação entre as sinagogas e as especialidades profissionais e econômicas dos artesãos. Formalmente, poderiam frequentar qualquer sinagoga que desejassem; porém, que seria de um aguadeiro ou um sapateiro numa sinagoga frequentada por ricos? Com quem conversaria? E, sobretudo, quando seria chamado para a honra [*kuvet*] de ler a Torá? Assim, a multiplicação das sinagogas reproduzia a estratificação socioeconômica da comunidade, abrigando solidariamente seus frequentadores.

> Ler certos trechos da Torá e ser chamado ao púlpito era uma grande honra que, na sinagoga dos ricos, jamais seria dada aos pobres. Estes não podiam fazer doações e ficavam humilhados até mesmo lá. Então fizeram suas próprias sinagogas; pelo menos nelas seriam chamados para a leitura. (Rifca Gutnik)

O outro lado da discriminação econômica provocava, por vezes, aproximação entre judeus e não judeus. Vainer[33] descreve uma alegre situação:

> No lado norte da cidade de Britchon, na Rua Lipcan, em frente à casa de Duvid Iosif Kishnier, localizava-se a Sinagoga dos Sapateiros. Parece que no ano 1928 ela ganhou uma Torá. Os sapateiros fizeram uma grande festa, que durou desde sábado à noite até terça-feira de manhã. Comeram, beberam, dançaram. Junto com eles festejou também o sapateiro Kostaki, que falava bem a língua ídiche e vivia no meio judaico. Alguém lhe perguntou: "Os judeus festejam pois ganharam os rolos sagrados, mas você, que não é judeu, o que festeja?". "É verdade", respondeu Kostaki. "Judeu não sou, mas sapateiro eu sou."

O espaço urbano também refletia a hierarquia econômica: os ricos moravam na parte norte da Potshtove Gaz; os outros, mais a leste. Calcula-se que 40% eram comerciantes, 30% artesãos: sapateiros, ferreiros, alfaiates, bordadeiras, costureiras, fabricantes de barris, funileiros etc. Havia alguns profissionais liberais, rabinos, *shochtim* [plural de *shoichet*, abatedor casher], professores e trabalhadores florestais – e ainda um grande número de judeus muito pobres, sem nenhuma fonte de renda, que viviam de expedientes.

A feira

Nos arredores de Britchon, havia cerca de vinte aldeias, cujos camponeses traziam, na terça-feira, dia de feira, trigo, cevada, centeio, frutas, verduras, ovos, aves e gado, ovelhas, cavalos etc. As camponesas vendiam artesanato, toalhas, tapetes, linho grosso; os camponeses abasteciam os judeus atacadistas e também vendiam para o consumo individual. Com o dinheiro compravam, nas lojas da cidade, "louças, instrumentos para trabalho, alimentação, roupas, sapatos, bonés, ou consertavam objetos com alfaiates, peleteiros, carpinteiros, funileiros, sapateiros, relojoeiros, além de uma infinidade de outros utensílios".[34]

Havia forte interdependência entre a situação dos camponeses e a dos judeus.

Essas feiras serviam para abastecer o grande comerciante, que mandava intermediários para comprar dos pequenos comerciantes da cidade. O produto ia para os grandes centros russos ou para o resto da Europa.

---

33 Depoimento de Nelson Vainer (Rio de Janeiro). In: Amitzur, Amitz & Waizberg, 1964.

34 O relato na íntegra está em Steinholz. In: Amitzur, Amitz & Waizberg, 1964.

A pequena produção dos camponeses era vital para os judeus da cidade, que acorriam mal avistavam suas carroças. Alguns judeus chegavam a adiantar o dinheiro comprando colheitas antecipadamente, mas nem sempre recebiam o produto; não tinham para quem reclamar e perdiam tudo.

Nas terças-feiras, a cidade se agitava com a feira.

Logo à entrada da cidade ficavam os camponeses com suas carroças e mercadorias. Os comerciantes iam lá procurá-los e o preço se fazia pela concorrência; daí levavam a mercadoria para vender nos armazéns da cidade.

Na frente do Fórum, havia um campo aberto [*torovitze*], onde faziam a feira livre.

> Era ali que se compravam as verduras. Vendiam também gordura e carne, mas nós não podíamos nem olhar. O cheiro era muito bom, mas virávamos o rosto e olhávamos para o chão. A carne não era casher. (Rifca Gutnik)

A cidade se movimentava cheia de ruído. Os anúncios passavam pelas pessoas, que "gritavam" as informações: "Aviso ao público que chegou um vendedor de sapatos..."; "Chegou o *hazan* [aquele que entoa partes da Torá], o senhor..., que vai orar no sábado na sinagoga..."; ou "O teatro ídiche vai se apresentar...". Pelo grito, através das ruas, as pessoas eram informadas de fatos que iam desde a chegada do vinho para o Pessach até a realização de reuniões e seus oradores. Da Britchon dos anos 1920, três "anunciantes" são lembrados: o baixinho Pessach Schraier,[35] de barbas brancas, era também carregador e divertia o povo quando começava a gritar. O cavalo se assustava e ele intermediava os anúncios com xingamentos... contra o cavalo. Leibish Katinke tinha como característica usar sua bela voz para cantarolar seus anúncios. Itsik "Lets"[36] era um anunciante brincalhão: aprendera muito bem a profissão e era dotado de espírito alegre, mas nem sempre lhe aparecia serviço. Em um dia de feira, ele se preparou para anunciar; as pessoas pararam para ouvir e ele informou: "Estou avisando ao público que não tenho dinheiro para o *shabes* [sábado]". Brincadeiras e risadas lhe renderam com o que comemorar o sábado.

Sob esse clima efusivo, havia uma constante sombra de medo. Temia-se a repetição do terrível pogrom de Kishinev (1903) e dos de 1905 imediatos aos movimentos reivindicatórios daquele ano. O livro de Britchon relata:

35 *Schreir* em ídiche significa "o que grita".

36 *Lets*, em ídiche, "palhaço".

Era Chanuka, 1906, terça-feira, dia comum de feira; desta vez havia um grande movimento, véspera de feriados cristãos, os camponeses vinham em massa para a cidade vender e comprar; os judeus geralmente esperavam por um dia como aquele. Porém, nos últimos dois, três anos depois do pogrom de Kishinev de 1903 e do grande número de pogroms de 1905, escondia-se um receio no coração. Quem sabe como pode terminar um dia assim? Cada camponês que vem negociar suscita certa desconfiança... Mas o dia passou bem calmo. Estava já caindo a noite, as lojas vazias, muitos camponeses voltavam para suas casas; os judeus, cansados mas satisfeitos, se preparavam para descansar. De repente estoura um barulho; correrias, gritos, judeus assustados sem saber o que acontecia começaram a correr, fecharam as lojas, as mulheres erguiam os braços, procuravam a origem do tumulto. Ficou esclarecido: dois policiais bêbados, bem no meio da feira, tiraram suas espadas, as agitaram no ar e gritaram o muito conhecido terrível slogan "Batam nos judeus e salvem a Rússia".

Alguns rapazes judeus atiraram-se sobre eles, os desarmaram e levaram para a delegacia, acompanhados por grande número de judeus e camponeses que ainda estavam na cidade. Na delegacia receberam ajuda de alguns policiais. Mas entre os policiais, os presos, os camponeses e os judeus estourou uma sangrenta luta entre as duas massas. Um rapaz acertou um policial com um pau na cabeça, e ele caiu morto. A identidade do rapaz permaneceu em segredo. Os camponeses fugiram, os policiais se afastaram e os judeus se separaram amedrontados. De noite, a polícia prendeu o açougueiro Moishe Carlon, da família Raboi, e o culparam pela morte do policial. Imediatamente ele foi transferido para a cadeia de Hotin, onde ficou preso por meses. É fácil compreender o abatimento e o medo que dominou a população judaica. Para prevenir qualquer problema, resolveram não fazer muito ruído em torno do caso; que o policial fosse enterrado em quietude. A defesa particular estava de prontidão para o que desse e viesse. Passados alguns dias, começaram a se ocupar com o preso. Naquele inverno, Moishe Carlon foi o centro das preocupações da comunidade. Os socialistas reconheciam nele um heroico opositor do tsarismo; os outros, uma vítima inocente que pagava pela comunidade. Todos sofriam, porque ele estava sofrendo por eles. Fundaram um comitê que angariou os meios necessários para salvar Moishe Carlon das mãos do poder. Os meios influenciaram... e Moishe Carlon foi solto depois de seis ou sete meses, sem processo. O procurador não encontrou provas para condená-lo. O dia de sua libertação foi de verdadeira festa para os judeus de Britchon.

A vida cotidiana era perpassada por muita intranquilidade, apesar da aparente calma que uma cidadezinha de "um palmo de tamanho", como disse o poeta Iussik

Trachtenberg, deixava transparecer. O relato da tensão de um dia de feira revela a constante expectativa de que qualquer incidente viesse a se transformar num pogrom. Os jovens judeus estavam organizados em milícias de defesa. Era, evidentemente, uma atividade ilegal organizada em resposta à desproteção em que viviam, devido à omissão das autoridades romenas, russas, ou quaisquer outras. A palavra de ordem "bater nos judeus" era por demais conhecida. Que um judeu pagasse por um crime, mesmo que não houvesse provas contra ele, também era habitual, e a comunidade sabia muito bem que o castigo nunca se encerrava em um só suposto criminoso, todos pagariam pelo crime.

Poetas judeus do início do século XX

Poeta russo M. Spector.
Cartão-postal cedido por Sila Blay.

Abrão Roizen, jornalista e novelista, nascido em 1886, Minsk.
Cartão-postal cedido por Sila Blay.

Poetas reunidos em Czernowitz.
Cartão-postal cedido por Sila Blay.

Poeta polonês.
Cartão-postal cedido por Sila Blay.

Iluministas e sionistas

Os *shtetlach* não eram isolados. Ao contrário, havia enorme comunicação entre eles e os moradores de grandes cidades. Na segunda metade do século XVIII, estudiosos iluministas vinham pregar no *shtetl*, rompendo a hegemonia dos estudos rabínicos ortodoxos. O judaísmo adquiria novas feições pela influência da literatura moderna. O sionismo político se difundia por meio das obras de Theodor Herzl. E no próprio *shtetl* despontavam talentos de várias vertentes.

Moishe Rosemblat, menino prodigioso, profundo conhecedor dos livros sagrados, poeta, escrevia sobre os acontecimentos de Britchon para jornais em hebraico. O *shtetl* ficava interligado através dessa imprensa: propagar o uso do hebraico, opondo-o ao russo, era uma posição política, e o jovem Moishele, como era conhecido, atuou junto aos jovens e organizou uma biblioteca naquela língua. Ela ocupava um quarto cedido pelo iluminista militante Avrum Kleiman e diariamente alguém era escalado para emprestar livros. Leituras, viagens, debates: assim se formaram outros escritores.

Rosemblat era sionista; lera a obra de Theodor Herzl e foi ao Primeiro Congresso Sionista, realizado em Basileia, em 1897. Por muitos anos, dedicou-se ao trabalho sionista, angariando *shcolim* [dinheiro, moedas] e ações para o Banco Colonial. Consequentemente, as fronteiras de Britchon se tornaram insuficientes, e ele se mudou para Kiev, acompanhando, até o fim da vida, as atividades do doutor Chaim Berenstein no movimento nacionalista, como era então chamado o sionismo.

A luta operária

O socialismo se expande no *shtetl*. O movimento revolucionário de 1905 na Rússia repercute em Britchon. "A juventude se desfez dos colarinhos de papel, das gravatas, vestiu blusas de cetim preto com cordões vermelhos, as moças cortaram as tranças e começaram a usar blusas decotadas, a juventude estudiosa dedicou-se com muito entusiasmo a promover esclarecimentos entre as massas operárias." Fundaram, com as costureiras e os alfaiates, grupos de estudo sobre marxismo e socialismo. Estudavam Plekhanov, Kautsky, Lassale. Recebiam oradores de vários partidos: Social-Democrata, Social-Revolucionário, União Geral dos Operários Judeus da Lituânia, Polônia e Rússia (Bund), Socialistas, Sionistas, Poalei-Tsion [Sionismo Trabalhista].

"O mesmo auditório recebia a todos com entusiasmo e aplausos baixos para não serem ouvidos pela polícia." Esse texto é tradução livre de Amitzur.

1920. Vilna. Nechemias Epstein e seu irmão, torneiros mecânicos.
Foto cedida por Elka Frost.

Foi organizada uma sala de leitura que dispunha de diversas publicações socialistas, jornais e revistas em russo e textos judaicos legais e ilegais. Um estudante social-democrata ajudou a organizar uma turma de leitores do [jornal social-democrata] *Iscra* [*Centelha*], que tinha também outras atividades políticas. Arrumaram até um mimeógrafo e imprimiam

> proclamações. A polícia começou a desconfiar e tiveram de fechar o salão de leitura e interromper os impressos. Tiveram mesmo de se esconder da polícia. Passaram a receber os oradores num longínquo lugar próximo à floresta, no campo de milho, ou, no inverno, numa casa afastada. Katia Guinsburg, uma parteira, era a líder do movimento de estudantes e operários. Começaram a organizar os operários em grupos profissionais com um conselho à semelhança de São Petersburgo. O sindicato dos empregados no comércio era muito forte, vinculava-se à Central Operária, e teve a ousadia de exigir o dia de doze horas de trabalho, das 8 da manhã às 8 da noite. A exigência parecia cômica, seja para os moradores de Britchon, seja para os lojistas. A exigência sindical obrigando a cumprir o horário provocou tumultos. Os proprietários não se conformaram e simplesmente despediram os empregados. Em solidariedade se realizou um dia de greve geral que, embora obedecida, não conseguiu melhorar as condições de trabalho. (Amitzur, 1964)

A elite intelectual compunha-se de pessoas de várias orientações religiosas e ideológicas, de iluministas a socialistas. Os rabinos conheciam problemas mundiais e mundanos; mediavam disputas e eram lembrados como grandes estudiosos. Com frequência, a sucessão entre eles ocorria entre filhos, genros ou parentes mais distantes.

Britchon, como outros *shtetlach*, participava do emergente movimento operário. Mulheres e homens trabalhavam nas pequenas indústrias ou levavam trabalho para suas oficinas. Entre eles e elas despontou um movimento de reação às condições de trabalho, e foram justamente os estudantes religiosos que trouxeram elementos que despertaram as reivindicações dos trabalhadores e trabalhadoras.Oradores de partidos políticos promoviam a mesma conscientização. E da própria comunidade surgiam lideranças que saíam para fazê-lo em outras aldeias e cidades.

Novamente, como comentado antes, a imagem de uma divisão sexual do trabalho dentro das comunidades judaicas é fruto de uma excessiva generalização. Em algumas famílias, o homem alcançava posições importantes na área religiosa e à mulher cabia a tarefa de manter materialmente a família, mas, em geral, homem e mulher trabalhavam exercendo atividades complementares: ele ferreiro, ela comerciando o que ele produzia; ele como vendedor ambulante, ela comerciando os produtos que ele trazia; e assim por diante. O papel desempenhado pelas mulheres era inovador tanto no sentido econômico como político e cultural: desempenhavam atividades economicamente remuneradas, distinguindo-se do estereótipo da época, segundo o qual as mulheres burguesas não tinham tais atividades com evidentes exceções. Os homens trabalhavam profissionalmente nas tarefas que lhes eram possíveis.

As mulheres judias dos *shtetlach*, mantidas as diferenças decorrentes de proibições profissionais, assemelhavam-se às camponesas, que também exerciam atividades econômicas. Nas cidades, eram operárias, e as das camadas médias, quando estudavam, se tornavam profissionais liberais.

Sionismo, política e comunicação

A intercomunicação entre as várias comunidades judaicas era intensa, apoiando-se num sistema muito comum na época: os oradores públicos. Além de jornais, livros e panfletos, havia contato direto mantido por oradores que percorriam as aldeias, *shtetlach* e cidades. Todos os partidos e associações políticas tinham seus famosos oradores: Trotski, Emma Goldman e tantos outros percorriam as estradas para divulgar ideias, levar e obter informações, com propósitos de conscientização política marxista, socialista e sionista, que eram divulgadas visando preparar participantes para o Segundo Congresso Sionista.

> [...] atrás de minha casa tinha um rio que gelava no inverno. Um dia Trotski parou ali e fez um comício. (Lucz,[37] Polônia. Moysés Lejb Alterman[38])
>
> Na minha cidade natal, Britchon, na Bessarábia, como em todas as grandes e pequenas cidades, funcionava uma organização sionista. Logo após o Primeiro Congresso Sionista em Basileia em 1896, na nossa cidade se fundou uma organização sionista com o nome Shaarei Tsion [As portas de Sião]. Personalidades e intelectuais compreenderam a dimensão sagrada e política do sionismo. Entre uma e outra assembleia espalhava-se com ímpeto a ideia sagrada que o doutor Theodor Herzl plantou em todos os corações judaicos. Era costume, nas tardes de sábado, nos reunirmos no Shaarei Tsion para ouvir oradores sobre os problemas judaicos do mundo todo, e especialmente as novidades sionistas que os jornais *Fraint* [*Amigo*] e *Tsiviá* [*Testamento*] publicavam. Ouvimos com grande respeito as informações sobre o próximo Segundo Congresso (Sionista) a se realizar; para participar dele foram eleitos, numa reunião especial, dois delegados: o grande estudioso e conhecedor de problemas mundiais Moishe Ratses e o senhor Avrum Kleiman. Depois disso o movimento floresceu, se espalhou vigorosamente e foi necessário alugar um local permanente – o salão grande de Moti Kreimer, onde se celebravam casamentos. (Amitzur, 1964)

37 Escreve-se Lucz e pronuncia-se "Lutzk".

38 Entrevista realizada em 19 de abril de 1981 por Eva Alterman Blay e Célia R. Eisenbaun.

A morte de Herzl

A morte do criador do moderno sionismo transtornou os adeptos do sionismo em Britchon. A emocionada repercussão está transcrita no relato de Velvel Kushnir:

> Num belo dia de junho de 1904, como um trovão num céu claro, Britchon foi atingida pela triste notícia de que o doutor Ben Tsion ZL Herzl (sic), bendita seja sua memória, tinha falecido. Todos os judeus sentiram-se enlutados com a pavorosa notícia. Alguns dias depois chegou carta do comitê sionista endereçada ao rabino Bachevski, pedindo-lhe para convocar uma reunião para realizar a cerimônia póstuma para a qual viria um orador especial [...]. Três dias depois chegou o representante especial [...]. A reunião foi convocada para a Sinagoga Grande, que ficou lotada de homens e de mulheres do Departamento Feminino. Quando o rabino Bachevski pediu silêncio, batendo, com uma mão feita de madeira, sobre o travesseiro de couro, imediatamente se fez ordem de tal modo que se ouvia o tique-taque monótono do velho relógio de parede. Ele apresentou o enviado especial senhor Hazanov. Fez a reza dos mortos causando grande tristeza no público quando pronunciou as cinco palavras místicas (em hebraico: *El malei rachamim shochem bam-romin* – "Deus cheio de misericórdia que mora nas alturas"), da oração "Lembrança das almas" (ou "Yizcor").
>
> O senhor Mendel Margulies ficou histérico e o orador teve que parar alguns minutos até que o doutor Hopchman conseguisse acalmá-lo. Quando o orador terminou sua impressionante oração, foi pronunciada a bênção bíblica ("Se eu esquecer de ti ó Jerusalém, esqueça-me a minha mão direita"). O senhor Mendel sentiu-se melhor, levantou-se, pediu desculpas ao público pela interrupção e pediu ao senhor Moishe Schloime Simches para fazer um corte na roupa dele (hábito apenas da família imediata enlutada) pelo nosso grande e inesquecível promotor da sagrada ideia política sionista Ben Tsion ZL Herzl. Que descanse em paz. Os senhores Moishe Ratsers, Mendel Margulies, Avrum Kleiman e Moishe Schloime Simches rezaram o Kadish, a reza dos mortos.

O livro de memórias de Britchon mostra a ardorosa penetração do sionismo político de Herzl, sua associação ao comportamento religioso e a dimensão emocional que ele assumira. O *shtetl* era de reduzido tamanho, de pequena importância econômica, se observado isoladamente; sua vida interna, no entanto, era intensamente relacionada ao mundo. O papel dos oradores itinerantes era um forte elo e criava uma rede de *shtetlach* articulada aos acontecimentos nacionais e internacionais; somem-se jornais, panfletos e livros lidos sistematicamente.

Lucz. Comissão Podorova. Antes da partida para o Brasil. Da esquerda para a direita, na primeira fileira, o sexto deles, Julio Zilberberg, e na segunda fileira, o quinto, José Zilberberg.

Foto cedida por José Zilberberg.

1935. Chalutzim preparados para ir a Israel. D. Mincha, de pé, a segunda da esquerda para a direita.

Foto cedida por José Zilberberg.

Operários na indústria

Com a industrialização, os jovens judeus procuraram trabalhar nas fábricas, abandonando o artesanato. Encontravam obstáculos paradoxais: patrões judeus não queriam aceitá-los porque não trabalhavam aos sábados e, se aceitassem fazê-lo, eram cercados de desconfiança, pois desobedecer a religião poderia indicar que eram revolucionários dispostos a organizar os companheiros contra os patrões – o que, aliás, não era inteiramente falso.

De Britchon fui para Czernowitz, porque Britchon era uma cidade pequena e não tinha indústria. Eu dava aulas e aquilo não dava em nada; numa certa época lá existia o Cuza, que era como um Hitler romeno: quando assumiu como primeiro-ministro, cassou todos os professores de ídiche das escolas. Fiquei sem trabalho, somente com aulas particulares, mas quem não podia pagar escola também não podia pagar professor particular. Muitos me deviam três ou quatro meses; quando um pagava, já era muito. Passei o verão todinho praticamente sem trabalho e me sustentava fazendo crochê para fora. Depois fui para Czernowitz, cidade industrial, para trabalhar em fábrica, me defendendo! Era uma fábrica de meias e tecidos.
Aprendi a lidar com as máquinas num instante. Trabalhava uma semana de dia e outra de noite. E se a moça da noite não vinha, tinha que ficar a noite toda: ficava-se um dia, uma noite e mais um dia inteiro na máquina, sem hora de almoço, comia-se correndo por causa da máquina, escolhia-se alguém para descer e fazer compras para a turma, um pedaço de pão com *zover iguerques* [pepinos azedos] ou com manteiga, quando muito. Quando chegava, botava a comida num cantinho da máquina, eu atendia a espuladeira, trinta espulas; corre pra lá e para cá, aqui arrebentava, ali precisava trocar; quando chegava no canto, eu mordia um pedaço de pão; quando chegava outra vez neste canto, mordia outro.
Lá existia também uma vida cultural, tinha o Mornehof, dos socialistas, um prédio enorme, com muita atividade. Isto foi mais ou menos em 1926 ou 27, por aí.
O trabalho noturno pagava 30% a mais. Trabalhava-se por peça e não por hora. O fabricante era ídiche, de Sarok. Quando chegou o Pessach, a Páscoa ídiche e a cristã juntas, aí fecharam a fábrica, deram folga, mas não recebíamos. Folga porque os patrões foram passar o Pessach na cidade deles. Fiquei a semana, oito ou dez dias sem trabalhar, só gastando e comendo pão com *zover iguerques*. Quando voltamos (a fábrica abria à tarde), um aviso deste tamanho informava que tinham cancelado o aumento de 30% da noite. Trabalhar de dia e de noite pelo mesmo preço, e ainda por cima éramos todas moças, porque na espuladeira geralmente trabalhavam moças. Elas nem tinham reparado no aviso. Aí eu chamei uma, outra, e disse: "Escute, você já viu isso? Ah, meu Deus, nós vamos trabalhar assim? Pelo menos quem trabalha de noite tem também o que comer. E depois, trabalho noturno cansa mais. Vamos trabalhar pelo mesmo preço?". Enfim arrumamos a rodinha e resolvemos parar. A espuladeira parando, a fábrica para. As outras não precisavam nem entrar

em greve, bastava a gente, porque éramos a base de toda a fábrica. Aí dissemos: "Ninguém trabalha". Uns dois dias depois, mandaram nos chamar e devolveram o aumento, mas queriam saber quem é que organizara a greve. E tinha uma desgraçada de Britcheva, uma lá que também chamava Rive como eu, que me entregou.

Então me chamaram, me deram quinze dias, porque a lei exigia isto, para procurar serviço. Todos voltaram a trabalhar e eu... fui mandada embora!

Procurei serviço. Mas quando eles davam um documento, ninguém sabia qual era o sinal, ninguém mais aceitava. Então eu dizia que estava chegando, que era aprendiz. (Da história de vida de Rifca Gutnik.)

O depoimento de Rifca descreve a conhecida punição às lideranças que faziam reivindicações operárias, seja na Europa ou no Brasil, por melhores condições de trabalho, uma luta ainda de dimensão individual, pré-sindical. As ações se tornaram mais organizadas pela atuação dos grupos de esquerda. Politizou-se o movimento operário.

A indústria nas grandes cidades não aceitava judeus, de modo geral, fosse por racismo ou por pressão dos demais operários, como na Polônia, que exigiam uma proteção nacionalista. Os operários judeus tinham então um mercado de trabalho mais restrito ainda. Todas essas restrições impulsionaram homens e mulheres operários judeus a aderir aos movimentos proletários organizados socialistas.

Antes de 1910. Kaminitz-Podolski. Da esquerda para a direita: Huna Treiguer, Shopse, Freide Leibowitz e Treiguer.

Foto cedida por Eta Alterman.

Antes de 1910. Kaminitz-Podolski. Família de Huna Treiguer e sua esposa Freide Liebowitz Treiguer.
Foto cedida por Eta Alterman.

Efeitos desastrosos da ocupação romena

Depois da Primeira Guerra Mundial, os russos se afastaram da Bessarábia.

Entraram os austríacos e, em seguida, os romenos. A abolição da lei tsarista, que impedia o acesso à terra, permitiu que alguns judeus comprassem ou arrendassem terras agrícolas. Havia uma estreita camada média e uma vasta camada de artesãos e pessoas desprovidas de qualquer profissão, vivendo de expedientes, à espera de milagres.

Com a ocupação romena, os habitantes de Britchon e da Bessarábia em geral ficaram apartados dos mercados consumidores (russos e de outros países), os quais passaram a ser supridos pela importante produção agrícola da Romênia. A situação geral da Bessarábia se agravou muito. O governo romeno adotou um sistema opressivo. Britchon empobreceu ainda mais. Diminuíram os lucros, aumentou o número de desempregados e de pobres. O *shtetl* foi obrigado a construir mais associações para "ajuda aos doentes", que forneciam medicamentos e alimentação, mais internamentos no Hospital Judaico, "ajuda com roupas", "distribuição gratuita de refeições" para mais de cem crianças dos dois colégios religiosos.

Calcula-se que o número de crianças necessitadas fosse muito maior, mas o orgulho dos pais não permitia que fossem à cantina para refeições gratuitas.

Britchon teve de pedir ajuda para as organizações criadas pelos emigrados, Joint e Reliev dos Britchoners, e criar mais "bancos cooperativos". Estes já existiam ainda antes da Primeira Guerra Mundial, fundados com ajuda da Jewish Colonizaton Association (ICA), e, depois da guerra, tiveram apoio da União Central de Cooperativas de Kishinev. Eram pequenos bancos cooperativos que forneciam empréstimos aos pequenos negociantes ou artesãos. Conquanto reduzidos, eram os únicos empréstimos possíveis e, portanto, muito bem-vindos. As assembleias dessas cooperativas eram muito concorridas e se considerava muito prestigioso fazer parte da diretoria.

Emigrar

Não é preciso repetir as cruéis condições de vida para se entender como eram enormemente pressionados os jovens: sem esperanças, enfrentando total ausência de perspectiva, obrigados a um serviço militar servil, com a vida ameaçada, há os que se envolvem em organizações políticas; outros buscam diretamente a emigração. Emigrar era a esperança de um novo futuro. E, mesmo entre aqueles politicamente engajados, houve os que tiveram de emigrar para escapar da repressão política. Procuraram emigrar para a América do Norte, para o Brasil, para a Argentina e outros países da América do Sul.

Amigos se despedem.
1918. Polônia. José Eisenbaum com amigo.
Foto cedida por Cecília Abramczyk.

A emigração foi se avolumando, sobretudo depois da Primeira Guerra Mundial. Na década de 1920, o Brasil atraiu forte contingente da Bessarábia, de Britchon e dos *shtetlach* dos arredores.

O destino da comunidade judaica de Britchon foi selado durante a Segunda Guerra Mundial. Primeiramente foi ocupada pelos russos, mas em 1941 os romenos a reto-

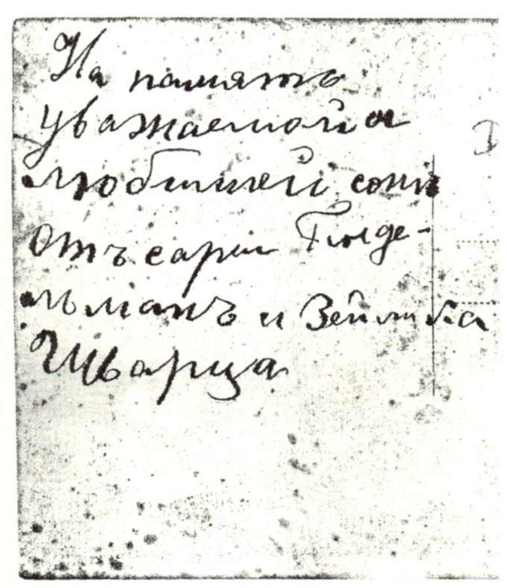

На памятъ
уважаемой
любимой [illegible]
Отъ [illegible]
[illegible]манъ и Зейлика
Шварца

Filho se despede da mãe.
1911. Sucaron. D. Sara e seu filho Zelig Swarcz.
Foto cedida por Malvina Teperman.

A derradeira foto.
Família Zilberberg. Lucz, Polônia, 10 de maio de 1932. Os irmãos mais velhos estavam de partida para o Brasil. Da esquerda para a direita, sentados: Moisés Zilberberg (filho mais velho), Jacob Oizer Zilberberg (pai), neta, e filha Fany. De pé, da esquerda para a direita: Júlio, lla, José e Sônia Zilberberg, e Gdalia Goldemberg (marido de Fany).
Foto cedida por José Zilberberg.

maram. Durante a presença russa, muitos judeus, especialmente os jovens, estavam ao lado dos soviéticos e contra os romenos. Com o retorno destes, foi anunciada uma "vingança" contra os judeus de toda a Bessarábia. Assassinatos se seguiram. Em 21 de junho de 1941, aportou uma tropa especialmente encarregada de expulsar os moradores de suas casas e de "ocuparem suas camas". No dia seguinte, os camponeses, por ordem do comandante, vieram em massa para assaltar as casas dos judeus. Levaram tudo o que puderam carregar; os objetos mais pesados, como móveis, foram retirados por carroças da própria prefeitura. Nos demais *shtetlach*, além do saque, os judeus eram metralhados nas ruas pelos romenos. Os que conseguiam fugir foram para Britchon, mas isso apenas retardou, por alguns dias, a morte ou a deportação.

Em 28 de julho de 1941, todos os judeus de Britchon foram reunidos no "campo dos bombeiros" e começou uma infindável marcha para um destino desconhecido. Velhos e crianças morriam pelo caminho; atravessaram o Dniester e chegaram a Koslov, onde foram "alojados no chiqueiro de porcos; ficamos muito sujos, cobertos de insetos" (Amitzur, 1964). Estavam impedidos de ir à aldeia e não tinham nenhum alimento. Por dinheiro, um oficial permitiu a saída de um grupo para um *kolkos* [fazenda coletiva], a fim de obter alimentos. Médicos, advogados, costureiros de bonés, artesãos, todos tiveram a mesma sorte. O relato de Yossif Urovitz[39] enumera as perdas pelas estradas, por afogamento, por sede – um rastro de mortos insepultos. Famílias foram arbitrariamente separadas. Os camponeses tratavam-nos com brutalidade; atacavam, batiam, atiçavam os cães. Urovitz lembra-se da única exceção, o comandante de Iampol, que tratou os judeus com humanidade, dando-lhes "meio pão e duas xícaras de chá", e deixando-os descansar nos montes de palha.

Em meio a todas essas perseguições, alguns judeus se aliaram aos *partisans*.

Nas proximidades de Sucaron, ergueram um campo de concentração para os que sobreviveram aos quilômetros de marcha. Morreram 80% dos 400 mil deportados da Bessarábia. Em 1º de setembro de 1942, relatórios romenos informavam que, de toda a Bessarábia e da Bucovina, restavam apenas de 8 mil a 10 mil judeus. Esgotados pelo trabalho cativo, pela fome, pelo frio ou deportados para a Alemanha, praticamente todos acabaram perecendo.[40]

---

39 Urovitz, História da Transnitria (Atrás do Rio Dniester). In: Amitzur, Amitz & Waizberg, 1964.

40 Os dados foram extraídos de Fuchs, *A viagem por lugares ocupados*. Buenos Aires, [s.d.], apud Amitzur, Amitz & Waizberg, 1964.

Luta de classe e diferenças étnicas

As condições de trabalho no início da produção industrial, já bem conhecidas, eram miseráveis: jornadas de doze a catorze horas por dia, sete dias por semana, salários equivalentes a 2 dólares semanais; crianças de 6 a 10 anos ganhavam algumas moedas. Os judeus aceitavam qualquer trabalho, fosse intermitente ou sem qualificação: curtiam couro, faziam sapatos, trabalhavam em produção de instrumentos agrícolas, faziam óleo, eram carpinteiros, fabricavam fumo ou cigarros, extraíam material de minas, trabalhavam na metalurgia, em papel, em aterros, na manutenção de estradas, no corte de pedra. A situação terrível dos camponeses e dos trabalhadores urbanos era semelhante; aos judeus acresciam sempre mais restrições e exclusão por parte dos próprios camponeses e operários.[41]

Quando têm início os movimentos de reação, os jovens judeus educados em escolas rabínicas (como já vimos) logo se identificam com as reivindicações dos trabalhadores. Tornam-se militantes, e vários deles são expulsos de Vilna, de Londres, de Viena, e alguns são mortos.[42]

Na Rússia, desde Alexandre II (1855), as restrições impostas aos judeus diminuíram. O Império Tsarista se industrializava, e o modo de produção capitalista se instalava. Alexandre II suprimira o período de 25 anos de serviço militar e os judeus passaram a ter o mesmo recrutamento que os demais. Os comerciantes "da primeira guilda" puderam entrar em algumas cidades. Impediu-se a conversão forçada de crianças judias.

Abriu-se ligeiramente a zona de residência, e médicos e outros profissionais liberais, assim como comerciantes, puderam se instalar fora dela. Os jovens passam a poder estudar nas escolas russas, a participar da vida intelectual e política, e ficam fascinados pela língua e pela literatura russa. A burguesia amplia seu campo de atividades. Em 1871 ocorre o pogrom de Odessa. Com o assassinato de Alexandre II, outras leis contra os judeus são promulgadas e ocorrem mais pogroms. Mais uma vez "homens são massacrados, mulheres violadas, lojas destruídas, casas são saqueadas" (Minczeles, 1995, p.17-8). Essas lembranças são imorredouras.

---

41 Fuchs apud Amitzur, Amitz & Waizberg, 1964.

42 Refiro-me, por exemplo, a Yakub Finkelstein, a Aaron Samuel Liberman e a outros que foram assassinados depois de presos, como Salomon Wittenberg e a jovem Hessia Helfman (Minczeles, 1995, p.29-35).

1925. Varsóvia. Grupo de esporte e ginástica, Club TÓS, Bund.
Foto cedida por Cecília Abramczyk.

Quando começaram as greves (1877-1878), a intermediação tradicional dos rabinos em conflitos trabalhistas não era mais suficiente para solucionar as disputas entre patrões e empregados. Pelo contrário, nas próprias sinagogas havia duras manifestações contra os patrões.

Algumas lideranças aderiram ao marxismo e consideravam que só por meio de uma revolução russa os judeus seriam iguais aos demais trabalhadores.

Mas o antissemitismo também estava presente nas fileiras revolucionárias e as contradições se manifestavam de várias maneiras, por exemplo, nas diferenças da língua utilizada: os operários judeus falavam o ídiche; poucos conheciam o russo, língua culta, dominada pelos estudantes e pelos militantes políticos. Assim, o processo de informação e conscientização passou a ser feito por meio do ídiche, o que dificultava a interação entre os operários judeus e os demais.

Incomparavelmente mais grave era a acusação que alguns revolucionários marxistas russos faziam aos operários judeus, chamando-os de "parasitas" e considerando que os pogroms eram "progressistas".[43]

Os judeus enfrentavam todos os problemas do operariado e tinham sua situação agravada pela ausência do direito de escolher onde morar. Não podiam circular livremente, não dispunham de identidade nacional e constantemente tinham de enfrentar ataques antissemitas.

Todos esses fatores fizeram prosperar a ideia de que os operários judeus deveriam ter uma organização socialista própria. Os princípios políticos seriam os mesmos defendidos pelos social-democratas ou pelos socialistas russos, poloneses e lituanos. Mas os judeus acreditavam que a luta de classe deveria respeitar as diferenças étnicas.

Onde houvesse trabalhadores e operários, começaram a ser publicados jornais e revistas em ídiche para propagar ideias socialistas: em Londres saiu *O Judeu Polonês*, e em Nova York, *Forward*, importante jornal ainda hoje publicado.

Essas ações provocaram a reação dos socialistas poloneses, que acusavam os operários judeus de cooperar com os socialistas russos e dificultar a libertação e independência da Polônia. Os judeus, por sua vez, consideravam que sua libertação viria da vitória socialista como um todo.

Todos esses fatores levaram à criação do Bund em 1897, nos arredores de Vilna, com o objetivo de unir todos os operários judeus, filiar-se à social-democracia russa e lutar contra todas as leis discriminatórias existentes contra eles. Bund significa união, liga, e a sigla deriva das palavras União Geral dos Operários Judeus da Rússia e Polônia; posteriormente acrescentou-se a Lituânia.[44]

Outra vertente da reação contra a perseguição e as péssimas condições de vida foi o fortalecimento da ideia de criação de uma pátria judaica socialista: Leon Pinsker, autor do panfleto *Autoemancipação*, é considerado precursor do sionismo. Publicado em várias línguas, sua edição mais antiga em inglês, depositada na biblioteca da Universidade Hebraica de Jerusalém, é de 1906. Foi também publicado em português por Idel Becker.[45]

---

43 Patkin & Hertz, 1969; Eberlin apud Minczeles, 1995, p.32.

44 Ver especialmente Minczeles, 1995, p.59-62.

45 Pinsker, 1906.

O pogrom de Kishinev e o Domingo Sangrento

Gravura de judeus fugindo com as Torás envoltas nos mantos [*Talits*].
Imagem cedida por Elka Frost.

Se com Alexandre II algumas medidas mais liberais tinham sido tomadas, com Alexandre III a população em geral foi submetida à repressão e os "judeus ao terror".[46] Alexandre III opunha-se à política ocidentalizante de seu antecessor e reagia contra a incorporação da diversidade. O "estranho" mais uma vez era o alvo: revoltas antijudaicas, como a de Odessa em 1871,[47] se repetiam. Os pretextos, sempre os mesmos: acusavam-se os judeus de executar "mortes rituais", agora agravados pela difamação contida nos apócrifos *Protocolos dos sábios de Sião*, impressos e divulgados pelo próprio governo do tsar. Uma violenta série de pogroms começaram em 27 de abril de 1881 em Elizabetgrad, depois em Kiev e Berditchev. Repetiu-se em inúmeras comunidades, sem ne-

46 Baron, 1976, p.57; Dubnov, 1933, p.348 e *passim* apud Ertel, 1986, p.71.

47 Recente publicação em português do livro de Barnavi (1995, p.190-1) traduz o termo russo *pogrom* como "tempestade" e informa que ele foi utilizado pela primeira vez na perseguição de Odessa de 1871. Nancy Rosenchan explica que o termo vem do hebraico *Sufot baneguev* – "tempestades" – e é usado para referir-se às perseguições russas.

nhuma ação policial para impedi-los. Pretendiam eliminar os judeus da Rússia. Expulsos de várias cidades, procuraram se abrigar em alguns *shtetlach* ou pequenas cidades onde ainda podiam entrar, superpovoando-as, gerando enorme insalubridade. Impuseram-se *numerus clausus* para os judeus nas escolas secundárias e superiores. Por outro lado, impunham que apenas 10% dos estudantes morassem na zona de residência, 5% fora dela e 3% em São Petersburgo e em Moscou.

Na Páscoa de 1903 ocorreu o tristemente famoso pogrom de Kishinev, onde viviam 50 mil judeus e 60 mil cristãos. Foram 16 mortos entre homens, mulheres e crianças; 56 feridos graves; mil feridos leves; 800 casas destruídas e demolidas; 600 lojas arrombadas e saqueadas; e mais de 4 mil famílias ficaram sem nenhum abrigo, após terem sido expulsas de suas próprias casas, sendo algumas destruídas.

No ano de 1905, o tsarismo enfrentou uma intensa movimentação operária. Uma multidão de operários da fábrica de Putilov e de outras de São Petersburgo se dirigiu ao Palácio de Inverno, do "paizinho" tsar Nicolau II, solicitando audiência para apresentar algumas reivindicações. A eles se juntaram cerca de 25 mil a 30 mil pessoas, entre homens, mulheres e crianças, devotos, portando ícones. Repentinamente foram atacados a tiros; centenas foram mortos e feridos. Esse dia, 9 de janeiro, ficou conhecido como Domingo Sangrento.

Há os que consideram ter sido o Domingo Sangrento o ponto de ruptura e de avanço para a Revolução de 1905, em consequência da enorme indignação que se esparramou pelo operariado e se estendeu à burguesia.

Entre os militantes operários que preparavam a manifestação de 9 de janeiro estavam também membros do movimento operário socialista-judaico, o Bund. Raphael Abramovitch, menchevique militante, foi encarregado de redigir um manifesto conclamando os trabalhadores judeus a reagir. Publicaram e distribuíram 115 mil exemplares em ídiche e 40 mil em russo e em polonês de *Às armas*, "conclamando a uma greve", "à jornada de oito horas de trabalho" e à instalação de uma Assembleia Nacional eleita por voto universal, secreto e igualitário, fundamental para eles, uma vez que, como judeus, estavam excluídos desses direitos. O documento reivindicava a inviolabilidade da pessoa em seu domicílio, a liberdade religiosa, a "igualdade de direitos civis e políticos", "direito à instrução na língua nacional", "direito a usar a administração e os tribunais" (Minczeles, 1995, p.153-5), ou seja, pontuava todas as instâncias civis e jurídicas negadas aos judeus.

O governo tsarista reagiu ao grande movimento operário com um já conhecido procedimento, desviando as atenções das reais reivindicações e criando um "inimigo",

o judeu, contra o qual propuseram retaliações violentas: preparava-se uma nova onda de pogroms. Entre os dias 18 e 25 de outubro de 1905, o ano da imigração de várias famílias, como os Dejtiar para o Rio Grande do Sul, mais de cinquenta cidades e aldeias da Rússia Ocidental foram atacadas pelos "Cem Negros", somados à população e aos cossacos, com a conivência da polícia e da administração pública. Os mais trágicos pogroms ocorreram em Odessa, Kiev, Kishinev, Iekaterinoslav, Rechitsa, Elizabetgrad e Kaminitz-Podolski. Esta última cidade foi palco de travessia de vários historiantes deste livro, como Shalom Bornstein e Cecília Lafer. Assim como os partidários do Poalei-Tsion [Sionismo Trabalhista], os militantes do Bund estavam munidos de grupos de autodefesa e de armas, insuficientes para enfrentar a invasão e pilhagem de suas casas, de suas lojas, e os ataques físicos. Certamente a organização contra-pogroms elevou a moral dos judeus do Bund e de outros grupos políticos; era uma luta desigual.

A emigração era vital

A história trazida pelos judeus imigrantes no Brasil é uma síntese de todos os seus antigos momentos: é parte do capital cultural trazido. Os episódios vividos constituíram os fundamentos da memória coletiva e individual. De situações de conflito resultaram soluções que passaram a compor um celeiro de paradigmas para novas situações individuais e coletivas. Foram importantes desde os primeiros passos da integração à vida brasileira.

III

Brasil: o futuro construído

TRAJETÓRIAS

As primeiras referências à presença judaica no século XIX apontam para os imigrantes provenientes do norte da África, seja do Marrocos francês, árabe ou espanhol, seja da cidade livre de Tânger, deslocados em decorrência da crise econômica ou da perseguição por parte de alguns governos.

Os judeus chegaram aos estados do Amazonas e do Pará por volta de 1810, ainda antes da grande exploração da borracha, e deixaram como testemunho as sepulturas judaicas em Soledade, cemitério de Belém (Pará), e as sinagogas Shaar Hashamaim e Essel Abraham, fundadas naquela cidade entre 1826 e 1828. A extraordinária obra de Samuel Benchimol *Eretz Amazônia: os judeus na Amazônia* (1998) nos guiará no trajeto dos judeus na região amazônica.

Belém e Manaus foram as portas de entrada para as cidadezinhas do interior à beira do rio Tapajós, no Pará, e no Amazonas, como em Abunã, Alenquer, Boim, Aveiros e Itaituba, Cametá, Coari, Gurupá, Humaitá, Itacoatiara, Macapá, Maués, Melaço, Óbidos, Parintins, Portal, Santarém, Sena Madureira e Tefé, além de Santarém e Itaiutuba, cidades maiores. Nestas duas últimas estão os túmulos dos "judeus pioneiros do ciclo da borracha" (Benchimol, 1998, p.62). Teriam chegado há décadas, provenientes de Tetuan, Ceuta, Casablanca, Fez, Rabat e Marrakesh, quando os governos do Amazonas e do Pará facilitavam a imigração. Como descendentes dos judeus espanhóis e portugueses, expulsos em 1492 pelos reis católicos Isabel e Fernando de Aragão, esses imigrantes falavam o judeu-espanhol (o *ladino*, língua dos sefaraditas, como bem explica Nancy Rosenchan) e o português do século XVI. Falavam também o haquitia, mistura daquelas línguas com o árabe-marroquino.

A travessia era facilitada pela rota marítima da Companhia Italiana Ligure Brasiliana, que "fazia a linha Gênova, Marselha, Tânger, Lisboa, Belém, e Manaus..." (Benchimol, 1998, p.55). Foi no interior do Amazonas que judeus se fixaram e formaram suas famílias, como contaram Samuel Benchimol, Isaac Athias e Guido Latin.[1]

Ainda no século XIX a região recebeu judeus provenientes da Alsácia e da Lorena, regiões da França. Duas explicações existem para o processo imigratório alsaciano. A primeira afirma que, quando a França foi derrotada pela Alemanha em 1870, muitos judeus alsacianos,[2] rejeitando tornarem-se alemães, "subiram" para Paris, foram para o sul do país e alguns vieram para o Brasil. Vidal-Nacquet (1991) discorda, afirmando que os judeus alsacianos eram discriminados pela maioria católica e protestante e, por esta razão, foram para outras partes da França ou emigraram visando tornarem-se "iguais". As duas explicações não são mutuamente excludentes. De Ingwiller, Alsácia, vieram os Levy.

Os irmãos Levy repudiavam a nacionalidade alemã decorrente da vitória alemã sobre a França; consideravam-se franceses. Maurice (Moise-Aron), Henri e Lucien Levy chegaram a Manaus sucessivamente. Progrediram com o "boom" da borracha e Maurice instalou em 1878 o estabelecimento A La Ville de Paris, em Manaus.[3] Voltaremos ao tema mais adiante.

A imigração judaica para outras partes do Brasil se articula ao processo imigratório dos fins do século XIX e primeiras décadas do XX. Entre 1890-1930, entrou no Brasil um total de 3.523.591 imigrantes, dos quais 1 milhão de italianos, cerca de 1 milhão de portugueses, 500 mil espanhóis, 100 mil alemães, 80 mil austríacos, quase 90 mil japoneses, "108.475 russos, 73.690 sírio-libaneses, além de outras nacionalidades como poloneses, tchecos, lituanos, húngaros, suíços etc." (Petrone, 1978, p.101).

Era uma imigração voltada para o mercado de trabalho. Atraídos por esse mesmo mercado[4] e vivendo crises econômicas e políticas em seus países de origem, muitos judeus

1 Estes dois últimos historiantes incluídos neste livro.

2 Na Alsácia e na Lorena os judeus, como minoria entre católicos e protestantes, viveram períodos muito difíceis. Foram objeto de agressões e extorsões, e no imaginário popular eram associados a ladrões (Raphaël & Weyl, 1977, p.408-9; Fournier, 1994, p.33).

3 As informações sobre os irmãos Levy foram coletadas a partir da entrevista com Guido Latin, realizada em Paris, em 13 de maio de 1997, por Eva Alterman Blay e mencionada anteriormente.

4 Com a exportação do café, produto altamente valorizado no mercado internacional, o Brasil alcançou posição econômica relevante na importação e intensa atividade financeira, resultando cres-

procuraram o Brasil. Os números ocultam a imigração judaica por considerar os judeus dentro de suas respectivas categorias nacionais.

Desde a vinda da família real portuguesa para o Brasil em 1808, a imigração judaica foi contínua, constituindo o que convencionou-se denominar de "imigração contemporânea". Duas trajetórias foram seguidas: uma dirigida e coletiva, e outra privada. A primeira, organizada pela Jewish Colonization Association (ICA), trazia famílias judias para fixá-las na agricultura, em colônias organizadas para recebê-los.[5] A segunda trazia judeus provenientes de vários países, nos quais, aliás, *não* tinham cidadania; vieram homens sós, raramente famílias, deslocados por razões políticas, econômicas ou religiosas, sem a intermediação de governos ou de entidades privadas.[6]

Entre 1840 e 1942, segundo estima Lestschinsky (1972, p.77), teriam entrado no Brasil aproximadamente 71.360 judeus. Esse reduzido número é a soma de cem anos de imigração.

Desde as duas últimas décadas do século XIX, a região Sudeste é a que concentra a maior população rural e urbana, e é para essa região, especialmente para a urbana, que imigraram os judeus.

Dos 3.500.000 imigrantes que ingressaram no país no período de 1890-1930, 2 milhões rumaram para São Paulo. Com tal fluxo, o Estado brasileiro mudou sua política de subvenção à imigração e, depois de 1927, houve uma inversão: os imigrantes passaram a ser subvencionados pelos respectivos governos de origem interessados em resolver problemas internos de superpopulação e desemprego.

---

cente produção industrial e urbanização. Uma economia tão capitalizada atraiu o investimento internacional e nacional aplicado na implantação da infraestrutura agroexportadora (ferrovias e portos). Concomitantemente instalaram-se oficinas, pequenas fábricas e empresas de médio porte para a produção de bens de consumo para o mercado interno – alimentação, tecelagem, construção civil. Desenvolveu-se um amplo setor urbano de serviços, facilitando a produção de bens, a inovação e a criação cultural. O crescente mercado produtor e consumidor ampliou a demanda por força de trabalho especializada e braçal (Furtado, 1969).

5 Sobre a Jewish Colonization Association ver: Visão Judaica On-Line (http://www.visaojudaicacom.br). A ICA foi uma associação de caráter facilitador da emigração. Vários banqueiros e magnatas procuraram locais na América do Sul, especialmente na Argentina e no Rio Grande do Sul, onde instalar judeus que desejavam sair da Europa.

6 Eventualmente houve alguma ajuda na obtenção de passagens e nos primeiros dias de instalação no novo país. Veremos mais detalhes nas histórias de vida relatadas.

1892. São Paulo. Fábrica de bonés nas imediações da Praça do Correio. Sentado, ao centro, ladeado por crianças, o senhor José Tabacow Hidal.

Foto cedida por Fanny Rubinstein.

1893. São Paulo. Ester Tabacow Hidal, seu marido, José Tabacow Hidal, e o filho, Jacob.

Foto cedida por Fanny Rubinstein.

Início do século XX. Miguel e Nessel Klabin Lafer e os filhos Jacob, com o arco, e Horácio Lafer.

Foto cedida por Sarah Klabin.

1920. São Paulo. Nathan Tabacow.
Foto cedida por Fanny Rubinstein.

Leon Klabin, por volta de 1930.
Foto cedida por Francisco Lorch.

Entre 1917 e 1924, os Estados Unidos elaboraram uma legislação que restringia fortemente a entrada de estrangeiros. Nos fins da década de 1920, a América Latina os imita: Getúlio Vargas, em dezembro de 1930, decreta um controle para a entrada de estrangeiros considerados responsáveis "pelo desemprego verificado entre as populações urbanas".[7] A partir de então começam a ser tomadas medidas de caráter protetor nacionalista, como a "lei dos dois terços", que obrigava as empresas a empregar dois brasileiros natos para cada três contratados, e o estabelecimento de cotas de 2% de imigrantes para cada nacionalidade, conforme o número dos que aqui houvessem aportado nos últimos cinquenta anos. Proteção e xenofobia vão orientar a política getulista restritiva aos estrangeiros.

Formalmente, a porta de entrada do Novo Mundo havia se fechado. Na verdade, durante os anos 1930, houve um estreitamento para a entrada, mas os fluxos imigratórios continuaram a ocorrer, permitindo o ingresso de pessoas com capital ou mediante

---

7 Brandão Lopes, 1976, p.97.

algum outro artifício, como cartas de chamada[8] de parentes, oferta de trabalho (nem sempre verdadeira) e suborno.

A situação se tornou gravíssima sobretudo para os judeus durante a Segunda Guerra Mundial. Sair da Europa ocupada pelos nazistas fazia-se vital. Foram muitas as estratégias e alternativas para entrar no Brasil. Entre elas, a sobrevivência se deu graças à atitude de alguns embaixadores, como Souza Dantas, na França, cujo espírito humanitário o levou a salvar inúmeras vidas, mesmo correndo o risco de sofrer graves consequências pessoais.[9]

Presença judaica e a questão étnica

Há atualmente no Brasil uma ampla e diversificada "comunidade" judaica. Diferentemente de alguns processos imigratórios em que as relações étnicas se dissolveram com o tempo pelo contato com outras culturas, a judaica parece não desaparecer nas sociedades em que se insere.

O processo de reestruturação da etnia judaica é complexo; depende de múltiplos fatores; precisa ser observado à luz da cultura e da sociedade global. Apesar das descontinuidades tanto da cultura em geral como da cultura de grupos particulares, estes se estruturam e reorganizam suas bases étnicas. Diz Barth (1995) que é preciso buscar "os processos que sustentam as descontinuidades relativas neste fluxo", de onde proviria "uma base para a identidade étnica". Investigar a manutenção de identidades étnicas pressupõe, portanto, segundo Barth, dois passos:

1. Observar a variação cultural na população total e plural; 2. Identificar nela os processos que geram e destacam descontinuidades culturais maiores. Deste modo, desloca-se da socialização na família a transmissão dos conhecimentos e valores que forjam a identidade, a qual deve ser buscada em largos setores da sociedade.

O procedimento teórico proposto por Barth é inspirador mesmo em circunstâncias de grande diversidade da sociedade global, como a brasileira. É frutífero, neste caso, combinar várias estratégias de investigação, incluindo a "microescala de obser-

8 A carta de chamada era um documento que permitia a imigração para o Brasil e significava que o(a) imigrante teria condições de se manter economicamente no país, garantia dada pela pessoa que o(a) convidava.

9 Sobre Luis Martins de Souza Dantas, ver Koifman, 2002.

vação", pois os fenômenos globais permitem outra leitura caso encaremo-los pelas estratégias que os indivíduos criam e pelas biografias das famílias, como diz Revel (1996, p.12).

Adotamos um desenho de pesquisa inspirado na micro-história. Coletamos quase uma centena de histórias de vida, compondo um conjunto suficientemente amplo que permite fazer comparações, apreender diferenças e semelhanças.

A MEMÓRIA

Passado e presente são duas dimensões interligadas. A memória do passado está incorporada ao presente: ela dimensiona "as angústias do futuro", como diz Vidal-Nacquet. Os relatos da memória não são "a História", pois a memória "escolhe, elimina momentos inteiros quando a ideologia impõe a eliminação, anula o tempo, apaga evoluções e mutações" (Vidal-Nacquet, 1991, p.15). O sociólogo e o historiador, ao tomarem o relato do passado, não podem ignorar essa inevitável reelaboração. O mesmo ocorre com os relatos do presente; basta confrontar uma mesma notícia em dois diferentes jornais. Ao investigador que trabalha com material fornecido pela memória, esses limites impõem a busca de outras fontes para confronto. Após compreender essa reorganização da memória, é necessário buscar "os fatos sob as palavras, a realidade sob as lembranças, a verdade sob a mentira ou o imaginário" (Ibid., p.16). Entenda-se bem: não se trata de falsificações deliberadas que eventualmente podem ocorrer. As emoções, ao envolver o passado, atenuam a perversidade ou o tornam adequado aos padrões sociais contemporâneos.

Se quisermos conhecer os judeus imigrantes, é preciso conhecer a história por eles trazida. Entender a história aqui vivida implica recuperar a memória do passado. E, é claro, analisar os documentos, livros, relatos escritos, enfim todo o material disponível que permita revelar o oculto, comparar com a realidade observada, identificar a imaginação e a distorção seja da memória, seja do documento escrito.

Embora de diversas origens nacionais, há inúmeros aspectos semelhantes na existência sociopolítica dos historiantes. Formas de organização social peculiares são transplantadas e reorganizadas para se adequar aos novos países. Esse processo está na raiz da restauração da organização social que os judeus detinham nos *shtetlach* europeus e que foram "reconvertidos" (Saint Martin, 1995) ao construírem as comunidades judaicas contemporâneas em áreas metropolitanas.

Foram muitas as histórias ouvidas; não se pode resumi-las numa única. No entanto, um conjunto de peculiaridades as aproxima. Elas se entrelaçam numa trajetória internamente diferenciada, com fronteiras sociais definidas face à sociedade mais ampla.

Que historiantes procurar?

Quem é judeu? Quem deveria ser procurado para contar sua história numa pesquisa sobre os judeus? Delimitar este campo de investigação traz problemas teóricos não resolvidos pela literatura.

Iniciamos a elaboração de uma listagem de nomes a partir de várias indicações: alguns foram sugeridos em reunião de discussão deste projeto no Centro de Estudos Rurais e Urbanos da Faculdade de Filosofia, Letras e Ciências Humanas da Universidade de São Paulo (FFLCH/USP) por pesquisadores não judeus; outros nomes vieram da equipe de pesquisa constituída de judeus e não judeus; nomes foram lembrados por pessoas de diferentes instituições da coletividade judaica e de fora dela. Indicações foram trazidas espontaneamente por pessoas que ficaram sabendo da pesquisa.

Era já possível observar a recorrência de alguns nomes que visivelmente revelavam uma imagem de quem seriam "os" judeus representativos da coletividade. Judeus e não judeus se lembravam de nomes "famosos", "pessoas conhecidas", de alta posição econômica, importantes profissionais liberais, empresários, médicos famosos, cientistas renomados. Outra tendência era incluir nomes dos próprios familiares, o que interpretei como o reconhecimento do prestígio de constar de um livro.

Levando em conta aquelas indicações, significativas por si mesmas da representação do judeu na sociedade brasileira, era importante definir uma população – no sentido sociológico – que abrigasse toda a diversidade judaica. Nosso ponto de referência eram judeus que tivessem vindo morar em São Paulo e aqui pudessem ser contatados. De uma listagem de trezentos nomes, resultou uma população de 92 pessoas com as seguintes características: homens e mulheres imigrantes judeus de dezoito países, alguns nascidos no Brasil, todos com mais de 60 anos na época da pesquisa (o mais velho tinha 94 anos). Pessoas da classe média, ricos e pobres; politicamente de direita, de esquerda, centro, indiferentes e de várias combinações. Quanto à religião, tinham diferentes vínculos religiosos: judeus ortodoxos, liberais, conservadores, não religiosos, praticantes de outras religiões e afins de sincretismo religioso.

Esse foi nosso ponto de partida.

Os critérios foram um importante referencial em face de uma realidade que se revelou muito complexa. Constatamos, por exemplo, que alguns historiantes tinham apenas escolaridade de nível primário, mas eram dotados de um nível cultural tão elevado que não seria possível aferir pela educação formal; outros mecanismos de formação cultural muito mais importantes deveriam ser investigados. Resultou daí a consideração de duas dimensões, a educação formal e o nível cultural.

No desenho da pesquisa, supúnhamos que as diferenças surgiriam na intensidade de adesão à religião judaica, variando entre os mais ortodoxos e os liberais. Vimos que, além dessas diferenças, havia pessoas que se identificavam como judeus com outras opções religiosas – espiritismo, cultos afro-brasileiros, budismo –, além de partilharem de várias crenças populares. Outro complexo problema da pesquisa constituiu-se na inclusão ou não de pessoas que, embora indicados em nossas listagens de entrevistados como judeus, não se consideravam judeus. Decidimos mantê-los justamente para mostrar o impasse que constantemente os estudiosos enfrentam na análise da população judaica; a contradição entre a atribuição de uma identidade e a aceitação da mesma nem sempre é conciliável.

Finalmente, tivemos de alargar o próprio limite do tempo da pesquisa (de 1890 para 1880), pois encontramos judeus nascidos no Brasil no fim do século XIX ou nos primeiros anos do XX, o que revelou que a imigração para São Paulo se iniciara antes de 1890.

Em síntese, incluímos judeus brasileiros nascidos antes de 1900, judeus que chegaram antes de 1890, judeus que não se consideravam judeus, e judeus de várias confissões.

Com grata surpresa, encontramos três depoimentos gravados por mulheres já falecidas: Luiza Klabin Lorch,[10] Mina Klabin Warchavchick e Anita Lichtenstein Kertzman.[11] Esse raro material nos foi cedido e incluído neste livro.

Desconhecíamos se as pessoas selecionadas aceitariam contar suas histórias. Temíamos resistências e mesmo dificuldades em sermos recebidos. Ocorreu exatamente o contrário. "Contar a própria história" era um fato muito importante, e praticamente não recebemos recusas. Em alguns momentos os historiantes ficaram tensos ou não conseguimos obter determinada informação, por vivo temor de perseguições políticas,

10 Depoimento colhido em março de 1973 por seu filho Francisco Lorch, sua nora Claudia e seus netos André, Luiz e Roberto.

11 Depoimento colhido em 14 e em 21 de agosto de 1980, pela filha Helena e pela sobrinha Zélia Temin.

sobretudo de antigos comunistas, marcados por dolorosas lembranças de tortura e de deportação.

Pesquisadores e pesquisadoras trabalharam em duplas. Procurávamos incluir uma pessoa que soubesse o ídiche na suposição de que alguns historiantes preferissem aquela língua; isto nunca aconteceu. Todos falavam português espontaneamente, e havia os que estavam muito preocupados com a precisão da própria linguagem. Este passou a ser um ponto para reflexão.

As histórias foram gravadas e tivemos longos debates sobre a forma de sua transcrição.[12] Procurou-se transmitir à leitura o efeito mais próximo àquele da história ouvida. Mantive a estrutura da linguagem. Não fui movida por nenhum critério valorativo nem procurei melhorar a linguagem, mas sim ficar o mais próximo possível do modo como os historiantes se expressavam.

Coletamos fotos e documentos. A maioria foi reproduzida e alguns nos foram doados. Alguns livros em ídiche nos foram traduzidos pelas historiantes. Anna Lifchitz escreveu um depoimento sobre sua vida; Rifca Gutnik, empenhada em ajudar, traduziu o livro sobre Britchon. Elas sentiram a urgência do trabalho e, mais do que agradecer, devemos compartilhar esta pesquisa com elas. As duas já nos deixaram.

A primeira grande coleta das histórias de vida realizou-se entre 1980 e 1983. Novas histórias foram coletadas entre 1995 e 1998, depois em 2000 e 2001. Ainda em 2010 procurei mais uma historiante para esclarecer vínculos familiares, agora quase impossíveis de recuperar. Verifiquei que sua história não poderia ficar excluída. Este é um projeto que não termina.

Concomitantemente, fizemos um levantamento das instituições judaicas existentes na cidade de São Paulo antes de 1940 e procuramos recompor suas histórias utilizando alguns documentos, mas basicamente as informações dos próprios historiantes.[13]

---

12 De início fizemos uma transcrição literal, com todos os hábitos da linguagem oral transpostos para o papel. O resultado não correspondeu àquilo que ouvimos no contato pessoal. Há uma diferença entre a fala na sua versão oral e a versão lida; responsabilizo-me pela versão final da qual excluí as repetições, os apoios que todos usamos ao falar e nunca ao escrever, e os eventuais erros de concordância que todos cometemos na linguagem oral.

13 Foram estudadas instituições de assistência aos imigrantes criadas desde os anos 1910, a fundação de escolas israelitas, de sinagogas, de associações [*farband*] ligadas às cidades de origem, os cemitérios (Vila Mariana, Butantã e de Cubatão), da Chevra-Kadisha (organização religiosa que cuida de todos os procedimentos relativos ao sepultamento), associações culturais, políticas e socioesportivas.

Esses dados foram incorporados sempre que necessários para entender o principal: a história contada.

Além das histórias de vida, coletamos depoimentos sobre pontos específicos, tais como serviço fúnebre, assistência social e a história de algumas instituições.

Nosso foco central são as histórias de vida. Os demais dados recompuseram o cenário onde se moviam estes historiantes.

São os judeus estrangeiros?

Ao discutir o conceito de estrangeiro, Simmel ([1908] 1983, p.182) propõe mudar o que se entende por estrangeiro. Diz ele: no passado, o estrangeiro era entendido como o viajante que chega hoje e parte amanhã; mas Simmel propõe entender *o estrangeiro como a pessoa que chega hoje e amanhã fica.* É exatamente neste sentido que analisamos a imigração e a permanência dos judeus no Brasil.

AS PRIMEIRAS FAMÍLIAS EM SÃO PAULO

Família, memória, relações de trabalho

Recompor a genealogia das primeiras famílias judaicas que chegaram ao estado de São Paulo e à capital, no século XIX, é difícil pela carência de documentos até agora encontrados. Tomando por base as informações orais de Abraão Brickman,[1] Elisa Tabacow Kauffman,[2] Anita Lichtenstein Kertzman, Fanny Hidal Rubinstein,[3] Luiza Klabin Lorch, Ema Klabin[4] e Helena Raboi,[5] traçamos algumas árvores familiares.

Brickman relata que em São Paulo, desde o começo do século XIX, havia algumas famílias judias alsacianas, inglesas e americanas. Entre essas, estava o senhor Morse, pai de Victor Morse, que teria pedido ao filho que avisasse aos judeus alsacianos das "casas de prego" (penhor) do Largo da Sé que ele queria um enterro judaico. Relembra que estavam aqui Bento Loeb, Luiz Suplicy e os Simonsen.

Sobre sua própria família, Abraão Brickman conta que seu "avô de criação", José Pecker, chegou ao Brasil em 1888. José Pecker viajou com Isaac Tabacow. Nute

---

1 Entrevista realizada em 3 de outubro de 1981 por Eva Alterman Blay e Célia R. Eisenbaum.

2 Entrevista realizada em 9 de setembro de 1982 por Eva Alterman Blay e Célia R. Eisenbaum.

3 Entrevista realizada em 2 de dezembro de 1980 por Eva Alterman Blay e Célia R. Eisenbaum.

4 Entrevista realizada em 3 de julho de 1982 por Célia R. Eisenbaum e Elizabeth Greiber.

5 Entrevista realizada em 3 de fevereiro de 2010 por Eva Alterman Blay e Ana Luisa Campanha Nakamoto.

Tabacow, tio paterno de Isaac, já estava aqui e teria sido o primeiro "russo" a chegar. Veio de Sucaron, na Bessarábia. Aqui também já estavam os Klabin, que chegaram em 1887, vindos da Lituânia. Explica-se assim como José Pecker e Isaac Tabacow trabalharam para os Klabin: "Eles vendiam imagens religiosas e calendários que os Klabin fabricavam. Vendiam para o povo em geral" (Abraão Brickman).

Os próprios Klabin também vendiam artigos de papel, como comprovam algumas fotos[6] de Luis Klabin, a cavalo, percorrendo fazendas do interior de São Paulo.

Início do século XX. Santa Rita do Passa Quatro. Luís Klabin em viagem pelo interior de São Paulo para vender papel aos fazendeiros e colonos. "Ele arriscava a vida porque tinha tocaia", diz Sarah Klabin.

Início do século XX. Santa Rita do Passa Quatro. Luís Klabin, de paletó escuro, com amigo posando.
Foto cedida por Sarah Klabin.

6 Luís Klabin vendendo papel em Santa Rita do Passa Quatro, começo do século XX. Esta imagem pertence ao arquivo iconográfico desta pesquisa e foi gentilmente cedida por Sarah Klabin.

Início do século XX. Santa Rita do Passa Quatro. Luís Klabin posando.
Foto cedida por Sarah Klabin.

A comunidade judaica de Franca

Isaac Tabacow e José Pecker tinham planos de se estabelecer primeiramente em Itu, mas um surto de febre amarela por todo o estado de São Paulo levou-os para Franca, lugar alto e protegido da moléstia. Lá fundaram a Casa Vermelha: "Era uma casa que vendia tudo, como todas as casas daquele tempo no interior; vendiam roupas, fazendas e miudezas".

Em 1891, Isaac Tabacow retornou à Rússia para buscar sua noiva, Olga Spector, e trouxe também Lea Pecker para se casar com José. A sociedade comercial dos dois durou até meados de 1905, quando Isaac se mudou para a cidade de São Paulo e fundou a homônima Casa Vermelha, na Rua José Paulino, no bairro do Bom Retiro, como contaram Brickman e também a filha de Isaac Tabacow, Elisa Tabacow Kauffman.

1914. São Paulo. Loja de Ramiro Tabacow e José Gandelman. Antiga Rua dos Imigrantes, atual Rua José Paulino.
Foto cedida por Malvina Teperman.

Isaac e Olga Tabacow tiveram cinco filhos: dois nascidos em Franca e os demais, em São Paulo.[7] José Pecker permaneceu em Franca, expandiu a Casa Vermelha e voltou para a Europa para buscar outros familiares, o que o abalou financeiramente. Conta Brickman:

> Pecker foi para a Bessarábia, para ver se tirava o pessoal da Rússia. Conseguiu tirar trinta e tantas pessoas de lá, por meio de um *habar*. É um termo internacional, vindo da Romênia, e que existe muito na Rússia até hoje; significa "dinheiro", "gorjeta". Isso foi em 1919, já na Revolução. [...] Ele conseguiu tirar essas pessoas e isto custou muito dinheiro. Eu lembro, quando era menino, que o vovô telegrafou pedindo que lhe mandassem dinheiro para as passagens e eu fui levar o cheque; ele deu o nome de uma companhia francesa, porque de lá da Bessarábia, onde eles estavam, foram para um porto... tinham que sair pelo mar

7 Sara (Bedricow) e José Tabacow, nascidos em Franca; e Elisa Tabacow (Kaufman), que foi entrevistada para esta pesquisa, Fanny (Felmanas) e Raquel (Bacaleinick), nascidas em São Paulo.

para dar a volta por Constantinopla e ir para Bordeaux, para pegar um vapor francês, o *Formosa*. Lembro-me até hoje do nome do vapor que vinha para o Brasil; uma parte das pessoas veio para cá, e a outra foi para os Estados Unidos. Só em passagens, naquele tempo, papai gastou 300 contos. Todas essas pessoas que vieram eram da família ou agregados da família. Isso, é lógico, abalou as finanças dele.

O pai de Brickman chegou em 1905, solteiro, e mandou vir sua noiva de Crilevtz, região ucraniana na fronteira com a Bessarábia. Este hábito de trazer uma esposa judia prolongou-se por várias décadas, em uma forma de preservar o judaísmo em família. Veremos mais adiante, analisando a família Athias, detalhes sobre tal comportamento.

Antes da guerra de 1914 vieram algumas pessoas da nossa família: Wesler, Leuman, Wayner, e depois, em 1919, veio o resto da família.

A chegada destas primeiras famílias abriu caminho para várias outras.[8] A comunidade judaica de Franca cresceu e se fixou por décadas. Com algumas mortes, os enterros foram realizados no próprio município. A ausência de um cemitério judaico foi superada pela aquisição de um espaço no cemitério municipal, mantendo-se uma separação virtual, conforme recomendação do rabino Raffalovich, autoridade religiosa altamente respeitada, que fora consultado. Cumpriam-se os rituais religiosos de encomendação dos corpos. O local ficou conhecido como Cemitério dos Russos e, no fim do século XX, os corpos foram transladados para o Cemitério Israelita de Vila Mariana. Explica Brickman que a transferência ocorreu para "honrar" os mortos, pois em Franca não havia mais os *minian*[9] para as orações fúnebres.

Fanny Hidal Rubinstein trouxe informação um pouco diferente sobre a data da chegada do primeiro judeu a São Paulo. Em uma foto de família, seu pai anotou: "José Tabacow Hidal... Cheguei ao Brasil em 1888".

Ele veio de Yedinitz, na Bessarábia. Mais tarde, ele trouxe o pai, Nathan (Nute) Tabacow. Com ele, vieram todos os seus filhos, que mais tarde casaram-se aqui: a *tante* [tia] Rachel, os Lichtenstein, os Nebel, Elke... E depois começaram a vir mais parentes de lá.

8 "Ramiro Tabacow, Jacob Salomão, Berenstein, Leon Schneider, que eram judeus *galicianer*."

9 Na religião judaica são necessários dez homens adultos [*minian*] – com mais de 13 anos – para se realizar qualquer cerimônia religiosa.

Nathan (Nute) Tabacow casou-se duas vezes. De sua primeira união com Anita, nasceram cinco filhas e um filho. Suas filhas, com exceção de Golde e Rachel, vieram casadas.[10] Desse tronco, surgiu uma geração que se fixou no Brasil: Nebel, Lichtenstein, Kertzman, Chanski, Teperman, entre outros.[11]

Sua segunda esposa já havia sido casada e tinha duas filhas. Casar-se uma segunda vez era totalmente habitual. Homens e mulheres viúvos logo se casavam, premidos pela necessidade de cuidar da prole. Em geral, o casamento era arranjado.

A trajetória da família de José Tabacow Hidal passa pela Argentina, pelos Estados Unidos, por Santos e pelo Rio de Janeiro, fixando-se finalmente em São Paulo.

Em 1903, José Tabacow Hidal deixou o Brasil para tentar a vida na Argentina; levou sua esposa Esther, os filhos[12] e uma de suas irmãs. Sobre a vida na Argentina, sua filha, Fanny Hidal Rubinstein, faz o seguinte relato:

> Na Argentina, fomos morar no Pampa Central, em Bernasconi. Lá meu pai tinha plantação de trigo e outras ervas... Acho que era a maior fazenda de trigo da Argentina! Uma irmã dele, a mais velha, que ele levou para lá, também ficou sendo proprietária, fazendo plantação de trigo.

José Tabacow Hidal voltaria novamente ao Brasil em 1910, para depois, em 1914, mudar-se mais uma vez para a Argentina com seu cunhado Solitrenick[13] e trabalhar na torrefação de café. Em 1922, após quatro anos em Córdoba e o mesmo período em Buenos Aires, a família retornou ao Brasil. José Tabacow Hidal e Solitrenick se instalaram em Santos, onde o primeiro montou uma casa de móveis. Solitrenick mais tarde montou seu próprio negócio.

---

10 Através de casamentos formaram-se as famílias de Elke (Ficher), Hanzi (Chanski), Guitel, José Tabacow Hidal, Golde (Nebel), Ides (Solitrenick) e Rachel Tabacow (Lichtenstein).

11 Golde se casou com Bernardo Nebel. Seu filho Jacob Nebel (fruto do primeiro casamento de Golde) casou-se com uma sobrinha de Bernardo Nebel, Goike, nos Estados Unidos, e a trouxe para o Brasil. Rachel Tabacow, a mais nova, casou-se com Hugo Lichtenstein e teve quatro filhos e três filhas, entre as quais Anita Lichtenstein Kertzman, cuja entrevista nos foi cedida postumamente para esta pesquisa. Hanzi faleceu na Rússia, e seus filhos, entre eles Isidoro Chanski, vieram para o Brasil. Este se casou com Rosa Teperman.

12 Foram seus filhos e filhas: Jacob Tabacow Hidal, Anita Hidal (Kogan), Rosa Hidal (Lichtenstein) – que se casaria com seu primo Roberto Lichtenstein –, Frida Hidal Lewgoy e Emilio Hidal.

13 Marido de Ides.

Elke, filha de Nathan Tabacow, teve cinco filhos e duas filhas na Argentina e, depois de viúva, voltou ao Brasil com sua família. A mesma trajetória Argentina-Brasil foi vivida por outra filha Guitel que, viúva, retornou com dois filhos e quatro filhas, conforme relatou Anita Lichtenstein Kertzman. Alguns deles permaneceram em São Paulo, outros no Rio de Janeiro; com a morte da filha mais velha, Libina, seus filhos foram adotados por outros membros da família no Rio de Janeiro e em São Paulo.[14]

O retrospecto da trajetória das duas famílias é paradigmático: revela uma enorme mobilidade espacial. Se lembrarmos os precários meios de transporte do fim do século XIX e do começo do XX, é notável sua locomoção pelos novos territórios – como se, após a travessia do Atlântico, mover-se para a Argentina ou para o Brasil fosse um trajeto simples!

As famílias mantiveram-se solidárias; os filhos mais velhos criavam os irmãos e o sobrinhos; adotavam-se parentes próximos em caso de morte dos pais. Em penúrias financeiras, cuidar dos mais jovens era comum, comportamento bastante frequente também nas famílias brasileiras e em outros grupos imigrantes, como os japoneses, por exemplo.

Industrialização: bens de consumo, empresas familiares

Família Tabacow

Conta Elisa Kauffman (nascida Tabacow) que, no começo do século XX, seu pai, depois de deixar Franca, recomeçou as atividades econômicas na capital paulista vendendo móveis. Ele também auxiliou a vinda de diversas famílias conhecidas na Rússia, além de fornecer mercadoria em consignação para os recém-chegados em busca de trabalho. Entre as famílias auxiliadas estão os pais de Moisés Kauffman, que viria a ser marido de Elisa e que tomaria parte nos negócios da família Tabacow junto com seu irmão José, e Boris Bacaleinick, marido de sua irmã Raquel. A empresa de tipo familiar enfrenta embates, ganhando e perdendo, incorporando alguns sócios, afastando outros; foram décadas até ser bem-sucedido (ou falir):

14 Entre eles, pelas tias Fanny Hidal Rubinstein e Anita Hidal Kogan, e a pela tia-avó Elke.

> Meu pai começou com uma fábrica de pregos. Depois ele tinha móveis, fábrica de móveis e tapetes importados. Depois, bem depois, é que começaram com a fabricação de tapetes (Tapetes Tabacow) aqui; então papai passou para os filhos este trabalho. Estava já muito doente.

Uma vez escolhido um ramo de atividade econômica, na maioria das vezes circunstancialmente, esses imigrantes prosseguiam caso a produção vingasse. Caso contrário, procuravam outras atividades ou tipos de produção. Com acertos e erros nos primeiros anos, era muito difícil acumular qualquer capital para investimento. Começavam como ambulantes ou empregados de ambulantes, trabalhavam sem licença, ganhavam num dia o necessário para pagar a mercadoria comprada a crédito e fazer novas compras para trabalhar no dia seguinte; não é por acaso que alguns historiantes contam detalhadamente quanto pagavam por um almoço, um sanduíche, um pastel.

Essas primeiras famílias investiam prioritariamente na produção de bens de consumo. Poucos conseguiam acumular capital e investir num ramo industrial. Neste caso, tinham de se especializar para se manter no mercado. Era importante estar atualizado e, quando cresciam o suficiente para investir, traziam as inovações da produção internacional. Foi o que a Tabacow fez, segundo lembra Elisa sobre a atuação de seu marido:

> O Moisés (Kauffman) foi o primeiro que foi para a Inglaterra procurar máquinas para tapetes. [...] Isso foi em 1930; nós éramos recém-casados. Naturalmente, ele tinha um endereço de um brasileiro ali que importava tapetes e que o encaminhou. [...] Ele estava num escritório, esperando alguém com quem tinha que conversar, e viu umas amostras. Começou a mexer nelas e aquilo o interessou, e passou a estudar como eram feitas. O fundo do tapete era de juta, e quando ele chegou aqui experimentou fazer o mesmo, e deu certo. E foi assim que começou a fábrica de tapetes que hoje é a Têxtil Tabacow.

A empresa deixou de ser familiar, introduziu inovações tecnológicas. O nome da empresa se mantém no mercado no século XXI.

Família Teperman

Na primeira década do século XX, apoiada no trabalho familiar, desenvolveu-se a Indústria Móveis Teperman.

Início do século XX. São Paulo. Sara Gandelman.

Foto cedida por Malvina Teperman.

1913. São Paulo. Da esquerda para a direita: José, Francisco e Salomão Teperman.

Foto cedida por Malvina Teperman.

1916. São Paulo. José Teperman pensa em Ana, sua futura esposa.

Foto cedida por Malvina Teperman.

Anos 1920. Poços de Caldas. Salomão e Augusta Teperman.
Foto cedida por Malvina Teperman.

Malvina Teperman (nascida Gandelman)[15] nasceu em 1904, na Bessarábia, em Romanauti.[16] Chegou ao Brasil em 1914, com sua mãe Sara e mais quatro irmãos. O pai, Moisés Gandelman, e seus tios José e Francisco Teperman já estavam aqui. No Brasil, nasceram mais dois irmãos.

Em 1913, José Teperman instalou uma fábrica de móveis depois de ter passado vários anos atuando no varejo. Casou-se com a bela Ana Gandelman (tia de Malvina). Alguns anos depois, em 1920, chegaram mais dois irmãos: Salomão e Isaac Teperman. Malvina terminara o Grupo Escolar Triunfo, no Bom Retiro, e, como a maioria das moças judias da época, foi estudar na Escola de Comércio Álvares Penteado. Cumpriria o destino escolar das jovens judias de então, mas abandonou o curso depois de dois anos. O casamento viria a seguir, provocado pelos encontros entre os dois jovens, Malvina e Isaac, na casa dos tios.

Na época, Isaac Teperman trabalhava com seu cunhado Isidoro Chanski (casado com Rosa Teperman) na Casa de Móveis Teperman, à Avenida Rangel Pestana, no bairro do Brás, onde muitos judeus moravam nessa época.

Aos poucos, os irmãos Salomão, Francisco e José foram se desligando da sociedade e Isaac Teperman restou como único proprietário da loja e da fábrica. A produção de móveis era de altíssima qualidade; neles trabalhavam marceneiros e entalhadores, principalmente italianos. A fábrica chegou a ter trezentos empregados. Por várias razões, inclusive financeiras, a empresa, depois de décadas, reduziu suas atividades e, como disse Isaac: "Posso ficar sem nada, mas vou pagar aos empregados tudo a que eles têm

15 Entrevista realizada em 24 de junho de 1982 por Eva Alterman Blay e Célia R. Eisenbaum.
16 Ela dizia ter nascido num *dorf*, pequeníssima aldeia.

direito". Consta que assim o fez. O nome Móveis Teperman permanece numa empresa dirigida por seu filho Millie Teperman.

O casal Teperman foi muito ativo na comunidade judaica e na sociedade brasileira como um todo. Trabalharam para auxiliar os imigrantes; Malvina participou da Cruz Vermelha na Revolução de 1932. Uma das obras mais importantes a que se dedicaram foi a construção do Lar dos Velhos. Isaac era considerado um "homem justo": quando surgiam desavenças dentro da comunidade, era procurado para o papel de juiz, lembrando a figura simbólica do *Bet Din*. Sua decisão era cumprida inexoravelmente.

Parcela considerável dessas primeiras famílias chegadas a São Paulo provinha da Bessarábia, das mesmas cidades ou *shtetlach*, como Britchon, Yedinitz, Sucaron ou cidades vizinhas; já partilhavam ou passaram a ter no Brasil laços de parentesco.

Antes de serem fundadas as sinagogas em São Paulo, aqueles com melhores condições econômicas e casas maiores convidavam outros judeus para as cerimônias religiosas das grandes festas: Pessach, Rosh Hashaná e Yom Kipur, respectivamente Páscoa, Ano-Novo e o Dia do Perdão (também conhecido como Dia do Jejum). Os mais velhos conduziam as cerimônias e realizavam casamentos. A casa de Maurício Klabin era uma delas.[17]

1910. Lazer no Grande Hotel do Guarujá. Terceira mulher à esquerda: Mina Klabin.
Foto cedida por Mauris Ilya Klabin Warchavick.

17 Retomarei mais adiante a história da família Klabin por meio do depoimento de Ema Klabin.

1922. São Paulo. Da esquerda para a direita: Rosa Tabacow Hidal, Anita Lichtenstein e Ida Tabacow Hidal.
Foto cedida por Fanny Rubinstein.

As famílias até agora recompostas se uniram a outras por meio de casamentos. Poder-se-ia prosseguir no traçado de ramos destas árvores até os dias de hoje; os descendentes estão no Brasil. Veremos a seguir como se deram a formação e a articulação entre os componentes da chamada "comunidade judaica".

Comunidade, relações familiares e sobrevivência[18]

Analisando as biografias de famílias e as estratégias que os indivíduos criavam para sobreviver, iluminamos as relações sociais específicas que fundam as comunidades (Revel, 1996, p.12).

Observadas de fora, a(s) comunidade(s) judaicas equivocadamente parecem homogêneas: compõem-se de subgrupos com diversas orientações políticas e religiosas, classes socioeconômicas e educacionais, e origens nacionais.

Entre judeus, queiram-no ou não, cria-se um vínculo étnico que foi se estruturando desde o início da imigração contemporânea.

Para sobreviver, os imigrantes necessitavam da comunidade.

Quando um imigrante, qualquer que seja, chega desprovido de posses e de apoio governamental a um novo país, as primeiras necessidades que ele deve suprir certamente são encontrar um lugar para dormir e se alimentar e um trabalho. Urgentíssimos, esses passos devem ser resolvidos imediatamente; não se pode esperar dias ou semanas.

18 Parte deste subcapítulo foi publicada na revista *Tempo Social*, São Paulo, USP, v.21, n.2, p.235-58, 2009.

Assim também ocorreu com os judeus, sobretudo com os homens que vinham solteiros, em geral. Inicialmente, no porto de Santos ou no do Rio de Janeiro, eventualmente um funcionário procuraria um morador já estabelecido, judeu também, para ajudar na comunicação através da língua "desconhecida" que falavam. Mais tarde, com um pouco mais de organização, membros da comunidade judaica os esperavam para auxiliar na documentação e no transporte de trem para São Paulo. Entidades como a Sociedade Amiga dos Pobres (Ezra), eventualmente, enviavam pessoas ao porto para recebê-los, mas isso não era uma constante. Diferentemente do que supõem alguns (Lesser, 1995), muitos imigrantes pagavam suas passagens, ou alguém da família o fazia, como vimos antes, o que se confirma pelos anúncios de companhias de navegação, cuja propaganda anunciava facilidades de pagamento.

Ao chegar, alguns ficavam em Santos, outros iam a São Paulo, onde buscavam conhecidos. Andavam pelas ruas ao redor da Estação da Luz, na esperança de encontrar alguém que falasse o ídiche, ou pelo menos o alemão, que a ele se assemelhava. Eventualmente traziam o endereço de alguém do mesmo *shtetl*.[19] Assim, encontravam onde dormir e, no dia seguinte – não no terceiro ou quarto dia, mas imediatamente –, procuravam trabalho para poder para pagar a comida, exatamente nesta ordem de importância.

Havia os que conseguiam alugar uma cama num quarto compartilhado com outros imigrantes judeus ou numa pensão de uma família judia no Bom Retiro. Houve aqueles que, totalmente desprovidos, foram acolhidos para dormir no salão da sinagoga da Rua Newton Prado,[20] recém-inaugurada; fato semelhante ocorreu também em sinagogas de Manaus. Outros se acomodavam, por alguns dias, em casa de conterrâneos. Solidariedade e ajuda mútua foram marcantes, mas sem chance de ilusão: recursos para a sobrevivência eram limitadíssimos mesmo para os que aqui já estavam.

Para superar as primeiras adversidades era importante relacionar-se com os "seus", se inserir na comunidade, ponte para o estabelecimento no novo país.

Passados meses, talvez anos, outra urgência se apresentava: constituir uma família ou trazer a que ficara na Europa. O sucesso econômico podia esperar. Encontrar um companheiro era prioritário.

As soluções matrimoniais vieram na bagagem cultural, junto da língua, da religião, dos costumes da antiga morada (observe-se que não escrevo "da antiga pátria", pois a maioria dos judeus não detinha a cidadania dos países de nascimento).

---

19 No caso de partidárias(os) de partidos políticos, a acolhida foi distinta.

20 O mesmo ocorreu em Belém do Pará, na sinagoga Essel Abraham (Benchimol, 1998, p.47).

As soluções matrimoniais vieram na bagagem cultural e religiosa

O casamento intragrupo

O casamento possui atualmente muitas significações. É um passo formal para legitimar uma união. Pode ser um ato necessário para segmentos da burguesia para garantir bens ou herança. Além do "papel passado", várias formas de união são legalmente reconhecidas pelo Estado.[21] Para os judeus, o casamento religioso era (e é) legítimo. Não é necessária a ratificação legal: basta o ritual feito sob a Hupá [pálio], de preferência ao ar livre e consagrado por um homem que saiba ler os livros sagrados. É desnecessária a presença de um rabino. Além disso, o divórcio é permitido; romper a promessa de casamento, o noivado, era muito mais grave do que um divórcio.

Cartão-postal, século XIX. H. Elkan. Casamento sob a Hupá.
Cedido por Eva Alterman Blay.

21 Uma moradia conjunta por cinco anos vale tanto quanto um casamento registrado em cartório. Filhos tidos fora do casamento têm igualdade de direitos com os demais, desde a Constituição de 1988 (artigo 227, parágrafo 6º, disciplinado pelo Código Civil de 2002, artigo 1.607 e seguintes).

Para os imigrantes judeus, encontrar uma noiva implicava determinadas estratégias. Vejamos algumas que nos foram relatadas, sem pretender esgotá-las ou classificá-las.

Um casamento entre judeus marroquinos

Isaac Athias nasceu em Livramento do Ituquara, interior do Pará. Casado, foi para Salvador (Bahia) e depois para São Paulo, onde o encontramos. Conta ele:

> Meu pai se casou com minha mãe no Pará. Sei que meu pai saiu de Rabat com 7 anos e foi para Portugal e depois, um pouquinho mais velho, veio para o Pará, sozinho, não sabemos como. Já minha mãe veio acompanhando os pais. Meus pais se conheceram em Belém e casaram na cidade de Macapá.[22] Para casar foi assim: ele pediu ao pai a filha mais velha. Não pediu "tal" pessoa; pediu "a filha mais velha". Naquele tempo não se namorava: pedia-se a filha mais velha ou a segunda filha. E a minha mãe era a filha mais velha.
>
> Eu sou descendente de judeus marroquinos, meu pai é de Rabat e minha mãe é de Arzila, Marrocos. Eles estão no Brasil desde 1880. Vinham para fazer a América, acabaram ficando aqui, se enraizando. Nós somos nove irmãos. A família está hoje mais ou menos na quarta geração, são uns 150 sobrinhos e sobrinhos-netos. A maior parte ainda está em Belém do Pará.

O casamento entre os judeus imigrantes se dava, na maior parte dos casos, com parceiros do próprio grupo étnico e até mesmo da mesma origem nacional. Seguiam as regras trazidas do país de nascimento, as quais variavam conforme os costumes e os vínculos com a religião judaica. Esses determinantes são claros no caso dos pais de Isaac Athias; o importante era casar com uma mulher do grupo judeu-marroquino. Por trás dessa "escolha" estava a certeza de encontrar uma companheira cujos valores e comportamentos seriam semelhantes aos do parceiro: o cumprimento de regras religiosas, a organização do lar, a educação dos filhos, a comunicação numa língua comum – no caso, o árabe do Marrocos (o árabe ou o francês aprendido na escola) – e até os costumes alimentares.

A escolha da esposa não era arbitrária: tinha condicionantes.

---

22 Para se ter uma ideia da distância, em 2007 levava-se de barco 24 horas para ir de Belém a Macapá. Não existe estrada de rodagem para aquela região que dista cerca de 350 km de Belém. Pode-se também ir de avião.

O dote foi uma passagem para o Brasil

Na Europa Oriental e também no Brasil era comum haver uma pessoa intermediária para arranjar os casamentos: o(a) *shadchen*, figura que não desapareceu no cenário atual de muitas famílias. Este recebia uma remuneração quando o arranjo matrimonial era bem-sucedido. Na literatura, e sobretudo no teatro judaico, este intermediário é tratado de forma cômica, em geral.

Se a família fosse ortodoxa, era importante encontrar um parceiro ortodoxo. Se fosse uma família rica, buscava-se um parceiro economicamente equivalente, condição flexível desde que o pretendente fosse judeu.

A mulher era menos valorizada do que o homem, mesmo que fosse de uma família abastada. Em consequência, com ela vinha um dote. Não era raro que os noivos se conhecessem no dia do casamento ou quando este já estava arranjado. O dote trazido pela noiva fazia parte desse arranjo matrimonial e poderia tanto envolver dinheiro como outro bem.

O senhor Nachman Dembo[23] imigrou para o Brasil em 1927.

> Eu nasci no *shtetale* (aldeiazinha) de Krakver. De lá eu fui para outra cidade, Poilnich. Tinha 21 anos quando me casei. Nasci em 1904. Viajei para o Brasil seis meses depois do casamento. Na Lituânia eu era sapateiro. Não tinha uma oficina, trabalhava por minha conta. Aqui também trabalhei como sapateiro. A minha passagem quem pagou foi o dote. O sogro me deu o dinheiro. Naquele tempo eu fiz os documentos, tudo certinho. Não precisava de "carta de chamada" de ninguém. Fui no consulado e, em 1927, cheguei a São Paulo. Escolhi o Brasil porque na Lituânia não dava para viver. Não se ganhava nada. Eu também não gostava da Lituânia. Tinha muito nazista. Muito fascista.

Dembo é pessoa modesta. Em São Paulo, fez parte de um grupo de esquerda do qual acabou se desligando ou sendo desligado. Progressista, o grupo era constituído de pessoas economicamente bem situadas. Dembo sempre foi um simples sapateiro; o único bem que conquistou em São Paulo foi uma casa, de um dormitório, no bairro do Belém. Viveu com a esposa até a morte dela, não teve filhos e nunca mais se casou.

No caso de pobreza, até mesmo o dote tinha como destino comprar uma passagem para imigrar.

23 Entrevista realizada por Eva Alterman Blay.

Encontrar uma esposa na Europa

Os requisitos seletivos que determinaram a escolha de uma esposa pelo pai de Athias assemelham-se às estratégias dos demais grupos da comunidade judaica. Como não havia muitas mulheres judias no Brasil, que dirá aquelas que cumprissem os requisitos de mesma origem nacional, língua, costumes religiosos etc., uma das soluções era mandar trazer uma noiva[24] da Europa.

Quando havia um compromisso de casamento anterior à imigração, a jovem recebia uma "carta de chamada" ou recursos para vir para o Brasil. Havia aqueles que aceitavam escolhas feitas por parentes ou conhecidos, e outros iam pessoalmente à Europa procurar uma esposa. Este foi o caso dos imãos Levy, mencionados antes.

Maurice, Henri e Lucien Levy vieram para Manaus. Em 1878, instalaram a loja A La Ville de Paris. Luxuoso, o estabelecimento localizava-se na esquina da Avenida Sete de Setembro, n.603/617, com a Rua Lobo de Almada, n.1.900. Importavam produtos dentários, relógios e peças de relojoaria, bens móveis de alta qualidade;[25] viveram o auge da exportação da borracha.

1899-1900. Manaus. Novo imóvel A La Ville de Paris.
Gravura de Guido Latin, filho do proprietário.

---

24 Este procedimento foi desvirtuado por grupos interessados em trazer mulheres para a prostituição, como bem mostrou Beatriz Kushnir (1996) em *Baile de máscaras: mulheres judias e prostituição. As polacas e suas associações de ajuda mútua*.

25 Importavam também ladrilhos e vidros que foram usados inclusive no Teatro Amazonas, construído em pleno auge da exportação da borracha e que era etapa obrigatória nas turnês dos grandes artistas internacionais no fim do século XIX.

Sem data. Major Eliezer Levy (prefeito de Macapá).
Foto cedida por Isaac Athias.

Sem data. Manaus. Na residência de Alegria Gabai. Da esquerda para a direita, primeira fileira: irmãos Miriam, Gimol e Oro Gabai; irmãos Isaac, Miriam, Isaac, Raquel, Miriam Barcessat, Ester Athias Dimenstein e Maluf Gabai. Segunda fileira: Honória Athias; Alegria e Jacob Gabai; Meriam Roffe Athias com bebê Fortunato Athias, falecido aos 4 anos; Moisés e Ana Barcessat; Preciada Levy Athias. Terceira fileira: Jaime e Messod Barcessat; Jaime e Hamor Gabai, Moisés Athias, pessoa não identificada, irmãos Isaac, Abrão, Jacob e Marcos Athias.
Foto cedida por Esther Dimenstein.

Sem data. Livramento do Ituquara, Breves. Da esquerda para a direita, primeira fileira: Moyser Athias, Honória Bemergui Athias. Segunda fileira: irmãos Marcos, Jacob, Isaac e Abrão Athias. Terceira fileira: Ana Barcessat, Meriam Roffe Athias e Fortunato, seu filho; Fortunato Athias, o patriarca; Alegria Gabai.

Foto cedida por Esther Dimenstein.

1899-1900. Manaus. Interior da loja A La Ville de Paris.

Foto cedida por Guido Latin.

Um dos irmãos viajava a cada dois anos para a Europa por duas razões: "1. Repudiar a nacionalidade alemã e se naturalizar francês (eles vinham da Alsácia, cujos cidadãos nunca aceitaram a incorporação prussiana). 2. Encontrar uma esposa francesa e a trazer para Manaus" (Latin, [s.d.], p.2). Assim, o irmão mais jovem, por volta de 1910-1911, trouxe para Manaus sua esposa Palmyre Hirsch, "nascida em 8 de maio de 1890, em uma família israelita da Lorena, de Metz".[26]

Fica clara a opção do jovem Levy: desejava uma mulher judia. Deveria, no entanto, ser francesa, como ele se considerava, e ter como opção ser francamente antigermânica. Escolher alguém da Lorena tinha um significado ideológico, visto que a região tivera opção francesa contra a dominação alemã depois da guerra franco-prussiana.

Cumpriam-se, assim, os requisitos da escolha da esposa: judia, francesa e antigermânica.

Trazer a esposa e filhos que ficaram na Europa

Em *Recordações de Anna Lifchitz*, ao recompor "os começos de uma coletividade no estado de São Paulo", em manuscrito que ela preparou para esta pesquisa,[27] Anna escreve que seu pai,

> Abrão Kaufman, deve ter vindo ao Brasil em 1905. Queria ir para a África do Sul, onde viviam parentes, mas, passando por Santos, desceu e ficou [...]. Uns três anos depois já conseguia mandar passagem para a vinda de minha mãe comigo. Mandou passagem de navio para a segunda classe, mas ela preferiu vir de terceira para poder trazer o irmão, que também precisava emigrar. Vínhamos de uma pequena cidade da Bessarábia, Securani.[28]

Ficaram em Santos, onde a coletividade era constituída de só mais uma família, os Pretzel, segundo conta ela.[29]

> Em 1912, meu pai resolve mudar para São Paulo, onde a coletividade já contava com certo número de famílias. Nas grandes festas, isto é, Yom Kipur, íamos a São Paulo, já que

26 Em 26 de agosto de 1912 nasce seu filho André, e, em 1913, ela morre aos 23 anos, vítima da febre amarela. Foi enterrada no Cemitério São João Batista de Manaus, quadra 3, sepultura 12.259.

27 Quando convidada a contar sua história, Anna optou por escrevê-la. O encontro de Eva A. Blay e Célia R. Eisenbaum ocorreu em 25 de setembro de 1981.

28 A cidade de Sucaron é também chamada de Secureni ou Securon, conforme pronúncia.

29 Entrevistamos outras pessoas que moraram em Santos no fim do século XIX.

em Santos não havia cota [*minian*] necessária para as rezas. Em Rosh Hashaná só ia meu pai; não se fechava a loja.

A família de Anna pretendia reunir-se com outros membros da comunidade judaica existente em São Paulo, de modo a aproximar os filhos e filhas de outros judeus. Encontrar parceiros seria facilitado pelas oportunidades oferecidas pelas visitas a outras famílias, festas, bailes no clube da comunidade – o Círculo Israelita – e, muito importante, a frequência a sinagogas. Ir à sinagoga não significava apenas cumprir um ato religioso; ela era também um espaço de convívio social, de encontro, de novas relações, em última análise, um espaço de existência da comunidade.

Anna e sua família enfim trocam Santos por São Paulo.

O casamento de Anna

Eu vim para São Paulo com 12 anos, fui pra escola alemã, daqui da Rua Olinda; todo ensino era em alemão. [...] Minha mãe tinha filhos pequenos [...] ela continuou os negócios do marido e foi com isto que ela sustentou e educou os filhos; meu irmão se formou em Direito, a outra irmã falecida se formou em Farmácia; a minha última irmã formou-se professora. Eu não me formei em nada.

Como Anna poderia se formar em algum curso se, como ela contou, casou-se, mal terminado o primário?

Justamente na época que saí da escola é que fiquei noiva... Casei muito jovem. Com 14 anos e meio. Achei que mamãe queria um apoio, qualquer coisa, e casei. Meu marido era amigo do meu pai e era dez anos mais velho que eu. Ele trabalhava no interior e era freguês do meu pai, comprava mercadoria dele. Morava em Pouso Alegre, Minas Gerais, e quando vinha, ficava em nossa casa. Aí foi assim, casamento meio arranjado, com intermediário...

Os antigos procedimentos para arranjar um casamento continuaram vigorando. O marido era um judeu conhecido. No entanto, alguma intermediação foi necessária para formalizar o casamento. Associar-se no trabalho foi um arranjo conveniente para as duas partes, para a mãe de Anna e para o casal.

1924. São Paulo. Casamento de Malvina e Isaac Teperman.
Foto cedida por Malvina Teperman.

Eu morava com a minha mãe numa casa na Rua Bresser, no Bom Retiro. [...] Minha mãe começou a trabalhar com meu marido. Trabalhava em negócio de todo judeu *clientelchik*[30] [...] Puseram vendedores na rua, minha mãe comprou mercadorias, e assim foi: ela mesma não trabalhava, tinha vendedores. Já havia muitos judeus nessa época, bem mais do que em Santos. Eu sei que meu casamento tinha trezentos convidados. Foi na Rua Três Rios, num marceneiro que tinha oficina e cedeu o salão para fazer o casamento. Nessa época já havia sinagoga. O meu pai foi o fundador da sinagoga da Rua Correia dos Santos (a primeira de São Paulo), naquela esquinazinha [...] Naquele tempo era uma simples casa. Mas eu casei no salão mesmo, onde fizeram a "hippe" [pálio]. E esses convidados eram todos judeus. Nessa época vivia-se bem dentro da coletividade. Com a brasileira havia muito pouco contato, não sei por quê. Acho que era medo, o pessoal já vinha com medo.

Medo do quê? De perseguição? De inesperados e desconhecidos perigos? De pogroms? O medo trazido das brutalidades sofridas na Europa?

Certamente imigrar não significava esquecer o vivido. O medo constante no passado vinha junto com a bagagem mental dos imigrantes judeus.

Esse medo se transmitia; atravessava fronteiras, se inoculava com a socialização, como relatou Anna. As crianças, desde pequenas, eram educadas para uma convivência comunitária. Essa socialização não necessitava explicações: vinha nas meias palavras, no não dito, nos temas proibidos.

Eu tinha amigas que não eram judias, ali da vizinhança. Mas eu não tinha contato muito íntimo, não. Com as crianças da escola alemã, tudo muito bem, mas ficava mesmo com as da coletividade. Não sei por que era assim. Eu acho que não era uma coisa que a gente resolvia. [...] Acho que era instintivo, intuitivo.

30 Expressão em língua ídiche que significa "prestamista", pessoas que vendem produtos à prestação.

Intuitivamente, instintivamente os judeus imigrantes protegiam-se, privilegiando o conhecido, mantendo-se dentro da comunidade em suas relações sociais mais próximas. Pertencer a uma comunidade amainava as "angústias do futuro", para repetir as palavras já citadas de Vidal-Nacquet (1991) – as angústias daquele futuro tão promissor, mas tão perigoso.

Este era o *background* da socialização das crianças, da educação e dos arranjos matrimoniais. Fortalecia-se a interação comunitária. Nas famílias, certas histórias do passado eram ocultadas, pois causavam dor aos mais velhos; livros não podiam ser lidos nem sequer tocados. Neles escondiam-se sofrimentos vividos, sobretudo, na Segunda Guerra Mundial. Algumas famílias nem mesmo revelaram a seus filhos que eram judeus, pensando assim protegê-los. A própria palavra "judeu" não era pronunciada.

Ao longo do tempo, alguns daqueles cuidados foram atenuados, mas nunca desapareceram: apenas se transformaram. A cada manifestação antissemita, a comunidade judaica se sentia e ainda se sente ameaçada, e tenta se defender.

Namoro: já éramos civilizados, podia namorar até com gói

Fanny é brasileira; nasceu em 1898, em Santos. Conta ela que em sua família o casamento não se dava necessariamente dentro do grupo judaico. Seu relato a contradiz:

> Não tivemos problema para casar porque já estávamos bem civilizadas, já sabíamos namorar. Podia namorar com quem quisesse, até com gói [não judeu]. Meu pai não exigia que casássemos com judeu, ele nunca se opôs, tanto que meu irmão caçula casou-se com uma brasileira. Ele não se opunha quanto à religião. Dos seis filhos, o mais novo foi o único que casou com uma não judia. Por *chidach* [arranjo matrimonial] propriamente só uma das irmãs é que casou; tinha vindo um rapaz da Rússia.

Fanny diferencia os judeus dos brasileiros. É seu modo de qualificar as fronteiras da comunidade judaica. Os brasileiros (não judeus) estão além dessas fronteiras, podem ser incorporados. Porém, há uma linha divisória entre eles e os judeus.[31]

---

31 A relação "nós *versus* eles" é recorrente na sociologia; foi tratada por Durkheim, Simmel, Weber, Elias, entre outros.

Em seu relato, embora ressalte que o pai consentia em casamentos com "brasileiros", seus filhos e filhas casaram-se com outros judeus, seja através de um intermediário, seja por pressão do grupo social imediato, como ocorreu com o próprio casamento de Fanny.

> O meu casamento foi diferente. Conheci o Adolpho na festa de casamento de minha prima. Eu estava dançando com o Horácio Lafer e veio o Ramiro Tabacow falar comigo, que queria me apresentar um rapaz. O Ramiro e o Zolme Teperman (pessoas muito respeitadas na comunidade) também conheciam o rapaz de Sucaron. Então começaram a dizer que era um bom rapaz etc. Eu não sei se eu fiquei gostando dele, mas acharam que eu devia casar, então a gente aceitou. Era assim o casamento.

Embora Fanny considere que seu casamento foi "diferente", ele seguiu o padrão de seu grupo social: um eventual noivo era apresentado, pessoas consideradas importantes o referendavam e o par aceitava o arranjo.[32]

Conforme apontei anteriormente, a consagração religiosa do casamento judaico era e é muito flexível; não depende de um rabino. Veja como foi no caso de Fanny:

> Fiquei noiva em Santos e casei em São Paulo, onde estava toda a família. Nós casamos só na "hippe" porque não tinha sinagoga ainda. Fizemos a "hippe" no próprio salão (Almeida Garret, no Bom Retiro). Eram quatro paus, todos trabalhados com bandeirinhas azuis e brancas,[33] uma moça e um rapaz seguravam os paus, a noiva rodava sete vezes. No meu tempo era assim. Quem sabia rezar, quem entendia, fazia o casamento. Não tinha rabino. O meu casamento, se não me foge a memória, foi um tio que fez. Depois viajamos, fui para Santos para a lua de mel. Pensa o quê? Nós éramos civilizados!

O arranjo seguiu os padrões: ela foi enfaticamente preparada para a apresentação daquele que outros membros da comunidade judaica consideravam um marido adequado. O pai concordou. E, de fato, ambos consentiram e se casaram. Viveram juntos até a morte dele.

---

32 Outros grupos étnicos e famílias da alta burguesia brasileira também utilizavam este mecanismo matrimonial.

33 Simbolicamente o azul e o branco representam o sionismo e Israel.

Os encontros no Brasil

Há inúmeras circunstâncias em que jovens nascidos no Brasil ou que imigraram muito crianças encontraram seus parceiros aqui. É o caso de Bella Kosminsky,[34] nascida em 1910, em Porto Alegre.

> Casei com 16 anos, e com 17 era mãe [...] Meu filho chama-se Hersh, mas aqui o chamam de Henrique. Costumamos dar os nomes conforme os parentes falecidos.

Dar aos filhos os nomes de parentes falecidos é uma forma de lembrá-los[35] e de manter a continuidade entre gerações.

> Eu me considero mais brasileira que judia, pois tenho cinco filhos brasileiros. No Dia do Perdão [Yom Kipur], uma vez por ano, vou à sinagoga [...], não sou fanática, mas sigo a religião: quer dizer, judeu casa com judeu. Também tenho filho casado com brasileira também. No princípio eu não aceitava, porque já tinha quatro casados com judeus, duas filhas e dois filhos. Achava que a convivência seria diferente, não para mim, mas com os irmãos. Entre a gente, sem querer, ainda escapa uma palavrinha em judeu [em ídiche], e então acho que ela [a nora] se ofende, se ofende sim, pensando que estão falando dela. Mas no resto a gente se dá muito bem.

A linguagem de Bella é reveladora do que ela considera como "nós" (os judeus) e como "eles" (os brasileiros não judeus). A fragmentação de sua identidade se corporifica quando ela define que "judeu se casa com judeu".

Proveniente de uma família economicamente muito modesta, foi neste meio que encontrou seu futuro marido.

> Fui muito pouco à escola. Eu casei nova e só tirei o grupo,[36] nada mais! Por isso sou tão atrasada. Saí da escola porque meu pai ficou doente. Ele já não podia trabalhar e aí eu fui. Trabalhava numa alfaiataria. O alfaiate era muito amigo do meu pai e me deu um emprego para

---

34 Entrevista realizada em 6 de outubro de 1982 por Fúlvia Leirner e Roberta A. Sundfeld.

35 Atualmente o nome é modernizado, mantendo-se a inicial do nome da pessoa que se quer lembrar. Além disso, o nome da pessoa falecida é dado não no registro civil, mas na sinagoga, quando a criança é apresentada.

36 Só fez os quatro anos do curso primário (ensino fundamental).

tirar os fiapos dos casacos. Não lembro quanto ganhava. Conheci meu marido em Porto Alegre. Éramos vizinhos. Quando meu pai estava doente, ele levava para tomar injeção; tinha que receber sangue, e ele levava para o hospital. Faltava pouco tempo para fazer 50 anos de casada [quando ele faleceu]. Ele era muito bom! Bom amigo! Bom marido! Bom pai! Tudo! Ele só pensava nos filhos! Nele, pouco pensou. Quando morreu, cada filho tinha sua casa, sua loja.

Sem data. Porto Alegre. Sarah e Natal Kivtko, tios de Bella Kosminsky, que cedeu a foto.

Vale a pena reter a imagem que Bella e a maioria das historiantes dão sobre seus maridos: homens bons, dedicados à família, provedores. Estas características estão na origem da imagem que mulheres não judias fazem do "marido judeu", aquele que é um bom marido, bom pai, cuida da família. Como mostrou Bila Sorj (1997) em pesquisa sobre casamentos mistos realizados no Rio de Janeiro, esta é a imagem em voga entre mulheres não judias que se casam com homens judeus.

Sabemos que os estereótipos são construídos e nem sempre correspondem à realidade. Entre judeus, há relatos de maridos com mais de uma família, outros que contaminaram mulher e filhos com doenças sexualmente transmissíveis, e ainda alguns que as abandonaram. A boa imagem, porém, persiste.

O casamento com pessoas da vizinhança, relacionadas com a família, conhecidos do trabalho, é constatado em vários estudos (cito apenas o feito na França por Chombart de Lauwe, 1963). O amor, a atração sexual, ocorrem entre pessoas que partilham certa convivência social, que se conhecem por frequentarem os mesmos locais, e até mesmo por usarem uma linguagem comum – foi o caso de Bella e de tantas outras historiantes que se casaram com um judeu conhecido da família, um vizinho, alguém que frequentava a casa. Afinal a seleção se faz com aqueles que vão aos mesmos lugares, que provavelmente são do mesmo nível socioeconômico, são colegas de escola, frequentam o mesmo grupo político, local de culto e de lazer.

Bella universaliza o ídiche como "o falar judeu" no momento em que este era falado principalmente na Europa Oriental, sem sequer ser conhecido por todos os judeus. O uso da língua ídiche é, para ela, um argumento limitador de casamentos com "brasileiras". Ela ("nós") acaba optando pelo casamento dentro da comunidade e não com o "outro"; louva os arranjos matrimoniais organizados pela coletividade judaica, seja no Brasil ou em outros países.

Em síntese, os arranjos matrimoniais e as instituições de ajuda mútua, de cooperação, estreitam os vínculos comunitários, reproduzem-se e fortalecem as fronteiras da comunidade.

Para evitar os casamentos com não judeus, no passado as atitudes eram drásticas. Elisa Tabacow Kauffman rememora que na sua infância ouvia falar de uma família em que

> uma das filhas era uma beldade. E essa beldade, eles achavam que ela desandou por ter se juntado a um homem que não era judeu, e eles não quiseram mais saber dela. Nunca mais a gente soube. [...] Eu não a conheci, só sabia da história que contavam, que ela era muito linda.

Era como se ela tivesse morrido. Algumas famílias chegavam a se considerar enlutadas quando uma filha se casava com um não judeu.

Contar e recontar o caso daquela que desobedecera o código do casamento intracomunitário fazia parte da didática da punição. Ser relegada ao esquecimento correspondia ao isolamento, à morte; contudo, esporadicamente, esse tipo de união ocorria. Nestes casos os pais tomavam providências: conta Annita Lichtenstein Kertzman que seu pai fez o seguinte:

> Papai achava que já devia me apresentar rapazes; eu não era muito namoradeira nem nada desse tipo. E o Ignacio [irmão] achou que Isaac, além de ter boa presença, era um bom rapaz, então papai disse: "Ah! Precisamos apresentar, quem sabe no Círculo, quando a gente for, apresenta" etc. e tal. Foi assim que a gente começou. Eu já tinha 20, 21 anos. Depois da apresentação, começamos a dançar, a conversar, até que chegou ao ponto que Isaac telefonava... Daí então ele disse: "Bem, acho que então vou falar com o seu pai".

O Círculo Israelita, clube social que realizava bailes, era ideal para aproximar os jovens judeus. O mesmo sistema de aproximação continua funcionando através de clubes, de associações culturais, políticas e religiosas, de modo claramente mais flexível e moderno.

O mau marido. Uma família na Europa, outra no Brasil

São poucos os relatos de casamentos que não deram certo. É claro, todavia, que estes existiram e são sempre atribuídos a terceiros, nunca aos próprios historiantes.

> X casou muito mal, o homem não prestava, ela teve quatro filhos [...]. Sei que a mais velha, infelizmente, quando nasceu, como o pai dela era muito sifilítico, atacou um pouco a vista. Então, ela enxergava só de uma vista, mas não sabemos se foi isso ou se pingaram errado na vista dela quando nasceu.

Insinua-se que havia relações sexuais do marido com outras mulheres e funestas consequências sobre a saúde da família.

Afastados da família, da esposa; um na Europa, o outro no Brasil; formação de novas relações; necessidades cotidianas e questões sexuais, tudo fez com que alguns homens casados, que vinham sozinhos, constituíssem outra família no Brasil.

Anna Lifchitz, ao rememorar o início da coletividade, lembra: "Com a guerra de 1914 se prolongando, alguns até acabaram formando família aqui, o que era muito falado na coletividade".

Caso semelhante foi relatado por outra historiante, Cecília Lafer.[37]

> Sou de 1904. Tinha 10 anos quando começou a Primeira Grande Guerra. Lá na nossa terra, em Rovne, quando a cidade ainda era do poderio da Rússia, a gente não passava muito bem. Meu pai, coitado, era um *firer*, um carroceiro. Guiava uma grande carroça, carregava mercadoria da nossa cidade para uma outra, que ficava pegada a essa cidadela. Para lá só se podia ir de trem, e era muito difícil carregar mercadorias assim; eram mantimentos. E com isso *her hot guemachet de parnusse, guehat hot er a tochter, un kleine einikleh* [tradução do ídiche: "ele fazia para o sustento, tinha uma filha e pequenos netos"].
> Lembro-me do meu pai, ele morreu com 57 anos, no tempo da guerra, de tifo. Eu tinha 15 anos em 1919; ele nos deixou na miséria; éramos todas mulheres e ele era o único a trabalhar. Havia na casa nove netos, crianças ainda. [...] Minha irmã foi sempre pobre.

37 Entrevista realizada em 20 de abril de 1982 por Eva Alterman Blay e Célia R. Eisenbaum.

> [...] Ela tinha marido aqui no Brasil. Ele morava em Limeira. Em São Paulo estavam meus irmãos, meu cunhado. Pediram para ele mandar dinheiro e ele não mandava porque tinha arrumado uma mulher aqui [...] então ele deixou de mandar e ficamos na miséria, junto com essa irmã com os filhos.

As poucas referências a homens que tinham duas famílias sugerem que esse comportamento não era dominante, ou pelo menos pouco conhecido. Só uma nova investigação poderá aprofundar o tema.

De como um jovem imigrante se insere na vida brasileira

Lembranças de Moyses Lejb Alterman

Trajetória comum a muitos jovens imigrantes solteiros consistia em começar a vida comerciando no interior do estado de São Paulo, para mais tarde vir morar na capital, como várias vezes apontamos.

A história de Moyses Alterman[38] é paradigmática. Chegou muito jovem, percorreu algumas pequenas cidades do interior paulista. Viveu em algumas até se fixar em Dois Córregos, onde era conhecido como "russinho", apelido dado à maioria dos imigrantes judeus. Conheceu a solidariedade e a ausência dela por parte dos próprios patrícios. Teve alegrias; chorou quando se sentiu traído. Escolheu uma noiva, futura e única esposa. Contou com sinceridade, ingenuidade talvez, a decisão de se casar. A história de Moyses vai além dos fatos, revela pensamentos, sentimentos e as decisões possíveis para os caminhos que a vida determinou para o jovem imigrante judeu que decidiu viver para sempre no Brasil.

> Meu nome é Moyses Alterman, nascido na cidade de Lutsk.[39] Com 17 anos já bolei vir para estes lados aqui. Aliás, o meu interesse era ir para os Estados Unidos da América do Norte, mas, como não tinha o visto para lá, o único lugar que era permitido entrar sem visto era o Brasil. A cidade de Lutsk, no meu tempo, tinha 35 mil judeus, e calculo que a

38 Entrevista realizada em 14 de abril de 1981 por Eva Alterman Blay e Célia R. Eisenbaum.

39 Uso a grafia que corresponde à pronúncia do historiante e de todos os imigrantes que se referem a esta cidade, cuja grafia correta atualmente é "Lucz". Localiza-se na região de Volin, fronteira com a Ucrânia.

população era de umas 60 mil pessoas. Essa cidade, após o Tratado de Versalhes de 1919, passou a pertencer à Polônia; antes era da Rússia. Eu sou de 1910 e isso que estou contando já era do tempo da Polônia. O lugar onde eu morava não era afastado da cidade, não; era quase no centro. Nesse bairro, havia grande número de judeus, mas também muitos católicos. Não tinha ricos lá; ricos mesmo dava para contar nos dedos, tanto ricos judeus como ricos poloneses. Bom, tinha muitas colônias em volta, de tchecos, de alemães. Tinha um lugar onde ficava a catedral, e ali... não é que não podia morar, ninguém morava mesmo lá, era tudo polonês. Só na catedral, ali era a bandeira polonesa, quem é que ia ficar lá? Era mesmo estritamente católico e polonês.

Como na maioria das cidades do Leste europeu, as fronteiras políticas variavam, ampliando ou reduzindo territórios, conforme decisão dos vencedores das guerras. Lutsk, Britchon e tantas outras cidades da Polônia, da Bessarábia, da Romênia e da Lituânia ora estavam na jurisdição da Rússia, ora na de outro país. Nessa transição, qualquer que fosse a dominação política, a condição dos judeus ficava mais fragilizada pela carência de cidadania.

Dentro de cada cidade ou *shtetl* os judeus se aglutinavam em certos bairros, mesmo que formalmente não fossem obrigados. No comércio, os poloneses não compravam dos judeus. As escolas polonesas não estavam disponíveis para os judeus. Por que então se afastar do *heder* [escola frequentada por aqueles que aprenderão a ler a Torá], do comércio, da sinagoga, dos conhecidos e da família? Entretanto, os artesãos judeus trabalhavam para os poloneses cristãos, como foi o caso do pai de Moyses Alterman, Berko.

A seguir, Moyses recorda-se de seu pai e de sua própria inserção no cotidiano brasileiro.

Meu pai, como trabalhava! De que jeito ia viver se não trabalhasse? Ele era um tipo de funileiro. Lá, as igrejas são cobertas de folhas de zinco, tudo redondinho; então ele fazia esse serviço. Minha mãe também trabalhava porque eles tinham oficina. Faziam essas coisas de cobre e de zinco, então ela ficava ali, num cantinho do prédio, meio fora e meio dentro. E vendia. Ela não fazia, só vendia.

O BAR-MITZVÁ. A família era religiosa. Fiz meu Bar-Mitzvá ainda na minha terra. Nessa época a gente ia na sinagoga; não fizeram festa nem nada. Chamava-se "ir à Torá", como aqui, a mesma coisa. Ensinava-se e também, todo dia, tinha-se que pôr os *tefilin* [filactérios], depois do Bar-Mitzvá.

A ESCOLA E A LÍNGUA POLONESA NÃO ERAM PARA TODOS. As crianças judias do lugar também frequentavam as escolas polonesas. Eu frequentei o *heder*, era só para crianças judias. Ensinavam *ivrit* [hebraico] e ídiche. Polonês, não. Polonês eu aprendi, claro, aprendia... engraçado, não sei como é que aprendi polonês... que por sinal escrevia bem, eu conversava em polonês, mas como aprendi não me lembro, lia jornais em polonês e fazia a correspondência da firma onde fui trabalhar.

1923. Lucz, Polônia. Moyses Lejb Alterman aos 13 anos.
Foto cedida pelo próprio.

TRABALHAR. Eu trabalhava no comércio, era empregado de uma loja de atacado de louças. A firma era de judeu, ele tinha um filho que era da universidade. Os fregueses da loja eram, em grande parte, judeus do interior que também tinham lojas. Os poloneses não iam comprar lá, ali era só para judeus. Meu falecido irmão Abraão trabalhava lá. Então ele casou, deixou o emprego e eu entrei. Tinha 13 anos e meio. E me desenvolvi, logo que me afirmei no cargo. Por sinal, tinha um cargo bem elevado, ganhava muito bem, me trajava bem, tinha boas amizades, mas futuro, mesmo, eu vi que não tinha. À medida que eu crescia precisava de mais dinheiro, de um sapato melhor, de uma roupa melhor... O que eu ganhava não dava e eu precisava ajudar em casa.

Empregos não abundavam, e Moyses substitui seu irmão. Como qualquer jovem, ele precisava de dinheiro para suas necessidades e para ajudar os pais; não via futuro onde estava. Tinha ambições e sabia que na América havia oportunidades que em Lutsk eram estreitíssimas para os judeus pobres. Ainda assim, tenta melhorar a renda por meio do trabalho.

A GREVE. Comecei a entrar em greve, não fui trabalhar. Tinha um rio, chamado Styr, que por sinal tem no mapa, e eu ficava lá com minha lanchinha. Mas no mesmo dia o dono veio e disse: "Por que você não foi trabalhar?". Eu disse para ele: "Por que trabalharia? Queria comprar um par de sapatos e não tenho dinheiro". Sei que entrei umas três vezes em greve, aí vi que não adiantava, eu já era crescido...

O conceito de greve, talvez aprendido no Brasil, foi por ele usado para contar como tentou pressionar o empregador a aumentar seu salário: uma "greve" individual simbolizando a resistência ao trabalho mal remunerado.

O SERVIÇO MILITAR. Comecei a refletir; dali a um ano teria que "servir militar", e para alguém me mandar um dinheiro... sabe como é, para me sustentar lá, porque no Exército também é preciso ter algum dinheiro. Quando você chega sem dinheiro sabem que a gente é gringo. Então o cabo, o sargento "judia"[40] da gente. Um pouco por ser judeu, mas não é tanto assim. Então, quando a gente tem dinheiro, sabe como é, engraxa um, engraxa outro, [...] se a gente quer comer alguma coisa, porque nem sempre eles dão e às vezes um outro tira [...] ou então receber um pacote com coisas, meus pais eram pobres, quem ia mandar? Quer dizer, o dinheiro era necessário. Refleti tudo sozinho, porque se falasse em casa [...], sabiam que me vestia bem, que ganhava bem, iam dizer: "Como, agora vai sair da loja?". Mas minhas ideias eram outras. "Agora vou servir o militar, vou voltar, vamos dizer, com 21, 22 anos", pensei. Naquela época eram dois anos de serviço militar, depois baixou. Então... Eu teria que ir novamente para o emprego [...]. Ou senão teria que me vender por nada, coisa que eu não gostava.

Moyses revela sua intimidade, conta os fatos e o que pensava sobre eles. Referindo a si mesmo como "gringo", nomeia a situação do judeu no serviço militar: alguém que não era polonês. Avalia seu futuro depois do serviço militar, que, para ser compreendido, não pode ser comparado ao brasileiro. O serviço militar na Polônia, na época, não provia alimentação suficiente; a indumentária e o equipamento na cavalaria, por exemplo, eram responsabilidades do soldado. No caso dos judeus, acumulavam-se o antissemitismo e os castigos físicos. Restava aos jovens fugir do serviço militar. Há muitos relatos de rapazes que se autoinfligiam e até se mutilavam, deformando-se para o resto da vida, somente para conseguir escapar do Exército.

40 O verbo "judiar", com toda sua conotação antissemita, entrou no vocabulário brasileiro e, como se vê, é usado indistintamente pelos próprios judeus.

O jovem Moyses procurou uma alternativa: emigrar. E, para tal, precisava de um passaporte.

O PASSAPORTE. Nesse tempo providenciei o passaporte com as meninas polonesas da escola pública, como aqui, escola do governo. Algumas trabalhavam na Prefeitura. Então eu pedi. E cada menina fazia uma coisa e com isso consegui um passaporte. Tinha 17 anos e meio. Com essa idade, o governo polonês não tinha dificuldade para dar passaporte; se esperasse mais, teria que "servir".
Quando o dono da loja viu meu passaporte, pediu para entregar a ele. Respondi que não, porque ele ia rasgá-lo. Ele viu que as coisas estavam complicadas, me chamou e disse: "Vamos sentar à mesa".
Quis me dar um contrato por vinte anos, com quatro auxiliares. Mas não me lembro de ter visto nessa loja nenhum outro empregado! Eu trabalhava por dez, por "atacado"; eu tinha a chave do depósito de vidros; quando tinha que encaixotar, eu era craque nesse negócio! Falei para ele: "Nem que você me dê a loja toda, não fico mais aqui".
Tinha 200 dólares. Um pouco era de economia; um pouco a Amália, minha irmã que já estava nos Estados Unidos, me mandou. Não era só ela que estava lá, o marido, Sam, também. Éramos em oito filhos: quatro homens, quatro mulheres e meus pais. A Amália tentou por duas vezes ir embora sem os documentos e não conseguiu. Isso era ilegal, mas eu tenho meu passaporte polonês até hoje.

De posse do passaporte, e recusando-se a negociar ("sentar à mesa") com o patrão, Moyses decide vir para o Brasil.

"VOU PARA O BRASIL." Aí então refleti, calculei e falei: "Vou para o Brasil". Foi o único lugar onde me deixaram entrar. Na Argentina não deixaram; aliás, eu podia entrar em Cuba ou no México, porque pensei que a nado... atravessaria dali para os Estados Unidos. A Amália disse que não atravessaria, que era pior; um "chamado" custava 150 dólares, e onde eu ia arranjar? Para o Brasil não custava nada, entrei legalzinho e saí da Polônia direitinho, porque tirei meu passaporte com antecedência.

A PASSAGEM DE NAVIO. Paguei 107 dólares na passagem e gastei mais um pouco com uma mala e camisas. Sobraram 40 dólares aqui no Brasil, e depois mandei 20 para casa.

"SE PADECE DE TUDO." Apanhei muito, porque de Gdansk para Amsterdã fui num navio pequeno que ficava no vai não vai. Depois tomei um navio grande, chamado *Gelria*, mas o número de passageiros era excessivo. Alguns eram de Lutsk, mas não sei se tinha

meia dúzia deles. Esses navios de terceira classe, geralmente com 1.500 pessoas a bordo, uma mistura daquele jeito, tinha que ter três turnos para comer. Às vezes uma turma sentava lá em cima, porque o teto é furadinho, então... esses que estavam embaixo comendo espetavam os de cima, que jogavam coisas lá no prato em que se comia. Quando se viaja, a gente fica unido, se diz *shif brider* [irmão de navio], é considerado um irmão quando chega aqui. A gente chega numa turminha, num mesmo lugar, e se padece de tudo, procurando serviços daqui, dali... Isso fica gravado na memória.

PENSARAM QUE EU TRAZIA OURO. Em Amsterdã peguei esse *Gelria* até o porto de Santos, e entendi que tinha o direito de ir até São Paulo. Lá em Santos havia gente que veio nos esperar. Quando desembarquei, me revistaram a mala. Minha mãe me mandou geleia de morango junto com o meu cobertor, que era costurado num lençol. O homem da Alfândega pensou que eu tinha ouro nos cantos, e tirou tudo. No fim, eu sei que vai daqui, vai dali e quando fui ver, fiquei sozinho. Não sabia se descia ou subia! Olhei a bagagem espalhada aqui e aí... no fim, Deus ajudou, veio uma pessoa da imigração que pegou as coisas, botou numa carroça com cavalo, nos acompanhou até o trem, e viemos parar na Imigração. Isso foi em 28 de setembro de 1929.

Moyses foi levado compulsoriamente para o edifício da Hospedaria dos Imigrantes. Sentiu-se aprisionado e procurou fugir. Conseguiu finalmente chegar ao Bom Retiro, quando encontrou outro imigrante, na rua, que falava alemão e com o qual alguma comunicação foi possível, e o levou. O trajeto foi penosamente feito a pé, no calor tropical e com roupas do inverno europeu.

BOM RETIRO, CONHECIDOS, PENSÃO, TRABALHO. Bom, cheguei aqui e já encontrei alguns judeus na Rua dos Bandeirantes. Eu tinha o endereço do Schleif. "Vamos tirar aquelas malas da Imigração, e me arrume uma pensão", pedi ao meu vizinho de Lutsk.[41] Fui morar na pensão da Hava Tiker, proprietária. O filho dela eu ainda vejo sempre aqui.

A QUASE TRAGÉDIA EM PEDERNEIRAS. Moyses tentou um emprego de lavador de pratos, mas nem começou, pois o salário era baixíssimo. Foi convidado por um conhecido a trabalhar em Pederneiras, interior de São Paulo. Este personagem já tinha morrido quando o relato foi feito, e Moyses não se esqueceu de desejar, quando pronunciava seu nome, "que Deus o guarde em bom lugar": ficara magoado por ter sido colocado num

41 No Brasil, essa amizade sobreviveu para sempre.

vagão fechado, sem alimentação, sem saber falar o português, enquanto o "amigo" empregador viajava "de primeira".

Depois de alguns meses trabalhando, diz Moyses, "[...] as palavras começaram a sair da boca". Falar o português era uma conquista considerável. Moyses se decide:

[...] não, eu não vou ficar aqui não. Aí falei para ele:
– Filho, faz a minha conta, que eu vou embora.
– Como? Você fica aqui e eu te arranjo um crédito.
– Se nem você tem crédito, como vai me arranjar?
Eu tinha 100 mil-réis meus, os meus 20 dólares que sobraram e o dinheiro para receber. Depois repeti que eu queria ir embora; ele não quis me pagar. No dia de pagamento dos fregueses, porque sempre tem um dia geral de pagamento em que a gente recolhia o dinheiro, dei os mantôs e a parte dele para a mulher dele, estava tudo batendo. Então a mulher perguntou: "Cadê o dinheiro?". Respondi: "O meu dinheiro está comigo, porque vou embora. Ele não quer me pagar, então a parte do dinheiro vai comigo". Ele estava numa outra cidade, chegou de madrugada, pegou um revolverzinho preto que nunca me sai da vista, foi à minha cama, encostou o revólver em mim e quis me matar. Não fosse a mulher dele, me liquidava. Ainda mais essa...! Então saí e "passei" a freguesia. Afinal de contas, o que é que eu fiz? Peguei o meu, estava tudo direitinho. Fui para São Paulo.

"MINHA ÉTICA." Em São Paulo comprei meias e gravatas. Paguei ao senhor Schleif, o pai daquele meu amigo, para irmos até a fábrica. Fomos à Lapa, ele foi junto para mostrar onde era. Depois eu poderia ir sozinho, não precisava mais dele, era só a primeira vez. Eu comprava a dinheiro, não precisava de apresentação. Paguei para ele, por aquele meio dia, 15 mil-réis. Para mim, 15 mil-réis eram quinze dentes! Nem todos aqui tinham o hábito de pagar para uma pessoa, mas na minha ética era assim. Eu é que quis pagar, não explorava ninguém. Ele também era de Lutsk. Quando vim para São Paulo, ele tinha uma pensão e eu ia dormir lá. Às vezes me tirava de uma cama para outra, mas pensei: "Tenho que ajudar o homem".

PEDERNEIRAS. Depois que comprei a mercadoria, pensei: "Deixa eu entrar em Pederneiras para trabalhar três dias". Antes de sair na rua com a mercadoria, dei uma voltinha, porque quase ninguém pagava licença. Naquela época a licença era para três dias, quem dava era a prefeitura... para depois começar a linha[42] indo para Piratininga, esses outros lugares.

42 Linha férrea: refere-se às paradas em Pederneiras, Jaú, Dois Córregos, todas elas cidades próximas servidas por trem.

Atualmente, por boas estradas, de São Paulo a Pederneiras leva-se cerca de quatro horas para percorrer 300 quilômetros; calcule-se o tempo, nos anos 1930, quando se viajava de trem e havia baldeação. E como os ambulantes levavam mercadoria para vender, não podia ser pouca, para compensar o custo da viagem. Chegando a Pederneiras, o jovem imigrante encontra inesperados obstáculos.

"O QUE EU CHOREI... NUNCA ESQUEÇO." Aí o que aconteceu? Encontrei esse tal patrício com três fiscais, dizendo a eles que eu ia sair para trabalhar sem licença. Quando passei perto, um deles me chamou:
– Você quis me subornar com 20 mil-réis?
– Eu nem tinha visto você, como é que podia?
Eu já falava português mais ou menos. E então disse para o meu patrício:
– O que é isto?
– Não tem nada.
Naquela hora falei tudo que me entrava na cabeça, tudo mesmo: ele correu atrás de mim, corri mais; eu era um rapaz novo. Mas o que eu chorei naquele dia, nunca esqueço! Era minha primeira saída por conta própria, porque ele não tinha gravata nem meia, ele trabalhava com móveis e com outras roupas. E o que custava deixar um rapaz ganhar seu pão por três dias?

TURCOS, PORTUGUESES, JUDEUS. Naquela época, não só judeus vendiam esse tipo de coisas, os turcos também, e tinha muito português. Português vendia casimira, mas ela não podia ver nem o sol nem a terra; a cerração sumia com ela! Os turcos vendiam objetos, miudezas, sabonetes, essas coisas. O judeu já era mais com roupas. Agora, para começar, quase todos começavam com gravata e meia. Até eu, mas trabalhei muito pouco com isso.

A LICENÇA: A SOLIDARIEDADE BRASILEIRA. Passei em uma cidade que se chama Jaú, achei uma cidade linda, ainda não conhecia. "Vou ficar aqui, para mim tanto faz aqui como ali." Lá dei entrada num hotel e fui à prefeitura. Tinha comprado bastante mercadoria, mas lá eles só davam licença por um ano, custava 120 mil-réis. E eu tinha 80 mil. Expliquei, mas disseram:
– Não pode.
Então alguém se dirigiu a mim:
– O que o senhor vende?
– Vendo gravatas, vendo meias.
O prefeito não tinha chegado e o funcionário me disse:
– Traz aqui.

Pensei, hoje não é o meu dia. Enchi uma malinha pequena, porque não sabia se eles iam me tirar tudo. Cheguei lá e espalharam minha mercadoria em tudo quanto é mesa da prefeitura, e cada um ia escolhendo. Quando o prefeito chegou:

– Nossa! O que fizeram da prefeitura?

E eu ali! Deu para inteirar 120 mil-réis. Paguei e saí.

1928. Jaú. Moyses Lejb Alterman com seu primeiro terno feito no Brasil.

JAÚ, UMA CIDADE CANSADA. Foi o meu azar: caí numa cidade que já estava meio "cansada". Fiquei lá em 1930, em 1931, e em fevereiro de 1932 saí. "Vou para São Paulo", sabe como é, é cidade grande. Liquidei tudo e vim para cá.

BREVE ESTADA EM SÃO PAULO. Tinha um rapaz que eu conhecia, e a primeira cara que eu encontro, quando desço aqui, foi ele. "Você vai morar comigo, eu vivo num quarto com uma família..." Fui para a Rua da Consolação, comprei uns cortes de tecido e fui saindo para trabalhar, mas não estava mais acostumado. Tomava café aqui, almoçava ali, jantava não sei onde, e eu, que já tinha estado num hotel de luxo, já acostumado a todo o conforto, vi que não dava certo.

DOIS CÓRREGOS. Naquela época eu tinha 6 mil-réis, uma bolada. Tinha feito esse dinheiro em Jaú. Pensei: "Quer saber de uma coisa, vamos entrar em Dois Córregos". Já conhecia a cidade, a meia hora de Jaú. Tiramos aquela roupa boa que nós tínhamos e saímos para trabalhar. Tudo quanto é doença que existia naquela época, éramos os primeiros a pegar. Fiquei com uma gripe, e o médico disse: "Pode ser gripe e pode ser paratifo". E eu sabia lá o que era gripe e o que era paratifo? Eu precisava era de um copo de chá com limão! Então entramos ali em fevereiro de 32 e ficamos ali em Dois Córregos por dois anos. Deu para trazer o meu irmão da Polônia, com a família, de um salto só, deu para arrumar a casa com móveis, com tudo. Gastei 6 mil-réis. E deu para mandar bastante dinheiro para os meus pais. Os meus últimos 100 dólares, em 1941, eles receberam e escreveram para mim: "Sua lembrança nós recebemos".

Estava-se já em plena guerra. Esta foi a última mensagem que Moyses recebeu. A família toda – pais, irmãos, cunhados, crianças –, todos pereceram no Holocausto.

Em 2009 estive em Berlim, no Museu do Holocausto, onde há um arquivo com todos os nomes dos perseguidos e mortos pelos nazistas. Os russos, quando entraram em Lutsk, fizeram um levantamento do destino de todos os moradores. Procurei o nome Alterman; encontrei. Junto ao nome da família estava a palavra, em inglês, que definia o que acontecera: *shot* [fuzilamento].

> REVOLUÇÕES DE 1930, 1932, MOYSES ASSIM DEFINE. Peguei a revolução e, quer saber, era coisa tola. A de 30 peguei em Jaú. Em 32 [...] já tomava parte, estava em Dois Córregos; era constitucionalista. A turma gostava de mim. Eu estava no meio dos que iam para a revolução. Marcha daqui, marcha dali, Moyses também. Naquela época saiu o bônus, que ninguém queria receber; mas eu já era radicado. Cheguei no gerente da Caixa Econômica e disse: "Você vai aceitar os bônus para depósito?". "Traga quanto você quiser, que eu aceito; é dinheiro." Todo mundo queria se ver livre dos bônus e eu os recebia e imediatamente botava na Caixa.

Dois Córregos foi a última parada de Moyses no interior paulista, estabelecido, com uma loja farta, plena de inovações trazidas da capital. Fazendeiros, sitiantes e moradores da cidade lá se abasteciam. Procurava não se endividar; repunha o estoque com frequência e comedimento.

> Crédito tínhamos à vontade, tinha gente que mandava fardos para mim, mas do jeito que vinha, voltava. "O dia que precisar eu peço, por enquanto não preciso de nada." E foi a minha sorte, comprei o que queria, comprei barato e não devia nada para ninguém. E ia mais uma vez para São Paulo. É isso. Os créditos, graças a Deus, eu tinha. Essas compras eram feitas em casas de patrícios, na Rua José Paulino. Roupas feitas era ali. Depois abrimos uma filial em Jaú, e depois nos separamos, eu fiquei em Dois Córregos, com uma loja muito bonita, instalações de luxo [...]. Eu já era respeitado! Na cidade era conhecido como Russo, naquela época todo mundo era russo. Eles me chamavam de Russinho. Se falasse Moyses, pouquíssima gente saberia; mas falou do Russinho...!

> JUDEU?! Naquele tempo, para ser franco, eles pensavam que judeu tinha chifrinho aqui na testa. Uma vez falei para um que eu era judeu, ele não quis acreditar, fez tanta história!

> RELIGIÃO. Nós fizemos "minhe" [*minian*] em Jaú. Não chegava a ter *chil* [sinagoga]. Para que *chil*? Era feito num quarto. Uma vez fazíamos na casa de um, uma vez na casa de outro.

Tinha uma Torá que trouxemos daqui de São Paulo, somente para as festas. Todo ano se fazia assim. Em véspera de Yom Kipur, ali ninguém faltava, era tudo contadinho.

Nos primeiros contatos, judeus e sírios se estranhavam; concorriam ao mesmo mercado de consumo. Ao se tornarem vizinhos, cresceu a amizade, acentuada pela convivência das crianças. Moyses fala com orgulho das amizades com as "personalidades" da cidade: o juiz, o promotor, o médico, o dentista e vários outros.

CASAMENTO. Mas um dia o Russinho ficou doente, com febre alta, e quem dele cuidou foi um vizinho sírio que lhe disse: "Assim não dá, Moyses. Você precisa casar".

O NOIVADO. Se você ficar seis dias tomando conta da loja, eu vou para São Paulo. Se demorar mais, é porque o Moyses ficou noivo. Isso foi em 1934, eu tinha 24 anos.
Arranjei a noiva em São Paulo, no Brás. Quando vinha para São Paulo fazer compras, já tinha meu lugar, me hospedava no Hotel Federal Paulista, está aí até hoje, atrás da Estação da Luz, na Rua Mauá. Era um hotel familiar, honesto. À noite eu visitava os conterrâneos, os *lutsker*, nós nos conhecíamos de lá, saíamos juntos. Havia uma família com que eu me dava muito bem, eram duas irmãs e dois irmãos. Falei para o mais velho: "Será que você vai achar ruim se eu pedir em casamento a tua irmã?". Ele disse: "Que é isso Moyses, faça o favor!". Mas foi no ônibus que a coisa começou. Nós éramos catorze pessoas, conterrâneos; saímos do Bom Retiro para ir ao Brás, na inauguração da sinagoga da Rua Bresser. Minha futura esposa também estava no ônibus. Na sinagoga havia muita gente e fomos muito bem recebidos, porque ela, a minha mulher, era bem-vista, tinha muitas amizades lá no templo. E fomos bem servidos. Depois que terminou, eu a acompanhei até a casa dela, lá no Brás. E ainda perguntei:
– Posso te acompanhar?
– Ué, se o senhor quiser.
E foi assim: me despedi, fui embora. Quando voltei para São Paulo, uma amiga me convidou para ir ao Brás. Então cheguei na casa dela e assim começou o conto. Não dei dinheiro para ninguém e ninguém me apresentou.[43]

Um conhecido alertou-o de que havia outro pretendente para a jovem. A reação de Moyses foi a seguinte:

Fiquei sentado meia hora, trocando botões comigo mesmo.
– Pode chamar ela.

---

43 Explica que não foi um casamento arranjado mediante um intermediário, um *chidach*, como era habitual.

Aí o conhecido me disse:
– Se for por nada, eu não vou. Se for para alguma coisa séria, aí sim.
Falei que ele podia ir, e ele correu. Morava perto, e trouxe ela.

Pouco depois foram jantar na casa de parentes da jovem e, respondendo à indagação do dono da casa, Moyses tomou uma decisão rapidíssima.

– Se há alguma coisa séria entre vocês que eu não sei, aí vou ficar sentido.
Então eu disse: "Quer saber de uma coisa? Pode dar os parabéns...". Eu não tinha perguntado para ela se queria ficar noiva, não, nada disso. O dono da casa saiu, comprou uns guaranás, tocamos os copos e fomos avisar os pais dela que ficamos noivos.

QUEM ERA A NOIVA? Bonito era que eu tinha gasto todo o meu dinheiro em mercadoria, e agora? Fui lá no Ismael Vaisman, que era freguês:
– Empresta-me 1 conto e 500?
– É isto que você quer, Moyses?
– Eu fiquei noivo.
– De quem?
Não sabia direito como explicar... No fim estava lá um homem que me ajudou, ele conhecia bem a família. Sei dizer que a família toda era dos Teperman. São parentes. Assim, a mulher do Zolme Teperman, Gitl, é irmã do meu sogro. A Gitl era irmã do Sucher (Kaufman), que era casado com a mãe da minha esposa. No dia seguinte, Pepa (Petrônia) Teperman, Antonieta Feffer, Rosa Chanski estavam todas lá fazendo sanduíches, na casa dela, preparando o meu noivado. Mandei ela comprar uma aliança ali no Goldemberg, porque ali podia pegar o que quisesse. Voltei para Dois Córregos, trabalhava e escrevia carta para cá. Naquela época tinha telefone, mas eu mandava e recebia cartas. Uma vez recebi uma carta em que ela parecia estar desistindo: a carta era deste tamanho! A família dela não verificou quem eu era, mas eu era bem conhecido e Zolme Teperman, que Deus o guarde em bom lugar, foi no Schleif pegar informações, para saber se eu não tinha alguma brasileira, algum caso...

O CASAMENTO. Casei no dia 30 de novembro de 1935, com 25 anos, na mesma sinagoga onde conheci ela, e lá dei o nome das três meninas. Casei-me no cartório do Largo da Concórdia e registrei as três no mesmo lugar. Elas nasceram todas na Maternidade São Paulo. Fui muito bem precavido, se precisasse de certidão ou outro documento estava tudo lá no mesmo cartório. Não morava em São Paulo quando a Eva e a Clara nasceram; a Anita já morava aqui. Durante sete anos foi assim, eu ficava entre São Paulo e Dois Córregos.

Um casamento tradicional

1933. Lucz, Polônia. Feigel Alterman, noiva, ao centro; à esquerda, Enia Alterman, mãe da noiva; à direita, a cunhada Hassia.
Foto cedida por Moyses Lejb Alterman.

1933. Lucz, Polônia. Casamento ao ar livre, sob a Hupá. À esquerda, o noivo; ao centro, Berel Alterman, pai da noiva, segurando vela; e à direita, Iande Goldemberg.
Foto cedida por Moyses Lejb Alterman.

1935. Brasil. Foto de casamento de Eta Raboi e Moyses Lejb Alterman.
Foto cedida por Anita Hitelman.

A POSTA-RESTANTE, A Ezra. Quando cheguei no Brasil, meu primeiro endereço era "posta-restante", "Posta Restant", no Correio Geral. Você chega no guichê e pergunta: "Tem alguma coisa para Moyses Alterman?". É assim em toda parte do mundo. Eu ia lá, não podia ter endereço fixo ainda. Depois o endereço era na Ezra [sociedade beneficente]. Por toda a vida eu agradeço pelo endereço que usei. Sou sócio pagante até hoje.

OS CAMISAS VERDES. Mudei para São Paulo durante o período da guerra, em fevereiro de 1943. Nessa época não havia nada contra os judeus nem em São Paulo nem no interior, em Dois Córregos. O que tivemos foi em 1935, com o Plínio Salgado. Naquela época, os judeus passaram mal mesmo, porque ele queria eliminar todos. Eram os Camisas Verdes. Havia um tal Mário Bueno, um brasileiro, tinha sido "vermelho" antes, era formado em Pirassununga, um cara que não exercia atividade nenhuma. Sei dizer que vivia mais na minha casa do que na dele. Ele se tornou integralista e dizia que ia matar todos os judeus. Eu falava para ele: "– Escuta Mário, que negócio é esse? Acho que vou cortar tudo. Eu vou te alimentar e depois você vai me matar?". E ele dizia: "Você, eu te garanto, eu te juro, você não! Mas o teu irmão e outros, vou. Somente por serem judeus!".

BRASILEIRO. No período da Revolução de 1932, depois em 35, para viajar tinha que ter "salvo-conduto". Naquela época eu era estrangeiro... Sou brasileiro desde 1950, tinha carteira modelo 19.[44]

A GUERRA. Sempre falei em trazer a família para cá. O negócio lá não era sopa, em 1930 já tinha ocorrido lá um pogrom. Pogrom quer dizer uma espécie de uma invasão, assalto... Em 32, lágrimas corriam dos meus olhos, que vou te contar; saía era sangue! Eu estava lendo *Mein Kampf*, que Hitler escreveu. Mandei carta para eles, dizendo que ia ajudá-los. Venham, venham! E então, sabe como é, quando eu falava, respondiam: "Vai tirar um filho daqui, um neto dali?". Somente em 39 recebi uma carta do meu irmão mais velho, que era um cara já instruído: "Moyses, me tira daqui, porque o dinheiro, você sabe, não vale nada; hoje tem, amanhã não". Aí eu fui mexendo aqui, ali, no tempo de Getúlio, e consegui. Mas... Até 1941 eu recebia alguma notícia lá da Europa. Meus pais e irmãos

44 Carteira de identidade para estrangeiros (anterior à atual).

mandavam... Mas em 1942 eu soube da notícia... o que aconteceu lá com a minha família. Sei dizer que era um sábado, saí da loja na Rua Cavalheiro Basílio Jafet, e não fechei a porta, fui embora. Eu já não tinha gosto para viver, se não estivesse casado e com crianças, não me interessaria mais... Eles não conseguiram sair de lá. Não tenho mais parentes lá, só sobrou minha irmã e irmão, que já estavam nos Estados Unidos. Na guerra, quando os russos passavam por lá, convidavam: "Quem quiser vir, venha". As pessoas pulavam em cima das carroças e depois nos trens, e eram levadas para a Rússia; essas se salvaram. Os russos salvaram muita gente, é difícil você achar um gringo que não passou muitos anos na Rússia.

SÃO PAULO DEFINITIVAMENTE. Saí de Dois Córregos em fevereiro de 1943. Resolvi mudar para São Paulo, sabe como é... Dois Córregos era um lugar pequeno, eu era o único judeu que estava lá, e as filhas crescendo. A família foi morar no Brás, numa casa alugada. Abri loja na região da Rua 25 de Março sucessivamente em três endereços: o último foi na Rua Cavalheiro Basílio Jafet, n.189. Era um armazém de 6 metros por 30, lá cabia tecido! Todo mundo que passava de bonde via a minha placa de seis metros: "M. L. Alterman". Fiquei lá acho que uns treze, catorze anos. Nessa época comprei uma casinha lá na Rua Joaquim Távora, na Vila Mariana. E moramos lá. Minhas filhas não estudaram em escola ídiche, mas no Grupo Escolar Padre Anchieta. Depois foram para o Ginásio do Estado. E para entrar ali não era sopa.

BOM RETIRO. Depois, quando estavam construindo aqui no Bom Retiro, comprei este apartamento que não tinham nem começado ainda, vim para cá e estou aqui há 25 anos. Também tive loja e fábrica aqui no Bom Retiro, na José Paulino, e liquidei tudo. Agora já faz doze anos que estou aposentado por conta própria.

No fim dos anos 1950 edifícios estavam começando a ser construídos em São Paulo. Comprar um apartamento no Bom Retiro significava ascensão social.

Era bem bom lá no Brás, na Rua Gomes Cardim. Tinha a Dona Maria de um lado e o seu Antônio do outro. Eles eram mais do que mãe para a gente. Gente humilde, gente trabalhadora... Fiz amizades para valer mesmo, para o resto da vida. E aqui, neste prédio, se alguém morre só se fica sabendo se o zelador falar. O que você quer?, eu me afastei de lá, saí, muitos morreram, muitos cresceram. Agora, sabe como é? Longe dos olhos, longe do coração.

Cada homem, cada mulher uma história – histórias individuais que trazem aspectos coletivos. A história de Moyses Alterman, imigrante judeu de Lutsk, é semelhante à trajetória de integração de milhares de judeus no Brasil. Eles chegam muito jovens e terminam de amadurecer no cenário brasileiro. Incorporam o sentido profundo do falar daqui, uma nova dimensão em suas identidades. Trazem alguma experiência de trabalho e implantam novas estratégias. Curam doenças do corpo e da alma; superam a solidão. O encontro com conterrâneos é fundamental para desvendar como se adequar à nova terra. O aprendizado é rápido, e logo eles próprios criam novas maneiras de viver. Incorporaram o gosto pelo feijão com arroz do interior de São Paulo.

Perdem no Holocausto a família paterna e materna que ficara na Europa e criam uma nova, a sua própria, no Brasil.

Manutenção do judaísmo apesar de tudo

Ao longo de quatro décadas (1880 a 1920) os judeus imigrantes e suas famílias foram se instalando no território brasileiro. Espalharam-se da Amazônia ao Rio Grande do Sul. Percorreram vários países da América Latina, mas, com exceção da Argentina, onde a maioria se fixou, escolheram o Brasil. Com o crescimento da imigração o apoio individual aos recém-chegados se tornou insuficiente. A comunidade progressivamente desenvolveu várias formas de solidariedade, a ajuda se institucionalizou. Serviço médico, creche para as crianças, escolas comunitárias, locais de culto, aos poucos foram sendo criados.

A preocupação fundamental era voltada para manter as condições de vida. A morte, o cemitério teve de esperar.

A saga para construir um cemitério judaico enfrentou radical oposição da Igreja católica, que não aceitava cemitérios seculares ou de outras religiões. Esse processo foi minuciosamente pesquisado e relatado pelos excelentes pesquisadores Valadares, Faiguenboim & Andreas (2009).

Como vimos nas histórias das famílias, a preocupação em dar melhores níveis educacionais aos filhos e de proporcionar a eles um contato com a comunidade judaica foi forte razão para mudar para São Paulo. Construir uma comunidade judaica responsável, idônea, adequada aos padrões da sociedade brasileira tornou-se uma preocupação constante. Evitavam qualquer suspeita de infração que os pusessem em estado de desconfiança, de perigo. Eram estrangeiros que carregavam um passado de perseguição.

A moralidade lhes impunha que não convivessem com a prostituição e os exploradores de mulheres. Conheciam o que acontecia na Argentina onde existia o Zvi Migdal, organização de exploradores do lenocínio e de tráfico de mulheres para a prostituição. Procuravam se afastar desses grupos. Quando vinham companhias de teatro ídiche se exibir na cidade, não permitiam que as prostitutas e seus agenciadores frequentassem os espetáculos junto com a comunidade: havia até mesmo sessões especiais para aquele grupo.

Contudo, as prostitutas judias mantiveram sua fé e os ritos judaicos: construíram suas sinagogas e seus cemitérios em São Paulo, no Rio de Janeiro (tema que merecerá mais pesquisas). Na época de nossa pesquisa, a sinagoga delas já havia sido destruída, mas um dos cemitérios estava intacto. Sobre ele serão expostos os dados que foram coletados e seu significado.

A instalação do primeiro cemitério israelita, o da Vila Mariana, resultou de lei encaminhada pelo prefeito Washington Luís em 2 de maio de 1919. Só depois de quatro anos, em 21 de julho de 1923, cumprindo todas as exigências, a Câmara Municipal aprova a autorização para a instalação do cemitério israelita em terreno doado por Maurício Klabin.

Este cemitério era destinado aos "israelitas" que viviam em São Paulo ou outras cidades. Nele as prostitutas e suas famílias não tinham lugar.

Em 17 de janeiro de 1981, no início desta pesquisa, visitei o Cemitério Israelita de Cubatão, pertencente à Sociedade Beneficente e Religiosa Israelita de Santos. Era então pouquíssimo conhecido e me foi indicado pelo doutor Moyses Wagon, cuja família morara na cidade. Constava que ali só eram enterradas prostitutas. Fora fundado em 19 de janeiro de 1930.

Em entrevista, o senhor Aluisio Alves Rabelo, funcionário da prefeitura de Cubatão, relatou que o cemitério não tem "interessado a ninguém", não tem havido enterros, e que por essa razão, em 1979, a prefeitura diminuiu o terreno. Ao lado há um cemitério católico, que data de 1902.

A planta original do cemitério israelita foi assinada em 22 de novembro de 1929, por Suzana Rosenroth, Juana Schlinger, Sabina Albert e F. de Aguiar. Contou o zelador do cemitério que este era "de uma sociedade cujos sócios só entravam se fossem da mesma religião" e lá eram enterrados, "menos as crianças". "A cova se abria na hora." Os mortos, mulheres e homens, vinham de Santos. Contou também que "os caixões eram todos iguais, cobertos com um pano preto".

1981. Portão do Cemitério Israelita de Cubatão.
Foto: Eva Alterman Blay.

1981. Pia do Cemitério Israelita de Cubatão.
Foto: Eva Alterman Blay.

Logo à entrada do cemitério, há uma pia com uma caneca para que os que saem lavem as mãos, hábito de todos os cemitérios judaicos. A pia e a caneca foram doadas, conforme as inscrições: "Oferecido por Sara Mechlin" e "Oferecido por Adélia Balbir e Elvira Hechtman".

Do lado direito de quem entra, só estão enterradas mulheres, e à esquerda, os homens. O que me chamou a atenção naquela visita foi verificar que havia também homens sepultados: elas eram 44 e eles, 24, conforme listagem na prefeitura.

Há túmulos com fotografias, assemelhando-se aos cemitérios cristãos das décadas de 1920-1930. Neles há inscrições carinhosas:

No túmulo de Annie (Anita) Synberlist (15/8/1892 – 3/12/1955 ou 65 [ilegível] há sua foto e a inscrição: "Saudades de sua filha, genro e netos".

No de Liba de Queiroz (7/2/1878 – 28/5/1948): "Última recordação de seu esposo, irmã e sobrinhos". Em hebraico, a inscrição diz: "Liba, filha de Isic Leraimer, nascido em Odessa".

No de Maria Marcus (19/4/1880 – 23/4/1944) a inscrição diz: "Saudades de sua irmã Malka Bat Levi (Malka filha de Levi)".

No túmulo de Ainda Bisbin, a inscrição diz: "Minha mamita morreste, foste com Deus. Mas viverás eternamente no coração de teu querido mamito".

No túmulo de Rosa Steinhouser, nascida em Przemis, Áustria (3/1/1880 – falecida em 1932): "Saudades de sua família". Nele, há uma foto de Rosa.

1981. Túmulo de Rosa Steinhouser.
Foto: Eva Alterman Blay.

No de Dvoire, filha de Abraham Ehmitalzen: "Saudades eternas de sua filha".

Na parte masculina, no túmulo de Jaime Rubin (22/12/1888 – 12/3/1948), a inscrição diz: "Saudades eternas de sua esposa e filhos".

No túmulo n.1.247 [nome ilegível]: "Saudade de sua esposa Imilia Chantak".

No túmulo de Frederico Glick, de tamanho duas vezes maior do que os demais, com sua foto: "Nascido em Odessa (Rússia) á [sic] 25/5/1884. Filho de José Glick e de Marie Miriam. Falecido em Santos á [sic] 4/1/1956. Saudades de sua esposa e filha". É adornado com dois vasos de pedra nas laterais da cabeceira.

1981. Túmulo de Frederico Glick.
Foto: Eva Alterman Blay.

Prostitutas e rufiões se identificavam: não escondiam suas origens, colocavam seus nomes e sobrenomes e identificavam suas famílias; as inscrições incluem filhos, outros parentes e por vezes os nomes dos pais. Excluídas(os) dos cemitérios judaicos da comunidade por suas atividades profissionais, buscaram confirmar sua identidade judaica por meio de um enterro judaico. Fica claro que o vínculo com o judaísmo não dependia dos demais judeus. A identidade era assumida e completada por meio dos rituais mortuários.

Construíram para si, além do cemitério, uma sinagoga à Rua Ribeiro da Silva, em São Paulo, demolida em 1980.

A comunidade judaica reproduzia os comportamentos da sociedade brasileira; utilizavam-se das prostitutas, mas as excluíam de suas relações sociais. Mulheres não queriam ser confundidas com as "polacas"; os homens marcavam diferença dos rufiões muitos ligados à Zvi Migdal.[45] A comunidade os excluía de seu convívio mesmo depois de mortos. Muitas prostitutas construíram famílias e obtiveram, como o fizeram na capital de São Paulo e na do Rio de Janeiro, um local onde o ritual judaico do sepultamento podia ser realizado. Marginalizadas, não deixaram que lhes subtraíssem a identidade. Eram prostitutas, eram judias e tinham família.

O caso das judias prostitutas vem causando grandes debates dentro da comunidade e perplexidade fora dela.[46]

Recentemente o Cemitério de Cubatão foi inteiramente reorganizado, ajardinado, e se mantém em estrita ordem.

As relações sociais de gênero no contexto brasileiro

No processo de fixação no novo país, a aproximação entre pessoas de ambos os sexos se institucionalizou pelo casamento. Casar significava incluir-se num grupo social específico, criar novos vínculos sociais, definir cooperação e divisão social do trabalho entre os cônjuges.

De modo geral, esses casamentos, como vimos, eram resultado de arranjos matrimoniais tradicionais: eram duráveis "até que a morte os separasse". As uniões não respondiam a um amor romântico (Costa, 1998), mas a um projeto de vida que incluía manter a identidade judaica, a cidadania no novo país, a construção do grupo familiar, a educação dos filhos e a ascensão social; o casamento por amor ficou para as gerações seguintes.

As mulheres judias trabalhavam – à semelhança de outras do passado, como tão bem analisou Davies (1997) ao recompor a biografia de Glikl Bas Judah Leib [Alegria, filha de Judá Leib], mulher do século XVII, da região de Hamburgo. No século XIX e no

---

45 Sobre a Zvi Migdal, ver Rago, 1991.

46 Foi escrita uma peça de teatro sobre elas, jornais se dedicaram ao tema como se nunca tivessem imaginado judias prostitutas. Ao apresentar o texto preliminar a este entre colegas da Universidade de São Paulo (USP), ouvi de uma das participantes: "Mas existiram judias prostitutas? Nunca imaginei!".

começo do XX, as mulheres judias nos *shtetlach* ou nas cidades também exerciam atividades extradomiciliares. Muitas acompanhavam as atividades artesanais de seus maridos e vendiam os produtos que eles produziam. Outras eram operárias; poucas exerciam atividades qualificadas.

Glikl bas Judah Leib, also known a
was born in Hamburg in 1646 or 1
the oldest surviving autobiograph
of the Early Modern period of hist
Almost no other written record of
17th century has survived.

1646. Museu Judaico de Berlim. Cópia de retrato de Glikl bas Judah Leib.
Foto: Eva Alterman Blay.

Chegando ao Brasil, a colaboração econômica se manteve: alugavam a melhor parte da casa para rapazes judeus e assim conseguiam pagar o aluguel. Algumas serviam pensão aos inquilinos. Outras dividiam com seus maridos os negócios, variando a aplicação de seus talentos: as boas vendedoras ficavam no atendimento aos compradores e o marido na produção; outras, ao contrário, fabricavam os artigos a ser vendidos, tarefa que então era exercida pelo marido.

Havia as que tomavam iniciativas para incrementar a renda da casa, por exemplo, para custear os estudos de um filho para o Bar-Mitzvá. Outras salvavam situações econômicas falidas. Relatarei apenas dois exemplos.

O casamento de Isaac Athias

Isaac Athias saiu do interior do Pará, onde vivia com a família, e foi para Belém se preparar para o Bar-Mitzvá. Morou na casa do seu professor, cuja esposa dava pensão aos alunos. Frequentavam a

"Snoga" de lá – lá nós não chamávamos de sinagoga, falávamos "snoga". O professor morava em Belém, e trabalhou também como ambulante. O senhor Elias passou a vida comendo "casher", que precisava ser feita para durar trinta, quarenta dias; a comida era conservada em gordura. A senhora dele montou uma pensão para hospedar os meninos que vinham do interior, meninos judeus. Quando fui para Belém fiquei lá, éramos uns dez ou doze meninos que estudávamos o hebraico com ele. Eu saí do interior com mais ou menos 13 anos, para fazer [sic] o *tefilim* em Belém, para fazer o Bar-Mitzvá. Passamos uns três ou quatro anos hospedados nessa casa do senhor Elias Israel.

A mãe de Athias teve papel fundamental ao garantir economicamente a família e prover a educação religiosa dos filhos.

Meu pai perdeu tudo quando terminou a guerra de 1914.[47] Mais ou menos nessa época, minha mãe foi visitar a minha avó em Belém, estava muito necessitada, e minha avó deu 50 mil-réis, parece, para ela; mas ela queria aprender qualquer indústria, não sabia o que é pedir. Passou por uma rua e viu uma placa: "Leciona-se indústria", e ela entrou.

No diálogo com o professor, ele a orientou a usar os produtos do local onde morava:

"Então a senhora vai aprender a fabricar sabão, porque a senhora tem todos os elementos locais, só leva da capital a soda cáustica." Então ela comprou um tambor de soda cáustica, e montou a produção. Quando queimava o roçado no interior, juntava-se a cinza para tirar a lixívia e das frutas oleaginosas o sebo e o óleo, que eram a base para fazer o sabão. Nós colhíamos essas frutas quando íamos para a escola. Depois, quando aumentou a produção, comprávamos dos outros caboclos. Primeiro era o sabão de "cameçá", como se chamava, era um sabão pastoso. Depois foi se aperfeiçoando. Meu irmão Abraão foi para Belém, passou por uma fábrica, aprendeu a fabricar o sabão; aí foi quando se montou uma pequena indústria que minha mãe, juntamente com esse meu irmão, coordenava. E desta indústria então é que saiu a possibilidade de irmos para Belém. Porque então já tínhamos condições de pagar 5 mil-réis por mês de hospedagem.

---

47 "Porque o principal produto era a borracha. A borracha era cotada na base de 14 mil-réis o quilo. Acontece que os navios levavam quinze dias para ir e quinze para voltar; e quando terminou a guerra, nesse intervalo, a borracha que era vendida na base de 14 mil foi vendida a 1 mil-réis. O meu pai, nessa ocasião, perdeu todos os recursos que tinha."

Impulsionada pela necessidade de dar ao filho a oportunidade de fazer o Bar--Mitzvá, a mãe de Athias supera os graves problemas econômicos e inicia uma produção que vai sustentar a família por longo tempo.

A participação econômica na divisão do trabalho, mais as responsabilidades familiares, sobretudo as voltadas à manutenção de um ambiente judaico, deu às mulheres uma condição relativamente igualitária à do homem. A relação de gênero hierárquica, baseada na dominação masculina, não encontrava espaço nessas famílias, apesar da tradição do dote.

Do medo à resistência ativa

A fixação no Brasil, ao guardar a memória do ataques dos cossacos, dos pogroms, a tirania da pobreza, a total insegurança quanto ao amanhã e, finalmente, o Holocausto, levou à construção de proteção e segurança. Membros da comunidade judaica continuamente passaram e continuam a avaliar e reagir às variadas manifestações antissemitas.

São constantes as tentativas de conversão dos judeus. Uma das mais antigas é a da Congregação de Sion, que tinha, em sua gênese, o propósito da conversão.[48] Os colégios de Sion, instalados no Brasil no começo do século XX, dirigidos pelas freiras da Congregação, formaram gerações que exaltavam o catolicismo e rebaixavam outros grupos religiosos, em particular o judaísmo; por exemplo, por meio do ritual da missa, quando recorrentemente se acusava os judeus pelo "crime" de ter matado Cristo. Esta acusação se difundiu na população brasileira (e não só nela), alimentada pelo conteúdo da missa.

Nesta interpretação culpabilizadora está a origem das perseguições em várias partes do Brasil, especialmente no Sábado de Aleluia, quando a tradição de malhar o Judas atemorizou gerações de crianças judias; isso quando não foi além, como relata Benchimol, nos episódios de "Mata Judeu", de nefastas consequências.[49]

A aprovação de leis discriminatórias antissemitas (Carneiro, 2001) durante a ditadura de Getúlio prosseguiu na mesma trilha. Fatal exemplo foram as circulares "ocultas", que dificultaram a imigração de judeus perseguidos pelo nazismo. Os que

---

48 A Congregação de Sion foi criada por um judeu, Teodoro Ratisbonnem, nascido em Estrasburgo em 1802.

49 Benchimol (1998, p.46 et seq.) relata os crimes cometidos contra judeus em Cametá, no Paraná do Ramos, e o "massacre de Mauassari" em Maués.

já estavam no Brasil tinham de enfrentar obstáculos para obter a naturalização; sem ela, constrangiam-se os direitos de judeus e demais imigrantes, que viam dificultado o direito de ir e vir.

Livrar-se dos tiranos, alcançar a cidadania, eram sinônimos de independência: viver livre da perseguição religiosa num país onde houvesse liberdade de culto. Alcançar esses objetivos para alguns só se daria por meio de ideais políticos.

Os destinos individuais se viabilizariam através de construções coletivas: para uns, a estruturação da comunidade judaica era um apoio à integração; para outros, esta se daria pela participação em um partido político, sem abandonar a identidade judaica.

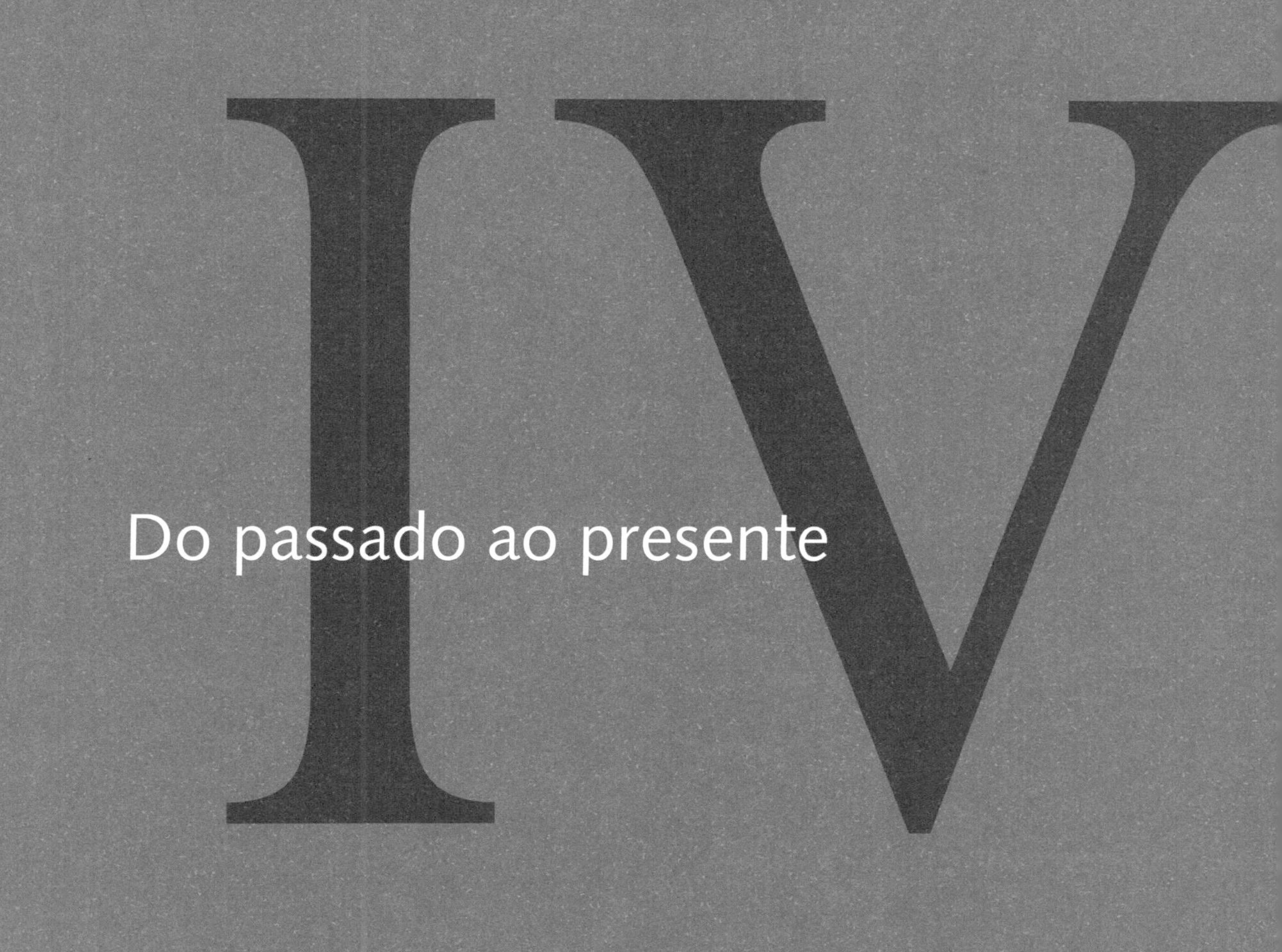

IV

Do passado ao presente

Shavuot S. Seeberger. Anos 1950, França.

VIVER NO BRASIL

Entre as três últimas décadas do século XIX até a Segunda Guerra Mundial, o Brasil recebeu judeus imigrantes principalmente da Europa; vieram também do norte da África e de partes do Oriente. Foi surpreendente verificar que alguns nasceram ou viveram na Palestina antes de vir para o Brasil. Sair da Palestina contradita o cumprimento bíblico – *Leshana Habaa Birushalayim*, *"O ano que vem em Jerusalém"* – que os judeus repetem todos os anos por ocasião do Pessach (Páscoa). Voltar para Jerusalém significa findar a diáspora, retornar à Judeia de onde os judeus foram expulsos. Contudo, os judeus buscaram uma nova casa: emigraram para o Brasil.

Para aqueles que, perfazendo o movimento inverso, deixaram a Palestina e vieram para o Brasil, outro sentido teve a voluntária vida na suposta "diáspora". Recuperemos as histórias de Armando Kaminitz,[1] Jacob Levin,[2] Shalom Bornstein[3] e Berko Saposznik.[4]

Kaminitz e Levin nasceram na Palestina. Shalom e Berko imigraram primeiramente para a Palestina e de lá vieram para o Brasil. No novo país, Armando Kaminitz se tornou um grande empresário; Jacob Levin foi professor durante toda a vida; Shalom

1 Entrevista realizada em 11 de dezembro de 1982 por Eva Alterman Blay e Diana Blay.

2 Entrevista realizada em 1981 por Eva Alterman Blay e Elka Frost.

3 Entrevistas realizadas em 29 de dezembro de 1981, por Célia R. Eisenbaum e Cecília Abramczyk, e em 17 de fevereiro de 1982, por Eva Alterman Blay e Cecília Abramczyk.

4 Entrevista realizada em 27 de agosto de 1982 por Célia R. Eisenbaum e Roberta A. Sundfeld.

Bornstein se definiu como trabalhador "semibraçal" até ascender à classe média; Berko Saposznik vivenciou a Revolução de 1917 e com ela se decepcionou, imigrou para a Palestina e, de volta ao Brasil, passou de vendedor ambulante a construtor.

Armando Kaminitz, nascido em Jerusalém

Encontramos Armando Kaminitz quando ele tinha 94 anos. Extremamente lúcido e cuidadoso com as palavras, falou com prazer sobre a sua juventude e o seu futuro. Sionista, estava programando comemorar o próximo aniversário na Universidade Hebreia de Jerusalém, no campus de Rechovot, do qual ele era um mecenas.

> Nasci em Jerusalém, em 1888. Somos os verdadeiros *sabras*, os primeiros que foram para Israel, vindos da Rússia. Meu pai também nasceu em Jerusalém. O pai dele, meus avós, foram os primeiros que chegaram e fundaram um hotel, o único que existia, o Hotel Kaminitz.

Betzalel. Fim do século XIX. Observe-se no alto, à esquerda, a bandeira de Israel. Russos preparando pedras para gravura.
Foto cedida por Eva Alterman Blay.

HOTEL KAMINITZ. Somos originários da cidade de Kaminitz-Podolski[5] (Bessarábia), e todos nos chamamos Kaminitz, por causa da cidade. O nome originário era Mandelbon, mas como meus avós recriaram, no hotel, aquele ambiente de Kaminitz, os judeus que vinham visitar ou morrer em Jerusalém nos chamavam de Kaminitz.

A família reproduziu o *habitus* da antiga morada dos judeus da Bessarábia. Os que chegavam sentiam que o hotel lhes era familiar. Para os peregrinos cristãos, a hospedagem se fazia em conventos, e utilizavam o serviço de turismo religioso do hotel.

Quando vinha alguma caravana de judeus para conhecer Israel, religiosos, naturalmente, eles se hospedavam de preferência no Hotel. Não existia outro. Para as caravanas protestantes ou católicas, que vinham como peregrinos a Jerusalém, por ser lugar santo deles, a única coisa que existia eram os conventos. Por exemplo, vinha uma caravana de franceses religiosos comandados por algum arcebispo, todos padres, gente religiosa... Eram peregrinos que vinham da França, da Alemanha, protestantes, católicos, e eles buscavam os meios de serem transportados, como turistas, para os lugares de interesse dentro de Israel. E quem tinha, naquele tempo, uma organização turística para peregrinos era, precisamente, a minha família.

Kaminitz conheceu todo o processo pacífico de visitas à Palestina. Sua família lá vivia, se fixara, trabalhava.

---

5 Kaminitz-Podolski, importante cidade da Bessarábia. Até 1918 pertencia à Rússia, depois foi anexada à Romênia. Os judeus da Bessarábia nunca foram reconhecidos como romenos pelos novos dominadores. Em 1939, pelo Pacto Molotov-Ribbentrop, voltou ao domínio russo. Esse pequeno território (21 mil km^2), com o fim da União Soviética, se tornou independente. Atualmente localiza-se na Ucrânia e busca, até hoje, sua identidade, disputado pela Ucrânia, pela Rússia e pela Romênia. A sujeição a distintas nações provocou grandes dificuldades aos seus moradores, especialmente aos judeus, discriminados por todos. Muitos deles se lembram de que quando a escola era visitada pelo representante do novo Estado dominante, as crianças tinham de esconder os antigos livros, substituindo-os pelos então adotados; e a pantomima continuava quando o antigo Estado retornava ao poder. Desobedecer esta ordem era crime. Kaminitz-Podolski é cortada por um afluente do Rio Dniester, de triste memória, onde muitos judeus fugitivos dos pogroms e, depois, do nazismo morreram afogados, como a irmã da historiante Cecília Lafer. Importante centro comercial dominava a região onde estavam localizados inúmeros *sctetlach* e cidades de onde vieram muitos judeus para São Paulo, como Belz, Hotim, Chelm, Britchon, Letichev, Kishinev, Soroki etc. Estes dados foram relatados pelos historiantes desta pesquisa.

A MISSA. Recordo essa caravana francesa, toda de padres franceses, que estavam com suas túnicas pretas; montaram uma mesa no pé da montanha e fizeram a missa, todos cantando religiosamente. Eu me lembro até da *canción* que cantavam ali: *Je suis chrétien, et c'est la mienne gloire*, "Sou cristão e esta é minha glória".

O contato com cristãos era muito próximo. O menino Kaminitz sabia de cor as preces, assim como no Brasil muitos judeus sabem as rezas católicas que ouviram desde a infância.

MORRER EM JERUSALÉM. Judeus turistas eram mui poucos, quase nada. Vinham velhos unicamente para morrer em Jerusalém, na Terra Santa. Eram religiosos de várias partes do mundo. Tinham algum dinheiro, então iam para lá.

Além dos velhos judeus, Kaminitz se recorda com entusiasmo dos jovens que vinham para construir Israel.

AS COLÔNIAS JUDAICAS. Naquele tempo [fim do século XIX, começo do XX] havia unicamente as colônias judaicas de Rishon le Tsion, de Petach Tickva – escola agrícola muito importante – e de Rosh Pina. Havia cerca de quatro ou cinco colônias, lindas colônias, mui lindas. Quando eu era criança, andava com os pés descalços na areia e corria por dentro da colônia. Rishon de Tsion foi a primeira que se fez, fora de Jerusalém, perto de Jaffa.

Hoje estas colônias são cidades que foram construídas sobre a areia.

PALESTINA E ISRAEL. LEMBRANÇAS DO FIM DO SÉCULO XIX. Havia unicamente estes elementos excelentes, maravilhosos, que construíram as colônias judias. Estes sim eram todos jovens, rapazes, fortes, altos. Quando eu ia para a colônia, era uma criança; lembro que eles montavam seus cavalos a noite inteira e faziam policiamento, porque os árabes vinham de noite para roubar dentro das colônias. Se algum árabe entrava para roubar, mesmo que fosse ladrão de galinhas, justiçavam ele, liquidavam, e nunca mais voltava lá para roubar. Durante o dia trabalhavam no campo da colônia e à noite havia grupos deles que estavam determinados a fazer o policiamento, não permitindo que ladrões perturbassem sua vida.

1883-1885. "Palestina." Foto assinada por Bonfils. "Visita ao túmulo de Josafá em Jerusalém." O texto na parte inferior está em alemão e em francês.
Foto cedida por Eva Alterman Blay.

MIRIAM, MINHA MÃE, NASCEU EM JERUSALÉM. Era uma boa judia. Quando queriam qualquer informação a respeito de judaísmo, outras mulheres, outras amigas, conhecidos, não sei quem, pediam: "Conte-nos aqui quem foi aquele...?"; ela sabia tudo. Tinha um livro grosso assim, que consultava de vez em quando, para saber uma coisa ou outra, como se fosse um dicionário. Era um livro de quinhentos anos atrás, escrito todo em ladino, na língua espanhola daquele tempo.

Estas lembranças da infância e adolescência em Israel fixaram a dimensão judaica que perdurou ao longo de sua vida.

Aos 14 anos, Kaminitz foi enviado à França para estudar. Suas memórias sobre aquele país são contraditórias:

> Apesar de haver sido o país mais antissemita do mundo, eu gostava muito da França, mas não dos franceses... porque fui criado num ambiente, na linguagem francesa. Mas atualmente gosto do Brasil e gosto de Israel. De Brasil posso dizer que tenho 80 anos.

Kaminitz chegou ao Rio de Janeiro em 1913, aos 24 anos. Encantou-se com a Baía da Guanabara, de que lembra até hoje com emoção. Diz ele que não foi imigrante, pois trouxe consigo sedas japonesas. Este foi seu ramo inicial, com uma casa comercial na Avenida Mem de Sá.

> BRASIL: PRIMEIRA VIAGEM. O Brasil era um país virgem, não havia nada, nada. Tudo o que você trazia, vendia imediatamente. Vendia bem e ganhava bem. No tempo que vim para cá, o Brasil tinha 35 milhões de habitantes, e São Paulo, apenas 300 mil, 350 mil. Havia poucos judeus e a maioria deles era mais de origem sefaradita e não asquenazi.

Kaminitz logo estabeleceu relações sociais; uma delas, em particular, o introduziu no mundo político brasileiro:

> Fui adotado como filho pelo maior chefe político do Rio de Janeiro; me outorgaram imediatamente uma patente militar. Tenho aqui essa patente, Major da Guarda Nacional do Estado da Bahia, em Feira de Santana, designado pelo presidente da República e assinado pelo ministro do Interior. Era ainda jovem, uma criança, tinha 24 anos, mas eu era bonito, simpático, agradável... O maior chefe político *entonces* era o major Proença Gomes; era um velho de 65, 70 anos talvez, todo de cabelos brancos. Ele me adotou como filho e disse: "Kaminitz, você é meu filho". Ele sabia que eu era judeu e tudo, como não?

Inquieto, Kaminitz decidiu conhecer Montevidéu e Buenos Aires. O que poderia ter sido uma curta visita durou quarenta anos, ao longo dos quais estabeleceu importante indústria de produtos eletroeletrônicos e atuou intensamente junto à comunidade judaica do Uruguai e da Argentina. Casou-se, teve dois filhos; ambos estudaram eletrônica nos Estados Unidos.

Descontente com a política peronista, Kaminitz retornou ao Brasil com a família e aqui instalou produção no seu ramo.

Resolvi *volver* a meus primeiros amores, o Brasil... e estabeleci no Brasil a Douglas Radio Elétrica S.A., o mesmo nome que tinha na Argentina.

O BRASIL: A VIAGEM DEFINITIVA. Cheguei aqui pela segunda vez, definitivamente, em 1936. Quando *volvi*, depois de quarenta anos, o país tinha tomado um curso muito mais desenvolvido, porque a guerra de 1914, a Primeira Guerra Mundial, trouxe um grande proveito ao Brasil. O país era tranquilo, era "fraquinho" em 1936, na época de Getúlio Vargas.

Pioneirismo industrial no fim dos anos 1930

Kaminitz introduziu uma inovadora indústria eletrônica. Teve de instalar desde a base deste setor – o Brasil não dispunha de mão de obra qualificada, matéria-prima ou linhas de crédito.

Nós nunca recebemos apoio nenhum. Contribuímos e não recebemos nada. Pagamos impostos de toda classe. Viemos por nosso próprio risco, com nosso próprio dinheiro, nosso próprio capital; já vim com alguns milhões de dólares aqui quando me estabeleci. A primeira coisa que fiz foi comprar fábricas e terrenos, tudo para a indústria. Nunca o governo nos deu um centavo. Nós sim demos ao governo, e muitos milhões.
Criamos trabalho, pagávamos as escolas. Durante seis meses eu trazia pessoal meu da Argentina e do Uruguai para ensinar aqui e poder formar pessoal. Ainda tenho pessoas que vieram do Uruguai, que estão há mais de trinta e tantos anos aqui, na mesma fábrica. Não havia nada, nada, era um país completamente virgem. Não havia indústria. A cada três, quatro meses eu era obrigado a ir aos Estados Unidos para comprar material necessário para a fábrica, porque aqui não havia. Depois começou a surgir indústria de uma e outra coisa. Agora, fabrica-se tudo aqui.

O processo de industrialização, como bem mostrou Marcovitch (2003), teve forte aporte do pioneirismo. A iniciativa individual não esperou a ação do Estado ou dos governos.

DO TATUAPÉ A MANAUS. Montei [a fábrica] no Tatuapé,[6] está lá até hoje. Comprei um prédio pronto, novo. Comprei terrenos também. Não vim como imigrante, vim com muito dinheiro. Não havia nada aqui. Precisou muito sacrifício. Eu não me incomodava,

---

6 Na época, bairro operário e industrial na Zona Leste da capital paulista.

tinha saúde forte, podia trabalhar. Eram oito horas, dez, doze, quinze, vinte horas por dia. Não ganhava nada, nem pelo tempo e nem por nada.
Atualmente, a fábrica do Tatuapé tem novecentos operários. Tínhamos mais, chegamos a ter 1.200, 1.300, mas simplificamos com máquinas especiais, automáticas, que fazem o trabalho de dez operários. Temos um departamento que se encarrega de contratá-los.

EMPRESA FAMILIAR. Os primeiros tempos foram muito duros, muito difíceis. Os filhos sim encontraram tudo pronto, a mesa estava posta. Então eles começaram a vida com coisa boa. Eu comecei com vida dolorosa, vida dura, de trabalho, de sacrifício. Mas o principal, o mais importante, é criar bem os filhos. E criamos bem os nossos, especialmente o mais velho. Eu cuidava muito dele, dos seus estudos, e por isso o mandamos para os Estados Unidos para preparar-se para quando viesse aqui, para que se tornasse um homem em condições de poder defender aquilo que os pais fizeram. E eles defendem bem, são muito bons filhos, excelentes. Eles fizeram a universidade lá, aqui não tinha, como iam fazer? Não lhes digo que aqui não havia nada?

FILOSOFIA DE TRABALHO EMPRESARIAL. Não tenho contato com os operários, nunca tive contato direto com eles. Quando o operário queria alguma coisa devia dirigir-se primeiro ao chefe dele, este comunicava depois à diretoria, que examinava o caso. Mas diretamente, não, seria uma bagunça.
Nunca tivemos um inimigo dentro da fábrica, nunca. Nunca atrasamos uma hora o pagamento. Quando é feriado, no dia 10 e no dia 25, pagamos um dia antes ou dois dias antes. Isso é muito raro, mas conosco é assim. O trabalho, a ordem e a disciplina... Na entrada da fábrica temos letreiros grandes, todos os operários os leem todos os dias quando entram e saem; é onde está determinada precisamente nossa política. Nós pedimos aos operários para que sejam colaboradores da fábrica, colaboradores da diretoria. Não consideramos eles como inferiores, ou pessoas que não podem ser tomadas em consideração. Pelo contrário: pedimos a eles que sejam colaboradores nossos, que cuidem sempre da qualidade dos produtos que saem da fábrica, coisa que é essencial, e que isto, esta conduta, tem como repercussão o bem deles mesmos. São colaboradores nossos, e não escravos! A fábrica, a diretoria trabalha para o bem do pessoal, deseja que o pessoal esteja contente, que trabalhe com satisfação. Nunca tivemos uma discussão com ninguém, nunca, em cinquenta anos, nem vamos ter. Meus filhos são mais exigentes que eu. Eles são mais amigos ainda. Porque eles entram diretamente em relação com os chefes, eles se portam muito bem, são dois filhos que valem muito, são brilhantes, não diamantes, mas brilhantes.

Homenageado

Kaminitz ocupou várias posições de destaque. No Uruguai, foi homenageado pela comunidade judaica, onde ocupava lugar de liderança. Por sua atuação na indústria, foi homenageado em São Paulo. Conta ele:

> Foi prestada outra homenagem para mim, na Câmara Municipal, aqui em São Paulo. Não faz muito tempo, uns quatro ou cinco anos. Não sei quem teve a iniciativa, fui surpreendido, eu não sabia. "Então você não quer ir?" "Bom, eu vou." Fui à Câmara Municipal e fui recepcionado pelo presidente dentro de um salão de festas; em cima se reuniram vários altos funcionários e depois de algumas palavras me entregaram este diploma.

Ser judeu

Kaminitz passou por várias influências. Vivenciou o catolicismo, os lugares sagrados dos cristãos, teve vários amores: pela França antissemita, por Israel e pelo Brasil. Ele afirma "ser judeu sem ser religioso":

> Ser bom judeu não significa ser religioso. Você pode ir à sinagoga e ser um malandro, assim como pode não ir e mesmo assim ser uma pessoa boa. Nunca fui um religioso praticante, nunca. Com meu pai e minha mãe a gente ia no Shabat, tinha que ir na sinagoga, meu pai nos levava então... Mas eu entendo que para ser um bom judeu não é preciso ser religioso. Uma coisa não é imprescindível à outra. São duas coisas completamente distintas.

Armando Kaminitz, palestino e judeu, viveu a maior parte de sua vida no Brasil. Naturalizou-se brasileiro, criou família no Brasil, instalou importantes empresas inovadoras. Manteve-se profundamente ligado a Israel, país pelo qual tinha extraordinária admiração, em particular pelas pesquisas científicas: apoiava universidades israelenses e brasileiras, judaicas ou não. Visitava Israel. Viveu no Brasil a maior parte de sua longa vida.

Professor Jacob Levin

O professor Jacob Levin[7] lecionou ídiche e hebraico, tendo sido diretor e coordenador de várias escolas judaicas no Brasil. Quando nos recebeu em sua casa, tinha duas

---

7 Entrevista realizada em 1981 por Eva Alterman Blay e Elka Frost.

preocupações: queria que reproduzíssemos sua fala com cuidado, pois falava o português corretamente, e desejava nos mostrar, por meio de um livro, sua longa ascendência judaica na Palestina.

> Nasci em Jerusalém em 1910. Sou a quinta geração nascida em Israel. Tem um livro inteiro com meus bis-bis-tataravós que chegaram lá. É um livro em hebraico. Foi uma aventura de seis meses; andaram da Polônia até Israel nos naviozinhos pequenos. E foi aventura mesmo, eram verdadeiros pioneiros. Isso mais ou menos há uns 120 anos, por volta de 1850. Foram para a Palestina, não com fins materiais ou comerciais, mas como idealistas, antes mesmo do movimento sionista. O sionismo já é tão antigo... desde que os primeiros hebreus apareceram no mundo, desde Abraão, desde os nossos patriarcas.

> A HISTÓRIA DOS CINCO IRMÃOS. Se a senhora der licença, vou lhe mostrar o livro, que tem a história dos cinco irmãos, todos homens, cada um com sua família e que foram para Israel. É um livro muito interessante, mas só para aqueles que sabem ler hebraico. Quem escreveu não foi ninguém da família. Aqui, por exemplo, tem a biografia do meu avô. [...] Ele se chamava Israel Isser Levi, que é o nome do meu filho: Elit Ben Elit Jerushalaim. Meu avô e o pai dele já eram nascidos em Israel. Quatro gerações: meu pai é a quarta e eu sou a quinta.

Levin faz um relato homérico, repleto de incríveis encontros da viagem de seus antepassados para a Palestina.

> Vou lhes contar um episódio pequeno dos meus antepassados. Eram cinco irmãos. Cada um era rabino numa cidadezinha na Polônia; naquela época não tinha telefone nem telégrafo. E cada um resolveu por si: "Chega, vou para Israel". Dois irmãos sem querer se encontraram no porto de Odessa, na fronteira da Polônia e da Rússia. Outros se encontraram quando a *kehila* (comunidade) fez um banquete na sinagoga, não com uísque, mas com *bronfm* e *shnaps* [rum ou vodca e aperitivos]. Todos estavam na sinagoga e viram uma carrocinha com poeira chegando. Quem era? Era outro irmão chegando com toda a família. "Vamos para Israel, então, viemos para nos despedir." E assim cinco irmãos, nenhum sabendo do outro, porque cada um era de uma cidadezinha diferente, encontraram-se e viajaram para Israel ao mesmo tempo. Foram os primeiros.

Para Levin, o encontro dos antepassados ocorreu de verdade; nesta pesquisa não buscamos a verdade dos fatos ou a fábula. Do relato dele, deduzimos a dispersão da

família, cada irmão numa cidade, e o comportamento religioso da comunidade que realiza a despedida na sinagoga.

Levin se refere aos precursores como "rabinos", o que não significa que o fossem, apesar de provavelmente terem sido muito religiosos. É muito frequente que os judeus se refiram aos seus avós como rabinos – questão de *status*, já que não é possível que tantos o tivessem sido.

Deduzimos, ainda, o anseio fundamental: ir para a Palestina, e o júbilo da pequena comunidade ao celebrar o retorno à Terra Prometida.

Uma centena de anos depois, com a criação do Estado de Israel, a ideia do "retorno" despontou várias vezes; deixar o Brasil e emigrar para Israel acalentou vários sonhos. A utopia se desfazia na hora da despedida. Mais de uma vez nossos historiantes fizeram rituais comemorativos tentando emigrar, ou festas de despedida para famílias que o fariam: mas a viagem acabava abortada. Foi o caso de Enia Blay[8] e do doutor Júlio Aizenstein.[9]

JACOB LEVIN NA PALESTINA. Tínhamos casa em Jerusalém, moramos sempre lá. Nessa época, as relações entre árabes e israelitas eram muito boas; eram de irmandade. Tínhamos muitos amigos árabes. Depois de 1922, quando do domínio da Inglaterra, meu pai foi atacado pelo pogrom que houve lá em Ierushalaim;[10] quem o salvou foi um árabe.

ÁRABES AMIGOS. Esse pogrom ocorreu quando o mufti [acadêmico] de Jerusalém Haj Amim Al-Husayni começou a fazer propaganda contra os judeus. Em 1922, no dia da redação do Mandato Britânico, houve pogrom em Ierushalaim, em Iafa e em Haifa. E meu pai, como tinha o moinho lá na parte velha de Ierushalaim, foi atacado e quase morreu. Mas quem o salvou foi um árabe, árabe mesmo. Ele era um tipo de "Cher" e disse: "Se vocês querem bater nele, batam em mim", e levou meu pai pela mão, guiando-o para um lugar seguro. Mas ele ficou doente três ou quatro semanas de cama, de tão machucado que estava.

LEVIN TINHA NACIONALIDADE ALEMÃ. Para que não mexessem com meu pai, já que ele tinha moinho e casa de câmbio, para ele convinha mais ser cidadão estrangeiro – convinha para nós, que nascemos lá na Palestina no tempo dos otomanos, dos turcos (o governo turco era uma espécie de ditadura, era uma monarquia), termos naturalidade palestina e nacionalidade alemã.

---

8 Entrevista realizada em 18 de março de 1981 por Diana Blay.

9 Entrevista realizada por Eva Alterman Blay e Lia Rosenberg.

10 Levin usa duas formas de escrita em diferentes momentos, para o nome da cidade.

A situação econômica sob o Mandato Britânico se tornou muito difícil para os palestinos, inclusive para a família Levin, em consequência da importação de trigo e laranjas das colônias britânicas em detrimento da produção local. Os problemas políticos e a ação antijudaica, tudo corroborava para a queda econômica e perigo para a família Levin.

Jacob decidiu aceitar o convite do rabino Rafallovich para ensinar hebraico no Brasil, nas colônias do barão Hirch (da Jewish Colonization Association, ICA), no Rio Grande do Sul. "Em 1929 vim para o Brasil, convidado para trabalhar nas escolas hebraicas. Eu me formei em Jerusalém, era professor lá em Israel, e vim como recém-formado."

Antes de ser encaminhado para o sul do país, lecionou na cidade de Campos, no estado do Rio de Janeiro, onde assistiu a um congresso de professores de colégios hebraicos.

1929. 1º Congresso de Escolas Judaicas no Rio de Janeiro. Os professores: "Vainer, Friedman, Shoichet, Levin e Burlai estiveram presentes". Sentado, o sexto da esquerda para a direita, está Moisés Vainer.

Foto cedida por Jacob Levin.

Assim que pôde, trouxe seus pais da Palestina. Casou-se com uma professora também das colônias. Anos mais tarde, decidiu mudar-se para São Paulo, para dar maiores oportunidades educacionais aos seus dois filhos.

Sete anos depois decidi ir embora: meus filhos ficaram grandinhos, o mais velho já era um rapaz de cinco, seis anos, e o outro, o pequeno... Então pensei: qual vai ser o fim? Tem que se dar instrução, estudo. Fomos obrigados a deixar a colônia.

As áreas da ICA estavam basicamente voltadas para o trabalho na agricultura. O futuro se desenhava sem grandes possibilidades educacionais ou econômicas. Levin fez o que muitos colonos fizeram: saiu em busca de cidades maiores. Veio diretamente para São Paulo, cujas possibilidades lhe pareciam mais amplas. Começou um novo capítulo em sua vida.

VIDA DE PROFESSOR EM ESCOLAS JUDAICAS. Meu primeiro trabalho aqui foi na escola Talmud Torá, onde era só professor. Depois, na escola do Cambuci, fui diretor. Trabalhei lá por dezoito anos.

1922. São Paulo. Inauguração da Escola Renascença. Fundadores da escola estão reunidos ao lado das mulheres e crianças. Ao fundo, bandeiras do Brasil e de Israel. O retrato central ao fundo é de Theodor Herlz. Na segunda fileira de crianças, da esquerda para a direita, a segunda criança é Elisa Gandelman. Terceira fileira: o primeiro é o professor Marcos Frankental; o quarto, o professor de português Marques da Cruz. Quarta fileira: o oitavo é José Gandelman.

Foto cedida por Malvina Teperman.

1938. São Paulo. Inauguração da escola Luis Fleitlich. Da esquerda para a direita, sentadas: Ida Arenson, Fany Kohn, não identificada, Berta Fleitlich, visitante, três pessoas não identificadas e Helena Furman. Na segunda fileira: Rosa Assa, José Shoichet, Dona Marina, não identificada, Silvia, a diretora da escola, não identificada, Luis Fleitlich, Max Jagle, Adolfo Dascal, Michel Furman, Leon e Dora Blay. Local: Rua Bresser, n.783. Visitante ilustre de Israel veio à escola e membros da comissão de convidados da colônia homenagearam-no com um banquete. A família Fleitlich doou a escola para a comunidade judaica em 1937.

Foto cedida por Bernardo Blay Netto.

Sem data. São Paulo. Reunião dos inspetores das escolas judaicas. Leon Schwarcz à direita, sem chapéu.

Foto cedida por Enia Greiber.

São Paulo. Sem data. Desfile de 7 de Setembro.

Foto cedida por Sila Blay.

1954. Fundação do prédio próprio da escola Luis Fleitlich. Abaixo, à esquerda, o senhor Dascau, de chapéu. No palanque, da esquerda para a direita: senhor Rosenquid, Chepchelevitz, José Zilberberg de terno branco, Geni Kazinski, Arenson e Berta Fleitlich.

Foto cedida por José Zilberberg.

21 de julho de 1946. São Paulo. Alunos e primeira diretoria da Escola Israelita do Cambuci. Da esquerda para a direita: Abrão Gerson, Luis Chamis, Jacob Gandelman, Benjamim Lafer, David Klevan, Isaac Fishman e David Krasilchik. Entre os alunos, o diretor, Tvai Goren.
Foto cedida por Simão Farsait.

As escolas judaicas seguem o currículo determinado pelo Ministério da Educação e um programa concomitante de língua e história hebraica. Até a criação do Estado de Israel, nessas escolas privilegiava-se o ensino do ídiche. Depois, na maioria delas se passou a ensinar o hebraico. A opção por uma ou outra língua é ideológica: os progressistas buscavam, por meio do ídiche, distanciar-se de Israel e do sionismo, privilegiando a língua falada por grande parcela do povo judeu que vivia na Rússia e adjacências. A maioria das escolas optou pelo hebraico, como vimos durante a pesquisa.

As escolas judaicas tinham, de modo geral, uma coordenação comum que decidia o programa de ensino relativo ao âmbito do judaísmo. Os problemas salariais tinham de ser resolvidos pelos próprios docentes, como explica o professor Levin:

> A situação dos professores só melhorou depois que eu e meus colegas da Talmud Torá nos juntamos e fizemos uma organização dos *morim* [professores]. Mais ou menos em 1943, 44, fizemos uma uma greve. Graças à nossa organização, foi feita uma federação de escolas de ensino; depois foi fundada uma associação; tivemos que lutar para ter um represen-

tante nosso. Não deixei eles fazerem o que queriam. Mas você pensa que fizemos só uma greve? Não, fizemos várias, até eles aprenderem que professor não dá para despachar, levando o que bem entendem. Depois pagaram o que queríamos.

Nas escolas judaicas, os problemas salariais assemelhavam-se. Ensinar para um grupo étnico limitava as oportunidades; o mercado de trabalho restrito oferecia menos condições de reivindicação salarial. Somem-se a isso as dificuldades próprias de construir e manter uma escola privada, obter pagamento de alunos muitas vezes de famílias de poucas posses e talvez, não menos importante, o baixo *status* atribuído ao professor nessas escolas. Contraditoriamente, no período considerado, desde a década de 1920 até o fim da Segunda Guerra Mundial, nas escolas públicas brasileiras os professores eram profissionais respeitados, com salários que lhes permitiam manter suas famílias.

Trabalhar e morar

O professor Levin morou em várias casas de aluguel, o que espelha a posição econômica de um professor de escola judaica nas décadas de 1940, 50 e 60. Conta ele:

Foram anos de muitas dificuldades. Eu trabalhava em média de doze a catorze horas por dia e sempre em duas escolas, além de dar aulas particulares. Eu sempre recebi a ajuda da minha mulher, ela era muito boa *balbuste* [boa dona de casa], quando eu lecionava ela também lecionava, e isto me ajudou muito. Mudei [do bairro] de Santana para o Bom Retiro, porque para mim era um pouco longe ir de lá para a escola, então aluguei uma casa na Corrêa dos Santos. Não era casa, era uma espécie de apartamento; na parte de cima aluguei um quarto, porque não podia sustentar toda a casa para mim.

Então meus pais foram para o Rio de Janeiro, deixaram uma casa na Rua Prates e eu fui morar lá, mas também não podia sustentar toda a casa e aluguei dois quartos para uma moça e um rapaz solteiros. Eram ídiches, naturalmente.

Depois disso eu já tinha um pouco de economia, ajuntei com o dinheiro do meu pai e construí uma casa lá em Santana. Fui "enterrado" lá pelo engenheiro. Fui uma das primeiras vítimas dele. Não posso dizer que ele me enganou, mas era simplesmente ignorante, não sabia que aquela rua não era oficializada e deveria ser levantada, porque qualquer chuvinha enchia a rua de água e invadia minha casa. Ficávamos nadando dentro de casa.

Consegui vender a casa e cheguei aqui no Bom Retiro; morei na Rua Guarani, na Rua Afonso Pena e depois vim para cá. Na Afonso Pena a casa era minha e até hoje é. Esse apar-

tamento [onde estávamos] já é melhor do que aquele; foram meus filhos que compraram. Você viu que apartamento?! É muito bonito e, acho, melhor que todos aqueles outros. Aqui eu não preciso vender; aluguei aquele apartamento da Afonso Pena e vim morar aqui.

Décadas de trabalho, o melhor apartamento que Levin e sua mulher conseguiram foi um presente dos filhos – retrato da situação econômica resultante da profissão de professor de escola judaica daquele período.

SIONISMO E MÁGOA. Sou sionista, mas tomar parte em algum grupo eu não quis, não sou político. Eu não tinha tempo e trabalhava muito. Saía de manhã cedo, às sete horas... E por que não saía antes? Porque o aluno não levantava antes das sete... e eu voltava às dez horas da noite para casa. A minha mulher trabalhou até uns três anos antes de morrer. Quando eu me aposentei, ela também o fez. Aliás, ela não se aposentou, parou de trabalhar porque lamentavelmente essa gente do Talmud Torá não tinha lógica nem consciência, e não a registraram. Por culpa da diretoria do Talmud Torá, minha senhora não foi registrada. E eu aguentava, porque não queria abrir um processo e fazer como os outros fizeram. Talvez pudesse conseguir alguma coisa, mas preferi assim mesmo.

A sinagoga dos Litficher, na Rua Prates

A mágoa do professor Levin se concretiza quando ele deixa de frequentar a sinagoga da escola onde trabalhara décadas: "Abandonei a sinagoga Talmud Torá e paguei duas cadeiras nesse novo templo: Sinagoga Religiosa Beith Itzchak Elchonon (Rua Prates)".

A história do professor Levin propõe inúmeras reflexões. Dar aulas era sua profissão. Judeu nascido na Palestina, foi procurar um lugar onde pudesse encontrar trabalho compatível com sua formação. Poderia ter ido para várias partes do mundo com sua habilitação em hebraico, mas o convite atraente veio do Brasil. Como muitos jovens imigrantes, encontrou duras condições de vida e de trabalho. Nas colônias agrícolas constatou, depois de alguns anos, não haver horizontes para seus filhos. Fez o caminho de tantos outros colonos e veio para São Paulo com a mulher e duas crianças pequenas. Não percorreu o caminho de muitos judeus que, a partir do comércio, conseguiram ampliar seus bens. Como professor, não escapou do cenário que vitimava a maioria dos professores brasileiros, caracterizado pelo restrito mercado de trabalho e pela má remuneração.

Levin saiu da Palestina para o Brasil. Aqui viveu e morreu. Sua história nos propõe reformular o significado de diáspora judaica.

Shalom Bornstein: o sonho e o perigo

A Palestina era o sonho de Shalom Bornstein: sair da Polônia sem passaporte, evitar o escravizante serviço militar, implicava correr riscos para chegar a um centro maior de outro país, a cidade de Czernowitz. Shalom não completara 18 anos em 1923, quando empreendeu a fuga para o que considerava seu sonho de liberdade. Queria ser um *chalutz*, um pioneiro.

Após a Primeira Guerra Mundial, entrei num "movimento sionista *chalutziano*", o Hashomer, antes de completar a idade para entrar no exército polonês antissemita. Nós éramos quatro rapazes. Antes de darmos dois anos de nossas vidas para o serviço no Exército, discriminados como judeus, achamos por bem atravessar a fronteira Polônia-Romênia, ilegalmente, em pleno inverno de fevereiro, de 24 graus negativos, e tentar chegar de trem a Czernowitz.

SUPERANDO O FATAL CAMINHO PELA NEVE [...] Fomos de Lamber a Kolomeia, de Kolomeia a Kutt, de Kutt [...] atravessamos o Rio Chermos, e com neve até o joelho fomos até certa estação de Corsus; descemos antes para não chamar a atenção e de lá embarcamos para Czernowitz.

Em Czernowitz, junto com outros jovens, rapazes e moças, Shalom ficou hospedado numa casa do movimento de jovens que iriam para a Palestina.

Nós ficamos diversos meses, ilegalmente, esperando que a Agência Palestina, uma organização sionista, arranjasse para nós o *laissez-passer*, uma espécie de passaporte para refugiados. Recebemos os *laissez-passer* porque não tínhamos passaporte: pessoa sem pátria, portanto refugiado, portanto *laissez-passer*. Ficamos no clube da nossa organização juvenil, na casa do *chalutz*, trabalhando em descarga de vagões, até recebermos os documentos. Na posse deles, fomos despachados para Constança, porto do Mar Negro, e aí, de navio, até Israel, desculpe, até a Palestina. Naquela ocasião era Palestina; Israel é de 1948 para cá, e isso que estou contando aconteceu 24 anos antes da independência. Lá chegando arranjamos um lugar de trabalho em colônias.[11] Eu cheguei à Palestina com 21 anos.

---

11 Nessa época alguns magnatas como Rothschild criaram colônias agrícolas nas quais empregavam os recém-chegados.

MEU PAI. Meu pai faleceu em Varsóvia quando eu tinha 15 anos. No tempo da guerra, as *parnusses* [os meios de vida] falharam; então era um salve-se quem puder. Nós tínhamos uma fábrica de bordados à máquina... Meu pai era "pau para toda obra". Desenhava e principalmente sabia consertar as máquinas... Ele procurou trabalho – e onde ele arranjou trabalho? Numa oficina de consertos de locomotivas; só de trens. Lá ele trabalhou como mecânico num galpão sem paredes, com forjas, com fogo de um lado e frio do outro e vento do terceiro lado! Enfim, ele se resfriou em plena guerra; com uma alimentação inadequada, ficou tuberculoso. Era forte; nunca esteva doente, que eu me lembre. Foi levado a um hospital e lá faleceu tuberculoso. Era moço ainda.

MINHA MÃE. Antes, era "*balbuste* [boa dona de casa], posteriormente trabalhava... Ajudava uma família rica, que mesmo na guerra era rica. Ajudava nos serviços caseiros. Família de judeus, claro [...]. Eu gostaria de não falar sobre isso. É, precisava comprar pão, vender pão [...]. Sim senhor! Então para que falar sobre isso?

1909. Varsóvia. Antes da guerra. Família de Shalom Bornstein. Da esquerda para a direita: Rivca Sheindl Bornstein, mãe; Faiga Bornstein, irmã; Shalom Bornstein e Shloime Leibich Bornstein, pai.

1917. Varsóvia. Depois da guerra. Shalom Bornstein aos 17 anos; Rivca Sheindl viúva, aos 40 anos, e Rachel, sua irmã, aos 4 anos (ambas tiveram tifo e cortaram-lhes os cabelos); Faiga Jachet, 19 anos.

Shalom fica envergonhado em falar que a mãe trabalhava como empregada doméstica. Muda de assunto e conta que começou a trabalhar com 15 anos e estudar à noite. Será na escola que encontrará, na figura de um professor, o estímulo para lutar pelo socialismo sionista e buscar imigrar-se. Ele descreve esse professor, um lituano, como um "grande erudito em hebraico": "Contou-nos muitas histórias da Bíblia, do Tanach, e principalmente do Talmud. Incutia em nós um sentimento profundo pelo judaísmo, seguido pelo florescimento da ideia sionista".

O sucesso do sionismo entre jovens judeus poloneses é explicado por Shalom:

> O judeu não podia, às vezes, andar em certos bairros, em certos lugares, e também tinha o *numerus clausus*. É por essa razão que o movimento sionista entre a juventude era muito forte... O movimento socialista judeu era também muito forte porque a massa trabalhadora em Varsóvia era bastante grande. Havia negociantes, fabricantes e trabalhadores. Łódź era outra cidade polonesa com maciça população judaica e com muitos operários têxteis e fabricantes judeus.

Shalom reflete sobre os limites de circulação dos judeus na Polônia, a impossibilidade de prosseguir nos estudos e o significado político do operariado industrial

judaico. Submetidos a múltiplas coerções, foram impelidos a buscar soluções fora da Polônia. Atente-se para o fato de focalizarmos a população judaica pobre da época, uma vez que a estreita camada rica não estava então sujeita aos mesmos impedimentos.[12]

Em 1923, Shalom foi com um grupo de rapazes e moças fazer um treinamento em trabalho agrícola numa fazenda da Jewish Colonization Association (ICA) na Galícia Oriental. O objetivo era preparar os jovens para o trabalho agrícola na Palestina; lá aprendeu a arar a terra com instrumento puxado a cavalo e a fazer carregamento de grãos de trigo.

Hebraico: a língua do coração

As palavras de Shalom Bornstein contam indelevelmente sua transformação.

17149
משרד ארץ-ישראלי ב
Palestine Office
235 מספר
תעודת-עליה.
Palestine Immigrant Certificate
השם Name
Shalom Bornstein
27. III. 24 נתנה ביום
משרד ארץ ישראל
Palestine Office

1924. Shalom Bornstein a caminho da Palestina.

Vivi vinte anos em Varsóvia. Cheguei à Palestina com 21 anos. As ideias sionistas foram penetrando dentro da escola, onde aprendi razoavelmente bem o hebraico, que ainda hoje fica escondido aqui no coração. Não esqueço, e pode anotar: a língua a qual eu usei era o polonês; não só falei mas pensei em polonês. Sabe o que significa pensar em polonês e falar o ídiche em casa? Pensei em polonês; sabia polonês muito melhor do que muitos polacos arianos! Polonês agora eu não sou capaz de falar, mas, tendo com quem falar, eu pelo menos entendo. E hebraico ainda falo. Isso é um *nes*. Sabe o que *nes*? É... é um milagre. Entrou fundo no coração! Em hebraico, eu tenho prazer, quase... quase um prazer físico quando me expresso corretamente em *ivrit* clássico! Isso também aprendi mais em Israel, onde fiquei quase cinco anos. O hebraico é a língua do coração.

12 Mais adiante veremos como a condição judaica atinge também os mais ricos, como Ignacy Sachs e Suzana Frank.

A PALESTINA A PÉ. Quando eu cheguei, fiquei exultante! Nós chegamos ao porto, eu não me lembro mais se foi de Tel Aviv ou de Haifa (o porto de Tel Aviv, de Iafó [Jaffa] não era nem porto). O navio ficou no meio do mar e, com canoas, fomos até o porto. Deu para ver o Monte Carmelo, e finalmente chegamos: estávamos sonhando!
A Agência Palestina mandou os *chalutzim* para o local de trabalho; nós não fomos para lá passar férias. Porque a Agência Judaica gastou dinheiro conosco na viagem desde Czernowitz até a Palestina. Uma vez lá, achei por bem passear e conhecer o país. Fui um andarilho e tanto! Larguei em Mesha e fui até Nahalal, onde nosso grupo de Varsóvia, o Hashomer, estava trabalhando na construção de casas e em canalização. Fiquei uns dias, deixei minha mala de vime, peguei a mochila de escoteiro e fui andando... Andei dezenas de quilômetros.

O objetivo da imigração se concretizava em trabalhos de construção da infraestrutura do território: casas, esgoto, água, estradas. Não trouxeram intelectuais, mas sim trabalhadores manuais. Foi para isso que Shalom se preparara, e agora ia fazê-lo.

No laranjal do barão Rothschild

Além das colônias da ICA, grandes financistas fizeram investimentos em propriedades na Palestina. Shalom vai trabalhar num laranjal; começa sua dura existência na região com raros serviços coletivos. Estava tudo por fazer.

Depois fomos de Tel Aviv a Nes Tsiona, para trabalhar num *pardés* [laranjal] do barão de Rothschild. Comíamos cada qual por sua conta. Morávamos em tendas de Exército rasgadas; cama não havia. Então o que eu fiz? Nós estávamos perto de um bosque de eucaliptos: dormíamos no bosque. No laranjal do barão, sem cozinha operária, muitas vezes, como éramos diaristas, nem sempre tinha trabalho. E fazíamos as economias possíveis. Era frequente colhermos as laranjas caídas no chão... Espremíamos... enchíamos uma panela com o suco... comprávamos o pão mais velho encontrado; duro, pão duro... cortávamos e deixávamos lá, amolecendo no suco de laranja. Não era ruim, não; deu para satisfazer em parte. Isso que acabei de falar é importante. É importante para mim.

Tifo, pneumonia

A precariedade da situação e a inexperiência colocavam em risco a vida dos jovens imigrantes trabalhadores:

Uma vez comprei para o Shabat um *corn beef* enlatado, que o Exército inglês consumia. Eu não entendia de cozinha, queria fazer economia. Então abri a lata. Era gostoso, para quem tem fome tudo é gostoso. E deixei uma parte na própria lata, coberta. Hoje eu sei que é preciso tirar tudo, deixar num prato coberto (ou não coberto, não importa), mas dentro da geladeira. Mas lá, sem geladeira, e dentro do metal!, naturalmente oxidou. Resultado: tive febre alta, sem saber o que era. De qualquer maneira, eu perdi a consciência [...]. De Nes Tsiona levaram, a mim e a mais um, ao hospital Hadassa de Tel Aviv; a pé, são seis horas de marcha, ou mais [...]. Quanto tempo fiquei inconsciente, não sei, porque depois veio a recidiva, tifo com pneumonia dupla.

Enquanto esteve na Palestina, Shalom teve tifo quatro vezes e sempre foi para o hospital Hadassa.[13] Permaneceu por cinco anos na Palestina com muitas dificuldades para ganhar a vida, longe da família, mãe e irmãs, e de amigos que tinham imigrado para o Brasil.

Participar concretamente da construção da pátria sionista não resistiu ao trabalho penoso, às doenças, às saudades da família, à insegurança. Shalom, com um amigo, decide vir para São Paulo, onde tinham a possibilidade de uma "carta de chamada".

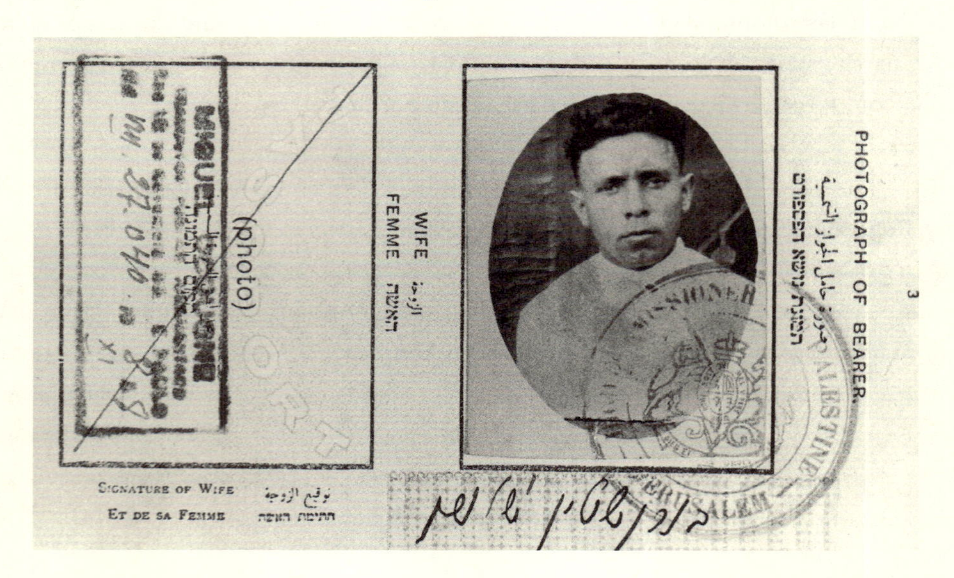

A caminho do Brasil. 1928. Passaporte da Palestina, sob protetorado britânico.
Cedido por Shalom Bornstein.

13 O hospital Hadassa foi construído em 1918 com apoio financeiro do barão de Rothschild, que o manteve até 1940, na ocasião da Segunda Guerra Mundial.

Imigrou para São Paulo, onde trabalhou, trouxe sua família próxima, casou-se, teve filhos.[14] São Paulo foi seu destino definitivo.

Berko Saposznik e a Revolução de 1917

Berko Saposznik[15] nasceu na Rússia (Ucrânia) e tinha 14 anos quando ocorreu a Revolução Russa. Nasceu no mesmo ano que Shalom Bornstein, 1903, e ambos, aos 17 anos, tinham o mesmo objetivo: imigrar para a Palestina. Vinham de famílias muito modestas e almejavam uma pátria judaica socialista. Mas a vida lhes preparou obstáculos que só seriam vencidos quando imigraram para o Brasil, a morada definitiva.

> DA ESPERANÇA À DECEPÇÃO. Em Tomashpol, onde nasci, não tinha onde estudar, tinha só escola primária, as cidades eram pequenas, com 4 mil ou 5 mil judeus. Meu pai, na guerra de 1914, perdeu tudo. Tínhamos depósito de ovos. Em 1917, durante a Revolução Russa, eu tinha 14 anos. Com 15, trabalhei no governo soviético; havia muita esperança, começaram a dar terra para os judeus e deram o *coletivo* [terra coletiva]. Lá fiquei três anos, mas não deu resultado, não ajudaram os judeus tanto quanto prometeram. Era pouca terra e grande a diferença entre russos e judeus. Não gostavam dos judeus, nem que os judeus tivessem terra.

Berko não vê alternativa e busca outro futuro. Liga-se ao movimento juvenil sionista socialista. O objetivo: ir à Palestina trabalhar na terra ou, como diz Berko, "ser *chalutz*", pioneiro na construção de Israel. Os jovens judeus russos (ucranianos) foram encaminhados para uma fazenda onde seriam preparados para trabalhar na agricultura, sempre o sonho do trabalho na terra num regime socialista. Em 1924, partem para a terra prometida. Em linhas gerais, o trajeto de Berko e de Shalom é semelhante, embora cada um pertencesse a um grupo político distinto e tivessem vindo de países diferentes. As limitações com que muitos jovens judeus defrontavam faziam-nos ver na Palestina a possibilidade de construção de uma pátria socialista.

---

14 Seu trabalho e a participação na construção do Templo Beth-El em São Paulo será relatada mais adiante.

15 Entrevista realizada em 1982 por Roberta A. Sundfeld e Célia R. Eisenbaum.

Entrei no partido sionista. Nós da Ucrânia saímos clandestinamente, uns trezentos rapazes. Quando passamos para a fronteira da Romênia, três de nós foram mortos pelos guardas. Depois de seis meses fomos para Israel, enviados pelo Ichud Habonim (Associação Juvenil Sionista). Começamos a trabalhar onde desse, de pedreiro, de ajudante de caminhão... Fiquei lá quatro anos. Em sociedade com um amigo comprei um táxi, e não dava para nós dois; vendi a minha parte. Fiz besteira, já estava acostumado, e vi que outro táxi não dava para pagar. O dinheiro só dava para vir para o Brasil. Falavam que no Brasil se ganhava dinheiro. Vim me aventurar, ouvi dizer que havia trabalho. O importante era trabalhar, garantir a sobrevivência.

Década de 1930. São Paulo, Estação da Luz. Berko Saposznik, de chapéu.
Foto cedida por Berko Saposznik.

BRASIL, SÃO PAULO. Cheguei com 23 anos, sozinho. O meu pai ficou na Rússia, minha mãe faleceu quando eu tinha 12 anos, acho que do coração. Comprei a passagem e cheguei aqui com 6 dólares. Quando desci na estação, paguei meio dólar pela bagagem e meio dólar pelo cabelo e barba. Não estudei, por isso não falo direito, e é uma língua fácil. Até hoje só sei o português da rua. Vim em 1928; naquele tempo ainda tinha o comitê que recebia os imigrantes novos. Fiquei três dias sob a comissão, ajudavam para trabalhar nos bondes. Naquela época, os judeus sabiam que trabalhar com *clientelchik* dava futuro, mas eu queria outra coisa, não gostava daquilo. Como operário, eu nunca vi um judeu. Porque operário ganha pouco, e judeu quer sempre um lugar para ganhar mais.

O começo

Mesmo não querendo ser *clientelchik*, Berko arranja emprego para auxiliar um vendedor ambulante.

Quando cheguei, conheci Timoner[16] e lá ele me dava 5 cruzeiros por dia de trabalho. Eu me sujeitei por quatro ou cinco meses; vendia roupas. Depois me abriram crédito de 500 cruzeiros, mas não consegui pagar.

Berko conseguiu um empréstimo na Caixa da Cooperativa de Crédito Popular, do Bom Retiro, à qual não pagava juros e saldava a dívida em quatro ou cinco parcelas. Começa, assim, a trabalhar por conta própria, ainda como *clientelchik*. Sua rotina, ele a conta detalhadamente.

1952. São Paulo. Diretoria da Cooperativa de Crédito Popular do Bom Retiro, na Rua Ribeiro de Lima.
Foto cedida por Guilherme Krasilchik.

O CHINÊS DA PRAÇA DA SÉ. Eu morei na [rua] Silva Pinto (Bom Retiro), éramos em dois, dividíamos um quarto numa pensão; a comida era barata. Naquela época, um pão era 400 réis; comprávamos 200 réis de mortadela; um almoço era 1.500 réis. Um chinês,

16 Timoner, um comerciante então já estabelecido no Bom Retiro.

na Praça da Sé, cobrava 1.500 réis, e dava arroz, feijão e pão, e se quisesse dava mais, de lá não se saía com fome, era bem frequentado. Já o restaurante ídiche cobrava 2 mil-réis; se fosse com carne, saía por 2.500 réis.

No começo seus fregueses eram operários do Brás, bairro onde havia muitas chácaras.

Eu vinha a pé do Bom Retiro até a Penha. Passei uns oito anos como *clientelchik*. Cobrava o dobro: para pagar 22 era porque a colcha era 11; na rua me perguntavam se eu podia arrumar guarda-chuva, eu dizia que sim, porque custava 3 mil nas lojas e eu cobrava 1.500.

Não por acaso prolongou por muito tempo o ofício e se manteve no comércio ambulante, conveniente para vendedores e compradores. Adquirir diretamente dos ambulantes possibilitava algumas facilidades: o vendedor dava crédito, não exigia garantia; recebia o pagamento em parcelas; tolerava atrasos; trazia a mercadoria até a "porta da casa"; estabelecia-se uma relação de mútua confiança, e raramente o comprador deixava de pagar. Se fosse má mercadoria, perdia-se o freguês.

Para as mulheres de baixa renda, comprar em sua própria casa evitava ter que se locomover até um centro comercial, para o qual deveriam se vestir adequadamente, o que nem sempre lhes era possível. Além disso, teriam de deixar a casa e os filhos por um tempo durante o qual nem sempre dispunham de alguém que as substituísse. Mesmo pagando mais caro, ainda era mais barato do que comprar em certa lojas. Para o vendedor, o lucro era avaliado a longo prazo; era um dinheiro seguro e ele deveria aguardar alguns meses. As compras se encadeavam. Para garantir uma margem de lucro, os ambulantes não podiam ter muitos gastos com o próprio transporte e a alimentação.

O CASAMENTO. Fiquei muitos anos de *clientelchik*, oito anos. Casei em 1931, já tinha uma boa clientela na Penha e no Bom Retiro. Para casar eu tinha 3 mil contos. Com coragem, comecei a trabalhar como *clientelchik*, depois abri uma casa de móveis, e aí então me casei. Com economia consegui comprar uma casa, depois outra.

DE *CLIENTELCHIK* A CONSTRUTOR. Comecei a construir muitas casas aqui em São Paulo: calculo que 45 casas. Depois fiz a fábrica, e lá obtive um bom lucro. Meu filho tirou o diploma de advogado, mas não dava para sustentar a casa; então veio trabalhar comigo. Não posso me queixar.

1927. Piracicaba. Zelman Leiderman.

Foto cedida por Eni Leiderman.

11 de novembro de 1928. Rua Rio Bonito, Bexiga, São Paulo. Max Abramczyk, o último à direita, vestindo terno trazido da Europa. O chapéu é brasileiro.

Foto cedida por Max Abramczyk.

1935. Jardim da Luz, São Paulo. Júlio Zilberberg vendendo roupas como prestamista [*clientelchik*].

Foto cedida por José Zilberberg.

Anos 1930. Jardim da Luz, São Paulo. Abraham Ziocle como prestamista.

Foto cedida por Enia Greiber.

UM JUDEU NÃO RELIGIOSO. A SINAGOGA DA PENHA. Não sou religioso, mas assim mesmo construí um *chil*. Aqui na Penha havia 67 famílias; no Yom Kipur, rezávamos numa loja. Resolveram fazer um *chil*; naquele tempo eu também construía. Achavam que eu devia comprar [o terreno]. Todos doaram e construímos um *chil* muito bonito.

SÃO PEDRO. A maioria das famílias era principalmente da Romênia. Agora temos poucos judeus. Nós não aguentamos [manter] o *chil*. Fizemos duas casinhas e, com o aluguel, se sustenta o *chil*. Rezam sábado e Yom Kipur. A sinagoga foi construída há uns vinte anos, mais ou menos em 1965. Não havia um rabino próprio. Naquele tempo era difícil. Lá tem três Torás. Nas festas as crianças vinham dançar com as bandeirinhas. Agora há aproximadamente vinte e pouco sócios. De início tinha 67, São Pedro chamou eles. Muitos se foram.

No vernáculo, as expressões católicas se tornaram corriqueiras – talvez a mais consistente manifestação de integração à vida brasileira.

JUDEUS E GOIM. Me dou muito bem com os meus vizinhos, melhor que entre judeus do Bom Retiro. Aqui um gói me abre o portão. A Penha agora é uma cidade grande. No começo não tinha famílias judias. Depois se mudaram para cá e trabalhavam como *clientelchick*. Os judeus se davam bem, mas depois se misturaram. Cada um gosta de sua raça. Hoje já estão misturados, mas cada um tem o seu caráter, e é mais fácil de conviver. Lógico que os filhos se casaram com judeus, mas a filha é divorciada, o neto de 25 anos quer ser rabino; cada um vai para o caminho que quer. Ele dorme num lugar religioso no Shabat, para não ter que pegar ônibus; fica no Jardim América, acho que é no Beith Chabad.

Um resumo daquilo que foi vivido revela uma visão contraditória das relações entre judeus e não judeus na convivência diária: Berko privilegia o casamento dentro do grupo étnico, mas convive melhor com os não judeus; vê com espanto a tendência ortodoxa do neto, aceitando-a como algo inesperado.

Finalmente, sobre o Brasil, pouco se pode acrescentar às palavras de Berko: "Sou naturalizado. O Brasil foi verdadeiro pai e mãe. Aqui consegui muita coisa; aqui é possível almoçar e jantar".

CONSTRUÍMOS SÃO PAULO

SINAGOGAS-ESCOLAS

"Sinagoga" significa local de estudo; nela se estudava a Torá, os livros sagrados e as tradições judaicas. Para estudar, era preciso saber ler. O corolário, para se habilitar ao judaísmo, exigia a alfabetização. Na Europa Oriental, ao lado da sinagoga, instalava-se o *heder*, uma escola frequentada por aqueles que deveriam ler a Torá: os meninos. Sem nos aprofundarmos na análise do conteúdo das transformações – maior ou menor apego à ortodoxia –, modernamente a escola judaica continua, em geral, ligada a uma sinagoga.

Na passagem sobre a cidade de Britchon, observou-se como a sinagoga diferenciava hierarquicamente os indivíduos. Na história da integração dos judeus em São Paulo, constatamos que onde quer que um grupo de famílias judias se instalasse, brotava a necessidade de uma sinagoga nas proximidades. E o mesmo processo se reproduzia: sinagoga e escola costumam estar acopladas. É indiferente se o processo começa pela construção de uma ou de outra. As duas, em geral, surgem juntas, como o ocorrido em vários bairros de São Paulo.

A imagem da sinagoga é a de um local religioso aonde as pessoas vão para orar. É frequente, portanto, nos esquecermos de que alguém teve de decidir construí-la, conseguir um terreno, escolher o local, arranjar recursos financeiros, encontrar e contratar um arquiteto, definir o modelo do edifício, seu tamanho, quem seriam os frequentadores e como ela se manteria.

Kehilat Israel: a primeira sinagoga de São Paulo

Kehilat Israel, próxima de seu centenário. Rua da Graça, Bom Retiro, São Paulo.
Fonte: Contracapa de *90 anos: Sinagoga Kehilat Israel.1912-2002.*

Quando era pequena, a comunidade se reunia em alguma residência para as grandes festas. Com a concentração de judeus no Bom Retiro, fundou-se no bairro, em 2 de janeiro de 1912, a primeira sinagoga de São Paulo, registrada como Comunidade Israelita de São Paulo,[1] à Rua da Graça, n.160, numa casa adquirida a prazo. A inauguração da sinagoga Kehilat Israel, como era popularmente conhecida, foi um evento comemorado por todos os imigrantes judeus, que passaram a ter um local maior para suas orações.

Mal havia sido inaugurada, já no ano seguinte, nas grandes festas de 1913, surgiu um grande conflito. A casa onde funcionava a "sinagoga da Rua da Graça" (como passou a ser apelida a Kehilat Israel) não comportava todos os judeus; um outro local, logo al-

1 Presidente: Hidal Tabacow; vice-presidente: Abrão Kauffman; secretário: Jacob Nebel; vice--secretário: Isaac Tabacow; tesoureiro: Bernardo Nebel; vice-tesoureiro: Israel Tiker; fiscais: Hugo Lichtenstein, Miguel Lafer e José Nadelman. Alguns dados sobre as sinagogas foram coletados por Roberta Alexandre Sundfeld, em bolsa de iniciação científica concedida pela Fapesp em 1984 (Sundfeld, 1984).

cunhado pejorativamente de "barracão", foi alugado à Rua Prates. Imediatamente houve reações dos que deviam orar na Rua Prates, sentindo-se excluídos da "sinagoga dos ricos" (a da Rua da Graça). Reapareceu, portanto, a antiga divisão socioeconômica das sinagogas do *shtetl* europeu, indicando que a recente comunidade já se diferenciava economicamente. Para superar essas desigualdades pelo menos nos locais de culto, impunha-se a construção de uma nova sinagoga.

Como em todos os casos, ao implantar a sinagoga da Rua da Graça, fundou-se uma escola, a primeira escola ídiche,[2] com a chegada do professor Ihiel Itkes, vindo da Colônia Quatro Irmãos, do Rio Grande do Sul, que começava a se esvaziar.[3]

Logo em seguida, decidiram providenciar a instalação de uma biblioteca, mandando vir literatura ídiche[4] de Buenos Aires, onde já existia uma comunidade judaica antiga e numerosa. A biblioteca integrou-se à sinagoga e, algum tempo depois, inaugurou-se um grupo teatral que promovia leitura e encenação de peças em ídiche.

O processo de instalação de uma sinagoga e ao seu lado uma escola e uma biblioteca foi semelhante em quase todas as sinagogas de São Paulo.

O alimento casher

Ampliou-se o cumprimento de regras religiosas com a chegada, em 1914, do primeiro *shoichet* [abatedor ritual de animais], não por acaso denominado no livro da história da Ezra como "Sr. Samuel Shoichet". Seu trabalho consistia em matar aves nas casas das famílias, que lhe pagavam pelo serviço. Esse procedimento garantia que a carne fosse casher.[5] Por meio de um acordo com a Companhia Americana Continental, passou a degolar ritualmente animais no matadouro de Presidente Altino, possibilitando o fornecimento de carne casher a ser vendida unicamente no açougue do senhor Benjamim Fichman.

---

2 Com apoio de Berta Klabin.

3 A Jewish Colonization Association (ICA), fundada por iniciativa do barão Hirsch, adquirira terras na Argentina e no Brasil para lá instalar uma colonização agrícola. As terras foram vendidas para judeus dispostos a imigrar e trabalhar na agricultura. Por várias razões essas colônias não prosperaram (ver, entre outros, Scliar, 1990).

4 A iniciativa foi de Abrão Kauffman, que cuidou da instalação da biblioteca.

5 No abate ritual casher, o animal tem de estar perfeitamente saudável, o sangue deve ser inteiramente eliminado e o animal não deve sofrer.

Eram os primórdios comunitários, à semelhança dos que existiam no *shtetl* e em muitas cidades europeias: o *minian*, a Torá, a sinagoga, a escola, a biblioteca, o teatro, o alimento casher – organizava-se uma estrutura que aproximava os indivíduos com valores e interesses comuns. Criava-se uma rede de relações sociais que servia de base para casamentos, trabalho, vida religiosa, eventos culturais e políticos no novo país. Em decorrência disso, proporcionavam-se condições para enfrentar os inúmeros percalços da vida cotidiana, desde problemas de saúde, burocracia, busca de moradia e conflitos intraétnicos, até as questões extracomunitárias. Em um primeiro momento, a formalização dessas atividades se institucionalizou por meio da criação da Ezra.

Ezra: Sociedade Amiga dos Pobres

Embora alguns tivessem sido bem-sucedidos economicamente, àqueles que não o conseguiram vieram se somar um fluxo de imigrantes pobres. A ajuda espontânea e desordenada até então praticada se mostrava insuficiente. Resolveu-se fundar uma entidade com sócios contribuintes regulares para garantir auxílios: em 20 de maio de 1916 foi fundada a Ezra,[6] Sociedade Amiga dos Pobres, para "evitar a mendicância entre os judeus [...], ajudar doentes, providenciar trabalho e auxiliar materialmente os necessitados". Numa reunião, criou-se um "fundo de hum conto e setenta e cinco mil reis e logo se pensa organizar um espetáculo teatral para arrecadar fundos".

"O sr. Samuel Shoichet foi preso!"

O livro da história da Ezra se detém em relatar o episódio tragicômico vivido pelo senhor Samuel Shoichet, o qual revela a insegurança dos imigrantes recentes e sua necessidade de apoio para sobreviver no novo meio:

> Passou-se que a polícia paulista prendeu o senhor Samuel Shoichet, que andava pelas ruas vestido com um "estranho capote negro, cabeça coberta por chapéu ou solidéu", traje costumeiro do *shtetl* da Europa Oriental. Explica-se: a polícia estava atrás de "embusteiros vestidos como padres ortodoxos" que coletavam donativos para uma suposta construção

6 A Ezra foi fundada na casa de Israel e Eva Tiker, tendo como presidente José Kauffman e vice-presidente José Nadelman; Salomão Lerner como 1º tesoureiro, David Berezovsky como 2º; Ben-Tsion Zaduschliver como 1º secretário e Boris Wainberg, 2º. Conselho fiscal: Isaac Tabacow, Yom Tov Schnaider, Isruel Tiker, David Fridman e Toine Krasilchik. Estes dados estão inscritos em pedra, na entrada da Knesset Israel, a segunda sinagoga construída em São Paulo.

de igrejas. O magarefe da comunidade judaica foi "confundido" com os procurados pela polícia e acabou preso. No distrito policial informou que era "matador" e em seu poder foi encontrada uma grande e afiada faca e mais duas outras menores. A salvação deveu-se aos apelos que sua mulher fez junto a Isaac Tabacow, que, com outro membro da comunidade, foi à polícia e esclareceu a confusão. Para resolver em definitivo a questão, o magarefe foi obrigado a modificar sua indumentária.

A desconfiança envolvia os imigrantes em geral, sobretudo aqueles com vestimenta ou comportamento estranhos ao meio – daí a importância da intervenção de pessoas "respeitáveis", isto é, conhecedoras dos caminhos do poder e com acesso a ele, sobretudo nos episódios que envolvessem qualquer área da administração pública.

A família distante...

A vida cotidiana era intensamente afetada pelos grandes problemas internacionais que incidiam diretamente sobre os parentes deixados na Europa. O envio de auxílio se agravou com o começo da Primeira Guerra Mundial, mas a vida em São Paulo era cheia de surpresas e atrativos: em 1914, veio de Buenos Aires o dramaturgo ídiche Peretz Hirschbein.[7] Exaustivamente visitado por inúmeros judeus, ministrou uma palestra no salão Lira, no Largo do Paissandu, após o que foi ao Rio de Janeiro, deixando o Brasil coincidentemente quando irrompeu a guerra. O navio inglês em que viajava, o *Vazzari*, da Linha Lamport & Holt, foi apreendido por um cruzador alemão, tendo os passageiros sido transferidos para Belém do Pará. O *Vazzari* foi afundado e Hirschbein enfrentou muitas dificuldades para voltar a Nova York.

A dramática narrativa do retorno de Hirschbein nas páginas do livro de memórias da Ezra expressa a solidariedade coletiva e os vínculos extraterritoriais com a comunidade judaica.

A Primeira Guerra Mundial atingia de várias formas os judeus do Brasil: com o temor pelas famílias que estavam na Europa, com as duas semanas de fechamento dos bancos em São Paulo, com a moratória por um ano e com o tumultuado retorno do dramaturgo visitante. Eram problemas da nova realidade. Curiosamente, porém, não se encontra uma única palavra sobre intenção de retorno: ao contrário, pretendia-se trazer da Europa aqueles que lá ficaram.

7 Mais uma vez a iniciativa foi de Abrão Kauffman.

Em 1915, a guerra perdurava além do imaginado, e foram iniciadas campanhas pelos judeus que ficaram na Europa.

A vida em São Paulo continuava, e poderosamente ressurge a ideia de se construir uma nova sinagoga.

A segunda sinagoga: Talmud Torá

A sinagoga é um local de culto, de estudo, de encontro, como já mencionamos. Mas ela se tornou ainda mais: passou a fazer as vezes de *hospedaria* e de *hospital*.

A religião é apenas uma das dimensões da sinagoga. No velho sobrado que passou a servir como sinagoga, logo foram instalados no porão, provisoriamente, aqueles que não tinham onde dormir – entre outros, o futuro marido de Cecília Lafer:

> Meu marido veio para cá da Áustria, da Galícia. Morava na cidade de Lemberg, muito grande, muito importante. Ele chegou em 1923, em março ou abril, e em dezembro, eu cheguei. Meu irmão Miguel gostava muito dele, aproximava-se de gente pobre. Meu marido veio aqui antes que toda a família, não tinha ninguém aqui. Ele morava e dormia lá no *chil* no Bom Retiro, e tinha que se sustentar e fazer sozinho o crédito para poder começar a trabalhar como *clientelchik*.

No local comprado por 16 contos de réis à Rua Capitão Matarazzo, depois Rua Newton Prado, se ergueria a segunda sinagoga; os nomes que assumem o projeto indicam a ascensão de uma nova camada econômica. Luiz Rosenberg, Nahoum Lerner, Salomão Lerner, David Friedman, José Teperman, Boris Weinberg e David Kuperman, entre outros não citados no livro da história da Ezra, coordenam a construção da sinagoga Knesset Israel.

A construção deu ensejo a que observássemos, entre os historiantes, notável mudança de comportamento: judeus livres-pensadores e instituições religiosas europeias davam apoio financeiro em São Paulo e incluíam seus nomes na fundação da nova sinagoga. Prestígio social, mudança de valores? Certamente, mas, ainda mais importante, a construção da segunda sinagoga simbolizava que tinham vindo para ficar.

Dois anos depois de iniciada a Primeira Guerra Mundial, conscientizaram-se de que não terminaria tão cedo. À angústia da guerra sobreveio um aspecto animador, pois a redução das importações fez aumentar a produção da indústria e o comércio nacional, áreas nas quais judeus também atuavam.

1937. São Paulo. Sinagoga Knesset Israel. A foto mostra a sinagoga toda: a ala masculina embaixo, a feminina no andar superior. Ao fundo vê-se a placa dos fundadores, do lado direito escrito em português e do esquerdo em hebraico. A sinagoga foi fundada em 2 de novembro de 1916, e em 1937 passou por uma reforma que conservou sua estrutura. As paredes foram pintadas por um artista. Foi restaurada em 1972.

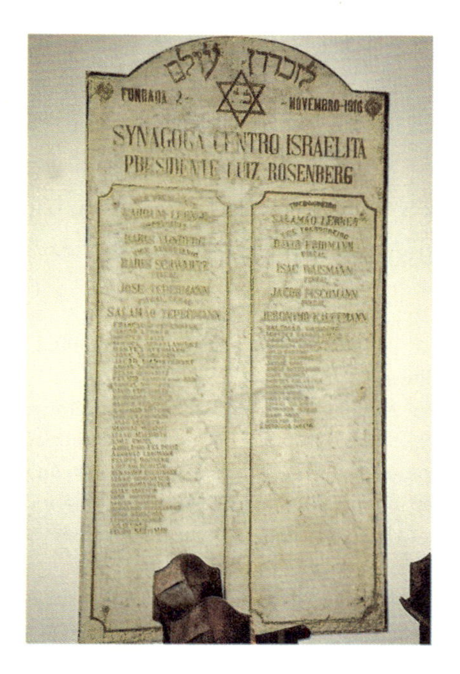

Placa de mármore. Nome dos fundadores, 1917.

Foto: Eva Alterman Blay, 1987.

Placa de mármore, 1937.

Foto: Eva Alterman Blay, 1987.

Vizinhos

A relação dos judeus com os vizinhos variou ao longo do tempo. Conta-se, no livro da Ezra, que para as festas de Rosh Hashaná e Yom Kipur de 1916, quando se inaugurou a sinagoga da Rua Newton Prado, foram doados móveis, lustres e a arca sagrada; o púlpito foi feito na fábrica de José Schnaider e José Schwartz. O trabalho de marcenaria foi realizado pelos dois e por outros trabalhadores não judeus que "sentiam estar executando um trabalho sagrado". Uma vez pronto, o púlpito foi carregado nos braços pelos ofertantes. Transcrevo o emocionante relato do livro da Ezra:

> Foi numa tarde de domingo, quando patrões e operários saíram da fábrica carregando o púlpito. Alguns judeus que sabiam do fato os acompanharam. Os vizinhos brasileiros e italianos que se encontravam na rua tiravam o chapéu e começaram também a acompanhar o cortejo. A relação com nossos vizinhos aqui em São Paulo era amigável naquele tempo. Eles olhavam nossas maneiras com simpatia. A atmosfera era limpa, não empesteada como a de hoje, com a teoria racista.

Reforma da sinagoga da Newton Prado

A história da sinagoga da Rua Newton Prado liga-se a vários de nossos historiantes, especialmente ao senhor Moisés Dejtiar.[8] Em 1924, depois de ter tentado viver na Argentina, no Uruguai e em Porto Alegre, Dejtiar veio para São Paulo.[9] Dedicou trinta anos à sinagoga Talmud Torá, cuja reforma liderou. Assim ele explica por que o fez:[10]

8 Entrevista realizada em 21 de setembro de 1982 por Eva Alterman Blay e Roberta A. Sundfeld.

9 Mais adiante darei detalhes das condições desta mobilidade.

10 Sobre a construção da segunda sinagoga conta Dejtiar: "No meu tempo não tinha o Talme Toire. Aí o rabino Valt se meteu. E tinha o velho Schleif, aquele era religioso demais: se via qualquer coisa que não estava certa, ele batia na mesa, mas era um homem muito direito. E eles dois construíram. O rabino Valt, quando moço, era homem muito simpático, todo mundo gostava dele. Ele foi no Moinho Santista, onde havia um *id* [judeu], e este deu todos os lustres... sei que era um *id* sefaradita, não sei se inglês ou francês. O rabino tinha muita confiança nele, era um homem 100%; graças a ele o Talme Toire foi construído". Por que foi construída a sinagoga Talmud Torá? Dejtiar explica: "Os *idn* [judeus] da Bessarábia compraram aquele terreno [da Rua da Graça] e fizeram uma sinagoga maior, era sempre maior. Era tudo *bessaraber*; não sei como me deixaram entrar. Bom, talvez por causa da minha mulher". Rivalidade, prestígio? Esses fatores sempre apareciam em todas as organizações judaicas (e também nas não judaicas, como sabemos). A predominância dos judeus vindos

> O *chil* tinha 110 sócios. Os mais velhos morreram e restaram noventa. Comecei a batalha porque nossos filhos iam lá rezar e não tinham onde sentar [...]. Porque eu tinha um lugar, mas tinha dois filhos homens. Eles vinham lá, ficavam perto de mim, em pé. Eu queria levantar para dar um descanso para eles, sentar um depois o outro, mas aí eles diziam: "Não, você vai ficar em pé?", viravam as costas e saíam. Iam embora! Entende? Comecei a batalhar para reconstruirmos aquela sinagoga.

O aumento do número de assentos vendidos a título vitalício respondia à demanda mesmo daqueles que não eram religiosos. Como diz o médico progressista David Rosenberg:[11]

> Estudei no Renascença porque meus pais tinham um fundo religioso; principalmente nos primeiros tempos meu pai rezava com *tefilin* e *tales*... Meu tio, o irmão dele, foi o fundador e o primeiro presidente da sinagoga da Newton Prado. Está lá a placa de mármore com o nome de Luís Rosenberg e, mais tarde, meu pai foi o vice-presidente desse *chil*, que foi e é até hoje o nosso *chil*. Eu tenho duas cadeiras cativas, uma para mim e outra para o meu filho. Não tenho vida religiosa nenhuma, mas conservo até hoje estas duas cadeiras. Aliás, essa é uma faceta interessante.

Rosenberg se mostra perplexo com a própria contradição. Não é religioso, mas cumpre o ritual, apoia-se na herança paterna. Se não o faz por uma filiação religiosa, pela fé, pela crença, o faz pela manutenção dos valores judaicos. O ritual religioso é repetido e respeitado apesar de uma posição agnóstica e materialista; a aderência à etnia passa por vários caminhos afetivos.

Sinagoga – hospedaria-hospital

> A nossa sinagoga, da Newton Prado, era pequena, foi construída em 1916. E tinha salão. Os imigrantes todos passaram por lá, porque a Ezra era pequena. Então punham camas e eles dormiam no salão do *chil*. E quando veio a gripe espanhola...

---

da Bessarábia provocava entre os de outras regiões o ímpeto de construir uma nova sinagoga que os abrigasse e lhes desse prestígio social dentro da própria comunidade.

11 Entrevista realizada em 1981 por Eva Alterman Blay e Fulvia Leirner.

... a sinagoga serviu de enfermaria. A sempre reverenciada pessoa do doutor Walter Seng[12] ia à Talmud Torá cuidar dos doentes.

Atualmente, com a reduzida presença de moradores judeus no Bom Retiro, as sinagogas Kehilat Israel e Talmud Torá praticamente deixaram de funcionar como tais. Ainda ocorre a leitura da Torá com a presença de dez homens [*minian*], em sua maioria idosos ou pessoas que recebem ajuda financeira para estar presentes nas rezas matinais e vespertinas. Os locais se mantém abertos com outras finalidades judaicas, como ministrar cursos, vender objetos religiosos e sediar instituições de ajuda aos necessitados. Na Talmud Torá funciona parte do Ten Yad, instituição que doa alimentos e apoio aos judeus necessitados.

1950. Sinagoga Knesset Israel: Da esquerda para a direita, sentados: Maurício Kertzman (2º secretário), Abraão Portnoi (1º secretário), Moisés Dejtiar (presidente), Heier Rosemberg e Henrique Gurfinkel. Em pé: Mendel Schwartz, Alias Zlotnick (1º Gabai), Abrão Cohen (2º Gabai), Alberto Schoichet (fiscal) e Francisco Rosemberg.

12 Médico de origem austríaca, fundador e diretor do sanatório Santa Catarina. Além das referências dos historiantes, mais dados se encontram no site do Museu Virtual de Imunologia: www.imunologia.com.br, dirigido pelo doutor Sydney de Souza Almeida.

1930. Cartão-postal do projeto da sinagoga do Brás; sua compra ajudava na construção.

Cedido por Eni Leiderman.

1935. São Paulo. Casamento na Sinagoga Israelita do Brás. Em pé, atrás dos convidados, estão os garçons de camisa branca e gravata-borboleta.

Foto cedida por Paulina Klepacz.

A Sinagoga Israelita do Brás faz parte de minha própria história, pois na infância morei no Brás e a frequentei com meus pais enquanto lá vivemos. Foi lá que minha mãe, Eta, conheceu Moyses, meu pai, numa festa de Simcha Torá, festa do encerramento e do reinício do ciclo de leitura da Torá.

O prédio possuía um pátio na entrada de onde saíam duas escadarias laterais que conduziam ao andar superior. Para as grandes festas, vendiam-se lugares para os que não tinham cadeiras cativas; era o modo de cobrir as despesas daqueles dias. A parte térrea, modesta, custava menos que a parte superior. Nós descíamos para visitar alguns parentes e conhecidos que ficavam lá embaixo.

Abraham Kasinski[13] conta-nos os artifícios usados para construir a sinagoga do Brás. Nascido no Rio de Janeiro, veio para São Paulo em 1922 com seu pai e seus irmãos. O Brás era, na época, um centro de comércio de móveis; havia também lojas de pneumáticos e de acessórios para carros, ainda poucos na época. De *clientelchik* seu pai passou a vender peças importadas de automóvel numa pequena porta que dividia com um passador de chapéus.

> O meu pai optou pelo Brás. Ele passava pelo bairro, estava procurando uma loja... então viu esse homem do chapéu, viu o tamanho [do lugar], e atrás tinha dois quartos, uma cozinha e um quarto externo. Era o ideal, porque nós éramos em três irmãos. Os três ficaríamos num quarto e meu pai ia ocupar o quarto principal, lá no fundo. Tinha uma cozinha, mas não banheiro. Então meu pai resolveu fazer uma ligação entre essa parte da frente da casa e o quarto do fundo. Fez um passadiço de madeira, embaixo ele instalou um banheiro em que se entrava pelo quintal e, em cima, com tapume de tábuas, fez um quarto intermediário entre a cozinha e o quarto dele. Eu dormia ali. Os meus dois irmãos dormiam no quarto da frente. E assim começou uma vida. Estávamos em 1922.

Na memória de Abraham, a sinagoga começava pela ação de seu pai, Leão Kasinski.

> Então meu pai, naturalmente mudando, a primeira coisa que um judeu faz, ele se integra dentro da comunidade judaica... E naturalmente, a primeira coisa como um bom judeu, na primeira festividade, procura a sinagoga. E a sinagoga era uma casa pequenininha dentro de uma espécie de vila que tinha três casas. Então eles alugaram no começo as três casas, depois foram comprando e ficou uma vila de três casas com uma entrada do lado. E ali começou a sinagoga, a comunidade.

13 Entrevista realizada em 25 de fevereiro de 1984 por Roberta Sundfeld.

Para Kasinski, participar da comunidade judaica era natural – praticamente inquestionável.

E aí comecei a conhecer a comunidade judaica, porque naturalmente, quando criança, eu já era levado para a sinagoga. Até que meu pai juntou-se com um grupo de judeus do Brás. Então começou um grupo a trabalhar para juntar dinheiro para construir uma sinagoga.

12 de outubro de 1941. São Paulo. Sila, 14 anos, e Idel Blay, 20, em frente à vila da Rua Almirante Barroso, n.750, onde residiam. Antes de casar, ele trabalhou na fábrica de móveis Lafer. A roupa de Sila foi feita por Berta, sua mãe.

Foto cedida por Sila Blay.

A CONSTRUÇÃO. Eu me lembro de que, logo do começo, comecei a escrever à máquina e o meu pai começou a pedir dinheiro não para judeus, mas para os goim. Como? Ele dizia que era para uma Sociedade Cultural e Beneficente do Brás e, com esse pretexto, começou a pedir a todos os nossos fornecedores da loja, a mandar cartas dizendo que ele era de um grupo, dirigente de uma sociedade beneficente, pedindo donativos. E como eram fornecedores, meio na marra, tinham que dar dinheiro para construir um *chil* do Brás, porque era muito difícil pedir, a quem não é judeu, para construir uma sinagoga.

O projeto

Fizeram uma sinagoga com dois andares, mais um no nível da rua. Os homens ficavam na parte de baixo e as mulheres, na superior. No térreo ficaria um salão de festas. Para conseguir mais recursos, "as cadeiras" foram vendidas. O senhor Leão (o pai) se tornou presidente dessa entidade, por ter sido o maior fornecedor de recursos.

Como todas essas sinagogas e seus anexos comunitários, a sinagoga do Brás também passou por dificuldades. Floresceu nas décadas de 1940 a 1950. Com a redução dos judeus naquele bairro, ficou deficitária; atualmente se mantém sobretudo com o aluguel do pátio fronteiriço, onde foi erigido um estabelecimento comercial, e com a atuação voluntária de um dos associados, o senhor Simão Priszkulnik, membro da geração nascida no Brasil.

Preocupação com a vida: o ritual da morte teria de aguardar

As associações religiosas e de ajuda foram sendo construídas desde o começo da imigração judaica contemporânea. Razões políticas dificultavam a instalação de cemitérios, como consta do excelente livro de Paulo Valadares, Guilherme Feiguenboim e Niels Andreas, *Os primeiros judeus de São Paulo* (2009). O Cemitério Israelita da Vila Mariana só foi instalado em 1923, quando já havia várias sinagogas em São Paulo. Os mortos eram enterrados em cemitérios não judaicos.

A CONSTRUÇÃO DO TEMPLO BETH-EL

O Templo Beth-El uniu em sua construção judeus de duas extremidades socioeconômicas: o operário Shalom Bornstein e o arquiteto Samuel Roder.

Shalom Bornstein: o trabalhador "semibraçal"

O trabalho de construção do Templo Beth-El ocupou mão de obra de imigrantes judeus como Shalom Bornstein, que escapou da Polônia e tentou viver na Palestina, seu destino de preferência.[14] Conta ele:

> Entrei na Palestina com o *laissez-passer*, me naturalizei e recebi um passaporte inglês – não de súdito inglês, e sim de súdito *colonial* inglês. E com esse passaporte cheguei aqui no Brasil. Saí no fim de outubro de 1928, quatro anos e oito meses depois de ter vivido lá.

---

14 As enormes dificuldades, sobretudo de saúde, fizeram-no vir para o Brasil, como vimos anteriormente.

Sempre trabalhando; só não trabalhava quando havia falta de trabalho. Trabalhei em tudo, fiz trabalho semibraçal. Escolhi o Brasil porque aqui tinha amigos e conhecidos, e queria reunir minha família. Os amigos de São Paulo me ajudaram mandando "carta de chamada" para trabalhar numa companhia de transporte e a passagem para eu vir para o Brasil. Trabalhei com caminhões de carga, eu era empregado numa pequena companhia. Nos últimos anos de Israel eu trabalhei na parte de ferragens, de cimento armado. Trabalhei também como serralheiro.

COM OS PÉS NA ÁGUA. No Templo Beth-El, onde trabalhei, tinha um outro judeu, o velho Flit. Eram judeus lituanos, conterrâneos dos Klabin. O velho Flit era almoxarife e eu trabalhei junto com os outros operários brasileiros, lá embaixo, com os pés em água muitas vezes, nas fôrmas de madeira, ou na de ferro. Era um serviço muito pesado e muito grande. Muito grande e muito complicado do ponto de vista de engenharia de construções. Ganhava-se relativamente bem nesse trabalho. Trabalhei mil horas nessa construção e depois fui para ídiches *parnusses* [negócios judaicos], trabalhos mais leves.

Samuel Roder, o arquiteto do Templo Beth-El

Nascido em Kiev, na Rússia, em maio de 1894, Roder chegou ao Brasil em 1916 para trabalhar como arquiteto na Companhia City, no planejamento urbano do bairro Jardim América. Foi por dois anos assistente do arquiteto inglês Barry Parker. "Fiquei no Brasil porque durante a Primeira Guerra não quis voltar para a Rússia. A família ficou lá, morreram todos lá com Hitler."[15]

Roder conhecia Salomão Klabin, para quem já trabalhara. Em seguida foi por ele contratado para planejar e construir a grande sinagoga.

Eu conhecia Salomão Klabin, fiz um pavilhão para a fábrica de papel dele, perto da Ponte Pequena. Ele queria fazer uma sinagoga e fui com ele escolher o terreno, porque eu conhecia o projeto da [Avenida] 9 de Julho, que ainda não existia. Mas como eu trabalhava na Companhia City, conhecia estes projetos para São Paulo. Expliquei e, mediante minha exposição, ele compreendeu que era um lugar muito bom para fazer uma sinagoga. Ele então comprou o terreno com o dinheiro de uma outra pequena sinagoga que foi demolida. Não lembro bem, mas acho que era na Rua Brigadeiro Tobias.

15 Entrevistas realizadas em 22 de outubro de 1982, por Roberta A. Sundfeld, e em 1984, por Eva Alterman Blay.

1920. Guarujá. Da esquerda para a direita: Grisha Segall, Samuel Roder, Mesterton, Oscar Segall e Jacob Siegel (de óculos escuros). Grisha, Oscar e Jacob são irmãos, apesar da grafia diferente do sobrenome.
Foto cedida por Miguel Sieguel.

1929: INAUGURA-SE O BETH-EL. Esta sinagoga é de 1929. O rabino Raffalovich, que é formado em Oxford, veio para a pedra fundamental. O Salomão Klabin comprou o terreno da Companhia City e pagou em dez anos. Eu construí aquele prédio com 55 contos de réis. Foi uma obra muito difícil: naquela época passava bonde, e onde está a ponte [sobre a Avenida 9 de Julho] precisei fazer um aterro de 10 metros de altura para segurar a terra, senão invadiria a sinagoga. Graças a Deus eu fiz, mas sem dinheiro não dava.

OS SETE LADOS. Geralmente as mulheres, em todas as sinagogas da Europa, eram colocadas num mezanino. Os homens ficavam embaixo. E mais embaixo existe um grande salão. A sinagoga tem sete lados. Deus é o círculo e os sete lados representam a cultura humana. De tudo há sete: sete cores, sete notas na música, Deus fez o mundo em seis dias e no sétimo descansou.

PROJETO CONSERVADOR. O Klabin gostou do meu projeto porque o do Warchavchick era uma casa de quatro lados, com um telhado de quatro abas. O estilo dele era muito moderno: cadeiras de cano de ferro, niqueladas, ele quis introduzir um modernismo numa sinagoga, um absurdo! Ela é tradicional, oriental, é estilo bizantino. Então fiz o arco onde está a Torá, a *mizrach* [altar] voltada para o leste, para Jerusalém. As cadeiras são bancos.

A MÁGOA DO ARQUITETO. Naturalmente os Klabin deram algum dinheiro, mas a sinagoga, de acordo com meu projeto, nunca foi concluída. Ele escolheu meu projeto para fazer o templo. Pronto, o templo está lá. É meu projeto. É minha construção. Tenho 84 folhas de cálculos de concreto armado. Ninguém quer dar dinheiro para terminar. Vão lá em Rosh Hashaná, em Yom Kipur, mas o resto do tempo está abandonado. Eu não vou porque não sou religioso mesmo. Se fosse terminada, como eu vi no Templo de Kiev, que era uma maravilha, tinha ornatos, pinturas... mas aqui está tudo nu, branco, não tem decoração.

CONVIVÊNCIA INTER-RELIGIOSA. Eu não construí só para israelitas, mas também para católicos. Em 1942, construí o ambiente para o Congresso Eucarístico. Mas eu mandei avisar ao arcebispo que sou israelita, e que se houvesse qualquer inconveniente, eu daria meu projeto. Ele me encontrou no Anhangabaú, me apertou a mão e disse: "Bem-vindo seja, se é que quer me ajudar". Assinei a construção do projeto. Não queria que depois eles falassem, fizessem fofoca, "é israelita que faz Congresso Eucarístico". Todos os padres são meus amigos até hoje. Sou casado com uma cristã de Smolensk. Ela veio depois da guerra, fugindo. Eles eram contra os comunistas.

DA RÚSSIA AO INSTITUTO DOS ARQUITETOS DO BRASIL. Eu estudei na Rússia. Em certas universidades tem limites, *numerus clausus* [para judeus], mas na Academia de Belas-Artes não. Os professores não concordavam com limites. Arte não tem a ver com religião. O primário e o secundário, fiz na Escola Real. Em casa, estudei hebraico. Eu sou membro do Instituto dos Arquitetos, n.3!

Roder nunca voltou à Rússia.

Sinagogas continuam sendo construídas em São Paulo

Entre 1912 e 1937, foram oficialmente construídas onze sinagogas[16] na capital de São Paulo: três no Bom Retiro, uma no Brás, duas na Mooca, duas na Bela Vista, uma em Cerqueira César, uma em Pinheiros e uma na Vila Mariana. A mobilidade residencial urbana levou consigo a implantação de sinagogas e escolas que, muitas vezes, são

16 Sinagoga Kehilat Israel (1912), Rua da Graça, n.26, Bom Retiro, e sinagoga Knesset Israel (1916), Rua Newton Prado, n.76, Bom Retiro, ambas de rito ashkenaz. Em 1925 foram construídas a Sinagoga Israelita do Brás, à Rua Bresser, n.47, e o Centro Israelita do Cambuci, à Rua Teixeira Mendes, n.54, também de rito ashkenaz. Em 1928 foram construídas três sinagogas: o Templo Israelita Ohel Yaacov, Rua da Abolição, n.457, na Bela Vista; a Sinagoga Israelita Brasileira, Rua Odorico Mendes, n.174, Mooca; e a Sociedade União Israelita Paulista, também à Rua Odorico Mendes, n.380; as três de rito sefaradita. Em 1929 inaugurou-se o Templo Beth-El, na Bela Vista, rito ashkenaz; em 1931 a Sinagoga Israelita Paulista, à Rua Augusta, n.259, de imigrantes húngaros; em 1936, a Sociedade Religiosa Israelita Beith-Itzhak El-Chanan, à Rua Prates, n.706, ashkenaz; em 1937, a Sinagoga Israelita de Pinheiros Beith-Jacob e a Sociedade Religiosa e Beneficente Israelita "Lar dos Velhos", à Rua Madre Cabrini, n.506, Vila Mariana, as duas ashkenaz (Roberta A. Sundfeld, 1984). Posteriormente fundaram-se outras, como a Congregação Israelita Paulista, atualmente localizada à Rua Antonio Carlos, n.653, Cerqueira César, de imigrantes alemães.

conhecidas pelo nome do bairro. Mesmo o Templo Beth-El, construído à Rua Martinho Prado, é comumente referido pelo nome da rua.

Em 2009, a prefeitura registrou 24 sinagogas no município de São Paulo. Porém, ratificando o desconhecimento sobre este grupo étnico, incluiu como sinagoga o Cemitério Israelita do Butantã. Nos últimos setenta anos, foram construídas mais treze sinagogas, se considerarmos os dados oficiais. Creio que o número é maior face à expansão de ramificações religiosas mais conservadoras e outras liberais. Há sinagogas em bairros novos e dentro de clubes esportivos, como a Hebraica. Uma mesma denominação, Beith Chabad, tem sinagogas em bairros distintos, como Perdizes e Morumbi.

As sinagogas no Brasil são autônomas; cada uma é mantida financeiramente por um grupo em geral de mesma origem geográfica ou por moradores dos respectivos bairros. As orações são as mesmas, mas a melodia (o "Nigun") e a pronúncia do hebraico são diversas. Prevalecem acentos adquiridos nos países de origem. Os judeus sefaraditas, que tinham como língua materna o francês ou o árabe e o judeo-espanhol, têm um ritual e uma linguagem com acentuação diferente em relação aos dos que vêm da Bessarábia ou da Hungria, por exemplo.

São raras as sinagogas que têm um ou mais rabinos permanentes, como a Congregação Israelita Paulista (CIP), construída pelos judeus alemães, ou a Congregação e Beneficência Sefardi Paulista, mantida pela família Safra. Durante o ritual, especialmente ao entardecer da sexta-feira, para comemorar a chegada do sábado, no sábado pela manhã o *hazan* lê partes da Torá; para o Ano-Novo e o Yom Kipur, sinagogas mais afluentes contratam um coro.

Diversamente das igrejas católicas, as sinagogas não têm muita ornamentação; as imagens humanas são proibidas. Por vezes, há pinturas de animais e plantas nas paredes e vitrais. A arca sagrada é, em geral, de madeira entalhada, eventualmente coberta por uma toalha. Os rolos de pergaminho são recobertos com capas, algumas ricamente bordadas. Nas cerimônias, além do rabino, costuma haver um *hazan*, que entoa os cânticos relativos.

O *hazan* é figura muito importante nas longas cerimônias do Ano-Novo ou do Yom Kipur – ele de fato faz a leitura da Torá. (A função de conduzir a leitura é do *baal-korê*,[17] como ensina a professora e tradutora da USP Nancy Rosenchan.) Mas conquanto importante, vejamos como ele sobrevive desta atividade.

17 Oficiante, cantor na sinagoga.

A modesta vida de um *hazan*

1937. Polônia. Abram Samson, *hazan*. Foto enviada de Rovne para David Klevan, pedindo-lhe para vir ao Brasil (sem sucesso, devido à guerra).
Cedida por Simão Farsait.

Dotado de excelente voz, Salomão Rais[18] fez parte do coro lírico do Theatro Municipal de São Paulo e tinha como profissão ser *hazan*. Nasceu em Łódź, Polônia, em 1899, e chegou ao Brasil em 1929. Cantava desde criança. Experimentou ser *hazan* em Łódź, mas não conseguia sobreviver da profissão. Imigrou para o Brasil e, como *hazan*, peregrinou por sinagogas pela capital e pelo interior de São Paulo e de outros estados, além da Argentina. Cantou em várias sinagogas: no Brás, na Hebraica, na Monte Sinai em Higienópolis; foi para outros municípios, como Santo André e Sorocaba. Cantou no Rio de Janeiro, em Recife e em Salvador. Tentou a América Latina.

Era minha profissão, tinha que sobreviver. Comecei a participar na Sinagoga do Brás em 1945 e fiquei até 46; depois fui para o interior de São Paulo, Sorocaba e diversos lugares. Passei pela Argentina, escondido, pela fronteira… Era guerra, eu tinha lá um cunhado, foi ideia da minha saudosa esposa. Então vamos nos transferir para lá, mudar, mas não deu certo e assim voltei para a Sinagoga do Brás, eu conhecia os presidentes da sinagoga, o Arenson, o Liberman, o Kogan. Não pagavam muito bem, em parte nenhuma eles pagam bem, a não ser os alemães, estes pagam bem. Os alemães, quando a gente consegue… isso é um gravador? Hum…

18 Entrevistado em 17 de abril de 1984.

A Sinagoga do Brás tem reduzida frequência, mesmo para as atividades diárias. Conta Rais:

> Falta gente suficiente para o *minian*, daí pagam para ter dez homens. No Templo [Beth-El], em dia de semana, segundas e quintas, pagam. Tem que fazer assim porque não tem quem queira rezar... os jovens não vão à sinagoga.

As sinagogas vivem contradições. As festas de Rosh Hashaná e Yom Kipur atraem grande público, são símbolos do judaísmo, mas seus principais atores, o rabino e o *hazan*, são pouco reconhecidos e, menos ainda, remunerados. Desde a vida em outros países, aqueles dedicados à religião judaica, rabinos e *hazanim*,[19] viviam com modestas condições econômicas. No Brasil, o problema se agravou com o afastamento das novas gerações de atividades religiosas, com recentes exceções da vertente ortodoxa.

A sinagoga dos húngaros: Sinagoga Israelita Paulista

Até 1927, não havia nenhuma sinagoga dos imigrantes vindos da Hungria. Luis Nebel[20] chegou à véspera das grandes festas do Ano-Novo:

> Era agosto, e em setembro iriam se realizar as grandes festas; perguntei às pessoas onde é que se rezava. Eu morava na Bela Vista, sempre morei lá. Aí me disseram: "Vá ao Bom Retiro, na Rua da Graça, que lá você vai encontrar uma sinagoga" [...]. Fui lá e procurei; encontrei um barbudinho e perguntei em ídiche, porque eu falo *mameluchen*:[21]
> – *Ir zait a id?* [O senhor é judeu?]
> – *Io, Io.* [Sim, sim]
> – *Ich vil davenen, ich vil davenen in di iontoven.* [Quero orar, eu quero orar nas festas]
> – *Io, af* Rua da Graça, número tal, há uma sinagoga. [Sim, na Rua da Graça...]
> Havia um grande salão onde entrei e não achei nenhum húngaro. Só *Poliche idn* e *Russeche idn*.[22] Rezei os três *chas*.[23]

19 Plural de *hazan*.
20 Entrevista realizada em 27 de abril de 1982 por Eva Alterman Blay e Roberta A. Sunfeld.
21 Expressão idiomática ídiche, que significa: "Falo a língua materna".
22 Judeus poloneses e judeus russos.
23 "Serviço religioso" que se fala pela manhã, à tarde e à noite. O senhor Nebel faz blague da pronúncia dos outros judeus.

Em 1930, havia cerca de sessenta judeus húngaros em São Paulo; reuniram-se e fundaram uma associação. A partir daí, como os demais, alugaram uma casa pequena e lá fizeram sua sinagoga, sem a presença de um rabino.

A cada ano alugavam um salão maior. Passaram-se os anos.

> Cada um de nós progrediu, uns materialmente, outros... Nossos filhos que nasceram aqui nos acompanhavam. Tínhamos uma grande vida religiosa. Rezávamos todos os dias, de manhã e de noite, não somente aos sábados e nas grandes festas. Ficamos até 1935 na Rua dos Andradas.

Mais alguns anos e compraram a primeira casa, que depois foi trocada por outra onde estão até hoje, à Rua Augusta, n.239. Nebel reconhece o afastamento da geração mais jovem e reconhece na CIP um importante papel de atração para os jovens judeus. Segundo ele, a assimilação, os casamentos mistos e a atitude dos pais de evitar sofrimentos antissemitas aos filhos é contraproducente, até reduziria o número de judeus. Contudo, uma contracorrente se forma por meio da CIP:

> Há uma parte do nosso povo que sai e outra que volta, isso aconteceu depois da última guerra; os netos que estudaram na CIP voltaram para casa e ensinaram os pais. Os pais não sabiam por que se acendem velas, por que existe a menorá com sete braços. Os filhos explicaram tudo isso.

A sinagoga contemporânea é heterogênea em seus caminhos ideológicos e práticos. Circunstâncias históricas e políticas dos países de emigração respondem pela trajetória que seguem. Algumas tentam impor a ortodoxia; outras são liberais e inovadoras. Há uma sinagoga para cada gosto.

Sinagogas sefaraditas: Mooca, Centro, Penha, Higienópolis...

Em 1928, pelo menos duas sinagogas sefaraditas foram construídas. Também elas foram sendo relativamente esvaziadas e novas sinagogas foram construídas nos bairros de Higienópolis, Cerqueira César e Morumbi, para onde as famílias se mudaram.

1953. São Paulo. Dia da instalação da pedra fundamental na sinagoga da Penha. Rabino Vald discursando.

Foto cedida por Berko Saposznik.

Da Sinagoga Israelita Brasileira da Mooca à Congregação Monte Sinai em Higienópolis

Assalam Nigri, de origem sefaradita, nos dava em 1982[24] sua visão do processo de construção da identidade judaica, da transmissão dos valores étnicos e religiosos e da configuração das novas gerações. Assim descrevia seu judaísmo:

> O problema é o seguinte: eu sou nascido no Brasil [Rio de Janeiro, 1922] e não tive estudos hebraicos, porque na ocasião as possibilidades [econômicas] eram mínimas; sou totalmente a favor da religião sem fanatismo; por sinal, uso a prática: sou um *hazan* amador; peguei tudo de ouvido por ter o dom da voz, gostar de cantar e gosto dos cantos hebraicos. Até a idade de 11 anos, eu ia à sinagoga do Rio de Janeiro; depois [morando

24 Entrevista realizada em 20 de julho de 1982 por Diana Blay e Roberta Alexandre Sundfeld.

em São Paulo], na época das festas, meu pai mandava meu irmão e eu para a casa de meus avós, no Rio; e fui indo: com 16, 17, 18, 20 anos, até quando casei, e aí não deu mais para acompanhar os pais.

Meus pais eram religiosos igual a mim! Minha mãe era religiosa; meu pai era normal, assim como eu, mas sabia o que lia, porque ele foi interno em Jerusalém dos 13 aos 18 anos, cinco anos sem ver os pais, sem sair de lá; chegou a ser o dirigente da turma dele. Mas eu tenho o meu avô, que era um tipo de rabino, o pai do meu pai, e tinha um tio que era *hazan*, que tinha boa voz também, mas este já entendia e seguia o que estava lendo; tem outro tio que também era *hazan*, mas menos do que aquele... então na nossa família tem um provérbio: "Já nasce rezando, já nasce fazendo papel de *hazan*".

Congregação Monte Sinai

A juventude de Nigri foi vivida junto às associações sefaraditas: o Juvenil Sion Paulista e depois o Grêmio Sinai. Esta trajetória se consolidou na idade adulta como membro fundador da Congregação Monte Sinai.

Da Congregação Monte Sinai, na Rua Piauí, n.624, sou presidente desde a sua fundação. Nós primeiro rezávamos na Mooca, na Sinagoga Israelita Brasileira, Rua Odorico Mendes, n.174. Como a maioria transferiu-se para a redondeza de Higienópolis, nós fundamos [1982] naquele mesmo sistema: ela recebeu o nome de Congregação Monte Sinai, porque nós já tínhamos o Grêmio Monte Sinai.

DE SIDON, A TERRA DOS MEUS PAIS. Meus pais eram do Líbano, da cidade de Sidon. Aliás, grande parte dos que militam na nossa sinagoga atual é de lá... Nossa sinagoga no Rio de Janeiro levava o nome da cidade em que nossos pais nasceram: sinagoga Bené Sidon, Filhos de Sidon, que depois se transformou em Templo Sidon. Estive em 1963 no Líbano; fui conhecer a terra dos meus pais.

Embora nascido no Brasil, um forte vínculo o ligava ao Líbano: a experiência religiosa judaica se entrelaçava à cidade de onde vieram os antepassados. O local libanês de nascimento dos pais e do grupo é lembrado com nostalgia, sentimento radicalmente oposto às amargas recordações dos imigrantes judeus europeus sobretudo da Europa Oriental.

O vínculo com a cidade natal se expressou até mesmo na escolha da esposa por seu pai: uma descendente de Sidon – o que nos remete à história matrimonial da família Athias, antes relatada.

GUERRA NO ORIENTE MÉDIO. Agora, 90% de todos os judeus que estavam no Líbano, devido às circunstâncias que todos conhecem [guerra que envolveu Israel, Líbano e palestinos], passaram para Israel; e, por sinal, o local que está sendo mais atacado é Sidon, a terra dos nossos pais.
Agora estão atacando Beirute. Beirute tem poucos judeus, mas tem. Meus parentes saíram todos; até dois anos atrás, ainda tinha alguém. Eles tinham propriedades, que tentaram vender; agora eu não tenho ninguém.

NOVOS OBSTÁCULOS À TRADIÇÃO. A geração fundadora [da Congregação Monte Sinai] trabalhava na base da boa vontade, do prazer, do gosto e de... de saber que nós somos israelitas e temos que manter esta linha. Estamos fazendo todo aquele esforço, mas... hoje está um pouquinho difícil, não estamos conseguindo fazer a geração de nossos filhos se enquadrarem no mesmo sistema. Mas não estamos descontentes, porque o que está se fazendo e apurando é bom para nós. Tanto eu quanto a diretoria e grande parte dos nossos correligionários aderiram e continuam aderindo, mantendo o pensamento de que a gente é judeu e temos de seguir o caminho judaico.

A SINAGOGA É MINHA CASA. Nós praticamente somos um tipo de família. Por terem os nossos pais, em grande parte, saído de uma mesma cidade, quando a gente se reúne dentro de uma sinagoga parece que estamos nos reunindo na residência, é um ambiente que nos deixa satisfeitíssimos.

MOOCA, IPIRANGA, HIGIENÓPOLIS. Tenho sete irmãos: cinco nascidos no Rio, comigo seis; e duas nascidas aqui em São Paulo. Nós viemos crianças para São Paulo em 1933; papai tinha seis filhos; eu, o maior, tinha 11 anos e o menor, um ano. Agora estão todos casados. Quando chegamos, moramos na Mooca. Daí mudamos para o Ipiranga. Depois viemos para cá e estamos todos aqui, todos os irmãos em Higienópolis.

A MICVE. Nós temos na sinagoga uma violenta despesa mensal com manutenção, *hazan*, *shamosh* [zelador], funcionário para a limpeza, luz, gás, porque nós temos a *micve* – a nossa

sinagoga é a única que tem *micve* em São Paulo, se não me engano... *Micve*[25] é o banho dos *kosherut* [ortodoxos]; consta na nossa religião que a *micve* é o setor mais importante dentro de uma sinagoga e não tem em nenhuma fora a nossa... Então vão senhoras, mulheres e noivas fazer o banho lá; para construí-la, a diretoria atual se reuniu num grupo de dez pessoas, nós mesmos compramos o terreno à vista e o doamos à colônia. Depois, para edificar, arrecadamos uns 200 [mil] ou 300 mil num jogo de bingo, mas isso não foi suficiente; ali foram milhões de cruzeiros.

OS FILHOS QUEREM SABER. O fato que aceitamos mas que os filhos não estão aceitando é o negócio de ler sem saber o que está lendo. Nós aceitamos porque nós pegamos isto aqui como gosto, e eles não: eles querem pegar a religião sabendo o que estão lendo.

RELIGIÃO X SIONISMO. Ainda digo que os filhos não são mais o que eram... Essa minha filha casou com um rapaz espetacular, especial, mas o pouco que ela tinha de religião ele tem menos ainda, então ficou a zero. Sabe qual é a saída deles? São sionistas. Nesta guerra dos Seis Dias, o homem tinha comércio, trabalho, sociedade, tinha tudo; largou tudo e se alistou; estava esperando ser chamado para ir guerrear. Era solteiro ainda. Mas a guerra não durou, foram seis dias apenas e não foi preciso ele ir... Tem sempre esta parte que eu não sei julgar – ser sionista sem ser religioso. Sou sionista, sou judeu, gosto de ser sionista, gosto de ser judeu, gosto da religião e, infelizmente, só não sei o que eu leio. Eu leio o livro de Yom Kipur inteirinho, canto o Kol Nidrei, canto tudo isso, mas uma pena que eu não sei... Às vezes até tem alguém que está sentado perto de mim, que entende e acha interessantes certos trechos e então me explica, me traduz o que é. Mas eu estou satisfeito.

---

25 Relação não exaustiva de *micves* em São Paulo: Bom Retiro: Micve Bom Retiro – supervisão do rabino M. A. Iliovits, Rua Bandeirantes, n.463; sinagoga Adas Yereim – supervisão do rabino M. A. Iliovits, Rua Talmud Torá, n.86. Higienópolis: Congregação Mekor Haim – supervisão do rabino Isaac Dichi, Rua São Vicente de Paula, n.276; Congregação Beneficência Sefaradi Paulista/ sinagoga Beit Yaacov – supervisão dos rabinos E. Laniado e D. Weitman, Rua Dr. Veiga Filho, n.547; Congregação Monte Sinai – supervisão do rabino Isaac Michaan, Rua Piauí, n.624. Perdizes: Beit Chabad de Perdizes/ Sumaré – supervisão do rabino Z. Slonim, Rua Manuel Maria Tourinho, n.261. Jardim América: Beit Chabad Central – supervisão do rabino Shabsi Alpern, Rua Chabad, n.54/60; Micve Jardim América – supervisão do rabino M. A. Iliovits, Rua Haddock Lobo, n.1.279.

O amplo e sincero depoimento de Assalam Nigri é paradigmático. Nele está todo o complexo de transformação do judaísmo entre as gerações. Para alguns, o vínculo religioso se transmuda pelas exigências das novas mentalidades, do nível educacional das novas gerações e da conjuntura política; a religião pode ser substituída por uma opção política, eventualmente pela orientação sionista. Ser judeu não é racionalmente explicado, é sentimento de fundo herdado mas, ao mesmo tempo, pode ser uma adoção política racional. Múltiplas variações ocorrem. Apesar disso, a construção de sinagogas não cessa.

O mesmo processo de ocupação do espaço urbano visto com os judeus libaneses ocorreu com os judeus moradores do Brás, da Penha ou do Bom Retiro, para ficarmos nos limites de tempo de implantação da comunidade judaica em São Paulo. A velha sinagoga não fecha; reduz drasticamente suas atividades com a mudança da população judaica do local.

Pude acompanhar o nascimento de outra sinagoga, na adolescência, quando nos mudamos do Brás para a Vila Mariana. O processo foi exatamente o mesmo: alugou-se um local para rezar e servir de pequena escola, até que fossem construídas uma sinagoga e uma grande escola. (A história da sinagoga de Vila Mariana fica, infelizmente, para outro trabalho, já que ultrapassa os limites no tempo estabelecido para a presente pesquisa.)

Das experiências e reflexões dos que fundaram e trabalharam nas sinagogas, emergem os vínculos étnicos nada simples entre as gerações. Os primeiros que chegaram – alguns profundamente ligados à religião, aos valores e à ética judaica trazida – se dedicaram a reimplantá-las no Brasil. Cultos ou não, procuraram restaurar o que tinham vivido. Puseram mãos à obra para arrecadar recursos, construir locais de culto, educar os mais jovens; exerceram as mais modestas tarefas, desde arrumar os locais para as grandes festas e preparar os salões para o exercício religioso. Sabiam que a eles cabia uma herança; deveriam transmiti-la. Conseguiram manter e criar novas gerações de judeus vinculados simbolicamente à sinagoga. Mesmo que não fossem religiosos.

Para a geração dos filhos dos imigrantes, socializados numa nova sociedade apoiada na contratação do trabalho remunerado, não faz mais sentido arregaçar as mangas e preparar a sinagoga para o culto.

O sagrado fica com a Torá e o local onde ela é guardada [*Aron ha kodesh*]. Outros valores simbólicos se interpõem: a identidade judaica se articula à defesa do direito à existência do Estado de Israel e uma heterogênea configuração da condição de judeu brasileiro.

Aproximadamente 1910. Istambul. Da esquerda para a direita: Lina, 6 anos; Dudu, mãe; Eliaga; Salomão; Mair; Nissim, pai; e Sarina Papo. Frequentavam escolas católicas na Turquia.

Foto cedida por Yvonne Vainer.

Aproximadamente 1920. Smirna. Famílias Politi e Algranti. Sentadas no chão, da esquerda para a direita: Ruth Politi, posteriormente Madre Adonai; Jacques e Aimée Politi. Sentados: Lucy Politi com a filha Sara; não identificado; Joseph Politi; não identificado. Em pé: Mair Politi e Alegra Algranti, não identificado, Suzana Algranti, não identificado, Ida e Júlia Algranti.

Foto cedida por Sílvia Erlich.

1916. Cartão-postal de Zarzelwski para José Eisenbaum, em Berlim.

Cedido por Cecília Abramczyk.

MULHERES E JUDAÍSMO

As mulheres tiveram um papel secundário nas sinagogas, mas não no judaísmo.

De modo geral, não aprenderam a ler os livros sagrados, não tiveram lugar nos ritos religiosos, com devidas exceções à Congregação Israelita Paulista (CIP) e mais ainda à Comunidade Shalom, a partir dos anos 1970. Às mulheres estava formalmente reservado garantir o ritual judaico na casa, o qual consistia em manter a *kashrut* (tudo que dissesse respeito à alimentação deveria seguir os princípios ensinados nos livros sagrados), educar os filhos no cumprimento da religião e dos costumes judaicos, e preparar o Shabat.

Na vida prática, contudo, a elas estava previsto muito mais: conseguir recursos financeiros para alimentação da família, para a educação dos filhos (inclusive para a educação religiosa), e todos os demais bens necessários à família, garantindo o cumprimento das prescrições judaicas. Seu corpo, incluindo as relações sexuais, tinha de obedecer a regras determinadas pela religião: banho na *micve* para se manter "pura" após a menstruação, privar-se de relações sexuais quando estivesse menstruada. Dependendo da adesão à ortodoxia, essas regras deviam ser obedecidas ainda mais rigorosamente.

Do ponto de vista econômico, diz-se que a mulher judaica deveria sustentar o marido para que ele se dedicasse ao estudo dos livros sagrados. Contudo, assim como a literatura sobre o cotidiano dos casais no *shtetl* e nas cidades maiores, as várias histórias aqui relatadas revelam uma divisão do trabalho entre os sexos para a obtenção de recursos, cujo objetivo era sempre a sobrevivência da família.

Os vínculos com os valores e os comportamentos judaicos se adaptaram às circunstâncias dos países de emigração, e as mulheres construíram condições visando não apenas preservar a família, mas também a própria comunidade. Iniciativas solidárias partiram tanto de mulheres de condição econômica modesta quanto das mulheres mais abastadas. Entre estas, em São Paulo, são sempre lembradas pelos historiantes as figuras de Berta Klabin, Olga Nebel e Olga Tabacow, fundadoras de redes de solidariedade fundamentais no início da imigração no cenário paulista. Comecemos com as lembranças de Annita Lichtenstein Kertzman.

Annita Lichtenstein Kertzman: solidariedade na família e para com os novos imigrantes

Annita Lichtenstein Kertzman nasceu em 1906, em São Paulo. Sua história foi afortunadamente coletada por sua filha Helena e a sobrinha Zélia Temin entre 14 e 21 de agosto de 1980, que nos deram o privilégio de dispor da gravação, quando tomaram conhecimento de nosso trabalho. Annita já tinha então falecido. De seu relato sobre a vivência dos primeiros anos de São Paulo e da imigração judaica, reproduzimos alguns parágrafos.

Annita Lichtenstein fotografada por Valério.
Foto cedida por Eva Alterman Blay.

Nos primeiros anos da imigração para São Paulo, conta Annita, havia grande solidariedade entre membros das famílias e da comunidade. Ela própria fora criada pela irmã mais velha de sua mãe, a "*tante* [tia] Golde".

> A mamãe morou com [Golde] mais ou menos dez anos, até se casar, aos 17 anos [1923]... Ela também ajudava a criar o Jacob [filho de Golde]. E a mamãe, com uns 12 anos, coisa assim, foi aprender a costurar numa grande modista que havia na cidade; tanto que ela fazia as nossas roupas todas, porque tinha muito jeito mesmo. Eram vestidos lindos. Quando eu fiquei noiva, usei um vestido feito por ela.

Annita lembra ainda que a *tante* Golde "[...] era uma pessoa muito, muito caridosa. Às sextas-feiras, ela fazia pão e ia levar no Bom Retiro, para quem precisasse. E ela foi uma das fundadoras da Organização Feminina Israelita de Assistência Social (Ofidas), uma espécie de Froien Farain [sociedade das mulheres]".

Ao recompor a trajetória de sua família, Annita conta que, no fim do século XIX e nos primeiros anos do XX, os imigrantes aportavam em vários países das Américas antes de chegar ao Brasil – informação que confere com o que apuramos, pois vários de nossos historiantes foram para a Argentina, a Bolívia, o Uruguai e mesmo os Estados Unidos. Os Tabacow (originalmente o nome era Tabachnik) foram para a Argentina, depois vieram para o Brasil. Daqui tentaram os Estados Unidos, onde tinham parentes, mas não foram bem-sucedidos, e voltaram para o Brasil. Quanto a seu pai, Hugo Lichtenstein, conta Annita: "Ele sempre se disse brasileiro".

Ela relembra que uma prima, Ester, fora abandonada pelo marido, com vários filhos; estes ficaram sob os cuidados de parentes, enquanto a mãe trabalhava:

> Ester, a mãe, começou a costurar. Ela ia buscar costura nessas casas que entregavam já cortado... Ela costurava e entregava e assim podia sustentar os meninos; cada um arrumou um trabalho. E os pequenininhos – tinha uma fábrica de vassouras lá perto – iam buscar as vassouras para fazer. Eles tinham ficado muito pobres mesmo. Também estudavam, mas no grupo escolar. Pobres mesmo, mas de muito valor. A mãe ficou tuberculosa um período. Ela estava em Campos de Jordão, no sanatório; nós até fomos visitar... Ela trabalhou muitíssimo para sustentar todos e para fazer estudarem.

A Sociedade das Damas Israelitas, organizada nos primeiros anos do século XX, foi relembrada pelo apoio às mulheres imigrantes. As fundadoras, Berta Klabin, Olga Nebel e Olga Tabacow, visitavam as parturientes, ajudavam nos enxovais, conseguiam que o inolvidável doutor Seng[1] fizesse o parto; procuravam arrecadar recursos de todas as maneiras – rifas, espetáculos, associados contribuintes, bailes.

Elisa Tabacow Kauffman, filha de Olga Tabacow, lembra de como ajudava a angariar recursos:

> Mamãe [Olga Tabacow], Berta Klabin e a Olga Nebel sozinhas fizeram um grupozinho e trabalhavam para as mulheres grávidas que não tinham condições financeiras. Quem deu muita ajuda grátis no parto foi o doutor Walter Seng. Ele ajudou muito toda a coletividade israelita. Depois disso, elas começaram a formar sócias, e nós, meninas, íamos cobrar

1 O doutor Walter Seng trabalhou por décadas no Hospital Santa Catarina.

pelas redondezas. Eram dois cruzeiros por mês. E íamos com um recibinho que nós mesmas fazíamos. E eu não sei como é que elas conseguiram dinheiro para pagar e ainda dar leite para as crianças e não sei mais o quê. Elas formaram uma sociedade e registraram como Damas Israelitas. Mais tarde, a Luiza Lorch e a Alice Krauss também começaram a participar e formaram outro grupo, que foi a Gota de Leite,[2] que tratava as criancinhas. E isso foi evoluindo, evoluindo, até chegar na hoje União Brasileiro-Israelita do Bem-Estar Social (Unibes), que foi a junção da Ofidas com a Ezra e com a Linat Hatzedek. O auxílio prestado era só para a coletividade israelita. Do ponto de vista econômico, a coletividade nessa época era muito, muito modesta. Todo pessoal vinha da Rússia, da Polônia, e trabalhava como *clientelchik*, com gravatas no braço, andando pelas ruas, com roupas que algumas fábricas davam para eles venderem em consignação. Muita gente graúda que está por aí começou a vida assim... E trabalhavam duro, trabalharam mesmo. Não foi brincadeira não. Trabalharam de fato, conseguiram pôr os filhos nos colégios.

1903. São Paulo. Família Tabacow Hidal. Da esquerda para a direita: Jacob; Fanny (Rubinstein de casada); Esther, mãe (Fisher em solteira); Rosa, (Lichtenstein de casada); e Anita (Kogan de casada).
Foto cedida por Fanny Rubinstein.

2 No ano de 1936, a Congregação Israelita Paulista organizou a campanha "Gota de Leite" para filhos de refugiados do nazismo. Talvez Annita tenha confundido as duas entidades.

1912-1914. Poços de Caldas. Da esquerda para a direita, sentadas: oitava, Mina Klabin; décima, Berta Klabin. Em pé na terceira fileira: terceiro, Emanuel Klabin; quarta, Luiza Klabin.

Foto cedida por Francisco Lorch.

Lazer no Jardim da Luz, antes da Primeira Guerra Mundial. Barraca de objetos russos. Da esquerda para a direita, em pé: terceiro, tenor italiano não identificado; sexta, Marina Moraes Barros; sétima, Marina Burchard; oitava, Cecília Mendes; nono, Horácio Lafer; e décima primeira, Berta Klabin, de vestido escuro.

Foto cedida por Mauris Ilya Klabin Warchavchik.

Como os demais imigrantes, os judeus pobres buscavam superar os impasses, realizando os trabalhos mais simples que fossem. Para isso não havia restrição de sexo ou de idade.

Mesmo quando havia uma relativa ajuda da família, sempre era necessário trabalhar.

1935. São Paulo. Crianças de várias etnias residentes no Brás, reunidas na Rua Almirante Barroso. Na foto acima, encostado na parede, o quarto, da esquerda para a direita, é Nelson Gonçalves. Abaixo, na última fileira, à direita, Idel Blay.

Fotos cedidas por Sila Blay.

1943. São Paulo. Ofidas. Comemoração no Mappin.
Foto cedida por Malvina Teperman.

Betty Lafer: professora

Betty Lafer,[3] que havia perdido a mãe, vivia com os tios enquanto seu pai viajava a trabalho; fez a Escola Normal em Araraquara e trabalhou vários anos no magistério. Depois de casada e com filhos criados, passou a trabalhar como voluntária na Ofidas. Dedicou-se particularmente à creche. Ela explica por que as entidades de ajuda eram necessárias:

> SUCEDEM-SE GERAÇÕES QUE PRECISAM DE AJUDA. Primeiro fui cuidar do Serviço Social, onde fiquei muitos anos. Depois passei para a creche. Não deixo de frequentar as reuniões, fazer o serviço necessário. O tipo de cliente que aparece na Ofidas é o mesmo há vinte anos, é o carente; vêm gerações deles. Por exemplo, havia um pai que precisava de auxílio e depois um filho também. Eu não atribuo isto à falta de opor-

3 Betty Lafer nasceu em 1909, em Schirvint, Lituânia. Entrevista realizada em 10 de agosto de 1982 por Elisabeth Greiber e Célia Eisenbaum.

tunidades, porque muitas delas são pessoas com problemas psíquicos, vindas de campos de concentração, de modo que não tinham condições de aceitar uma vida nova e poder melhorar. E naturalmente criaram estes filhos também no mesmo ambiente... É esta a clientela que veio da Segunda Guerra.

Sem data. Betty Lafer e Petronia (Pepa) Teperman na Unibes.
Foto cedida pela Unibes.

Cerimônia de inauguração da creche Betty Lafer. Atrás de Betty, o rabino Henri Sobel.
Foto cedida pela Unibes.

SOBRE A CRECHE. A creche trabalha com crianças de 2 anos e 8 meses até 7 anos, quando vão para a escola. Aceitamos não só crianças judaicas. Agora [1982] temos poucas crianças judias... A gente não sabe se é porque eles não têm mesmo necessidade ou se é porque os pais não querem, porque é doloroso para eles ir para uma instituição beneficente. A creche foi fundada para receber 40 crianças, e temos agora 130. Antes, daquelas 40 crianças, muitas eram de pais refugiados, e uma percentagem mínima era de crianças do bairro. Hoje em dia é o contrário: temos as crianças necessitadas do bairro e também crianças judias.

EGITO E ORIENTE MÉDIO. Também temos os clientes que vieram do Egito, dos países do Oriente [...]. Este problema das gerações é muito forte. Quem procura a Ofidas são pessoas carentes. É feito um estudo pela assistente social, e depois se dá apoio, porque nosso escopo é mais promover, e não prestar assistência. Quando a gente tem condições de promover pessoas, a gente faz todo o possível. E quando não dá, a gente presta assistência.

Betty Lafer sendo homenageada pelas voluntárias da Unibes.
Foto cedida pela Unibes.

IDOSOS. Há muitas pessoas de idade que se recusam a ir para o Lar dos Velhos, então a Ofidas paga o aluguel para os necessitados, dá o dinheiro para a manutenção.

ALIMENTOS, SAÚDE E RECREAÇÃO. Temos também agora um departamento para dar alimentos e roupas. Há um departamento médico, com farmacêutico, fonoaudiologia para crianças das escolas judaicas e para todas as crianças da nossa creche. Temos um departamento de recreação para crianças de 7 a 14 anos. Mas nosso atendimento é muito melhor do que em qualquer outro lugar. As escolas judaicas do Bom Retiro possuem jardim de infância, maternal, e também dão gratuidade, então os pais veem estas com mais validade.
Para cá também vêm pessoas novas que necessitam, passam um tempo, depois se estabelecem e não precisam mais de ajuda. Temos crianças que foram da creche e hoje estão fazendo carreira muito bonita! A creche foi fundada em 1940, quando veio a imigração

alemã. Ela funciona num edifício separado, na Rua Rodolfo Miranda. Foi fundada por algumas senhoras, pela Luba Klabin.

Temos um trabalho mantido pela comunidade, mas também fazemos um trabalho para a comunidade grande [refere-se à articulação com a Secretaria do Bem-Estar Social dos governos do estado e da Prefeitura de São Paulo], o que também é muito importante!

Betty detalhou outras atividades da Unibes, entre elas o atendimento a pessoas com limitações mentais pela Oficina Abrigada de Trabalho.

A creche da instituição passou a se chamar "creche Betty Lafer" em homenagem ao intenso trabalho voluntário de Betty.

A atuação religiosa das mulheres judias constituiu-se fortemente no trabalho voltado para a qualidade de vida e de integração dos judeus no Brasil. Posteriormente, estendeu-se aos não judeus. Nas palavras de Betty, a religiosidade feminina se transmite pela família:

A parte religiosa eu trouxe de casa, eu vim de ambiente muito religioso da Europa. [No Brasil], embora tenha ficado muito tempo sem ambiente, na família sempre tinha, pois eu trouxe a semente para minha casa, e meus filhos foram criados na tradição.

O *ethos* judaico induz a comportamentos de ajuda mútua, voluntária ou compulsiva; alguns se sentem responsáveis pelos demais membros de sua comunidade e criam organizações. Excluir-se delas é constrangedor. Perdeu-se, num longínquo passado, a origem dessas ações solidárias, que foram se repetindo ao longo do tempo e do espaço. Situações históricas de instabilidade, perseguição, pobreza e exclusão de inúmeras atividades profissionais tornaram-nas garantia de sobrevivência.

Por outro lado, esse comportamento alimenta o antissemitismo caso seja interpretado pelos não judeus como estratégia de isolamento e fortalecimento da comunidade judaica em detrimento da sociedade em geral. Ratificam-no frases como: "Vocês se protegem" e "Vocês são fechados".

Independentemente destas imagens negativas, a ajuda solidária perdura, se adequa à modernização tecnológica e amplia ações para a sociedade em geral.

Todas as instituições criadas no início do século XX, com raríssimas exceções, perduram na atualidade. Nelas continuam atuando mulheres de várias gerações.

Desse conjunto de mulheres, destaco Ema Klabin por seu desempenho sem igual na sociedade judaica e brasileira.

Ema Gordon Klabin: uma mecenas

Membro de uma das mais antigas famílias judias de São Paulo e do Brasil, Ema se destacou por suas atividades culturais e artísticas. Por decisão do pai, Ema herdou-lhe a fabricante de papel, a Klabin. A trajetória de vida de Ema – viagens, estudos, formação cultural – é característica da alta classe europeia, raríssima no panorama brasileiro.

Encontramos Ema Klabin em 3 de julho de 1982, em sua residência.[4] Mulher muito discreta, elegante e de poucas palavras, estava na ocasião com 75 anos.

Recordando a história da família, relembrou os pogroms que levaram o patriarca da família, seu tio Maurício Klabin, a deixar Poselva, na Lituânia, e vir para o Brasil. Como era habitual na época, o pai de Ema, Hessel, imigrou em 1895, trazendo Berta para se casar com seu irmão Maurício. Conta Ema que já naquele ano teriam aberto a Klabin Irmãos & Cia, um estabelecimento comercial voltado à papelaria.[5]

> Eles começaram com uma loja onde vendiam papel, material para escrever e... acho que tinha também baralhos. Isso foi na Rua Boa Vista. Depois é que então nós começamos a fabricar papel, quer dizer, fizemos a primeira fábrica em Itu. Isso foi em 1903. E mais tarde construímos aqui a Companhia Fabricadora de Papel, que, aliás, existe até hoje. Isso foi em 1909.

Ema ressalta bem a fundação da empresa e o momento em que ela assume o lugar do pai por herança. Assume-se empresária de fato, função pioneira para a época.

A obsessão pela terra

A constante proibição imposta aos judeus de possuir terras fez com que muitos desejassem adquiri-las. Some-se a isso a visão empresarial de Maurício e seus irmãos:

> As terras da família foram sendo compradas aos poucos. Os terrenos que temos aí em Guarulhos, em Itaquaquecetuba e mesmo em redor da fábrica foram comprados para,

4 Entrevista realizada por Célia R. Eisenbaum e Elizabeth Greiber à Rua Portugal, Jardim Europa. A casa é uma mansão dos anos 1960 e foi construída pelo arquiteto Alfredo Ernesto Becker.

5 Ver no capítulo referente às empresas familiares os antecedentes comerciais das empresas Klabin. Os anos de trabalho anterior, de venda de papel, quadros de santos e folhinhas, não foram relatados por Ema, mas por outros historiantes.

mais tarde, talvez aumentar a fábrica. Mas uma série de terrenos ficaram sem ser usados e já foram vendidos. Inclusive fomos desapropriados pela construção do metrô. Os terrenos da Vila Mariana são só da família Maurício Klabin. A parte de condomínio temos em conjunto, mas a parte da Vila Mariana era só do tio Maurício. Não tinha nada a ver com o resto da família, é propriedade particular dele.

A infância de Ema

Ema passou grande parte da infância e da adolescência na França, na Suíça e na Alemanha, acompanhando os longos tratamentos de saúde do pai.

Eu era criança, fomos para a Europa; passamos algum tempo na Alemanha e mais tarde na Suíça. Quando voltamos para o Brasil, eu tinha 12 anos. Passamos lá uns cinco ou seis anos. Foi justamente no período da Primeira Guerra Mundial. Ficamos presos na Alemanha e, quando o Brasil entrou na guerra, passamos a viver na Suíça. Eu estudei fora a maior parte do tempo. Fiz o primário na Suíça e depois tive aulas particulares aqui. Também nas viagens, quando ficávamos fora mais tempo, seguíamos cursos na Europa: na Suíça, principalmente.

PROFISSÃO DE MULHER: CASAMENTO. Naquele tempo, na minha mocidade, as moças aqui não estudavam muito, só em colégios de freiras em geral. Me lembro bem quando voltamos da Europa, em 1919 as moças nem eram admitidas no ginásio. Foi só mais tarde que o Brasil se desenvolveu e as moças também começaram a pensar em estudar, em ter uma profissão. Mas principalmente em famílias mais abastadas não se estudava, quer dizer, a moça aprendia francês, artes domésticas, literatura, aprendia a tocar piano, mas a profissão da mulher era o casamento.

UM PENSIONATO JUDAICO NA SUÍÇA. Minha irmã Eva foi interna num pensionato israelita, mas eu não: sempre estudava em casa. Quando passávamos mais tempo na Europa, então alugávamos geralmente um apartamento, uma casa, e tínhamos sempre aulas particulares. Quando voltávamos para cá, de menina, não estranhava muito, mas depois de moça, já com outras ideias, naturalmente não encontrava assim afinidades.

A CÉLEBRE PROFESSORA. Uma das pessoas que foram nossas professoras particulares aqui foi a Noemi Marques Silveira Rudolfer. E tinha uma professora de inglês também.

A Noemi dava todas as matérias. Ela era formada pela Escola Normal, era professora. Depois é que se dedicou à psicologia e à psicanálise. Mas naquele tempo ela lecionava tudo: português, geografia, história do Brasil, tudo [...]. Nunca cheguei a ingressar numa escola formalmente aqui.

"AS LÍNGUAS DO OUTRO"[6] Tenho uma formação mais francesa. Moramos quatro anos na Suíça francesa e foi lá que eu estudei, comecei a ler muito em francês. Ainda hoje leio bastante. Durante nossa estadia na Europa, esqueci um pouco o português, mas ainda assim é a minha primeira língua, não posso dizer que seja o francês. Meus pais falavam ídiche entre si. Eu nunca falei, mas compreendo um pouco. Conosco, faziam questão de falar alemão clássico. A língua ídiche dos *litvak* é diferente da dos romenos; os de Sucaron na Bessarábia falam um ídiche completamente diferente, difícil de entender. Também os poloneses acho que falam um pouco diferente. Cada grupo tem o seu dialeto, sua pronúncia, tudo o mais... É possível que o ídiche da Lituânia seja o mais clássico, o mais puro... Não sei, talvez porque lá havia pessoas mais cultas. Vocês são asquenazi? [Perguntou Ema às pesquisadoras, ao que confirmamos.] Mas falam ídiche? [Não.] Acho que nesta geração já ninguém mais fala. Eu não sou muito a favor do ídiche, porque acho que é uma corrupção do alemão. É um dialeto, um alemão mal falado, com uma porção de palavras estrangeiras de outros países, porque de todos os países onde os judeus passavam, quando eram perseguidos, eles incorporavam algumas palavras à língua deles. Mesmo no ídiche tem algumas palavras que vêm do francês. Por exemplo, às vezes se diz: "Ah, esta é uma *hiente*". Quer dizer que... bom... digamos... uma pessoa assim geralmente de pouca qualificação. É um pouco pejorativo. E [esta palavra] existe em francês: *hente*.

As considerações de Ema sobre o ídiche têm um caráter valorativo. Historicamente há, pelo menos, dois tipos de ídiche: o taytsh, falado pelos judeus que viviam em regiões de fala alemã, e o ídiche falado na região oriental da Europa, como na Rússia, na Ucrânia, na Polônia etc. São línguas distintas entre si. O taytsh é muito próximo ao alemão medieval e contém palavras originárias do hebraico, do francês e do inglês. Durante os séculos XVII e XVIII, o taytsh era considerado uma língua "elevada", dominante em comparação ao ídiche oriental, uma língua "baixa". Há um paralelismo entre a condição econômica da região germânica com a região da Europa Oriental onde viviam camadas judaicas empobrecidas. O ídiche oriental foi, até 1912, uma língua

6 Tomo emprestado o título do excelente artigo de Uphoff, 2007.

baixa. Naquele ano, com a Conferência de Czernowitz, a língua ídiche começou a ser gramaticalmente codificada, expandiu-se pelos novos locais de imigração judaica, como as Américas, e produziu importante literatura. Assumiu a condição de língua "elevada".

Ao se referir ao ídiche como um "alemão mal falado", Ema reflete o modo como visualiza os próprios judeus falantes do ídiche, de fato uma língua composta de base alemã antiga, à qual foram somados inúmeros vocábulos dos locais onde os judeus viveram. As línguas são dinâmicas e absorvem vocábulos dos povos com os quais ela está em contato. Para Ema, estas incorporações deturpam a língua:

> Por isso eu acho que é uma língua um pouco corrompida. Bem, em outros países e outras línguas também há sempre adaptações; eu reconheço o hebraico como, digamos, a língua de Israel e dos israelitas. Mas o dialeto ídiche, não sou muito a favor.

Mulher com educação refinada, reafirmava sua condição de classe ao "discordar" do uso do ídiche – como se fosse possível aceitar ou não uma língua usada por uma larga parcela da população judaica.

> O CASAMENTO INTRAÉTNICO. Papai e mamãe casaram em 1899. Ela também veio para se casar aqui. Já se conheciam há muitos anos. Eram noivos desde lá, de uma cidadezinha chamada Poselva, na Lituânia, perto de Vilna [capital]. Nós éramos três irmãs. Uma faleceu ainda moça.

Uma mulher de elite

Suas palavras revelam o papel relativo que exerceu ao substituir o pai nas empresas:

> Quando meu pai faleceu, tomei o lugar dele na firma. Isso foi em 1946. Então me ocupava um pouco dos negócios como sócia-gerente que fui na firma. Era um trabalho interessante, ainda mais sabendo que a gente tem que defender o que é seu. A própria indústria é bastante interessante em si, de modo que eu tomei uma parte não tão ativa como os meus sócios-gerentes; como homens, naturalmente a atividade maior era deles. Mas enfim, eu acompanhava; eu era sócia-gerente, mas não tinha uma função definida. Acompanhava em geral a diretoria em Klabin Irmãos & Cia. Os primeiros que se afastaram da firma foram o pessoal do Maurício Klabin. Depois que faleceu meu tio, eles continuaram como sócios na fábrica Companhia Fabricadora de Papel, mas se afastaram de Klabin Irmãos &

Cia, que representava a fábrica. Agora virou uma *holding*, mas na ocasião ainda não era. A Fabricadora é a nossa velha fábrica, trabalhava em conjunto com Klabin Irmãos. Nos primeiros tempos ainda tínhamos outros artigos para vender, mas depois ficou unicamente para representar a indústria. A fábrica do Paraná foi criada depois independentemente, mas Klabin e todas estas atividades, a cerâmica no Rio, litografia etc., pertenciam à Klabin. Agora, a fábrica do Paraná foi fundada como sociedade anônima independente, mas a Klabin nossa tem a maioria das ações.

VIDA SOCIAL. A minha vida é muito desinteressante aqui em São Paulo; eu gosto muito de ler, gosto muito de música, de modo que eu acompanho, frequento o meio musical, vou muito a concertos, acompanho as artes também. Mas afora isso, eu não tenho atividades pessoais. Fui a algumas festas no Círculo [Israelita], acho que em 1928/29, mas não era frequentadora assídua. Éramos sócios do Clube Germânia; eu jogava tênis lá. Depois, ele virou Clube Pinheiros, mudou de nome durante a guerra. Era só para jogar tênis, socialmente não frequentava.

1924. Festa no Clube Germânia. Casamento de Malvina e Isaac Teperman.
Foto cedida por Malvina Teperman.

1931. São Paulo. Ester Teperman Mindlin fantasiada para o Carnaval.
Foto cedida por Malvina Teperman.

1936. São Paulo. Carnaval no Círculo Israelita.
Foto cedida por Guilherme Krasilchik.

A COMUNIDADE JUDAICA. Da comunidade judaica tivemos algumas amigas, mas eram relações superficiais. Tinha as filhas da dona Fani Tabacow, depois os Lichtenstein e a família Kauffman. Com estes nós nos dávamos, mas não tínhamos relações muito íntimas. A gente se visitava e se encontrava para tomar um chá, naquele tempo ainda se tomava muito chá... Ah, também tinha a família Alkalai! Era uma família bastante importante e interessante. Eles eram sefardins, foram uma das primeiras famílias a chegar aqui no Brasil, em São Paulo justamente. O pai parece que era lisboeta e a mãe já tinha três, quatro gerações aqui. Ouvi dizer que o pai delas tinha sido rabino em Veneza, não tenho certeza. Mas a família já estava aqui há bastante tempo. A família Mesquita Alkaim foi anterior à comunidade dos ashquenazim aqui em São Paulo. Lembro que dona Emília Mesquita Alkaim sempre dizia que, quando a nossa família chegou aqui, os primeiros, eles recebiam e orientavam um pouco.

"A SINAGOGA ERA EM CASA." Nos primeiros tempos não tinha sinagoga, primeiro se rezava na casa da senhora Emília Mesquita Alkaim, e depois em casa do meu avô, no sábado. Ele morou na Rua Rui Barbosa tanto quanto me lembro, porque no princípio eu não sei, e depois na Rua Castro Alves; em todas as festas se ia rezar lá e nos sábados [também] as pessoas mais religiosas. Depois, nos últimos anos da vida dele, era na casa de dona Berta Klabin [onde ele morou]. Ela era muito religiosa também. Meu avô foi pra lá acho que em 1923, 24. Morreu em 1925. Nós participávamos quando eu era mocinha. No tempo em que meu pai vivia, a família toda ia assistir às orações, também os primos mais velhos da minha geração. Agora, esta geração mais nova, não. Meus pais também eram bastante religiosos, faziam questão que a gente frequentasse justamente meios israelitas.

"MEU AVÔ FAZIA OS CASAMENTOS." Nessa época ainda não tinha rabino e eu acho que meu avô fazia os casamentos. Foi ele quem fez o casamento da Luiza [Luiza Klabin Lorch] com o doutor Lorch. Imagino que, como foi ele que fez o casamento da neta, provavelmente fez outros casamentos também.

A RELIGIÃO SE ENFRAQUECE. Meus pais eram bastante religiosos. Eles observavam tudo sempre, todas as festas judaicas, e tinham um senso muito acentuado de judaísmo. Isso é diferente na nova geração. Não se interessam tanto pelo fato. Meu avô também era muito religioso, estava sempre de solidéu, de chapéu, não descobria a cabeça. Não falo hebraico. Não sou praticante nem crente. Conheço bem as leis porque naquele tempo, na minha infância, se observava em casa. Na Suíça a gente ia rezar, era em Neuchâtel, uma

pequena cidade, como são todas as cidades na Suíça. Eu acho que não tinha rabino, mas havia reza lá. Então, eu conheço todas as festas, disso eu estou a par, mas não pratico nada.

"CASAMENTOS MISTOS." Hoje em dia há casamentos mistos. Mas quando há tolerância dos dois lados e há outras afinidades, um respeita a religião do outro, acho que não há problemas. É só quando surgem atritos ou quando a pessoa volta de repente à sua religião e se torna intolerante, aí, naturalmente, há conflitos. Eu acho que isso não tem importância no sentido de preservação do judaísmo.

O HOSPITAL ALBERT EINSTEIN. Eu sou sócia de quase todas as entidades filantrópicas da comunidade judaica. Durante uns oito, dez anos trabalhei na antiga Ofidas, na seção de puericultura, na Gota de Leite. Ia lá duas vezes por semana. [...] Me ocupei do Hospital Albert Einstein. Meu pai tinha deixado uma certa quantia. Era a vontade dele, construir um hospital. Mas depois que ele faleceu não foi possível, de modo que passou algum tempo. Aí, a quantia que ele tinha legado já não dava para a construção de um hospital, porque as condições tinham mudado muito e então ficou para comprar o terreno que deu início à realização do hospital; eu até completei o dinheiro que faltava.
Fui procurada naquela ocasião por uma comissão de uns 120 médicos israelitas; eu tinha falado com o Berti Levi. Eu disse a ele que isso de fato interessava, porque eu tenho este legado justamente para aplicar num hospital. E o terreno foi comprado com este legado. Naturalmente me interesso bastante pelo hospital, mesmo sem desenvolver nenhuma atividade. Mas sou presidente honorária e sempre estou a par... acompanho tudo. Antes da construção do hospital, houve diversos leilões de quadros na ocasião. Não trabalhei para os leilões, quer dizer, minha contribuição foi como compradora.

"SOMOS BRASILEIROS DE RELIGIÃO ISRAELITA." Meu pai deixou um legado para este fim, para a construção do hospital, que é um ato de integração na sociedade brasileira. Não é só para israelitas; é justamente para mostrar que há certa comunhão com o Brasil, com o país, em agradecimento pela acolhida que os judeus sempre tiveram no Brasil.
Os judeus que vinham da Europa, principalmente da Rússia, onde havia estas perseguições, os pogroms e tudo isso, encontraram aqui um ambiente de liberdade, onde puderam trabalhar e progredir. Por isso há uma colônia bastante florescente em São Paulo, uma comunidade. Eu não chamo de colônia, porque afinal nós não somos colônia! É uma comunidade, somos brasileiros de religião israelita!

A CASA DA RUA PORTUGAL: O MECENATO. Eu construí essa casa depois que meu pai faleceu. Moro sozinha. Ainda fiquei morando lá na Rua São Vicente de Paula por catorze anos e depois resolvi construir aqui. O arquiteto e construtor foi o Alfredo Ernesto Becker. É uma casa grande, mas a casa velha da Rua São Vicente de Paula era maior do que esta! Tinha sete dormitórios, era um sobrado. Aqui parece maior do que realmente é porque tem essa galeria, é assim espalhada... Eu gosto muito de coisas antigas. Sou colecionadora até certo ponto [...]. Não estou habituada a falar de mim.

2012. Fundação Ema Klabin.
Foto: Eva Alterman Blay.

A história de Ema Gordon Klabin testemunha uma parcela da formação da comunidade judaica em São Paulo desde o fim do século XIX e começo do XX. Sua história revela as condições da educação feminina extraformal da alta burguesia do início do século XX e, excepcionalmente, seu papel em acompanhar os negócios herdados de seu pai. Embora fosse mais nova que sua irmã Eva, é a ela que o pai destina seu cargo nas empresas. Ema mantém contato com pessoas de competência artística, como

Pietro Maria Bardi, diretor do Museu de Arte de São Paulo, com quem se aconselha ao comprar algumas obras de arte. Viaja constantemente para o exterior e visita museus e leilões. Possui um enorme acervo de arte, que abrange desde peças da antiguidade romana, chinesa e grega, até os modernistas brasileiros Di Cavalcanti, Lasar Segall, Tarsila do Amaral, entre outros.

Nos anos 1960, já dispunha de um acervo considerável e, ao construir sua casa na Rua Portugal, desenha-a para dispô-lo.[7] A casa tem nichos pensados para as tapeçarias do século XVII; a sala de música foi construída para abrigar painéis acústicos em suas paredes curvas. Difícil descrever os mais de 1.500 objetos que Ema guardou e que constituem o cerne da fundação cultural que leva seu nome.

Em seu testamento, Ema destinou sua casa e toda a extraordinária coleção de arte à cidade de São Paulo. Deixou condições financeiras para que se mantivesse a Fundação Cultural Ema Gordon Klabin, que é aberta à visitação pública e onde são realizados eventos culturais e vários cursos. Seu gesto a aproxima dos raros e raríssimas mecenas brasileiras.

7 Ver Araújo et al., 2004. Em 26 de setembro de 2009 visitei a Fundação Cultural Ema Gordon Klabin.

GÊNERO E POLÍTICA: DOS DEPORTADOS À POLÍTICA CONSERVADORA

A POLÍTICA COMO TRABALHO E O TRABALHO COMO POLÍTICA

A década de 1920 e sobretudo a de 1930 representam, na transformação socioeconômica e política brasileira, um período de profunda mudança estrutural.[1] Como já apontamos, a expansão do capitalismo industrial e das camadas médias urbanas em busca de ascensão na hierarquia social forçam rupturas na ordem vigente. A alta burguesia econômica e as forças militares resistem às pressões. O operariado, os setores inferiores das Forças Armadas, a pequena classe média amplamente diferenciada, buscam formas de organização que abram novos espaços na estrutura de poder. Várias correntes ideológicas se expandem e, dentre elas, a marxista, aglutinada no Partido Comunista. Boa parte dos militantes comunistas é constituída de imigrantes, alguns dos quais são judeus.

Os imigrantes europeus haviam trazido vasta experiência de lutas operárias. Lá a vivência política atingira patamares mais organizados, enquanto no Brasil restava quase tudo por conquistar – daí serem vistos com tamanha desconfiança, sobretudo quando lideravam movimentos sociais de esquerda ou anarquistas. Aos brasileiros "infratores" da ordem econômica instituída, a penalidade era a prisão ou a demissão do trabalho. Para os estrangeiros, após prisão e tortura, o castigo podia ser a deportação.

1 Parte deste texto foi publicada em Blay, 1989.

Quaisquer manifestações que visassem articular os movimentos sindicais, estudantis, de moradores e quaisquer outros eram reprimidas. Instaurou-se um clima profundamente anticomunista e xenófobo.

Ao movimento operário aliaram-se intelectuais e políticos, na tentativa de instaurar um novo quadro de forças. Se a Constituição de 1934 refletia certo clima democrático e de luta por uma nova cidadania, concomitantemente fortalecia-se a oposição a tais conquistas por meio de uma sistemática reação de Vargas e do grupo que com ele compartilhava o poder.

Gois Monteiro, em seu livro *A Revolução de 30 e a finalidade política do Exército*, pregava um regime forte:

> Não se podendo estabelecer uma forma de Estado totalitário, é necessário reunir forças para tender para um tipo nacional-socialista, condizente com as características geográficas, históricas, psicológicas do Brasil e seu povo. Somente assim podemos ter a certeza de resistirmos à intoxicação provocada pelo vírus das estepes e do semitismo internacionalistas.[2]

Em nome da brasilidade supostamente ameaçada, engrossa-se uma forte corrente antissemita liderada pelos integralistas, que publicam livros, artigos, fazem pronunciamentos na imprensa, editam jornais próprios em que afirmam a existência de um complô capitalista judaico-internacional ou uma suposta aliança judaico-comunista de dominação do Brasil.

Ressurgem as preconceituosas imagens de seres dotados de "chifres" e "rabos" para dominar o país.

Filinto Muller, apoiado por Vargas, se torna o executor das mais arbitrárias penalidades.

Entre 1935 e 1936, a repressão e a deportação atingiram inúmeros imigrantes, sendo fatal para muitos deles, especialmente os judeus que foram mandados para países dominados pelo fascismo ou pelo nazismo.

Na prática, se instaurou uma política de perseguição e prisão de todos os declaradamente comunistas ou daqueles que, supunha-se, estavam ligados à "ideologia vermelha". A imprensa relata inúmeros casos de tentativa de cancelar a naturalização de indivíduos, para que pudessem ser deportados. Foi o caso do cidadão português

---

2 Monteiro, 1934 apud Tronca, 1976, p.101.

acusado de desempenhar "atividades comunistas" entre operários da Light,[3] ou o dos portugueses Antonio Fernandes Marques, José Rodrigues Grofilho, Manoel Garrido, o inglês João Henrique Thorton, o espanhol Ignácio Martinez Balaque e o "romeno Wolf", além do italiano Arnaldo Mazanello Pettinati, todos expulsos do território nacional por decreto da Justiça, "por se terem constituído elementos nocivos aos interesses do país e perigosos à ordem pública".[4]

O Departamento de Ordem Política e Social (Dops) persegue os acusados e suspeitos de ideologia comunista.

No dia 17 de junho de 1936, noticiam-se os pedidos de expulsão de três mulheres: Machla Berger, Olga Benario Prestes e Olga Guioldi, os quais foram encaminhados ao então ministro da Justiça Vicente Rao, para posterior sanção do presidente Getúlio Vargas. Machla Berger (ou Auguste Elise Ewert) fora presa em 27 de novembro de 1935. Ela e Olga eram reconhecidamente judias.

Chega a ser difícil tomar conhecimento da origem judaica de alguns detidos: por exemplo, Maira Beyruth Varneith, de 20 anos, "lituana", presa em Santos junto com seis companheiros. Jornais como o carioca *A Noite* incisivamente alertam sobre a fatalidade da expulsão.

A perseguição aos grupos comunistas ou supostos comunistas estende-se pelo Brasil. Avultam demissões em vários setores, como na Marinha, nos Correios e demais serviços públicos. O processo de restrição à mudança social leva à implantação de uma polícia forte, à instalação do estado de sítio e de guerra, à vigência da Lei de Segurança Nacional, à censura aos meios de comunicação, à perda de direitos civis, a prisões arbitrárias, à tortura, deportação e morte. O quadro se completa com sistemáticos meios que incrementaram o medo contra supostos inimigos e difundiram a suposta necessidade de um líder salvador da pátria. À distância, é possível recompor a estratégia usada para impor a figura de Getúlio Vargas contra supostos inimigos.

O golpe de 1937 teve no Plano Cohen um documento considerado o "arremate do clima anticomunista". Este documento "revelaria" um plano para destruir a sociedade capitalista e seus valores básicos, como a família, a moral, o Exército e a Igreja (Carone, 1982, p.369). Sua autoria é atribuída ao capitão Olímpio Mourão Filho, integralista. No plano, demonstrava-se como seria o "golpe marxista"; rememorava-se o levante de 1935 e se descrevia como seria o novo motim. Este plano foi retransmitido pelas rádios a todo o país, em capítulos diários no horário oficial.

3 *A Noite*, Rio de Janeiro, 2 jun. 1936, p.2.

4 Ibid., 3 jun. 1936, p.6.

O Plano Cohen circulou no interior do Exército durante o mês de setembro de 1937. Em fins daquele mês, foi "apreendido" como prova de subversão pelo estado-maior, que então convocou os generais. No Ministério da Guerra, decidiu-se que, em nome da "repressão ao comunismo" (Ibid., p.370), seria necessário um novo ato de força.

O documento foi apresentado ao Congresso e, com ele, justificou-se a reinstauração do estado de guerra. Em 2 de outubro de 1937, o país retornava ao "estado de exceção".

Mas por que um Plano Cohen?

Anatol Rosenfeld compara-o aos *Protocolos dos sábios de Sião*, documento apócrifo, de vasta circulação desde o começo do século XX, que retratava um suposto complô judaico internacional de dominação do mundo. Para Rosenfeld, o plano terrorista de Cohen, o nome judaico do suposto autor, é de autoria dos integralistas, conhecidos editores dos *Protocolos* no Brasil e "aparelhados para fazer o plágio atribuindo-o depois a um judeu tão misterioso como os Sábios de Sião" (Rosenfeld, 1982, p.22). Igualmente, Brandi afirma sobre o Plano Cohen: "O documento cujos acenos antissemitas eram indisfarçáveis foi apresentado a Vargas e Dutra pelo general Gois Monteiro como pretexto ideal para aceleração do golpe" (Brandi, 1983, p.118).

Entre os anos 1935 e 1937, a perseguição, tortura, deportação e morte marca vítimas de várias nacionalidades, entre elas, muitos judeus. No caso destes, se o destino fosse a deportação, esta se fazia para países fascistas e nazistas, condição que significava pena de morte, como foi para Olga Benario Prestes, biografada por Fernando Morais (1993) e cuja história no campo de concentração de Ravensbrück foi notavelmente recomposta por Rochelle Saidel (2009).

Entre os deportados, relatarei a seguir meu encontro com Genny Gleizer,[5] que muito falou de si e sobretudo da deportação de seu pai, Motel Gleizer. Em seguida, recomporei o encontro com Rifca Goldheil Gutnik, cujo marido, Velvel Gutnik, foi deportado. Acrescentarei também esparsas informações sobre Machla Berger, Harry Berger e mais sete homens deportados junto com Velvel Gutnik, mencionados por Rifca e cujos nomes não consegui localizar. Há ainda referência a um deportado, Valdemar, feita por Genny Gleizer. Os jornais da época, ao noticiarem prisões, por vezes acrescentam o apodo "judeu" ou indicam algo como "Wolf, o romeno", sem colocar o sobrenome, ou não indicam a nacionalidade, embora para alguns haja nome e sobrenome além da nacionalidade.[6]

---

5 Entrevista realizada em 23 de agosto de 1982 por Eva Alterman Blay.

6 Assim os incluo para caso haja possibilidade de outros pesquisadores localizá-los.

Genny Gleizer e Motel Gleizer: dois judeus deportados na década de 1930

Um dos casos momentosos que ocupou a opinião pública em 1935 foi a deportação de Genny Gleizer. No início de nossa pesquisa, algumas das pessoas consultadas fizeram referência a certa "mulher deportada"; ora lhe recordavam o primeiro nome ou apenas o sobrenome. Uma constante indagação sobre esta personagem fez com que, em dado momento, entrevistássemos sua antiga amiga, que relatou viver no Brasil a irmã mais jovem desta deportada. Procurada, ela nos informou o endereço de Genny Gleizer em Nova York.

Por ocasião de uma viagem telefonei-lhe, e Genny tomou-me por amiga de sua irmã. Tratou-me com muita delicadeza, até o momento em que lhe pedi um encontro para conversarmos. Ela então solicitou-me que lhe telefonasse no dia seguinte. Desta vez, atendeu-me reticente, desconfiada. Fez-me perguntas sobre como eu descobrira seu endereço, seu nome atual, e a muito custo marcou um encontro comigo.

O local por ela escolhido não foi, como eu imaginara, um café, um restaurante ou sua própria casa, mas o saguão do Banco do Brasil! Que marca profunda e quanto simbolismo senti nessa escolha, que enfim era um pedaço do Brasil lá fora.

Depois de nos encontrarmos e nos reconhecermos, fomos para uma lanchonete popular das redondezas, que lhe era habitual.

A história de Genny, em suas próprias palavras:

> Vim de Hotin, perto de Britchon [Romênia]. Lá também nasceu minha mãe e minha avó. Viemos para o Brasil, eu tinha poucos anos e queria muito estudar. Na Romênia não se podia, porque éramos judeus. Tinha um professor lá, um tal de Kula, que era muito antissemita. Meu pai era escritor; minha mãe, parece, estudou medicina, mas não sei se chegou a se formar. Eu era muito criança quando ela morreu, e minha irmã era menor ainda. Eu queria estudar, mas no Brasil fui trabalhar numa fábrica e depois num escritório. Pouco sei da São Paulo daquele tempo. Tinha só uma amiga, conhecia também o marido dela, eram de uma cidadezinha da Europa. Vivíamos um pouco isolados.
>
> Meu pai trabalhou num jornal por pouco tempo, era um jornal em ídiche. Só que havia mais jornalistas que leitores naquele tempo!
>
> Então, ele foi trabalhar como *peddlar*. Como é que se diz em português?... ambulante, vendedor. Mas considerava esta uma profissão inferior. Trabalhou um ano, nunca tinha trabalhado nisso antes, até chegar aos 40 anos. Minha mãe era professora, mas morreu cedo.

> Ela era de uma família rica, mas viemos para cá porque todos vinham. Assisti a pogrom, quando pequena, na Europa. Éramos só meu pai, eu e minha irmã pequena, muito pequena. Eu trabalhava, mas queria muito estudar. Então conheci um rapaz, um estudante de medicina, Armando, não sei nem o sobrenome. E ele me disse: "Venha hoje à tarde na Faculdade de Medicina que eu vou te ajudar para você poder estudar". Eu fui. Fiquei esperando e ele não aparecia. Vi que tinha uma reunião no salão. Entrei para ver se ele estava lá. De repente fecharam a porta e prenderam todos. Eu fui presa. Inteiramente ao acaso. Não tinha nada para ser presa. Só queria estudar. Quis explicar, mas não adiantava. Aí me jogaram num porão, cheio de água no chão, e lá tinha cinco prostitutas. Fiquei dias presa neste lugar. Não adiantava dizer que não tinha culpa. Aí me levaram para outra prisão.

Quando ela interrompeu sua história, lembrando-me de sua resistência em me encontrar, disse-lhe que achava fundamental as pessoas de agora e do futuro saberem que houve mulheres como ela e como sua amiga Tuba Schor – militantes políticas, idealistas. Não achava justo que a história ignorasse que, afinal, existira um grupo de judeus no Brasil que tinha lutado pela democracia e pela igualdade entre as pessoas. Pois a história quase nada registra: não importava dizer se aquilo era bom ou mau, mas contar o que se passou e como foi a vida dos imigrantes judeus.

Disse-lhe que mesmo que ela não quisesse, o caso dela já fazia parte de um livro de Edgar Carone (1979, p.460).

Ficou revoltada, espantada. Tornou a pensar. Mas desta vez, num tom diferente, profundo, baixo, infinitamente triste, recomeçou a falar:

> Depois eu soube o pior. Me expulsaram e, três meses depois, prenderam o meu pai. Ele também foi deportado e foi para um campo de concentração. Lá... ele morreu. O pior é que eu tenho que viver com isso! Por minha causa, por me procurarem, eles o prenderam, ele morreu no campo de concentração. Ele poderia estar vivo até hoje, teria uns 90 anos. As pessoas falam sempre sobre as recordações daqueles que viveram no campo de concentração, mas nunca falam dos que ficaram de fora, dos que sobreviveram.

Ficamos as duas em silêncio. Era visível a profunda dor que lhe trazia ter sobrevivido e se sentir culpada pelo seu pai.

Ela retomou a fala, refletindo como que consigo mesma: "Meus amigos analistas me ajudaram muito. Analisamos muito isto. Eu sou psicóloga, mas sei que tenho que viver com isto, com a culpa pela morte de meu pai".

Novo silêncio.

Retomei a conversa falando de sua irmã Bertha Ribeiro, que nos pusera em contato: "Sabe, dona Genny, sua irmã fala da senhora com muito carinho". Ela me encarou num esforço enorme para não gritar e disse:

> Eu sei, ela é a minha vida, ela é a minha vida! Tenho vontade de chorar. Devo isto também ao Getúlio, ter me separado dela. Eu sempre escrevo para ela. Pelo menos duas vezes por semana. As pessoas sempre têm alguma solidão. Eu escrevo. Sei que nem sempre ela lê minhas cartas. Mas isto não é problema meu. Eu escrevo [ela sorri] e se ela não lê o problema não é meu.

Perguntei-lhe como ela conseguira escapar:

> Como eu sobrevivi? Foi por causa do capitão do navio. Quando chegou na França, não sei se no porto do Havre ou no de Marselha, o capitão chegou para mim e me deu uma carta. Tinha o endereço de um casal. "Desça aqui e procure este endereço. São velhos franceses que vão te ajudar." Eu fui para esta casa e [com certo ar de revolta] lá trabalhei como faxineira, catorze horas por dia por quase nada..., mas eles eram muito bons velhos e não eram ricos. Depois fui para Paris. Queria estudar. Aí começou o nazismo na França e consegui partir.

Genny escapa duas vezes do nazismo: ao chegar à França foi salva, evitando ser deportada para a Alemanha. Quando os nazistas invadem a França, ela consegue ir para os Estados Unidos.

> IRONIA DO DESTINO: A SALVAÇÃO ESTAVA NO ESTADOS UNIDOS. Aqui estou [nos Estados Unidos], é uma boa terra. Faço algumas restrições mas, como diz minha filha, aqui é a terra dela. Eu não tenho para onde ir, aqui eu vivo. Gosto de pintura, de arte. Pinto um pouco, faço um pouco de escultura. Aprendi com minha filha, mas este é meu prazer pessoal, porque eu trabalho muito. Sou psicóloga num hospital. Não fiz muito, talvez pudesse ter feito mais, mas creio que ajudei um pouco os outros. O povo tem um ditado: "Se não sou eu por mim, quem será?". Mas acrescento: o que eu significo se não faço algo para os outros?

> A CULPA. Vou te dizer uma coisa, eu não tinha nada a ver com a política. Você acredite se quiser. Meu pai foi deportado. Velvel Gutnik, que está em Paris, também foi deportado. Ele está velhinho. Lá casou de novo, teve um filho. Quando ele foi deportado para um

campo de concentração, o filho[7] ficou com a vizinha católica francesa que o criou. Depois eles voltaram. Este filho se tornou um engenheiro muito importante. Depois sofreu um desastre de carro e morreu. Teve um outro que foi deportado com eles, se chamava Valdemar. Este entrou para lutar na Brigada Internacional e logo morreu. Eu escrevi um livro. Não vou te dizer o nome. Trata-se de um tema de família e não quero que você o cite. Tem um pouco do que estou te contando. Mas vamos embora, pois eu tenho que trabalhar.

Onde está Genny Gleizer?

PRESA NO CONGRESSO DA JUVENTUDE ESTUDANTIL, NO MEZ PASSADO, DESAPPARECEU MYSTERIOSAMENTE — E' NECESSARIO QUE OS RESPONSAVEIS DIGAM ONDE ESTA' JENNY GLEIZER!

Quando a policia, no mez passado, usando e abuzando da arbitrariedade que lhe é peculiar nessas occasiões, invadiu o "Salão Cervantes" no Largo da Concordia, onde iria realizar-se o 1.º Congresso da Juventude Estudantil, entre as

ESTA E' GENNY GLEIZER

O POVO EXIGE QUE A POLICIA DIGA O QUE FEZ DESSA MOÇA

varias pessoas figurava Jenny Gleizer, moça enthusiasta pelos ideaes que defendia os seus companheiros, como ella estudantes.

E até hoje Genny não appareceu. A policia nega que esteja ella presa. Mas ninguem acredita. São sobremaneira co-

10 de agosto de 1935. Jornal *A Platea*, p.6.

Toda a imprensa paulistana, a imprensa brasileira, o povo, as mães brasileiras clamam por GENNY GLEIZER!

GENNY não deve ser deportada!

de 1935. Jornal

7 O referido filho de Velvel Gutnik não era filho de Rifca Gutnik.

GENNY GLEIZER a caminho do exilio!

Sabedora de que a jovem, noiva de um brasileiro, estava para casar-se, a policia precipitou a deportação – O noivo é um redactor d'"A Platéa" — As emocionantes cartas que Genny escreveu aos seus, no momento de partir — O povo quer que o casamento se effectue e que a valorosa menina não sahia do Brasil

PROTESTO DE UM FERROVIARIO DA SOROCABANA

Um feroviario da Estrada de Ferro Sorocabana, escreve:

"Genny:

E' NOIVA DE PICCININI

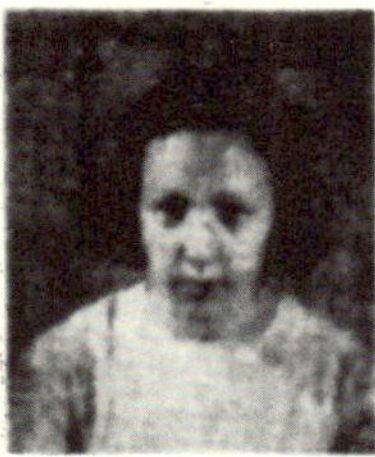

Genny Gleizer soffre, tambem, o mar-

Não desanimes, não fiques nervosa e não te arrependas de teres sido uma professora de linda moral em minha terra. Peço-te que nunca penses que foram os brasileiros que fizeram com que te afastasses de nosso convivio. Quem fez isso foi a policia, os governantes, os papões. E estes não têm coração nem podem fallar em nome do nosso povo.

Comtigo, Genny, está todo o povo brasileiro, toda a massa trabalhadora, soffredora como tu. A tua desdita é a de todos nós mas um dia essas injustiças cessarão. Até a vista Genny".

PROTESTO DA COMMISSÃO PRO' LIBERDADE DE GENNY

Communicam-nos:

... dos, com as barbaridades de que vem sendo victima a jovem Genny Gleizer exigem sua liberdade immediata e protestam contra toda tentativa de deportação desa menor cujo unico crime consiste em ganhar a vida com o seu proprio suor, luctando por melhores condições de existencia para os trabalhadores!

Nelly Cinotti, Anezia Moraes, Yolanda Musucci, Yolanda de Vicenzo, Italia Gatucci, Olina Bacacce, Edgard Bastos, Elisa Bem Tempo, Antonietta Lamonica joanette Keiberman, Annita Cordocci, Laurentina Bacioare, Ermelinda Baccard, Lauricy Fontoura, Aldo Benesu, Frederico A. Rodrigues, glia, João Fiola, Henriqueta Borges, Rosalina Molinari, O. Piciafouco Nicolina Borone, Adelina Costa, Amelia Constantini, Therezinho Freitas Duarte, Nicolau Bergamo Augusto Baptista, Helena Ciocce, Mauricio Keiberman, Jarbas F. Carvalho, Paulo de Andrade Miguel Beyer.

A HOLLANDA NÃO EXPORTARA'

ROMA, 10 (A.B.) – O Parlamento hollandez, pretende augmentar a prohibição de notas de expo-

O NOIVO DE GENNY GLEIZER

Nosso companheiro, Arthur Piccinini, redactor da "A Platéa", que sómente hontem nos revelou seu noivado com Genny.

NOVAS CONTRIBUIÇÕES PRO' GENNY GLEIZER

Quantia já publicada	1:400$100
Varias mães brasileiras	11$500
Um feroviario da Sorocabana	16$000
Total	1:427$600

11 de outubro de 1935. Jornal *A Platea*, p.1.

venção do juiz de menores. Hontem recebemos a visita, nesta redacção, do progenitor de Genny Gleizer. E' o sr. Motel Gleizer, jornalista rumeno, ha seis annos residente no Brasil, socio n.° 160 da Associacia Brasileira de Imprensa, antigo redactor-chefe do "Dil Kraft", e que, em meio á maior angustia, desenvolve ingente actividade desde o dia da detenção, sem que

Relatou toda a sua angustia de pae!

O jornalista Motel Gleizer, pae de Genny Gleizer, que prefere ir substituir sua filha na prisão, a vel-a maltratada pela policia!

1936. Jornal *A Platea*. Motel, pai de Genny Gleizer, também foi deportado.

Saímos para a rua chuvosa, cheia de gente. Genny continuou a falar, agora sobre os brasileiros que vinham a Nova York. Quando chegamos à esquina, ao nos despedirmos, ela me encarou e disse: "Se você quiser acreditar em mim, acredite. Eu fui a primeira vítima do fascismo!".

A deportação

Muitos esforços foram feitos para evitar a deportação de Genny. Sua família, jornalistas e vários políticos se somaram à imprensa, que publicava cartas de apelo de jovens no dia 10 de outubro de 1935, véspera de seu embarque forçado. Mas no dia seguinte, 11 de outubro, ela foi enviada clandestinamente de São Paulo para o Rio de Janeiro. No dia 12, soube-se que ela fora colocada a bordo do *Aurigny*.

Tentando as últimas cartadas para retê-la no território brasileiro, a imprensa foi noticiando diariamente sua passagem pelos portos brasileiros, quando ainda haveria tempo de deter sua deportação. Estas foram as manchetes de *A Noite* acompanhando sua última trajetória pela costa brasileira:

> 14 de outubro: *Genny Gleizer passou pelo Rio*
>
> 14 de outubro: *O casamento de Genny Gleizer em alto-mar, por procuração, com o jornalista Arthur Piccinini*
>
> 18 de outubro: *A expulsão de Genny Gleizer, de passagem pela Bahia*
>
> 23 de outubro, a notícia derradeira: *Ninguém pôde falar com Genny Gleizer quando o* Aurigny *passou pelo Recife*

Despedimo-nos. Era 23 de agosto de 1982, portanto 47 anos depois que tudo acontecera. O pai de Genny fora preso três meses depois, julgado e condenado. Sua pena, a deportação. Morreu num campo de concentração nazista. Foi companheiro de viagem do deportado Velvel Gutnik.

Velvel e Rifca Gutnik

Velvel Gutnik foi deportado juntamente com Motel Gleizer. Sua história me foi relatada por sua esposa, Rifca Gutnik, na época vivendo em São Paulo, no Lar dos Velhos, mantido pela Sociedade Israelita. Rifca nasceu em Britchon, em 29 de dezembro de 1905; frequentou até o segundo ano do ginásio. Mulher culta, lê, além do português, o russo, o

1929. Rifca Gutnik quando chegou ao Brasil.

ídiche e o alemão. Fazia audições de música clássica e do folclore ídiche com seus discos para os demais moradores do Lar. Lia pelo menos dois jornais diariamente e acompanhava não só a vida política brasileira como a internacional. Quando a entrevistamos, ela contou:

> MINHA CHEGADA NO RIO. Eu completei 51 anos de Brasil no dia 8 de novembro. Cheguei em 1929, no Rio de Janeiro, onde meu namorado já tinha contatos. Eu fiquei muito bem ambientada porque justamente meu esposo já ia fazer três anos que estava aqui e era um rapaz que tinha muitas ligações, era muito querido. Inclusive quando eu cheguei – eu desembarquei numa sexta-feira –, no sábado já teve uma recepção de não sei quantas pessoas. Até escrevi para meus pais dizendo que na minha recepção devia ter mais gente do que na nossa cidade inteira!
>
> BRITCHON: UMA CIDADEZINHA "INTERESSANTE". A minha vida em Britchon era dura, bem dura, como a de muitos outros. Até que tinha uma intelectualidade bem interessante, tinha também uma biblioteca bem interessante que, vez ou outra, a polícia batia lá... Ah, sim, quantas vezes! Quantas vezes vieram crianças com livros embaixo da blusinha correndo para eu esconder, porque não queriam perder para a polícia, já estavam com aviso de que a polícia ia bater. Nós tínhamos um depósito de lenha, então nós atirávamos um monte de lenha por cima, para ninguém desconfiar.
>
> PARA ESTUDAR ERA PRECISO TRABALHAR. Em Britchon havia ginásio – única vantagem que nós tínhamos. Uma ordem do governo estabelecia que quem não podia frequentar o ginásio podia tirar o currículo, estudar por fora e se matricular para prestar exame. Isso era uma grande vantagem para um grupo como o nosso, que éramos pobres e não podíamos pagar o ginásio. Mas também, a doutora Pinkus era tão canalha! "Judiava" da gente nos exames, porque se ela tinha alunos que pagavam o ano inteiro e não sabiam nada, ela deixava passar fácil. Ela era pior que os próprios romenos! Ela que me perdoe, já deve estar longe... Mas era vendida por dinheiro. Aos 11 anos eu já dava aulas para crianças, preparava para escola, ajudava os atrasados para poder ganhar e comprar um caderno para mim e para os meus irmãos. Para comprar livros não dava, livro eu emprestava dos colegas. Eu dormia na casa de uma, de outra, ou ela dormia comigo para eu ajudar com o que ela não sabia; assim eu podia aproveitar o livro. As que queriam me dar um presente de aniversário me compravam um livro didático. Mas para poder comprar um caderno, um lápis, com 11 anos eu já tinha que dar umas aulinhas por fora.

A PRIMEIRA GUERRA TROUXE A MISÉRIA. Nós éramos quatro irmãos, eu era a mais velha, precisava cuidar de todos; a mamãe doente, papai negociava cereais com uma firma da Áustria que importava muitos artigos: aniz, *mun* [semente de papoula], semente de abóbora, que serve para vermífugo e, principalmente, muito feijão branco. Meu pai organizou locais onde ficavam uns moços o dia inteiro escolhendo feijão, do mesmo jeito como se escolhe feijão para a panela. Despachava um transporte de mercadoria, vinha o dinheiro para pagar, vinham outras encomendas e ele tinha lá sua comissão, que dava para viver. Despacharam um transporte bem grande de mercadoria, rebentou a guerra e até hoje não se sabe onde foi parar a mercadoria. Tudo o que papai tinha se foi, e ele ainda ficou com dívida na praça, porque os negociantes não conheciam a firma da Áustria; conheciam papai. Então acabou, não tinha mais como negociar, não tinha em que trabalhar e nós éramos quatro; eu não tinha feito nem 9 anos e tinha mais três atrás de mim, e avós e mamãe doentes. Assim era a situação.

SOBREVIVER COMO *HAZAN*. Papai tinha uma voz muito linda, que dava para *hazan*. E ele cantava na sinagoga por esporte. Ganhava às vezes um presente, um vinho de Pessach. Mas quando a situação ficou difícil, os outros começaram a compreender: "Vamos chamar e oferecer um ordenadozinho, porque ele ficou sem nada". E foi assim que ele foi ficando *hazan*, e ficou assim o resto da vida.

A MARCHA PARA A MORTE. Só eu vim para cá. Os dois irmãos pereceram [na guerra]. Mamãe caiu no meio do caminho para o campo de concentração, não deixaram nem parar para enterrar, mamãe não tem sepultura! E papai faleceu bem na véspera. Sabe o que quer dizer? Bem na véspera dos nazistas entrarem na Bessarábia... A irmã mais nova foi para o campo de concentração com três filhos pequenos. O marido já tinha sido mobilizado para a guerra. Ele sobreviveu e ela também, com um filho. E de um irmão ficou uma menina de 7 anos, que esta minha irmã acabou de criar.

A delatora

Depois de ter sido despedida, era quase impossível arranjar trabalho. Rifca ficou "marcada".

Bastava apresentar o documento de trabalho e eles perguntavam: "Você trabalhou onde? Tem carta de recomendação?". Ninguém sabia descobrir qual era o sinal que eles

tinham,[8] mas depois ninguém aceitava. Então o que fazer? Ir em outra fábrica e dizer: "Estou chegando agora, estou começando, sou aprendiz". Entrei como aprendiz em outra fábrica, mas preferi o mesmo trabalho. Lá se ganhava mais, se trabalhava por hora, também era uma semana de dia e uma de noite, mas se ganhava melhor. Depois disso fiquei doente, voltei para Britchon e, nesse ínterim, vai e vem, o meu namorado já estava aqui no Brasil fazia três anos e com muito custo conseguiu me mandar buscar.

NINGUÉM VIVE SEM POLÍTICA. Lá eu tinha um pouco de atuação política, porque ninguém vive sem ter alguma atuação, a não ser quem vive só para comer e dormir, não é? Eu dava aulas para um grupinho de crianças que não podiam estudar; eu dava aulas para eles, introduzia eles um pouquinho na literatura, para chegarem a conhecer um escritor. Quando chegamos ao Brasil, era época de muita imigração e havia muitos imigrantes. Todo mundo saía da Romênia, da Polônia, pois havia muita crise, muito antissemitismo. Principalmente a juventude tratou de se evadir por causa da perseguição, da pobreza, da miséria.

OPERARIADO JUDAICO NO BRASIL. A situação aqui, naturalmente, era muito apertada. Tinha muitos operários ainda, hoje dificilmente existe um ídiche operário – mas naquele tempo, principalmente no Rio de Janeiro, havia muitos alfaiates, passadores, operários em fábricas de bolsas e bonés. Inclusive até muitos cobradores de bonde. E a situação era dura mesmo. Muitos deixaram famílias em casa, porque precisavam se sustentar; outros precisavam juntar dinheiro para mandar buscar as famílias. Então naturalmente tinha-se que criar um ambiente para facilitar um pouco a vida para essa gente.

ARBETER CENTER. No Rio, naquela época, havia muitas organizações: tinha um clube que chamava-se Arbeter Center, tinha a Biblioteca Scholem Aleichem – inclusive o nosso grande poeta Elias Steinberg dava aulas na Escola Scholem Aleichem –, uma riquíssima biblioteca muito interessante, que dava um pouco de lazer, de cultura, possibilidade de entrosamento. Essa biblioteca sempre fazia bons empreendimentos culturais, inclusive tínhamos um grupo dramático que realizava espetáculos, dávamos bailes, apresentações teatrais, tudo para angariar dinheiro, justamente para poder dar alguma melhora para

---

8 Empregadores alertavam outros empresários quando era uma *persona non grata*, lutadora por seus direitos, comunista.

toda essa gente. Fundamos um jornal e nós mesmos organizávamos e sustentávamos materialmente... e com temas que espelhavam a situação da colônia naquela época.

ARBETERKICH – "COZINHA DO TRABALHADOR". Resolveram também fazer o Arbeterkich, um restaurante popular que não visava lucros; pelo contrário, fazíamos empreendimentos para cobrir despesas para esse pessoal comer pelo menos uma vez por dia uma comida decente, porque a maioria vivia com pão e banana. Era um restaurante para trabalhadores: pessoas que trabalhavam em fábricas de bolsas, em costura, pessoas que geralmente acabavam de chegar, deixando famílias que precisavam trazer... E aí a gente fazia empreendimentos com a ajuda de sócios: bailes, noites culturais, teatros, rifas, todo o possível para poder cobrir as despesas e facilitar um pouco a vida para este povo.

O TRAIDOR DA PRAIA VERMELHA. Em 1935, quando estourou aquele levante na Praia Vermelha, tinha um traidor ídiche, um tal Tzirmerman, que trabalhava na polícia e se infiltrou no meio da juventude progressista e foi lá sondar. Naturalmente o elemento operário, que geralmente veio da Europa, vem com ideias progressistas. Uns eram sindicalistas, outros participavam de grupos mais adiantados.

No dia que estourou aquela bomba lá na Praia Vermelha, o Tzirmerman – não sei se ele quis mostrar que também prestava serviço para o país ou o que, mas trouxe a polícia ali naquele restaurante dizendo que havia um ninho de comunistas. Todos que estavam lá na hora foram presos. O meu esposo, inclusive, estava lá, porque tinha uma irmã solteira que queríamos mandar buscar para o Brasil. Tínhamos mandado "chamadas", compramos passagem a prestação, e mandamos para ela. Quando ela já estava em Bucareste, nos informaram que o visto no Consulado do Brasil fora negado porque tinha saído uma nova lei que obrigava a apresentar 3 contos de réis como garantia de que ela teria com que se sustentar. Ela teve que voltar de Bucareste e escrever uma carta para mandarmos a quantia. Nós não possuíamos o dinheiro. Tinha um nosso conhecido que emprestava dinheiro a juros, mas não sabíamos onde fora morar. Aí meu esposo disse: "Olha, eu vou pedir 3 contos emprestados para o Samuel, mandar o cheque para ela e quando ela vier eu devolvo os 3 contos para ele e pago o juro do tempo de uso". Mas onde estava o Samuel? Falaram que ele costumava jantar no restaurante, mas ele não tinha chegado. Meu esposo ficou esperando.

No outro dia, quando saiu na hora do almoço, me disse assim: "Eu vou me demorar, porque do serviço eu vou diretamente procurar o tal do Samuel". Nisso o sujeito trouxe a polícia lá, disse que aquilo era um ninho de comunistas e levaram todo mundo...

1935. Rio de Janeiro. Velvel e Rifca com Clara Gutnik nos braços.

VELVEL NA PRISÃO. Acabou a vida... Eu estava com uma criança de 1 ano e dois meses no colo. Naquele dia levaram trinta ou quarenta pessoas, todo mundo que estava lá jantando, gente que só ia lá, coitados, para comer uma vez por dia um prato de comida quente, foram todos para a cadeia. Custei a descobrir o paradeiro do meu marido, porque onde eu ia procurar ninguém queria dar informação, até que fiz tamanho escândalo, que apresentaram ele na polícia. Depois, foi transferido junto com uma porção de gente, não sei quantas pessoas, que estavam numa sala lá, dormindo um por cima do outro. E levou meses assim, até que começaram a exportar. Exportaram uma turma, parece que sete de uma vez, e depois tinha mais uma turma para ser exportada. E a polícia, cá entre nós, engoliu o dinheiro das passagens, chamou eles de noite e disse: "Olha, nós vamos soltar vocês, mas com a condição que vocês sumam daqui". Mas sem documentação, sem nada. Alguns preferiram sair, outros não queriam e disseram: "Ou você solta a gente com documentação legal, ou então que garantia eu tenho se saio daqui até o portão e depois atiram atrás de mim dizendo que eu fugi?". Aí levaram aqueles que não queriam aceitar as condições até a fronteira de Goiânia e soltaram no meio do mato. Os que aceitaram, eles soltaram pela porta dos fundos e eles de certo se salvaram de certo... Desses, eu acho que não vive mais ninguém. Tinha dois ou três aqui no Brasil, em São Paulo, mas os três já não vivem mais. Os outros se perderam pelos caminhos. Agora, se tinha algum dentre todos esses que de fato teria sido alguma coisa,[9] eu não sei, mas a maioria era gente que vinha jantar. Este Tzirmerman, eu acho que queria aparecer, mostrar serviço e, como não sabia de coisa melhor, falou do restaurante. E foi assim que se destruíram vidas.

---

9 Fica subentendido: comunista. Como de hábito, Rifca sempre tomava extraordinário cuidado para não fazer qualquer indicação de que a pessoa fosse comunista.

Todos que estavam no restaurante eram judeus, só havia judeus. Nós trabalhamos fazendo todo tipo de empreendimentos, cada um ia ajudar, cada um ia um ou dois dias por semana para economizar em funcionários e tudo para possibilitar uma refeição mais em conta para aqueles que não podiam. Isso era uma prática que geralmente na Europa existia em toda parte. Em Czernowitz os social-democratas, os *poaleissionistas*, tinham um restaurante assim.

A POLÍCIA FECHOU TUDO. Então é isso. A polícia fechou o clube e também a escola ídiche que tínhamos. Eu inclusive lecionava o ídiche, pois eram todos imigrantes, nem os pais sabiam falar português com os filhos. Na escola tinha um professor de português e um que ensinava em ídiche. O meu marido era tesoureiro da escola e para mim nunca chegava dinheiro para pagar minhas aulas. Sempre na hora de pagar o aluguel, comprar material para a escola e pagar os outros professores, ele gastava do bolso dele, porque nunca chegava o dinheiro e eu nunca recebi. A polícia fechou o clube e a escola. Como a escola funcionava dentro do clube, forçosamente ficou fechada. Acabaram com tudo. A única coisa que se salvou foi a biblioteca, que também tinha sido fechada durante certo tempo e depois conseguiram reabrir. Funciona até hoje. Naquele tempo, era todo o serviço cultural que existia... E só chegou a se salvar depois de certo tempo. A escola se chamava Escola Peretz. Geralmente se costumava chamá-la de Arbeter Schule ou Escola Operária, porque o centro já se chamava Arbeter Center e, como a escola funcionava lá dentro, chamava-se Arbeter Schule. Era para crianças recém-chegadas da Europa, porque era época de muita imigração, tinha muita criança, pais pobres que não podiam pagar. Nós inclusive oferecíamos material escolar, tínhamos que pagar professor de português. Fui contratada a título de professora remunerada, mas nunca vi um tostão.

TRAGA A CLARINHA. Depois de correr dias e dias para descobrir onde estava o meu marido, transferiram todos daquela prisão para a Casa de Detenção. Então eles me deixaram visitar, mas só cheguei a encontrar com ele na prisão uma vez, porque fiz tamanho escândalo, eu disse: "Como é que prendem gente e ninguém é responsável?". Ninguém sabia, ninguém dava conta... Aí de tanto escândalo me apresentaram ele na prisão. Algumas semanas depois, na Casa de Detenção, saiu uma ordem: podia-se trazer comida. Visitas, não permitiam, mas se podia mandar comida. Aí todo mundo que tinha alguém lá (se é que os que estavam lá tinham alguém fora) foi levar coisas, mandar comida para dentro. Chegamos lá e disseram que não, que hoje não podia, hoje só podia mandar roupa. Aí voltava-se com a comida: "Na segunda-feira vai poder trazer roupa". Nisso, mandou a

roupa suja dele enrolada num jornal, e no meio do jornal estava escrito: "Arranje o doutor e traz a Clarinha".

Ele estava com saudades da filha, não é?

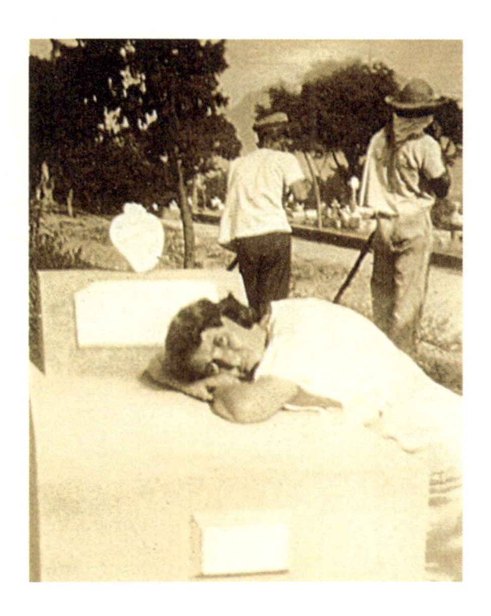

1935. Rio de Janeiro. Rifca debruçada sobre o túmulo de Clarinha Gutnik.

Para conseguir a visita precisava de um advogado. Eu estava sem nenhum vintém, porque no dia em que ele foi preso a menina estava com diarreia e procurei vender jornal velho para comprar alguma coisa levezinha para a menina. Enfim, vendi a mesa, cama, tudo o que podia, para arranjar 300 cruzeiros para pagar um advogado e conseguir uma visita. Chegando lá, o advogado entrou e me mandou esperar na porta. Um dia ensolarado e o portão fechado. A gente na porta e o guarda por dentro das grades. Sei dizer que ele marcou comigo para estar lá por volta das 8 ou 9 horas. Esperei até às 13 horas, até que consegui chamá-lo numa sala separada para visita. Enquanto isso, a menina já tinha pegado insolação e no dia seguinte "embarcou".

SOLIDARIEDADE INTERNACIONAL AOS DEPORTADOS. Acho que oito meses depois mandaram uma turma de uns sete, e ele foi. Mandaram eles num navio de brasileiros, mas daqui avisaram para a Europa, para a França, para os outros países que iam presos políticos, que naturalmente não tinham nada que ver. Então quando chegaram na França, no Havre, o pessoal de lá arranjou um jeito de tirá-los. Os operários do cais fizeram greve e assaltaram o navio, exigindo os presos do Brasil. O pessoal do navio pegou todo mundo, fechou num portão e fecharam as janelas para não serem vistos por ninguém. Quando chegou a hora do almoço, os operários do cais se retiraram. Nesse ínterim, eles, do navio, aproveitaram, entraram e transferiram todos eles para a polícia da França. Quando o pessoal voltou do almoço, começaram a exigir os presos. O capitão disse que não tinha mais nada com eles, porque já tinham sido transferidos para a polícia. Aí fizeram a greve, tudo quanto é pessoal do cais e tudo quanto é de... não havia mais condução, nem ônibus, nem bonde, nem táxi no Havre. Todos fizeram greve: todo mundo assaltou a polícia exigindo

os presos; então soltaram eles com a condição de que se retirassem antes que o navio deixasse o cais. Os operários arranjaram uma comissão para os acompanhar até Paris, e lá eles ficaram. Desses, depois, dois irmãos foram lutar na Espanha e pereceram lá. O meu marido ficou em Paris. Ele se chama Valdemar Gutnik, Velvel, em ídiche.

A SAGA DOS CAMPOS DE CONCENTRAÇÃO. Depois que o nazismo chegou, Velvel foi para um campo de concentração, fugiu, foi capturado de novo, enfim, ainda ficou por lá, ainda está lá. Quando ele se acomodou em Paris, era natural que eu fosse atrás. Fui então pedir um passaporte no consulado romeno e me negaram o passaporte porque o meu marido não tinha ido direto para a Romênia. Ele não foi porque não tinha feito o serviço militar e era justamente por isso que era comum fugir de lá, porque o serviço militar, ainda mais judeu, naquele tempo, era a liquidação da pessoa, praticamente. Toda a juventude se retirava, quando podia. Nessa época eu tinha um amigo advogado – inclusive a rua onde funcionava o consulado usava o nome do avô deste advogado –, era dos graúdos. Não me lembro mais seu nome. Um dia ele se encontra comigo e diz: "Como é? Venha comigo, eu quero falar com este teu consulado". Tinha um tal de Popescu que era fascista, um nazista desgraçado, o secretário, nunca ninguém chegou perto do cônsul. Ele é que atendia tudo. Aí eu fui lá com o advogado e ele disse: "Escute aqui, o senhor deu o passaporte para o marido dela. Ela está casada com o marido dela. Se o senhor reconheceu a cidadania do marido, forçosamente tem que reconhecer a dela também, o senhor se nega a reconhecer as nossas leis de casamento porque eles se casaram no Brasil". Ele respondeu: "Sei que você vem me falar bonito. Prestes também é casado, é brasileiro e não expulsaram a mulher dele? E você vem me falar em leis?".

O que mais se podia responder?

A história do navio foi em junho de 1936. Eles foram presos em 1935, em novembro, e deportados em 1936. Uma turma daqui de São Paulo foi antes dele, não sei em que navio, e ficaram na Espanha. Foi antes da Guerra Civil da Espanha, no tempo da Frente Popular. Dentre esses que foram deportados, um tinha um irmão e uma irmã que estavam aqui e eram inclusive parentes do meu marido. Não sei quantos foram, uns três ou quatro que soltaram na Espanha no tempo da Frente Popular. Eram uns sete ídiches.
Depois que a polícia fechou a escola e o centro, eu fui procurar um serviço qualquer, me defendi de qualquer jeito, mas era difícil e, com "clientela", essas coisas, eu não me dava

bem, não é do meu caráter. Inclusive para meu marido também não ia muito bem, mas como ele não tinha profissão nenhuma, teve que se sujeitar a isso.

SÃO PAULO. No Rio trabalhei pouco tempo, depois que perdi a filha. Velvel foi deportado e fiquei muito mal. Meu médico achou que eu precisava me retirar do Rio porque não havia ambiente, não dava mais; aí eu vim para São Paulo. Foi quando eu vim para cá em busca de serviço e também para abandonar aquele ambiente onde passei tanta tristeza... Cheguei aqui em 7 de maio de 1940 e aqui também encontrei um ambiente muito agradável... Fui direto para a casa de uns amigos que tinham ido morar no Rio, onde trabalhamos e nos dávamos muito bem. São Paulo era uma cidade pacata, com fábricas e muitas oficinazinhas que necessitavam de operários... Naturalmente que não existiam esses prédios de hoje...

Vidas humanas sempre trazem surpresas, mas a história de Rifca teve um efeito profundo sobre mim. Depois de tê-la entrevistado no Lar dos Velhos, passei a visitá-la. Conversávamos sobre a vida no Lar, a relação com as outras pessoas, os funcionários, as atividades que ela exercia. Mulher de extraordinária capacidade, mesmo com problemas de saúde, trabalhava na oficina onde costurava na máquina que ela mesma doara, fazia audições de música com os discos que trouxera para o Lar, organizava eventos, mantinha relacionamento com outros moradores, trocava o jornal que lia com outro morador; não era piegas, não fantasiava, lutava por seus direitos dentro do Lar, para onde fora voluntariamente, transferindo a propriedade de seu apartamento para o Lar para poder dispor de um quarto individual.

Vi seus álbuns de fotos; amigos colheram algumas fotos, outras ficaram comigo depois de sua morte. Nas visitas que fazia, quando olhava essas fotos e perguntava quem eram os personagens, se fosse um familiar, ela identificava imediatamente. O mesmo não acontecia com outros. Mesmo depois de muito tempo de convivência, Rifca nunca citou um único nome. Não é difícil imaginar que eram companheiros de atividade política, mas nada posso afirmar com precisão.

Ela ajudou muito esta pesquisa, traduzindo o livro da história de Britchon. Com sua ansiedade de terminar o trabalho, ela simplesmente me dispensou – eu datilografava a tradução enquanto ela a fazia. Comprou cadernos e fez as traduções à mão.

Rifca previu tudo o que era possível. Comprou um lugar no Cemitério Israelita do Butantã e desenhou seu túmulo, no qual colocou uma pomba.

1996. São Paulo. Rifca Gutnik no Lar dos Velhos.

Detive-me em relatar a história de Rifca Gutnik pelo que ela representa. Menina criada num *shtetl*, em Britchon, lutou cada dia de sua vida para sobreviver, estudar e ensinar. O Brasil, onde viveu a maior parte de sua vida e onde está enterrada, não lhe deu cidadania. A burocracia lhe trouxe o mal maior: a perda da filha.

Ela dedicou aos outros, a todos os outros, os seus esforços para tornar as vidas mais amenas. Para ela, fazer política se confundia com generosidade.

Tuba Schor: o Brasil na trajetória do Partido Comunista

Vimos em numerosas histórias que a trajetória para o Brasil fora consequência da presença de algum parente, um conhecido, determinada informação sobre o país. Alguns vieram até por acaso. Mas houve também alguns casos em que o "Partido" é que decidia onde a pessoa era necessária. Foi o caso de Olga; foi também o caso de Tuba Schor.[10]

Difícil dizer o que leva uma pessoa a uma opção político-ideológica, e nem é a pretensão desta pesquisa resolver esta problemática. Viver na parte pobre da Bessarábia (Romênia) e ter algumas informações sobre o "sucesso da Revolução de 1917" pode ter alimentado novos horizontes ideológicos, sobretudo para os judeus massacrados pelos governos e pelas péssimas condições de vida.

Tuba veio para o Brasil

SOBRE SUA ORIGEM TUBA CONTOU: Eu nasci na Bessarábia, de uma família bem pobre. Assim, nós tivemos dificuldades para tudo, mas conseguimos estudar. Conseguimos nos formar no curso que tinha em nossa cidade.

10 Entrevista realizada em 16 de junho de 1982 por Eva Alterman Blay e Célia R. Eisenbaum.

A REVOLUÇÃO DE 1917. Depois que crescemos um pouco, pegamos uma época muito, muito difícil, mas muito interessante. Era bem depois da Revolução Russa, mas era tudo fechado, não se sabia de nada do lado de lá. Contavam muitas coisas e o idealismo era tremendo. A juventude da minha cidade foi uma juventude muito bonita, estudando sempre o que pertencia à Revolução e acreditando cegamente em tudo que vinha de lá.

Tuba nunca as denomina, mas entendi que suas posições progressistas ocasionavam problemas, que ela chama de *provocações*.

Em Richpok, uma cidade pequena, eu sofria provocações, e tínhamos que fugir. Fugíamos de uma cidade para outra. Isso foi em 1932 e Hitler estava subindo ao poder. O antissemitismo na Alemanha era muito forte, e a reação também. A juventude que tomava parte em alguma coisa era muito perseguida e não conseguia se mexer. Em 1933, a juventude tinha que se retirar da Romênia. A maior parte, judeus. Os outros também se retiravam. Não se podia trabalhar, as carteiras eram controladas. Aos 18 anos, eu já militava forte, porque lá, nas nossas cidades pequenas, começávamos muito cedo. A gente terminava o ginásio e se definia. Íamos de um lugar a outro, cada um procurando o que fazer, e com 16 ou 17 anos já estávamos em plena atividade. Em 1933 passei um tempinho muito desagradável e então vim ao Brasil. Tinha 18 anos.

Desligamos o gravador a pedido de Tuba, temerosa de que escapasse de sua boca algum nome ou identificação de pessoas. Estávamos em 1982, recém-saídos da ditadura militar brasileira e, embora já se tivessem passado cinquenta anos, ela era ainda assim extremamente cautelosa. O "tempinho desagradável" ao qual se refere foi, certamente, a perseguição policial e política que sofreu.

Tuba relata sua fuga e a solidariedade política que encontrou nos *shtetlach* da Bessarábia.

Perseguida pela polícia, me refugiei em minha cidade e procurava um modo de escapar. Era noite, e estava cercada pela polícia; buscava uma trilha que me levasse para fora. Estava perdida na escuridão, quando percebi pequenas luzes bruxuleantes fora da cidade, no vale, na montanha: eram as crianças dos *shtetlach*, os pioneiros, com velas, indicando o caminho pelo qual eu poderia fugir. Salvei-me.

Moscou. 2006. Foto exposta no Hotel Rússia. Jovens pioneiros, entre os quais o gerente do hotel.
Foto: Eva Alterman Blay.

Então, em 1933, cheguei ao Brasil e aqui continuei a mesma coisa até 1935.

A linguagem de Tuba é "politicamente" peculiar. Substantivos e expressões são utilizados de modo a obscurecer o nome das pessoas a quem se refere: diz "a juventude", um coletivo, quando quer se referir aos jovens comunistas; diz que a "juventude era muito perseguida", referindo-se na verdade à juventude comunista; diz que "a gente terminava o ginásio e se definia", quando tencionava explicar que, após o ginásio, os jovens se incorporavam aos grupos progressistas. Sobretudo, usa o termo "trabalho" para se referir à sua atividade política; "continuar o trabalho", "trabalhar" significava sempre uma ação política de conscientização, de propagação e informação dos ideais de esquerda.

Na ausência de democracia, a militância perseguida tinha de utilizar esses subterfúgios.

Em 1935, houve a revolta comunista [...]. De manhã cedo [eu e meu marido] ouvimos notícias no rádio. Quando ouvimos o primeiro tiro, saímos correndo do quarto... Ainda deu tempo de fugir. Fugimos, até 1937, de cá para lá, de lá para cá [...]. Ficávamos em casa de pessoas conhecidas ou não, até que viemos para São Paulo. O "trabalho" então era mais fraco, porque a reação era muito forte.

O PARTIDO DECIDIA A TRAJETÓRIA: BRASIL. Eu vim ao Brasil porque não podia ficar mais lá na Romênia. Muitos foram embora para a Rússia, porque a Bessarábia faz fronteira com ela. Mas a exigência do Partido era clara: "Quem quiser ir embora, que vá para um país onde possa fazer alguma coisa, e lá na Rússia não precisamos de vocês". Os menos disciplinados queriam ir para um lugar onde achavam que tudo era bom, mas depois souberam que não foi muito bom para eles. Os mais disciplinados foram para outros países, onde a gente achava que ainda podia ser útil. Eu decidi vir ao Brasil porque tinha uma irmã vivendo aqui. Ela se casou alguns anos antes... O nosso partido não tinha dinheiro para pagar as passagens, nada; então minha irmã mandou uma "carta de chamada" e uma passagem. Eu já estava "complicada" há mais de um ano e sabia qual seria o resultado se não conseguisse sair do país. Deu certo e, na hora "H", embarquei. Eu tinha 18 anos. Fiquei oito dias esperando o navio em Trieste [na Itália].

Tuba não titubeia em seguir as determinações: o Brasil significava um novo campo de atuação para os desígnios do Partido. Sua vinda era facilitada pelo apoio financeiro da irmã já instalada no Brasil.

Quando eu cheguei no Rio procurei o Comintern [Internacional Comunista] e eles acharam que eu poderia produzir mais entre os grupos gerais do que especificamente entre os judeus.

Tuba teve, entre suas atividades, de conseguir recursos financeiros para o Partido. Seus relatos são parcimoniosos, como o das demais militantes. Após alguns anos, Tuba começou a organizar colônias de férias para crianças pobres, judias ou não. Famílias imigrantes que se salvaram da Segunda Guerra Mundial, muito pobres, eram procuradas e as crianças levadas para colônias de férias. A convivência se dava entre jovens de diversas condições econômicas. Procurava-se aliar lazer, conscientização e judaísmo sem nenhum caráter religioso, como contou Lea Goldstein.[11] Formaram-se clubes juvenis, para que a convivência se estendesse durante o ano.

11 Entrevista realizada em setembro de 2009 por Eva Alterman Blay.

O XX Congresso do Partido Comunista

A vida de homens e mulheres progressistas foi literalmente abalroada pelas revelações do XX Congresso do Partido Comunista, quando Nikita Khrushchev relatou os crimes e perseguições de Stálin a muitos e, em particular, aos judeus.

O golpe fora tão rude que desestabilizou idealistas, cuja vida fora dedicada ao Partido. Tuba avalia o que se passou naquela época e como ela reagiu quando tomou conhecimento do terrível antissemitismo de Stálin.

> Uma amiga nossa suicidou-se no Rio, após o XX Congresso; era solteira, muito educada, muito politizada, e ajudava bastante no "trabalho". Era chapeleira. Veio a São Paulo durante um ano, para trabalhar. Nos ajudou muito, principalmente no círculo de leituras, porque era tão politizada, tão simpática [...]. Era judia. Não tinha nada, não tinha filhos, não se casou, pois para ela só isso [o Partido] contava. Muitos, depois do XX Congresso, se retiraram para a família, procuraram um cantinho para poder respirar, e ela... não aguentou!

Limpar a bandeira, não rasgá-la

Alguns simplesmente se afastaram do Partido, outros passaram a se dedicar exclusivamente a suas atividades profissionais ou encontraram outros caminhos para manter o rigor ideológico. Tuba se explica por meio de um raro e longo relato:

> Eu tive sorte, pois encontrei em Israel um elemento que tinha saído do Brasil depois do XX Congresso. Naquela ocasião, ele tinha dito: "Eu sou o que sou; não estou mudando, mas eu quero trabalhar entre os judeus; se aconteceu isso para os judeus, então é lá que eu quero trabalhar". E ele me orientou, me levou para todos os lugares em Israel. Cheguei às vésperas de um congresso comunista e havia, então, muitas conferências... Veio também muita gente da Polônia.
>
> Ele era um homem muito inteligente. Agia de um modo que agradava todo mundo. Não proibiu aqueles poloneses de falar mal da Polônia: "Suba no palco e diga o que você quiser", dizia. Então dezenas de pessoas subiram e falaram horrores; eles "trabalhavam" [para o Partido] e quando voltaram da revolução da Espanha, para a Polônia, não sabiam de outras coisas a não ser esse "trabalho", e então repentinamente estava acontecendo isso e mais isso etc.

> No fim, subiu um outro: "Eu não vou desmentir o que vocês estão falando, mas não se esqueçam de que a bandeira é nossa, mas cheia de manchas. Lutem para tirar as manchas, mas não rasguem a bandeira.

Tuba conclui: "Assim acontece conosco também. A gente sabe que tudo é cheio de manchas, mas a gente luta para tirar as manchas e não rasga a bandeira".

Ela explicava sua fidelidade, mas seu senso de justiça não lhe permitiu ignorar as manifestações antissemitas inclusive dentro do Partido Comunista no Brasil.

> ANTISSEMITISMO NO PARTIDO COMUNISTA. Dentro do partido – não vamos nos enganar – existia também o antissemitismo. Eu era muito fanática: se me dissessem alguma coisa de um elemento do Partido, não ia adiantar; já sabiam que "para a Tuba não adianta falar, porque ela não vai acreditar mesmo". Depois que cheguei ao Brasil eu soube de coisas que nem enxergava e nem queria enxergar.
> Agora, aqui também se sentia o antissemitismo, mas nós ainda éramos muito ligados [...]. Arruda Câmara, uma vez, na Casa do Povo – em uma grande reunião – foi com Prestes. E lá, Câmara usou expressões antissemitas e foi uma coisa tremenda, tremenda! Acho que o pessoal vai ficar sentido comigo, de eu ter contado estas coisas...

Uma vida atribulada, dedicada inteiramente a um projeto socialista, igualitário, marcou a vida dessa mulher lutadora. Casada, retardou a chegada dos filhos e, mesmo quando os teve, não interrompeu a militância. Para ela, vida pessoal e vida política eram uma só coisa. A tônica de sua militância judaica, evidentemente não religiosa, teve um vínculo cultural e político. As revelações do XX Congresso e o antissemitismo que ela observou entre companheiros comunistas não a fizeram rasgar a "bandeira".

Suzana Frank, secretária de Estado

Trajetórias políticas femininas tiveram dimensões variadas; foram desde a extrema esquerda, como vimos anteriormente, até o liberalismo conservador não democrático.[12] Rifca Gutnik e Tuba Schor se alinham à extrema esquerda; na outra extremidade

12 Estou qualificando de "não democrático" os casos em que houve participação de cargos políticos de confiança em períodos ditatoriais.

estão mulheres que ocuparam cargos na administração estadual ou municipal, sem considerar a dimensão político-partidária ou ideológica do governante.

Depois de se salvar do nazismo, aportar e viver no Brasil, Suzana Frank foi convidada e ocupou um cargo de confiança, nomeada pelo prefeito de São Paulo, Paulo Maluf.

A paradigmática fuga do nazismo de Suzana Frank só teve um final feliz graças à humanidade do cônsul português em Bordeaux, Aristides de Sousa Mendes. Quando todos os caminhos se fecharam, ele, à revelia do governo de Salazar, assinou inúmeros vistos para judeus em fuga. Retomemos os caminhos e os obstáculos vencidos por Suzana (de sobrenome Meyer, na época) para chegar a salvo no Brasil com sua família.

Suzana Frank, uma das primeiras entrevistadas[13] desta pesquisa, nasceu em Poznan, na Polônia, em 1905. Sua origem familiar remonta a 1495, na Espanha, com dom José Calahora, médico do rei. Expulso pelos reis católicos, foi para a Polônia. A partir dele segue-se uma linhagem de rabinos, cantores, sábios e mártires. Uma cópia desta árvore genealógica estava no apartamento de Suzana. A família vivia em Poznan desde 1796, período de dominação prussiana.

Em seguida, deslocam-se para Berlim. Com os casamentos, os nomes vão se mudando para: Luria, Kantorovick, Kukimilch. "São todos judeus", afirma Suzana, cujo avô Nazari era um industrial abastado e vivia numa casa de três andares em Poznan.

> Passamos a infância lá mesmo, num parque enorme, onde no fundo meu avô tinha feito uma casa especial para brincarmos; tinha uma sala de ginástica para nós. Todas as tardes tínhamos que ir ao chá das 17 horas, ao beija-mão da nossa avó, que já estava idosa. Os netos, meus irmãos e meus primos éramos treze; eu era a terceira.

O ritual do beija-mão da avó reproduz um comportamento aristocrático realizado por essa família de elevadas posses, mas que certamente não pertencia à nobreza da época.

> MAS ERAM JUDEUS. Meu avô se considerava judeu, como todo mundo. Mesmo que ninguém reparasse, era judeu. Uns judeus de Berlim mandaram batizar seus filhos antes da Primeira Guerra, três filhas e um filho, e todos se voltaram para o judaísmo, ninguém casou fora do judaísmo... Na época a gente era muito alemão... Era a época dos grandes industriais, dos fundadores da indústria; [mas] os filhos de pais bem "dourados" não po-

13 Entrevista realizada em 20 de fevereiro de 1981 por Eva Alterman Blay e Célia R. Eisenbaum.

diam ser oficiais no Exército da Prússia, só na Bavária. Meu pai, por exemplo, cumpriu serviço na Bavária.

Buscavam, então, uma controvertida participação cidadã. Ser judeu, para Suzana, não significava ir à sinagoga.

Eu, pessoalmente, nunca vi meus pais na sinagoga. Só para casamentos... ou no cemitério judeu. Acho que a última vez que me lembro de ter ido à sinagoga foi no casamento do meu filho. Eu tinha uma tendência mística; descobri uma velha tia, *tante* Ana, que me levou na sinagoga, porque menina não ia sozinha. Nunca tomei aula de religião. Estudei em escola pública. Ouvi falar ídiche pela primeira vez aqui em São Paulo. Meu pai se considerava ateísta. Com 14 anos, na Alemanha, uma criança podia escolher sua religião, então, quando estava com a "grande idade", muito "madura", de 14 anos, ele me disse: "Agora você pode escolher sua religião". E eu respondi: "Pois não sou judia?".

Suzana se afirma judia sem nenhuma dúvida. Não frequentava nenhuma instituição judaica, o pai se dizia ateu: de onde viera, pois, o judaísmo de Suzana?

DANZIG. Depois da Primeira Guerra, a casa, essa casa tão querida onde passamos a juventude, foi sequestrada pelo governo polonês. E assim, em 1920, tudo foi interrompido. Meu avô foi de Poznan para Berlim. E nós fomos para Danzig, na Alemanha, onde tinha outra parte dos negócios.

Em 1924, com 18 anos, Suzana se casou com um homem de rica família de banqueiros. Ele era judeu.

A cerimônia foi na sinagoga. Meu marido era diretor do Banco do Estado de Danzig. Convivíamos com a comunidade em geral. Havia "intercasamentos", mas eram raros. Não sei por que, por atavismo... Nunca teria passado pela minha cabeça que eu poderia me casar com um não judeu. Os pais permitiram, claro, não se preocupavam a mínima. Meu marido ia à sinagoga, o pai dele tinha sido presidente dela. Tudo em ordem: ninguém se negava a nada, e se considerava judeu.

"OS ANOS LOUCOS." Em Danzig vivíamos uma vida bem agradável, por causa da posição dele. Eram os "anos loucos" depois da Primeira Guerra, com muita farra, muita vida social, mas também com interesses que a gente cultivava: coleção de quadros... meu pai tinha uma coleção muito linda, de porcelanas e prata antiga. Meu primeiro marido foi um homem delicioso, um homem muito culto, um *bon vivant*, um excelente pai, um difícil marido... E vivemos essa vida de folia, como aqui no Brasil, na mesma época, *abonnement* no teatro, *abonnement* no ciclo musical, viagens para Paris quando queria, os melhores hotéis, os melhores restaurantes. E cada ano eu ia esquiar com os filhos nas montanhas. E me perguntava muitas vezes com que direito eu vivia toda minha vida, com pão com manteiga, quando tinha tanta gente que não tinha manteiga... e muitos que não tinham pão! Mas ficou nisso.

Mulher brilhante, Suzana conta sua história com muita ironia, alternando momentos trágicos com ações bizarras – era sua maneira de não cair na autopiedade, ser fiel aos fatos e a si mesma, revelar sem pudor sua alienação.

A Danzig pós-Primeira Guerra Mundial era uma cidade-estado protegida pela "Société des Nations", Liga das Nações, protótipo da Organização das Nações Unidas (ONU) criado na esteira do Tratado de Versalhes (1919). O casal, culto, falando várias línguas, era convidado constantemente pelos embaixadores. Distraídos com os favores internacionais, não percebiam o perigo nazista que se aproximava:

Essa região [Danzig] era muito especial. A vida era muito especial, as condições eram especiais! Em vez de viver no nosso pequeno círculo de burguesia abastada, vivíamos com diplomatas, com recepções, com [os passageiros dos] navios que vieram... Tivemos tudo, tudo que se podia ter.

Eu sempre inventava coisas para ir para Paris, não para Berlim; Paris era muito mais interessante que Danzig. Também no começo do nazismo vivemos coisas interessantes. Mas [...]. Em 1935, havia eleições em Danzig e a coisa já estava [...]. Estávamos todos sentados perto do rádio para ouvir o resultado das eleições e não ouvíamos resultado nenhum. Se diziam: "Daqui a trinta minutos teremos os resultados", entrava música militar. E isso até duas horas da madrugada.

O NAZISMO CHEGA A DANZIG. Em 1935 foi a primeira brecha, a primeira vitória perdida, quando na verdade se poderia, por meio de Danzig, fazer alguma coisa contra os nazistas. Os ingleses tinham que agir a partir de lá, mas se negaram a fazer qualquer coisa para manter Danzig! Perderam a primeira e única chance que tiveram para intervir.

RENÚNCIA OBRIGATÓRIA. Em 1936 eles pediram finalmente a meu marido que apresentasse sua renúncia, porque "tinha que compreender que ele não poderia continuar". Os nazistas tinham vencido as eleições.

O MEDO. Quando ele se demissionou, à noite apareceu um grupo de funcionários do banco com um presente para ele, bem escondidos na penumbra. Ele disse: "Por que vocês não vêm na luz do dia? O que vocês querem à noite aqui?". Então resolvemos definitivamente deixar Danzig e ir a Paris, onde tínhamos bons amigos e pensávamos fazer nossa vida lá, de novo.

PERSEGUIÇÃO? CURIOSA LIBERDADE! Nessa época não havia perseguição lá, nenhuma, nenhuma. Saímos livremente; só não deixaram sair a mobília que a gente tinha e nem vender nada! [...] Enquanto estávamos lá não tínhamos notícia de perseguições. Não. Ainda não!

A vida cotidiana dissimula o que não se deseja ver: Suzana afirma que não havia perseguição, mas perderam emprego, bens móveis e imóveis.

A NOITE DOS CRISTAIS. Isso começou com força depois da Kristallnacht ["Noite dos Cristais", onda de agressões às residências e ao comércio dos judeus na Alemanha e na Áustria, ocorrida na madrugada de 9 de novembro 1938]. Sei que depois eles levaram amigos nossos... sobre um deles, especialmente, nunca ouviu-se mais nada... e também sobre um polonês que tinha se refugiado em Varsóvia, que foi fuzilado e coisas assim. Da minha família eles... maltrataram um primo direto meu. Muito. Ele abriu a boca, eles o pegaram, ficou um homem doente a vida toda.

E no entanto, Paris foi uma festa.

Fui para a França em 1934, e nos mudamos definitivamente em 1937. Peguei nossas coisas e arrumei um apartamento muito bonito, muito bem situado em Paris [...]. Eu, meu primeiro marido e meus filhos. E ele foi com uma boa reserva para se fazer uma nova vida... Vivi a parte mais divertida da minha vida lá, porque meu marido tinha três amigos solteiros [...]. Eu era a única mulher, estava fabuloso! Acho que tive todo o possível de Paris que me era acessível: fiz estudos na Sorbonne; estudei francês; levei as crianças aos domingos, no inverno, para os museus. Aproveitei cada exposição de pintura que havia.

"Não era ainda a guerra", diz Suzana. Realmente, Paris estava alienada do que se passava nos países em redor já dominados pelo nazismo.

A burguesia, nesse momento pré-guerra, não tomava conhecimento de absolutamente nada. Vivi naturalmente num grupo de outros refugiados alemães, e me lembro muito bem que um deles lamentava: "Que pena! Lá eu tinha uma casa ao lado só para hóspedes". Já um outro contava da cultura de orquídeas.

OS FILHOS. Meus filhos, muito vidrados na França, estavam adorando... são dois homens, Jean e Pierre. Quando chegamos lá, tinham 9 e 11 anos. Pus numa internato, onde não havia uma alma que falasse outra coisa que não o francês.

De repente: os campos de concentração do governo de Vichy

O acordo entre a França com Hitler e a instalação do governo Vichy dividiu o país. Os judeus começaram a ser deportados da França para os campos de concentração. Na própria Paris instalou-se um campo, Drancy, para onde eram enviados adultos e muitas crianças, todos judeus, para serem em seguida deportados para Auschwitz.[14]

1996. França. Vagão que transportava judeus de Drancy para Auschwitz.
Foto: Eva Alterman Blay.

Bom, então veio a guerra. Em maio foi ocupada a Bélgica, a Holanda, e os alemães avançaram sobre Paris. Os franceses começaram a internar os estrangeiros "inimigos" em campos de concentração. Convocaram homens e mulheres de até certa idade.

14 Ver Blay, 2002b.

No início, mulheres que tinham filhos menores de 14 anos poderiam ficar de fora, como era o caso de Suzana. Mas seu marido, sem que ninguém soubesse, foi levado para um campo de concentração francês.

DE AMIGOS NOS TORNAMOS: INIMIGOS. Senti que a terra tinha ficado um pouco mais quente. Fui ao comissário de polícia e disse:
– Quero um *sauf-conduit* para viajar para o Sul.
– Para a senhora nós não damos.
– Por quê?
– Para *inimigos* nós não damos.
– E se os nazis vêm aqui?
– Então eles vão prender a senhora e seus filhos.

A história de Suzana se transformou completamente. De mulher da alta burguesia, protegida, convivendo com importantes membros do mundo político, ela caiu numa terrível armadilha para salvar seus filhos, o marido e a si mesma. Repelida pela polícia francesa da Paris nazista, buscou alternativas. O percurso que se desenhou à sua frente lembra um jogo em que há muitos caminhos que levam a falsas saídas e só uma é a verdadeira. Mas, neste "jogo", entrar pelas falsas trilhas significava a morte.

A CORRUPÇÃO. Então fui para o Quai d'Orsay. O antigo cônsul-geral de Danzig era nosso amigo e eu disse:
– O que faço?
Ele ficou branco, branco e disse:
– Espera.
Fiquei esperando uma hora.
– Não posso fazer nada, estamos empacotando e vamos deixar Paris hoje à noite, sinto muito. Veja se você chega a Bordeaux, para onde vamos.
Voltei para casa e procurei um conhecido que tinha mil relações e perguntei:
– O que faço?
– Tem um pouco de dinheiro?
– Um pouco, sim.
– Vamos comprar um visto.
Preparei à noite o carro que eu graças a Deus não tinha usado; já era 15 de maio quando eles se aproximaram; fiz uma malinha para cada um, e as coisas para meu marido, que

estava num campo de concentração... Naquela convocação francesa de todos homens e homens estrangeiros ele foi embora. Os internados de Paris, mandaram para o Sul!

UMA BONITA MULHER. Queria ir para Bordeaux para ver o que a gente poderia fazer. Com o visto e com pouca coisa, fomos embora. Em volta de Paris era trágico! Nas estradas... os tanques alemães estavam se aproximando... e muitas vezes... eles nos mandaram parar. "Seus papéis." Eu, com a maior cara de pau, como estava com muito medo desse visto falsificado, mostrei minha carteira de motorista quatro ou cinco vezes. Na quinta vez, meu filho Jean olhou para mim e disse: "Sabe mamãe, é muito bom ser uma mulher jovem e bonita!".

BORDEAUX: O VISTO SALVADOR. Cheguei a Bordeaux. Lá tinha amigos com quem tinha combinado que, se não encontrasse meu marido, ia me juntar a eles. No dia seguinte começou a odisseia para obter um visto para um outro país. Eles disseram que primeiro tínhamos que ter o visto para Portugal, porque a gente tinha que sair da França. Portugal era a única saída que tinha para outro mar. Não tinha mais para onde ir!
No consulado havia uma fila enorme; numa multidão, as pessoas acham que estão perto e puxam muito para ir mais depressa; estava insuportável! Depois de cinco horas na fila, não aguentava mais. "Assim não dá, vou achar outro caminho." Tinha cinco passaportes de judeus na mão com nome de Natan e Mayer, nome muito judeu na França.
Eu estava fora da fila. Veio um guarda e disse:
– Por que a senhora saiu da fila?
– Escuta aqui, não sou gado, isso não suporto, não posso mais, então desisto de ter o visto.
– Me dá os passaportes!
Em dez minutos, tinha o visto. Ele também achava que era indigno o que se passava lá.

Aristides de Sousa Mendes em Bordeaux

Hoje sabemos a razão do tratamento humano do policial de Bordeaux: lá se encontrava o cônsul de Portugal em Bordeaux,

Aristides de Sousa Mendes, um Justo. Cônsul de Portugal em Bordeaux durante a guerra.

Aristides de Sousa Mendes, considerado um Justo por Israel. Contrariando o governo de Salazar, arriscou-se fornecendo mais de mil vistos – fundamentais para salvar as vidas de judeus e de outros refugiados.

Aristides de Sousa Mendes era, pois, a figura à qual Suzana se referia sem conhecer seu nome. Ele chefiara o Consulado de Portugal em Bordeaux entre 30 de setembro de 1938 até 25 de junho de 1940. Compreende-se, pelo relato de Suzana, que a atitude de Aristides se estendeu a alguns de seus funcionários.[15]

A política salazarista impedia que as pessoas ficassem em Portugal; deveriam ir para outros países, sendo Portugal apenas área de trânsito. Isso explica por que Suzana e tantos outros ainda precisavam arranjar um visto para outro país. Para os Frank, esse novo país seria o Brasil.

PAPAI! O REENCONTRO FORTUITO. Tínhamos que ir para Bayon, uma pequena cidade mais ao sul da França, para conseguir um visto para qualquer país. Lá tínhamos, nessa época, uma pessoa... fomos para Bayon na fronteira com a Espanha. Às 18 horas, entre milhares de refugiados, passamos pela Praça Grande de Bayon. De repente, o meu filho Pierre grita: "Papai, papai, papai!".

O CAMPO DE CONCENTRAÇÃO EM BAYON, FRANÇA.
O chefe do campo já tinha me dito:
– Não deixo essa gente nas mãos dos nazistas. Mas eles não vão vir! Tivemos notícias que os russos invadiram a Alemanha e que todas as tropas foram vencidas lá.
– Estão a 60 quilômetros daqui – eu disse.
– Não é verdade. A senhora me diga a verdade!
– Eu lhe digo a verdade!
Então ele prometeu abrir o campo. Pierre encontrou o pai sentado num banco, não sabendo o que fazer, desesperado.

DESTRUIÇÃO MORAL. Aí foi uma grande tragédia. O homem estava tão machucado pelo fato de que, de repente, era um inimigo... sendo judeu, passou a ser um afilhado do nazismo, internado, e já não queria participar de nada. Nenhuma iniciativa. Nada. Fomos

15 Veja-se o magnífico Museu Virtual Aristides Sousa Mendes, onde toda a história deste Justo é relatada e há depoimentos dos que por ele foram salvos (http://mvasm.sapo.pt/bc/default.aspx).

para um hotel. Ele sentou no quarto, ele que era muito exigente em tudo que dizia respeito à vida cotidiana, [ficou] comendo salame assim [faz gesto com a mão], cortado com a faca... Estava uma coisa! Ele disse: "Não quero mais nada". A vida dele estava destruída, acabada. E lá estava eu com meus outros cinco judeus, pois se juntou a nós uma família com dois filhos, um outro solteiro e nós, em dois, três carros. Éramos amigos de Danzig, amigos de meus pais. E fomos para a Espanha!

Revendo o relato de Suzana Frank lembrei-me imediatamente de Walter Benjamin (1892-1940), que tentara percorrer o mesmo caminho pelas montanhas da Espanha, mas não o conseguira.

OS CAMINHOS SE FECHARAM. Então voltamos. Não fomos a Bordeaux; íamos tentar evitar as grandes cidades. Fomos uns 60 quilômetros para o interior, encontrando tanques alemães já no caminho. De todos os lados encontrávamos soldados que tinham deixado o Exército e se refugiado na pátria deles. A gasolina estava acabando, e só conseguimos gasolina de avião para podermos viajar. Fomos a um pequeno lugarejo no momento da missa que os franceses fizeram porque tinham perdido a guerra. Assistimos à missa e procuramos um lugar. Encontramos uma casa de família, dois quartos grandes. Nossas famílias podiam se separar, dormir no chão, mas havia onde dormir.

A FUGA PELAS MONTANHAS. Então fomos a um pequeno lugar no país dos bascos, e encontramos um grupo de soldados franceses que nos disseram: "Já que nós não podemos fugir, vamos ajudar vocês a fugirem". Pernoitamos num hotel muito bonitinho, comemos uma boa comida basca; ainda nos venderam pão e outras coisas. No dia seguinte, nos levaram a pé pelas montanhas, saímos de nossos carros, abandonamos três carros na rua, e fomos para o outro lado. Lá eles já tinham um entendimento com os soldados. Então subimos e chegamos à Espanha. Eles não cobraram; já possuíam três carros.

Como sempre, Suzana analisa ironicamente a "ajuda" voluntária que tivera dos soldados franceses que ficaram com seus carros. De qualquer modo, melhor resultado tiveram estas pessoas, cuja trajetória de fuga, por região semelhante, fora fatal para Walter Benjamin.

A TORTURANTE BUSCA DE MAIS UM VISTO. Chegamos na Espanha e tínhamos que ter um visto, uma permissão de *séjour* [permanência] de cinco dias. Chegamos numa

quinta-feira; na sexta tínhamos que nos apresentar às autoridades espanholas num outro lugar. Dinheiro, não se podia trocar, somente 50 dólares de cada vez. Nosso amigo solteiro e eu fomos para Valência; resolvemos deixar os outros para irmos com um trem muito superlotado para Madri, para tentar fazer alguma coisa para sair da Espanha. Meu marido achou um lugar para dormir num bordel, o único lugar que tinha camas vazias. Em Madri tínhamos um amigo, mas era sábado, estava tudo fechado. Já era o terceiro dia, não? Primeiro dia, chegamos. Segundo dia, fomos ao Serviço Militar. Terceiro dia, sábado; quarto dia, domingo; e quinto dia, segunda-feira. Então os homens foram para o consulado, eu para a polícia para tentar prolongar o visto.

– Os senhores têm que deixar o país [Espanha] antes da meia-noite.

Então me telefonaram para a pensão que havíamos encontrado dizendo para eu preparar as malas. Ora, as malas! Com aquelas poucas coisas que tínhamos... meu marido tinha um terno! Quando eles chegaram, às 7 horas, eu estava tranquilamente sentada em cima da minha cama, fazendo tricô.

– Mas você está maluca?

– Vocês querem me dizer para onde querem ir? Portugal está fechado. Vocês querem voltar para a França? Nossa primeira possibilidade agora é irmos ao mar e nadar. Isso não quero fazer. O que vamos fazer? – eu disse.

– Vamos voltar ao Comissariado de Polícia.

Assim o fizemos.

MAIS CORRUPÇÃO. O ajudante da polícia, graças a Deus, estava num tratamento de sífilis e precisava de muito, muito dinheiro. O que nos custou, prorrogar o visto a cada cinco dias! Das poucas coisas que eu tinha... primeiro se foi um broche de brilhantes de minha mãe. Segundo, se foram meus anéis, depois a estola, a máquina fotográfica... E eles perguntavam:

– Onde está seu colar de pérolas?

– Não tenho, deixei no cofre na França!

– Ah, como vamos fazer?

– Não vamos fazer.

Continuamos procurando visto para fora.

A EMBAIXADA DE PORTUGAL. Então tentei... meu marido sempre "querendo" participar. Tentei a embaixada de Portugal. Foi muito difícil, fui muito maltratada e acho que isso vem da história, da memória do nazismo. Eles diziam: "Volta daqui a cinco dias...".

Tinha gente com muito dinheiro. Eu tinha um cheque de 4.500 dólares, que tinha conseguido levar da Espanha. Era proibido tirar de lá; levei dentro do meu estojo de pó de arroz, na bolsa. Com o dinheiro, abri nova conta no mesmo City Bank onde eu tinha aberto uma vez não sei por quê. Eu também tinha, por acaso, um extrato de conta, mas o senhor Roosevelt tinha bloqueado tudo, porque muitos desses refugiados eram quinta-coluna, e eles não podiam receber o dinheiro. Então isso foi tudo que tivemos naquela Santa Terra.

O BRASIL. Eu sabia que o embaixador do Brasil dava visto para refugiados; era a época, aqui no Brasil, em que não aceitavam judeus nem negros. Mas podia-se tentar, a gente tinha que ter 20 contos para obter o visto. Eu já tinha uma ideia do Brasil. Aqui, tinha meu cunhado e minha cunhada, que já desconfiava que não fossem ficar, porque minha cunhada não gostava do Brasil, ela... podia se permitir o luxo. Mas tínhamos muitos amigos de "fraternidade" de meu marido, da Alemanha, que já viviam aqui. "Fraternidade" são essas uniões de estudantes em que se batem com espadas para ter muitas cicatrizes... É chique ter uma supercicatriz de lá para cá, isso demonstra que alguém estudou, é um intelectual de alta classe. Chamam de *Bridershaft*, esse tipo de fraternidade; era muito exclusivo. Lá na Alemanha havia *Bridershaft* que não aceitava judeus, e outros eram mistos. Meu marido tinha grandes amigos em São Paulo. O doutor Lorch, que era um aristocrata; o doutor Hamburger, pai do Stephan, do Ernesto... A mãe deles era uma verdadeira aristocrata judia, Blaichman. Havia alguns outros. Com o doutor Lorch estávamos sempre em contato. Cada ano, por alguém que vinha, ele mandava cigarros para meu marido; eu sabia quando nasceram os filhos dele e ele quando nasciam os filhos meus.

O BATISMO. Um dia o *attaché* do Brasil me diz: "A senhora volta à tarde". Não gostei muito da ideia, sabia que a embaixada estava fechada à tarde, o que eu ia fazer com o *attaché* à tarde lá? Mas o homem se comportou muito bem.

– O senhor embaixador quer que a senhora preencha essas fichas e deixe em branco na religião. Não escreva ateísta – disse ele.

– Não sou ateísta – eu disse, mas alguma coisa soava na minha cabeça. Então eu perguntei:

– O que devo escrever?

– Católica!

– Precisa comprovante?

– Sim.

– E se o comprovante vier depois de amanhã?

– Vale.

O amigo que tínhamos havia em casa um refugiado não judeu, católico, que disse: "Bom, vamos ver". Então tivemos três dias divertidíssimos na maior, na mais fina paróquia de Madri. Eles preparavam meus filhos e meu marido. Eu, depois de ter ido lá uma vez, disse: "Já sei tudo, não vou mais". Então tinha que escolher nomes bíblicos. "Um chama João Alberto, outro chama Pedro e eu chamo Tereza." Depois o batismo. E tínhamos que repetir: "Eu abjuro dessa religião do diabo, a qual pertencia até agora". Nosso amigo católico, como intérprete, disse em alemão, no mesmo tom: "Tudo isso é absolutamente *nonsense*, não tomem nota disso". Eles deram o certificado, não cobraram um centavo e nunca tentaram um contato com os meninos aqui, que eram duas almas salvas da religião do diabo... Isso foi em Madri. O visto de saída também. O visto para o Brasil era o mais importante. Volto à embaixada com os meus certificados, os entrego. "Espera um momentinho." De repente a porta se abre, um homem muito elegante põe a cabeça e fecha a porta. Dentro de minutos, sou chamada. O homem elegante era o embaixador do Brasil. Não sei o nome dele, não posso decifrar o nome no meu passaporte. Conversa comigo e diz que vai me dar o visto.

– Agradeço muito, excelência, mas uma pergunta: sei que o Brasil exige uma certa soma dos refugiados para não cair na dependência das autoridades brasileiras. Sei que lá fora tem gente que tem mil vezes, e muitas mil vezes, mais dinheiro do que posso provar para o senhor que tenho. Esse extrato é de maio; como o senhor pode saber que tenho?

– Minha senhora, vou lhe dizer uma coisa, tenho o direito de escolher a quem dou o visto. Acho que o Brasil precisa de gente como a senhora e seus filhos.

Assim cheguei ao Brasil.

Esse relato revela a hegemonia da Igreja católica no Brasil, país em que o regime, aliás, era republicano – uma República não muito laica.

Revela, ainda, a imagem do judaísmo como "religião do diabo", presente nos anos 1940 em partes da Europa e no Brasil.

Mostra também como ao dar um visto para o Brasil a autoridade outorgante era absolutamente arbitrária. Muitas vidas de judeus foram salvas ou perdidas ao acaso.

AS SEMPRE SURPREENDENTES LUZES DO RIO DE JANEIRO. Quando chegamos ao Rio, à noite, esta luz!, luzes como não conhecíamos mais. Em Paris vivíamos no escuro, em Madri também. No mar não podia ter luz e essa cidade dava a impressão... era...

Um novo começo. Uma amizade para sempre

Ao chegar em São Paulo, a família foi recebida pelos parentes e encaminhados para um simples hotel no Largo do Paissandu; dinheiro, quase não tinham.

No primeiro dia eu estava ainda muito fraca. Fiquei na cama e, à tarde, apareceu o doutor Lorch para nos desejar bom dia e pegar meus filhos para conhecerem os filhos dele. Ainda vejo meus dois moleques saindo atrás do doutor Lorch, acenando para mim, porque tinham que ir à casa de meninos que não conheciam. Nessa primeira tarde cresceu uma amizade para a vida toda.

O LICEU PASTEUR. Logo no outro dia, Jean saiu para ver a cidade, para se informar um pouco, e ao voltar para o almoço no hotel disse: "Peço para vocês irem hoje à tarde no liceu francês. Fui lá, falei com o reitor e ganhei uma bolsa de estudos...". O Liceu Pasteur, no primeiro dia! No segundo dia de nossa vida no Brasil, meus filhos iam à escola... sem saber falar português.

Do "castelo" ao banheiro coletivo

Os Frank foram em seguida para uma pensão na Praça Buenos Aires, Higienópolis. O banheiro era coletivo; a água invadia o chão do quarto. Apesar de viverem muito precariamente, talvez o mais grave fosse o sentimento de duplamente refugiados.

Minha posição no Brasil estava muito difícil, porque no fundo eu era uma refugiada alemã mas, pelos anos que tinha vivido na França, tinha uma parede entre eles, os alemães e nós. Também a maioria dessa gente que conhecíamos tinham vindo ainda com posses, tinham casas arrumadas, tinham vida regular, e nós, absolutamente nada! Ficava muito contente quando podia comprar um pouco de tecido para fazer fronhas a mão para meus filhos, ou ter como para pagar a pensão; tínhamos pouco dinheiro. Depois meu marido começou a ganhar um pouco... A gente pode viver com muito pouco!

UM SALÃO DE CHAPÉUS PARA SENHORAS. Procurei trabalho, comecei a trabalhar com minha antiga modista, Elsa Klainerger, que eu reencontrei aqui; abrimos um salão de chapéus.

AUTOPRECONCEITO: UMA JUDIA QUE NÃO SABE LIDAR COM DINHEIRO. Era uma época muito difícil porque eu... era incapaz de sair de uma sala e saber que uma coisa

custa 30 mil-réis e foi vendida a 70 mil, achava isso um roubo. Acho que aí tem uma falha na minha composição judaica. Elsa, sim, era muito boa negociante.

O TRABALHO IMPORTANTE. Era a época em que eu me separava de meu primeiro marido para casar com outro, que me livrou deste negócio. Ganhar dinheiro não é comigo; dinheiro é para gastar. No trabalho que acho importante, como faço agora, não me importo de ganhar dinheiro, mas lá me importava, achava isso imoral, não sei por quê; não julgo, mas achava.

Incorporar o preconceito de que os judeus só se preocupam com o dinheiro não foi um sentimento específico de Suzana Frank. Até que ponto desprezar a remuneração, o lucro, o salário, reflete a rejeição à imagem do judeu, à qual se impregnou a exploração do trabalho, do capital? Este tema, que não aprofundarei neste tópico, merece uma ampla análise possivelmente em um outro trabalho.

TRABALHO VOLUNTÁRIO. Queria fazer alguma coisa e nessa época comecei a trabalhar na Ofidas, com Luiza Deutch. Estava no começo da Ofidas. Já tinham alguma coisa como uma *klindershtude*, uma distribuição de roupa... Mudamos para a Rua Bandeirantes, n.68; no porão montamos a *kleidershtude*. Depois trabalhei alguns anos junto à diretoria da creche. Lá, já tinha a ideia de que não se devia isolar completamente as crianças judias do ambiente onde finalmente viviam. Insisti muito para que admitissem crianças de cor e, de fato, um dia cheguei na creche e as crianças que me conheciam... correndo, correndo... gritaram para mim: "Tia, tia, temos uma boneca!". Coitado do pretinho! Meu método pedagógico parece que calhou.

De como uma refugiada judia entra para a alta administração municipal

Após a extraordinária fuga de Suzana, marido e filhos para o Brasil, os Frank se instalam em São Paulo. Proveniente da alta burguesia alemã, de elevada formação cultural, Suzana refez sua vida. Os jovens filhos entram para o liceu francês e tornam-se amigos de algumas famílias judias também pertencentes às altas camadas econômicas e intelectuais. Assim que sua situação financeira se equilibra, passa a participar de atividades de assistência à comunidade judaica.

Por volta de 1962, é criada a Federação das Obras Sociais (FOS) do município de São Paulo.

> Uma noite, em 1969, toca o telefone: "Aqui é Moisés Kauffman. Dona Suzana Frank, preciso de três nomes de mulheres judaicas, com experiência em serviço social. Seu nome não entra em consideração, porque a senhora não é brasileira nata". No dia seguinte, telefona novamente.
> – Acharam os nomes muito interessantes e estão convocadas, para amanhã, dona Célia, Terezinha e a senhora.
> – Mas doutor, não sou brasileira nata, o senhor me disse que não entro em consideração, que é isso?
> – A senhora está convocada. Eu preciso...
> – Não sou uma pessoa com uma carreira.
> À noite, telefone.
> – Os três nomes são tão interessantes que foram convocados.
> – Para quê? Quem convoca? – perguntei eu.
> – O futuro prefeito, [Paulo] Maluf.

Por insistência do filho Pierre e pelos argumentos do doutor Kauffman, Suzana decide ir:

> – Você vai. Isso você não pode fazer, é muito malcriada; você vai. A única coisa que deve levar em consideração é que o "homem" quer. O filho de árabes quer fazer uma comissão ecumênica, porque a Secretaria do Bem-Estar Social já está ocupada.

O convite foi irrecusável. "E devo dizer que ele me tratou sempre muitíssimo bem, com muita consideração."

Suzana foi convidada a participar "como representante da comunidade judaica". Começa, então, uma nova etapa de sua vida. Ela relembra que "[...] não dispunha de nenhum preparo técnico, absolutamente nada; ali começou minha carreira e o contato com a vida paulista".

Suzana trabalhou na FOS por vários anos. Ela introduziu programas inovadores,[16] sobretudo voltados para a terceira idade, aproveitando a experiência e o conhecimento obtidos no exterior.

---

16 Treinamento e organização de voluntárias e funcionárias para trabalhar com crianças, portadores de deficiência, idosos etc.

Em uma vida com tamanhos obstáculos, essa mulher proveniente da elite econômica passa por dificuldades e, na segunda metade de sua vida, se integra à classe média brasileira. Judia, é obrigada a se converter formalmente ao catolicismo no período getulista para poder se salvar e imigrar. Este episódio, como tantos outros, nos são narrados com ironia e bom humor.

Suzana manteve-se judia, não religiosa, e nesta condição participou, até o fim da vida, de atividades solidárias na sociedade brasileira. Nossa entrevista terminou com a seguinte frase proferida por ela: "Vejam, há tantas coisas importantes para se fazer pelos outros...".

Suzana Frank continuou a viver no Brasil.

Qualquer trabalho é bom: mulheres e homens

Pode-se considerar imigrante uma pessoa que chega ao Brasil aos 4 anos de idade? Esta questão me ocorreu várias vezes ao analisar as histórias de vida que coletei para esta pesquisa. Havia casos em que, mesmo nascendo no Brasil, o historiante tinha tanto apego à história e às tradições do país de origem de seus pais que antes pareciam imigrantes do que brasileiros. E, ao contrário, muitos que aqui chegaram na primeira infância se assemelhavam inteiramente aos brasileiros natos, apenas se distinguindo deles pela certidão de nascimento. Trabalhar fora do domicílio foi uma dimensão de quase todos os historiantes, homens e mulheres; buscaram no Brasil condição de subsistência, à qual se somaram, por vezes, valores ideológicos e políticos. É o caso de Maria Wolfenson,[17] que, formada em contabilidade, trabalhou em várias empresas comerciais e também na Unibes e na Casa do Povo.

Maria Wolfenson: contadora

Nascida em Varsóvia, na Polônia, e chegada ao Brasil com 4 anos de idade, em 1925, Maria indiscutivelmente se considerava brasileira; sempre morou no Bom Retiro. Seu pai tentou viver no Uruguai, mas preferiu o Brasil. Trouxe a mulher e filha depois de 6 meses.

UM QUARTO, UMA CASA DE FUNDOS. Meu pai morava num quarto alugado de uma família brasileira na Rua Júlio Conceição. Ficamos lá durante vários meses, até que alugamos uma casinha na Rua Guarani, que era assim num fundo de quintal. Tinha dois quartos, cozinha, banheiro, e lá ficamos durante muitos anos, talvez uns sete ou oito anos.

17 Entrevista realizada em julho de 1982 por Célia R. Eisenbaum e Elka Frost.

Clientelchik, ambulante, braço fixo e outras modalidades

A família de Maria sempre morou no Bom Retiro e nos arredores, como na Ponte Pequena, sempre de aluguel. O pai trabalhava como prestamista mas, segundo diz ela, ele "não era ambulante":

> Meu pai trabalhava clientela, vendia à prestação. Mas ele não batia de casa em casa, não era aquele tipo de trabalho. Ele se relacionou logo com o pessoal de redações de jornais, do *Correio Paulistano*, do *Diário Popular*, e de bancos, como o Banco do Estado. Eu me lembro disso porque fez muitos amigos dentre seus fregueses. Ele morreu atropelado por um bonde quando ia visitar um amigo que tinha sido seu freguês.

A modalidade de venda em que os clientes encomendam a mercadoria desejada se tornou muito comum e é vista ainda hoje em repartições públicas e outros setores em que os funcionários são relativamente estáveis, recebendo salários em dias fixos do mês. É um comércio ilegal: as mercadorias são expostas, frequentemente, nos banheiros; é feito um crediário "informal".

Para adquirir mercadorias, o imigrante enfrentava dificuldades, por desconhecer quem eram os fornecedores e não possuir capital. O pai de Enia Blay,[18] outra historiante, encontrou trabalho com essa forma de intermediação, o que ela denominava de "representações e comissões". Seu trabalho consistia em intermediar o contato entre compradores e vendedores.

Contou Enia que quando começou a chegar mais gente da Europa,

> [...] ele levava, vamos dizer, o Jacó para o Moisés, e o apresentava como cliente. Dizia: "Olha, ele é meu conterrâneo, é um cara honesto e você pode dar crédito". Se um cara comprava lá 50 mil-réis, o meu pai tinha uma comissão.

Florestan Fernandes, em seu belo estudo sobre as Trocinhas[19] do Bom Retiro, analisa o folclore como forma de socialização; da mesma forma, o relato de Maria nos fornece detalhes sobre as relações étnicas e a criatividade do lazer infantil.

18 Entrevista realizada em 18 de março de 1981 por Diana Blay.
19 Jogos infantis, cantos de roda etc.

Na minha infância não tive muita ligação com a colônia. Eu tinha amigos do bairro, mas não frequentava nenhuma sociedade judaica. Apesar de morar no Bom Retiro, não tinha amigos judeus. [...] As crianças frequentavam a rua e nós brincávamos lá; fazíamos teatrinho... A gente ia na casa deles e eles vinham na minha, mas eu nem sabia o que os pais faziam. Eu morava numa casa, em cujo fundo ficava uma vila de duas casas só; eu morava numa casa e na outra morava uma amiga, essa era judia, a Eugenia. Era muito amiga dela nessa época, moramos assim juntas durante muito tempo. E no quintal, ali naquela areazinha em frente às duas casas, fazíamos muito teatro. As crianças da rua, dali da vizinhança, vinham, pagavam entrada, e a gente representava historinhas de crianças que a gente mesmo escrevia, inventava na hora. Fazíamos a história e depois brincávamos de amarelinha, de boneca, de casinha, essas coisas todas.

Colégio Stafford – Um Des Oiseaux laico

Diferentemente da maioria dos filhos de imigrantes do Bom Retiro (judeus ou não), Maria Wolfenson estudou pouco tempo na escola pública do bairro, o Grupo Escolar Prudente de Morais.

Ela própria se indaga por que seus pais a colocaram num colégio pago quando eles tinham parcos recursos. Considerando as razões apontadas por outros historiantes que procuravam escolas para seus filhos visando obter contatos sociais que fossem úteis no futuro profissional, esta explicação caberia para entender o esforço financeiro feito pelos seus pais.

O contato com colegas de classe social mais alta poderia ter sido frutífero, mas no caso de Maria foi contraditório:

Tive muitos amigos na escola que até hoje conservo. A gente se dava bem. Fui para o Colégio Stafford, que era uma escola de super ricos. Tinha lá uma Alice Vergueiro, uma Nair Vieira, algumas assim que eu lembro mais porque o curso que fizemos foi criado há pouco tempo e fazíamos juntas.

O colégio era considerado muito bom, como o Sion naquele tempo, o Des Oiseaux, esse tipo de colégio, só que de leigos, não de freiras. Tínhamos aulas de religião católica, mas assistia quem queria, não era obrigatório, era uma coisa assim "*en passant*", uma vez por semana tinha uma aulinha de uma hora. A escola não tinha nenhuma conotação religiosa fixa, firme. Meu relacionamento lá dentro foi muito bom. Eu só sentia essa diferença de... *status*. Me lembro que muitas vezes me convidavam para festas e eu não podia ir porque não tinha roupa. Então ficava muito chateada, não tinha condições de acompanhar.

1917. São Paulo. Grupo Escolar Triunfo na Alameda Cleveland, Campos Elíseos.
Foto cedida por Malvina Teperman.

1927. São Paulo. Escola Americana Mackenzie, 1º e 2º anos do primário juntos. Da esquerda para a direita, primeira fileira em pé: professoras D. Nicota e D. Irene; sexta, Mariana Americano; sétima, Sarah Klabin; oitava, Dina Giordano; nona, Mariana Sonksen. Na segunda fileira em pé: quinto, Mário Zoel Ribeiro Branco. Na terceira fileira em pé: décimo, Moraes Barros; décimo primeiro, Jorge Abs.
Foto cedida por Sarah Klabin.

20 de março de 1930. São Paulo. Grupo Escolar do Brás: turma do 1º ano do primário. Amália Blay sentada à direita da professora.

Foto cedida por Cecília Abramczyk.

1934. São Paulo. Escola Roldão, no Cambuci. Grupo de alunas do 3º ano. Terceira fileira da esquerda para a direita: quarta, Cecília Klevan, única judia no grupo.

Foto cedida por Simão Farsait.

Aproximadamente 1920. São Paulo. Curso Universitário de Comércio do Mackenzie. Da esquerda para a direita, sentadas: a sexta, Esther Klabin, com corrente de coração escrito com letras hebraicas *chadai* [Deus te guie]; sétima, Semi Alcalai Mesquita Gama, esposa de Carlos Gama. Na primeira fileira em pé: primeiro, Nicolau Abs; décima, Gegê Americano, irmã de Oscar Americano. Na segunda fileira em pé: quinto, Moraes Barros.

Foto cedida por Sarah Klabin.

Início dos anos 1920. Estados Unidos. Max Klabin com diploma de Harvard em Humanidades.

Foto cedida por Sarah Klabin.

UMA GERAÇÃO DE MOÇAS REBELDES. As meninas internas eram assim de muito dinheiro. Elas eram internas por isso, ou porque davam muito trabalho... Elas queriam ter uma vida diferente daquela que levavam dentro de casa, então os pais internavam.

As jovens das décadas de 1940 e 50 viveram mudanças acentuadas nos valores e comportamentos. A rebelião contra o padrão patriarcal da classe alta era enfrentada pelos pais de modo drástico, como mostrou Maria: as moças das camadas ricas eram afastadas da família e dos amigos, e reclusas em colégios internos. Outro destino estava reservado para as meninas da classe média e da camada trabalhadora: muitas trabalharam e outras se envolveram em atividades sociais de solidariedade ou foram ainda mais longe, aderindo a partidos de esquerda.

O trabalho

Maria fez o curso de contadora no Colégio Stafford e exerceu a profissão por vários anos em lojas do Bom Retiro.

Em 1940 foram criadas e mobilizadas várias entidades de apoio aos novos imigrantes refugiados de guerra. Criou-se a Gota de Leite para as refugiadas alemãs e a Ofidas, cujos objetivos provocaram grande entusiasmo em Maria e em sua grande amiga, Elisa Kauffman Abramovitch.

A Elisa começou num lugar como assistente de dentista, só para poder entrar na Ofidas, de tão entusiasmada que ficou com o trabalho, com a explicação que a doutora Betty Katzenstein deu quando nos admitiu.
Na época a Ofidas tinha sete departamentos, o Lar da Criança já existia; tinha a Assistência Social propriamente dita, que era só assistência monetária dada às famílias que vinham. Tinha uma visitadora que ia às casas, era muito bem preparada. Eu é que preenchia as folhas, as visitas, o que as famílias queriam, o que se dava; era uma espécie de ata. Então tinha o Lar, a Higiene Infantil, um médico e um dentista que atendiam as crianças, e o Departamento de Roupas. Acho que na época era só. Depois é que se criou o Curso Vocacional, de orientação profissional, que foi trabalho da Elisa.
As famílias que recebiam assistência eram famílias judias pobres do Bom Retiro. Naquela época eram poucas as famílias não judias que a gente ajudava, um número mínimo, porque era um dinheiro arrecadado da colônia e não havia essa abertura. Depois mudou muito, ampliou-se para todos indistintamente.

É indiscutível o significado do trabalho social da Ofidas, válido em qualquer regime político: em períodos de forte imigração, o apoio aos recém-chegados para a instalação no novo país não pode depender da boa vontade individual. Implica uma organização estruturada, apoio econômico constante e atendimento profissional. A Ofidas adotou esta estratégia, que se manteve até hoje, incorporada posteriormente pela Unibes. Não é de estranhar, pois, o entusiasmo de Elisa e de Maria em compartilhar estas ações.

Alguns anos depois comecei a trabalhar na Ofidas, onde fiquei desde o comecinho até trabalhar na administração. Durante mais de quinze, quase vinte anos no total, fiz a administração da Ofidas.

DESTINOS QUE SE CRUZAM. A Ofidas ficava na Rua Bandeirantes, n.126, numa casa velha, e ocupava a parte de cima. Tinha um porão enorme. Ficamos lá durante muito tempo. Eu fiz a parte da construção do novo prédio na Rodolfo Miranda (Bom Retiro). A dona Luiza Lorch era presidente, e a dona Suzana Frank já era da diretoria. Havia também a Alice Krauz.

1940. Luiza e Luiz Lorch.
Fotos cedidas por Francisco Lorch.

Maria Wolfenson foi trabalhar em uma organização de apoio solidário da comunidade judaica. Ela conheceu justamente duas mulheres, Luiza Lorch, brasileira, e Suzana Frank, imigrante alemã. Luiza era da família Klabin, já instalada no Brasil há décadas. Suzana Frank, cuja história foi relatada anteriormente, era uma das imigrantes refugiadas do nazismo. Luiza Klabin Lorch se casara com o doutor Lorch, velho conhecido de Suzana Frank e que fora buscar os filhos desta logo no primeiro dia de sua chegada a São Paulo, para aproximá-los dos seus próprios filhos. Tanto Luiza Klabin Lorch como Suzana Frank eram atuantes na mesma organização de ajuda aos necessitados da comunidade judaica. Naqueles anos, a organização se chamava Ofidas. Anos mais tarde, reunindo outras organizações judaicas de ajuda, passou a se chamar Unibes. Maria acompanhou essas mudanças como funcionária da entidade: era o que poderíamos chamar de uma funcionária orgânica, pois estava ligada à organização e a seus princípios.

A imigração alemã foi fundamental na organização de um serviço de apoio aos refugiados do nazismo desde os últimos anos da década de 1930. Criou a Gota de Leite, que além do alimento fornecia serviço médico aos filhos e orientação aos adultos sobre como se integrar no Brasil. Em 1937 criou-se um novo serviço, o Lar da Criança, onde os filhos dos trabalhadores podiam ficar enquanto seus pais trabalhavam. O Lar da Criança, setenta anos depois, funciona amplamente e atende crianças judias e não judias.

Assim como no caso das sinagogas, o grupo da Ofidas também se subdividiu. Prevaleceu a origem nacional das colaboradoras. Conta-nos Maria Wolfenson que, "à medida que a entidade crescia e entraram mais mulheres de várias origens, as alemãs se voltaram mais para a CIP [Congregação Israelita Paulista]".

A Casa do Povo e o Colégio Scholem Aleichem

Maria participa de vários grupos estudantis; do Círculo Israelita; de bailes, de teatros, de piqueniques em Santos, de festas caipiras e de muitos debates sobre questões brasileiras. Israel não entrava nas cogitações desses grupos.

A mudança estava por vir. Aqueles valores de solidariedade aplicados na Ofidas iriam ser politicamente transformados.

> A Elisa sempre foi da ala progressista, e eu ainda ficava assim nesse meio-termo... Depois noivei com o Jacob [Wolfenson] e passamos a frequentar o Centro Cultura e Progresso, do qual ele era diretor. Aí mudou meu ambiente todo.

O Centro Cultura e Progresso, citado por vários historiantes (ver Tuba Schor, Mario Schenberg), recebia líderes políticos de esquerda e escritores progressistas, e tinha muita repercussão. Junto ao Centro foi criada a Escola Scholem Aleichem, dirigida por Elisa. Inovadora em seus métodos, a escola atraía alunos não judeus de vários bairros.

Com capital oferecido por Manoel Cassoy, construiu-se um edifício para o Centro Cultura e Progresso, criando-se, em 1953, o Instituto Cultural Israelita Brasileiro (Icib), mais conhecido como Casa do Povo. Entre seus fundadores estavam Henrique Golombeck e Bernardo Lifchitz (marido de Anna, nossa hiastoriante). O Icib iria reunir o Centro Cultura e Progresso, a Escola Scholem Aleichem, um teatro e uma biblioteca.

1962. Pré-inauguração do Icib no salão da sede na Rua Três Rios. Campanha de sócios.
Foto cedida por José Sandacz.

A escola foi perdendo alunos com a abertura de outras escolas de orientação semelhante em bairros próximos à moradia dos alunos. O já citado XX Congresso Comunista, com as revelações de Khrushchev sobre a perseguição antissemita de Stálin, foi fatal para a Casa do Povo; muitos associados se afastaram. Atualmente o Icib ocupa apenas dois andares, conserva uma importante documentação da fase áurea da instituição e se mantém aberto graças à abnegada atividade de Marina Sandacz.

Maria Wolfenson trabalhou em várias empresas do Bom Retiro, no setor de contabilidade. Morou no bairro a vida toda.

Fanny Hidal Rubinstein: a mais antiga

Fanny Hidal Rubinstein, a mais antiga brasileira nata desta pesquisa, nasceu em Santos, em 29 de novembro de 1898. Sobre seu pai, conta ela:

> Papai, José Tabacow Hidal, tinha uma fábrica de chapéus e bonés. Era num sobrado onde hoje é o Correio, no [Largo do] Paissandu, esquina da Rua do Seminário [em São Paulo]. Meu pai veio para o Brasil em 1888, sozinho, solteiro; era mocinho, com 21 anos. Dizem que, da família Tabacow, foi o primeiro que veio da Bessarábia, quando ela pertencia à Rússia, lá no tempo do tsar ainda. Acho que ele era de Iedenitz. Meu pai veio porque não queria cumprir o serviço militar.

A Argentina, no entanto, tinha uma forte imagem de país pleno de oportunidades, e por duas vezes o pai de Fanny se mudou com toda a família para aquela terra. A primeira vez foi em 1903. Ficaram por cinco anos. Retornaram ao Brasil em 1908, quando foram morar no Brás.

O pai, porém, ficou viajando entre Argentina e Brasil e, em 1914, mais uma vez, embarcam todos. Ficam quatro anos em Córdoba e quatro em Buenos Aires.

Nas várias estadias na Argentina, o pai de Fanny "plantou trigo e outras ervas", e em Córdoba "fazia torrefação de café". Fanny lembra das amizades em Córdoba e do antissemitismo em Buenos Aires.

> BRASIL. Em 1922 voltamos de novo para o Brasil. Meu pai começou a trabalhar, montou uma alfaiataria na Avenida Rangel Pestana, porque ele não dava para trabalhar em prestação, não gostava.

> ÍDICHE? Nós não falávamos ídiche em casa; quer dizer, papai e mamãe falavam ídiche, mas... o meu irmão estudou o ídiche, minha irmã também; todos estudaram, eu tam-

bém estudei um bocadinho, às vezes. Estudava quando o *rebele*[20] vinha em casa para ensinar o meu irmão, que estava para concluir 13 anos e fazer o Bar-Mitzvá. Porque para fazer o Bar-Mitzvá, chamava-se uma pessoa que sabia. Não era um professor, na Argentina não tinha... eram pessoas entendidas em fazer o Bar-Mitzvá. Meu avô também sabia fazer isso.

Neste seu relato, Fanny indica um fato muito frequente à época na comunidade judaica: as meninas aprendiam "de longe", indiretamente, pois o ensino religioso era destinado ao menino.

SER JUDEU ERA RESPEITAR AS TRÊS DATAS. Meu pai se considerava muito *id*. Ele toda a vida respeitou Pessach, Rosh Hashaná e Yom Kipur. Eu me lembro que quando nós morávamos na fazenda – e lá tinha aquele forno grande –, meses antes do Pessach, já se começava a preparar a farinha para a *matze* [ou "matsá", pão ázimo]. Eu me lembro como se fosse hoje de como eu fazia a *matze* em casa e de como gostava de passar aquela carretilha na massa.

Quando não havia produção industrial de produtos específicos para as festas judaicas, as famílias os produziam. Assim se deu com a família do professor Athias, no norte do Brasil, ou na Argentina e em São Paulo, com a família Hidal Tabacow. Fazer a matsá era um saber da memória familiar.

A IMAGEM DO JUDEU. Quando nós fomos a segunda vez para a Argentina, fomos morar em Buenos Aires – aí nós já estávamos bem mais... avançados! Eu já era mocinha, já tinha 10 ou 12 anos; nós já íamos à escola. Mas o papai não deixava a gente ir à aula de religião. Quando chegava a aula, nós saíamos. E daí me perguntavam, eu ainda me lembro como se fosse hoje: *Como? Eres judia? Pero no tienes cuernos* [chifres], *como tu eres judia?* A senhora já viu que mentalidade?!

MEU AVÔ. Meu pai não era fanático, mais fanático foi o meu avô. De manhã cedo punha os *tefilin* [filactérios], fazia as rezas, aquelas coisas todas, tomava o chá com *kichalech* [bolachas]... Porque meu pai ensinava a respeitar as três datas. Era assim que ele pensava,

20 Diminutivo de *rebe*, "rabino".

toda a sua vida, até o fim; nestas três datas – Rosh Hashaná, Yom Kipur e Pessach –, ele não trabalhava nem nada, ia na sinagoga, fazia tudo, e da mesma maneira ensinou o meu irmão. Meu irmão teve que ir estudar em outra cidade, e depois, quando foi fazer o Bar-Mitzvá, não tinha rabino, não tinha nada; então, arranjaram pessoas... e não faltaram judeus, vieram famílias, oraram muito. Foi assim.

A prevalência da comunidade, imposta religiosamente pela necessária presença de dez homens adultos – o *minian* –, aproximava as famílias judias. Fortaleciam-se os contatos e, por consequência, as relações sociais.

9 de março de 1918. Santos. Casamento de Fanny e Adolpho Rubinstein.

Foto cedida por Fanny Rubinstein.

ANDAR A CAVALO PARA ESTUDAR. Na Argentina, quando nós morávamos no Pampa Central, íamos numa escola que ficava num lugar afastado, longe da fazenda do meu pai. Tanto é que nós íamos a cavalo, montadas. O meu irmão mais velho é quem nos levava, a mim e à minha irmã; era um colégio particular, de fazenda, e lá é que nós aprendemos as primeiras letras. Eu era bem menina e as minhas irmãs também.

Era início do século XX. Fanny era criança, a escola ficava longe, mas frequentá-la era imprescindível. Para as meninas, tratava-se de comportamento raro no Brasil.

O GRUPO ESCOLAR. Depois, quando viemos para o Brasil, continuamos estudando; frequentamos primeiro o Grupo Escolar Piratininga, do Brás. Mas não terminei o quarto ano porque meu pai voltou novamente para a Argentina; lá continuamos a fazer um pequeno curso. Foi sempre muito interrompido o nosso estudo; isso eu e a Anita, porque a Rosa e a Ida já fizeram o curso inteiro – na época delas, nós já morávamos em Santos. A Ida e a Rosa se formaram em contabilidade no José Bonifácio. O Emílio fez até o ginásio, depois quis fazer medicina e, como em Santos não existia faculdade, ele foi para o Rio de Janeiro e lá ele se formou médico.

Trajetória típica desta primeira geração de judeus: todos estudavam, meninas e meninos. Mas, se a universidade ficava reservada aos homens, as mulheres faziam um curso profissionalizante: comercial ou contabilidade.

Um dos mais antigos judeus de Santos

Conta Fanny que o operariado do porto de Santos conhecia seu pai, sabia que ele falava outras línguas e era chamado para ajudar nos contatos difíceis com estrangeiros que desconheciam o português.

Sempre ajudou também as pessoas que, vindo da Europa, tinham complicações na alfândega. Por exemplo, ele resolveu a confusão quando chegou o Yanchel Schneider [um imigrante]. Meu pai tirou-o de bordo e levou para casa – a primeira casa que ele pisou aqui foi a casa do meu pai. As pessoas chegavam, não sabiam falar nada; então mandavam chamar meu pai, ele ia e resolvia porque já morávamos há muitos anos em Santos e ele tinha muitos conhecimentos.

O PRIMEIRO CAFEZINHO. Meu pai não ganhou dinheiro porque era muito aventureiro. Ganhava e depressa gastava. Ele também ajudou muito os que chegaram: o Kauffman, o Klabin, o Tabacow (que era primo dele). Também o velho Salomão Teperman, a primeira casa ídiche que pisou aqui foi a nossa. Meu pai sempre os levava para casa para dar o primeiro cafezinho, o primeiro chá. Depois levava até a estação para irem a São Paulo.

QUANDO NÃO HAVIA SINAGOGA EM SANTOS. No tempo em que morávamos em Santos não havia sinagoga. Alugava-se uma residência ou um salão de festas para fazer as rezas. Nós sempre vínhamos para São Paulo.

FUNDADOR DA SINAGOGA DA RUA DA GRAÇA. [...] tanto que a primeira sinagoga de São Paulo foi meu pai que fundou. Foi no Bom Retiro, na Rua da Graça. Meu pai, meu tio Bernardo Nebel, meu avô, e o José Kauffman...

CASAMENTO NO "ÍDICHE" E CASAMENTO CIVIL. Papai e mamãe foram padrinhos de casamento do José Kauffman, que se casou na casa do meu pai, na Avenida São João. Naquele tempo o casamento era feito só no ídiche, não se fazia questão de casar no civil. Meu pai contou que ele também se casou só no ídiche. Depois que já tinha três filhos, quando precisou viajar para a Argentina, foi que resolveu casar no civil para poder viajar.

TRABALHO. Acho que trabalho desde os 15 anos. Eu era a mão direita da minha mãe. Ela cuidava dos cinco filhos. Comecei a trabalhar fora para ganhar dinheiro quando meus filhos já estavam em idade de estudar, porque precisei ajudar meu marido depois da viagem que fez à Alemanha (quando perdeu toda a mercadoria que vinha num navio que afundou... e outros negócios que não deram certo).

Fanny se responsabilizava pela manutenção da casa e pela educação dos filhos. Assume seu papel; fez o que tantas mulheres fizeram aberta ou veladamente.

Fazia roupa de criança, costurava, vendia, sei lá, fazia de tudo o que aparecia. Fiz roupa de criança para lojas que então abriram. Para educar os filhos tive que trabalhar sério. Primeiro era brincadeira, ajudava um ou outro, por esporte. E eu não tinha prática. Mas eu virava minha cabeça e arranjava um jeito. Comecei a trabalhar com blusas russas, fui eu quem lançou aqui a moda das blusas russas. Foi em 1930, na Revolução do tempo do Getúlio, quando o Washington Luís foi deposto. Eu morava na Vila Mariana, na Rua França Pinto, e a meu lado morava uma família parente desse presidente. Era sua cunhada. E a esposa do Washington Luís frequentava essa casa, que era da irmã dela. Fiz conhecimento com ela.

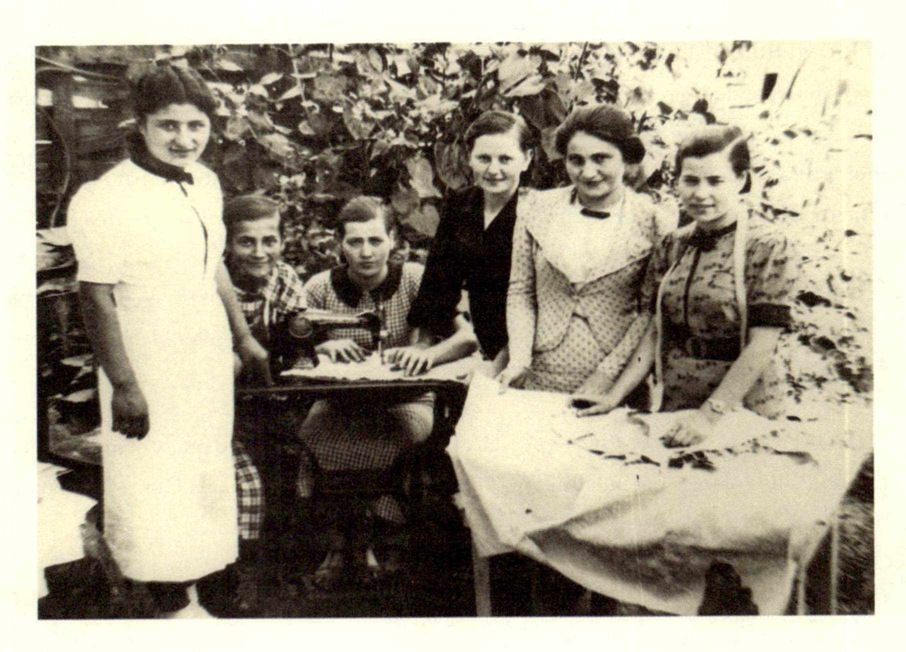

1932. Varsóvia. Oficina de costura de lingerie. Dona Mincha tinha ido aprender uma profissão.
Foto cedida por José Zilberberg.

A MULHER DE WASHINGTON LUÍS: O TRABALHO OCULTO. Eu vestia muito bem os meus filhos e ela sabia que eu fazia toda a roupa deles. Estavam bem vestidinhos como filhos de grã-finos e ela achava muito bonito.

– Quem faz?

– Sou eu – respondia.

Então um dia ela me chamou e perguntou se eu não gostaria de fazer algumas roupas para ela, porque quando o Washington Luís foi deposto e exilado para Paris, ela ficou aqui e não podia fazer nada; queria montar uma loja de roupas. Ela me trouxe uma blusa, daquelas de bordado russo, com ponto paraguaio e disse:

– Você é capaz de tirar este bordado?

– Vou tentar – respondi.

Eu sei que tentei, tentei, cismei de fazer e acabei acertando; ela adorou e começou a me dar outras blusas para fazer... E ela vendia. Montou uma loja na casa dela.

DE COMO AS MULHERES SUSTENTARAM SUAS CASAS. Era a própria senhora do Washington Luís quem se entendia comigo. Ela pedia para eu fazer aquelas roupinhas, como fazia para meus filhos, para ela vender na loja. E como eu não tinha modelagem de loja, eu fazia do tamanho que fazia para meus filhos. Costurava aquelas roupinhas, calçazinhas, camisazinhas, botava bordadinho – eu nem sabia bordar, mas botava lá um bordadinho, inventava. Depois aos poucos fui produzindo, vendendo mais. Aí já fui procurar uma bordadeira para fazer para mim.

A LOJA DA ESPOSA DE WASHINGTON LUÍS. Depois a senhora Washington Luís montou uma loja em frente ao Theatro Municipal, na esquina com a Rua 24 de Maio. Uma loja baixa, de esquina. Primeiro era na Barão de Itapetininga, na parte de cima de um sobrado; embaixo era a Peleteria Wolf. Ela montou essa loja com as blusas russas e as roupas de criança que eu fazia para ela. Depois começou a aceitar mercadoria da grã-finagem de São Paulo, que precisava de dinheiro. Eles davam as coisas que tinham em casa, objetos de prata, quadros, tapetes – foi assim que começou. Aí o movimento ficou grande e a loja, pequena. Então ela alugou a esquina toda, embaixo tinha uma farmácia. Davam a mercadoria em consignação. Eu acho que a loja nem tinha nome, porque não podia aparecer o nome da esposa do Washington Luís, não ficava bem. Ele estava exilado, ela ficou aqui e precisava fazer isso para ganhar dinheiro.

A LOJA NO LARGO DO AROUCHE. Depois de fazer muita blusa para ela, resolvi fazer um trabalho particular. Já tinha uma freguesia muito fina: abri uma oficina em casa, com costureiras. Fazia roupa de criança e lingerie. Trabalhava em casa. Daí mudei para o Largo do Arouche e lá montei uma loja, que existe até hoje. A residência era nos fundos, uma casa muito bonita. Fazia roupas de criança e blusas primeiramente com ponto paraguaio; depois apareceu o ponto smoking, que é feito numa tela de talagarça. Como tinha muitas vendas, comecei a botar anúncio no jornal procurando bordadeiras que soubessem ponto cruz. Então apareceram húngaras, polonesas que sabiam o bordado russo. Eu dava o material e pagava... era uma ninharia. Eu inventava os desenhos, tinha um álbum com todos eles. Foram quatro, cinco anos com essa febre de blusas russas. Depois do último Carnaval eu não vencia... Comprava cambraia e fazia enxovais para criança – cambraia estrangeira, porque não tinha nacional. Eu era freguesa do Mappin antigo, o Mappin Stores. As costureiras faziam tudo, ficavam na oficina; na loja, eu dirigia. Tinha sempre três ou quatro moças trabalhando, fora as que trabalhavam em casa. Só tinha duas lojas especializadas, eu e a Casa Alberto. A minha desapareceu [fechou].

OS "SÓCIOS" COMUNISTAS. O meu marido trabalhava separado, tinha o negócio dele. Primeiro ele começou a trabalhar comigo; depois ele resolveu arrumar dois sócios, pa-

rentes dele, que ele queria ajudar. Mas eles não faziam nada, ficavam o dia inteiro sentados lá na escrivaninha lendo livros comunistas. Então eu disse: "Ou você os põe para fora, ou eu me vou". Ele os mandou embora. Aqueles sócios não faziam outra coisa que tirar cheques e vales, para tirar dinheiro... e atrapalhar minha vida. Eu tinha quatro filhos para educar, dar de comer, dar colégio. Eu quis educá-los melhor; eu não fui educada como queria, e queria educar meus filhos.
O dinheiro que eu conseguia com a loja entrava no "bolo", tinha que entrar; eu tive quatro filhos para criar, três meus e um de criação.

A REVOLUÇÃO DE 1932. Eu participei da Revolução de 1932, ajudando a Cruz Vermelha. Costurava echarpes e blusões, não muitos, mas ajudei. Lá entrei, justamente, por intermédio daquela vizinha parente do Washington Luís. Nessas revoluções tudo ficava atrapalhado. O comércio fechava, faltava tudo, mantimentos eram racionados. Tinha que fazer fila para um copo de leite.

Fanny simbolicamente representa o enorme esforço de muitas mulheres que superaram o preconceito contra o trabalho feminino e garantiram suas famílias. Criaram inovações, montaram pequenos ou grandes negócios. Cito, ao lado de Fanny, a imigrante italiana Miranda Muscati,[21] que fundou a Malharia Miranda, famosa nos anos 1960, renovando a malharia em São Paulo ao introduzir o maquinário especializado para produção de roupas infantis.

Entre as mulheres empreendedoras, destacou-se nas décadas de 1940 até o começo de 1980 a empresa de Madame Rosita.

Madame Rosita e a alta-costura paulista

A alta-costura paulista teve em Rosita Libman, a madame Rosita,[22] uma grande empresária. Nascida no Uruguai, imigrou para o Brasil em 1935. Sua casa foi, talvez, a primeira casa de alta-costura a fazer desfiles de moda em São Paulo; os jornais davam grande destaque às apresentações que ela fazia no Theatro Municipal. A moda era apenas parte do espetáculo, que incluía balé e música. Estes desfiles tinham como finalidade contribuir para a Cruz Vermelha, o Hospital do Câncer e outras grandes instituições.

21 Entrevista realizada em 9 de dezembro de 1982 por Cecília Abramczyk e Diana Blay.
22 Entrevista realizada em 18 de novembro de 1982 por Eva Alterman Blay e Célia R. Eisenbaum.

Fiz desfile para Cruz Vermelha, no Theatro Municipal, quarenta, quarenta e dois anos atrás (1940 aproximadamente). A sociedade que havia antes ia nestes desfiles. Eu casei gente importantíssima daqui.

Na época não havia no Brasil manequins profissionais; quem desfilava eram pessoas da "alta sociedade".

Gente da sociedade desfilava nos desfiles do Theatro Municipal. Pessoas da alta sociedade, de grande importância, morando no Rio, muita gente, muita moça. A Conceição da Costa Neves, quando era casada com o doutor Santamaría, ela não foi modelo, foi uma das promotoras da Cruz Vermelha. Dona Ilda Carvalho, esposa do doutor Carvalho, dos Diários Associados, trabalhava muito, foi a primeira esposa do doutor Edmundo Monteiro. O próprio Assis Chateaubriand vinha. Essas pessoas promoviam o desfile. Eles convidavam grupos de senhoras da sociedade local da época, a alta. Não havia, naquele tempo, manequins profissionais. Hoje em dia elas estudam, vão à escola. Há uns dezoito anos mais ou menos (por volta de 1960), começou a ter manequins profissionais. Antes, naquela ocasião, fui eu que ensinei; eu "andei" com elas, ensinei a "andar".

A imprensa noticiava os desfiles, dando detalhes. Madame Rosita guardou recortes de jornal sobre aqueles eventos onde se lia:

Magnífico desfile de modas, apresentando nos salões Esplanada magníficos modelos em peles e modas em honra do posto 30 da Cruz Vermelha Brasileira e do Sub-Comitê Francês. Madame Rosita proporcionou à fina sociedade bandeirante um espetáculo de rara beleza e bom gosto. Merecem especial referência os modelos em pele, verdadeiras joias que arrancaram das mãos dos presentes...

Madame Rosita, como era conhecida, bebia informação nos Estados Unidos e em Paris. Para isso viajava para o exterior, no que também foi precursora.

A primeira vez que viajou ela ainda vivia no Uruguai e trabalhava para um jornal: "Em 1934 mandaram-me para a Europa, como cronista de moda. O jornal mais importante do Uruguai me pediu para ir".

Em 1935, imigrou para o Brasil e abriu uma loja muito pequena na Rua Barão de Itapetininga, local então muito sofisticado. Seus negócios foram crescendo, e em 1939, véspera da guerra, Rosita viajou novamente para a Europa, agora por interesse de sua

loja bem ampliada da Rua Barão de Itapetininga. Era já muito conhecida, mas tão inusitado era viajar de avião, sobretudo uma mulher sozinha, que a imprensa a acompanhou noticiando sua partida, publicando fotos nos Diários Associados.

> A primeira vez um avião levou três, quatro dias *hasta*[23] Miami. Eu fui neste avião. Os jornalistas dos Diários Associados estavam se despedindo, todos eles foram lá se despedir, porque era uma viagem feita por uma mulher sozinha que ia para os Estados Unidos naquela época. Para mim era tudo muito natural.

1941. São Paulo. Madame Rosita indo para os Estados Unidos para ver a moda. Jornalista dos Diários Associados se despede.
Foto cedida por Madame Rosita.

---

23 Madame Rosita mistura espanhol e português. Mantenho sua fala original.

Vivia-se às vésperas de guerra e, ainda assim, ela visitava as grandes *maisons* de moda de Paris.

Em 1939, indo para a Europa, vi horizontes de uma moda internacional, trouxe novas ideias, trouxe nova modelagem, e aí então cresceu de tal maneira que tive que ampliar. Trouxe um monte de ideias.

NOVA YORK. Ia para Nova York comprar peles em bruto. Fui para o Canadá, para a Colômbia. Eu nunca sabia o que era pele. Eu tinha aqui um polonês ídiche, na Barão de Itapetininga, que foi peleiro. Era pai da Frida... Max Strauss. Nós íamos juntos fazer compras. É em lugar de mercado, só vão os compradores, precisa ter uns *autorizacione* [sic] e mostrar documentos para entrar. Eles jogam as peles em cima da mesa e a gente escolhe. Eu escolhi com o meu gosto e nada mais. Conhecimentos não tinha muito, *pero* gosto eu tinha. Sabia quando é bonita, quando não é bonita. Trouxe peles. Era livre, tudo livre. Não como hoje. Não havia necessidade nem de guia de importação. Nada, nada. Você escolhia, punha em caixotes. Encaixotei e mandei. Eu vendia. Não vendi bruto; *tenia* gente que já fabricava.

Rosita fez um desfile com esses casacos, estolas de pele. A imprensa assim noticiou, referindo-se à plateia:

Prolongadas salvas de palmas: a senhora Conceição Santamaría quando cumprimentava a diretoria da Peleteria Americana e Peleteria Wolf pelo extraordinário êxito daquela parada de moda.

Nesse país tropical, Madame Rosita tinha geladeiras especiais para guardar as peles que as clientes lhe enviavam.

Mulher inovadora, criativa, modista que "não sabia costurar, nem pregar um botão", como ela mesma dizia, Rosita era talentosa: inovou em muitos outros campos, como na obtenção de fundos para o Hospital do Câncer:

Fale com dona Carmen Prudente, sobre quando abriram a campanha do câncer do marido dela, Antônio Prudente, para manter o hospital. Foi assim: comprei cama. Foi ideia *mia*. Aliás, comprei um leito. Sabe quantos anos faz? Não existia isso, ninguém sabia, eu que dei a ideia... Ficou marcado. Depois levantaram os médicos, os grandes, os ricos... Eu não era nada, era mulherzinha de nada. Levantei e disse: "Façam isso, e isso e isso". Fui aplaudida, e um dia comprei o leito... No fim do ano, a dona Carmen Prudente me chamou e fez uma festa na quadra do Instituto da Mulher *del año*.

ORIGEM ERA MODESTA. Papai era bancário. Mas não gostou de morar no Uruguai e me disse: "Faça sua própria vida, eu vou morrer em Israel". Me deixou com sete irmãos pequenos e foi para Israel. Ele nos abandonou.

Em Montevidéu, Madame Rosita trabalhou com móveis e decoração desde adolescente. Nunca estudou decoração, mas tinha talento para essa atividade; inventava, criava. Casou-se aos 20 anos com Max Libman, que esteve presente durante a entrevista, assim como sua filha Dora.

E aqui também logo me pus muito bem. Parece que são 46 anos. Aceitaram meu trabalho aqui na alta sociedade. Tenho admiração, são fabulosos os brasileiros. As brasileiras são diferentes. Uma raça boa, raça quente, raça que recebe. Uma das melhores raças é a brasileira. Tenho uma admiração.

Madame Rosita cita várias pessoas da sociedade e da política brasileira, mas pouquíssimos judeus. Além dos brasileiros, relacionava-se muito com a colônia libanesa. Os contatos não eram apenas comerciais, mas se estendiam em relações sociais – incluíndo recepções em sua casa e os convites que recebia.

E amizade, porque procuramos sempre dar uma opinião sincera sobre o que a pessoa tem que vestir em determinada ocasião, e não apenas deixá-las comprar o vestido, pagar e ir embora; tenho interesse mais pela gente, pela pessoa.

MADAME ROSITA ADOTOU OS COSTUMES PATRIARCAIS BRASILEIROS. Houve uma modelo francesa que contratei, Jacqueline, que até ganhou prêmio. Pedi para ela trazer colegas. Aquela moça, quando veio, não deixei ficar no hotel, ficava na minha casa; aqui era para desfilar. Nós pagamos todas as despesas e ela foi de volta depois. Não foi uma vez, foram diversas vezes que as francesas vieram.

NA OFICINA: DIVISÃO POR SEXO. Depois, *en la oficina*, eu tinha homens separados das mulheres, para não trabalharem juntos. Trabalham muitos e há muita bagunça (agora não, porque já estão quase todos velhos).

A EQUIPE. Quando faço desfiles no interior, não sei se compram. Não interessa a mim, comprar não me faz falta. A clientela dá. Eu não valho por isso, eu não trabalho por fome. Agora eu trabalho porque *son* uma equipe grande. Tenho cinquenta e tantos empregados e a gente tem que [...]. A gente não trata eles como empregados, trata como gente. Como companheiros. Se não é assim, nós não podemos trabalhar nem fazer nada. Aqui são tra-

tados como uma família. Eles dizem: "Rosita, vamos trabalhar". Nem sei o que pagam por aí, não me interessa. Nós pagamos.

FEMINISTA *AVANT LA LETTRE*. Viajo pelo menos duas vezes por ano, para Paris, Itália, Nova York, Londres, na época das coleções, desde que começou, em 1939. Durante a guerra, viajei menos. Fui um pouco na Argentina, fui indo e *solo*, para não parar. Eu sou livre, cada um defende a [própria] vida. Eu defendi a minha honestamente e quero continuar assim. Estou trabalhando *por la* equipe toda. *Solo*, eu fui. Única mulher. Fui *sola*, eu que me fiz respeitar; quando se faz respeitar, é respeitada.

JUDAÍSMO. Falo alemão, francês, italiano, inglês. Ídiche não. Quando a mamãe morreu... eles não morreram jovens. Mamãe morreu com 85 e papai depois, com 87 anos. Logo que papai morreu, mamãe pediu para acender velas todas as sextas-feiras. Levo os castiçais quando viajo. Não viajo de sábado. Aceito *lo que* papai me pediu, tudo que me pediu está feito.

SINAGOGA. Na sinagoga ia muito pouco. Quando é uma festa, sim. Acontece que nunca estou aqui nas festas. E na Europa, então, vamos [na sinagoga] em *Rochechune* [Rosh Hashaná], Yom Kipur... Meu marido trabalha para o Lar dos Velhos. Tenho bisnetos. Somos casados há 58 anos. Graças a Deus. Somos tranquilos.

A análise do processo de industrialização brasileiro, em geral, focaliza as grandes linhas produtivas, os largos avanços, a inovação tecnológica, o mercado como um todo. Pouco nos detemos nos interstícios produtivos – em como, por exemplo, se faz a mudança; quem introduz o que será consumido etc. A história de Madame Rosita revela o âmago desses processos desde a criação, a produção, a divulgação e o consumo, tratando-se, portanto, da vertente micro-histórica da economia.

Abrão Wroblewski: confeiteiro

Wroblewski, nascido em 1903, era confeiteiro. Com essa profissão, não havia problemas para encontrar trabalho, afirmava ele. Sempre que chegava a algum lugar, logo conseguia emprego. Seu sonho: imigrar para a Palestina. Deixou sua cidade natal, Łódź, e após meses de espera, com passaporte e bilhete comprado, ele e seus companheiros não conseguiram embarcar – o "Big Commissioner" da Palestina impedira que navios italianos embarcassem imigrantes judeus. Ele desistiu e voltou para casa.

Partiu da Polônia, pois não aguentava mais as ofensas à sua condição de judeu.

A ideia que nos surgiu para sair da Polônia foi porque não se podia suportar essa drástica... vou chamar, talvez, por um nome mais vulgar... esse sem-vergonhismo dos poloneses... Depois que eles receberam a independência, começaram a se formar como um país; mas com todas essas regras, eles não esqueceram [deixaram] de combater o judaísmo; é um antissemitismo que já vem de muito tempo dentro do coração do povo da Polônia.

Sobre os imigrantes, há no imaginário popular a idade de que chegaram, trabalharam e venceram. Esta simplificação ignora lutas, obstáculos (alguns intransponíveis) e derrotas enfrentadas pelos imigrantes.

Wroblewski embarcou para a Argentina, onde ficou um ano. Os parentes de São Paulo lhe escreviam, convidando a vir para o Brasil. Atraído, ele aceita. Tinha 26 anos, era 1924, e estava casado.

Encontrei os meus parentes. Eles ficaram muito contentes e tal, mas na estrada, eu vi... e não gostei. Vi que eles são gente que está lutando com a vida e que de *parnusse*, economias, dinheiro, capital, não estavam ainda bem. Já estavam há uns dois anos no Brasil e não tinham coisa alguma. No fim, a gente conversa para cá, para lá, e fiquei três dias aqui em São Paulo, na casa deles.

Wroblewski sabia fazer chocolates, balas

No dia seguinte à chegada, Wroblewski foi trabalhar "numa fábrica de caramelos lá no Bom Retiro, com uns italianos. Já tinha arrumado este emprego sozinho", segundo nos conta.

A família que aqui estava não tinha recursos financeiros, mas sonhava fazer uma fábrica de balas e chocolates. Queriam ir para São Roque: "Mas sabe como é, tudo isso era um sonho, estavam sonhando. Eles não tinham dinheiro, eu também não".

Foram para São Roque mesmo assim, e lá Wroblewski aprendeu a trabalhar como vendedor ambulante, batendo nas portas. Teve o primeiro filho. Abriu uma pequena loja, que vendia roupas e móveis. Sua mulher cuidava da loja.

Foram oito anos até

eu me sentir já com a pele mais ou menos em condições. Aí começamos a pensar em sair de São Roque, porque naquele tempo São Roque só tinha três famílias "ídiches" e a gente não se dava, não se comunicava, só em caso de urgência um procurou o outro, e vou dizer por quê: um era da Polônia, outro era da Bessarábia, outro era de outra origem, quer

dizer, cada um tinha outros costumes na vida, então... Era "bom-dia", "como vai?", isto sim, mas não tivemos aquela ligação que devia ter.

Explica-se a rarefeita sociabilidade entre estas famílias judias: poderiam constituir um grupo, mas pesavam as diferenças culturais, econômicas, e até a própria língua. Não bastava serem judeus – perdurava um complexo distanciamento social.

Sorocaba

A família de Wroblewski decide mudar-se para uma cidade maior, Sorocaba, onde já moravam cerca de trinta ou quarenta famílias judias. As festas do Ano-Novo judaico já podiam ser comemoradas lá, e não somente em São Paulo. O trabalho continuava o mesmo. Numa cidade maior, porém, amplia-se a produção e o mercado de consumo. Wroblewski e a mulher dividiam o trabalho entre duas lojas:

Tinha uma loja de móveis, com duas portas para a rua, e outra, de calçados, fazendas e mais algumas coisas. Era ela [esposa] que cuidava. Eu ficava na loja de móveis. E assim foi, graças a Deus. Em poucos anos nós chegamos a ter alguma coisa desse trabalho.

Com uma população de trinta a quarenta famílias judaicas, foi possível construir uma sinagoga. O processo começou em 1932, quando se alugou um espaço para uma escola. Ela atendia as crianças nos dois períodos, alternando com a frequência à escola regular frequentada por elas.

Eu vou contar como era a nossa vida em Sorocaba. Quando chegamos, já havia mais de trinta famílias, e uma noite nós nos ajuntamos e resolvemos realizar alguma coisa. Com esse pensamento compramos um terreno no centro da cidade e fizemos uma sinagoga, que até hoje está lá – até foi o [filho] Felipe quem fez a planta. Nessa sinagoga também há um salão de festas, que fica embaixo da construção. Estava muito bem para Sorocaba, e lá podem rezar cem pessoas, com tudo o que é necessário.

Como na maioria das sinagogas, o problema de dispor de dez homens adultos [*minian*] para executar as rezas também atingiu a de Sorocaba.

Além do *chil* e além das festas, nós também realizávamos todos aos sábados à noite toda festinha ídiche, com dança e canções. Às vezes nós convidávamos um artista ídiche de São Paulo e sempre realizávamos alguma coisa... E assim nós organizamos essa vida social – com uma escola ídiche, com o Centro Nacional Brasileiro Israelita. Estas atividades demandavam muito trabalho voluntário. A escola era bem organizada, de meninos e me-

ninas; quem não podia, não pagava. Tinha lá gente que não podia pagar, judeus pobres... eram *claper* e não podiam pagar. Tinham que pagar aluguel, pagar isso e aquilo...

Com os filhos crescendo, começa a preocupação com a escola de nível superior, que não existia em Sorocaba. A família resolve se mudar para São Paulo. Lá compra uma casa na Praça Guilherme Rudge, no Belém, onde ficam por doze anos.

Mais uma vez, Wroblewski diversifica sua atividade econômica. Aluga um grande salão: de um lado vende móveis, e no outro instala uma alfaiataria.

CONFEITEIRO, ALFAIATE. Eu não tinha curso de alfaiate, só prática. Houve tempos em que reparei que o meu mestre de alfaiataria estava tirando errado as medidas das pessoas; eu não falei nada com ele, porque ele era muito sensível, logo podia se ofender. Então, quando ele foi almoçar, peguei a escovinha, desmarquei o giz do que ele tinha feito e (re) fiz, como eu entendi – mais 3, 4 centímetros de comprimento, mais 1 centímetro na largura... e ficou ótimo. Ele não sabia, ele não podia saber disso.

PROGRESSO. E assim eu fui progredindo com a minha alfaiataria, fui progredindo mesmo. Nós fizemos uma base de trinta ternos por mês, todos de encomenda. É, era bastante! E eu tinha já arrumado alfaiates, costureiras, tudo, estava tudo bem. Tinha loja no Tatuapé. E assim foi devagar, devagar. Já tinha um prédio; a casa para nós naquele tempo já era uma grande coisa. E para as despesas a gente tirava desse comércio.

Depois de morar onze anos nessa casa, decidem mudar-se para outro bairro, para evitar a perda de tempo em transporte e escapar da célebre porteira do Brás, que fechava para a passagem dos trens, impedindo o fluxo de transportes. Mudaram-se para as proximidades do Parque D. Pedro II, para um apartamento "grande, de três dormitórios, no 14º andar".

Problemas de saúde começam a atrapalhar o trabalho de Wroblewski. O filho mais velho cooperava financeiramente; os outros dois estudavam ainda, o que representava despesas.

Chegou o momento de vender a casa do Belém. Com o montante recebido, desmancharam uma velha casa da Rua Herval (também no Belém) e ergueram um prédio de três andares, com seis apartamentos e duas lojas embaixo. A planta foi feita pelo filho engenheiro, que acompanhou a construção.

Até hoje esse prédio existe, os apartamentos tivemos que vender para equilibrar, mas as duas lojas, graças a Deus, não vendemos e não pretendemos vender, e isso dá para a despesa que nós necessitamos hoje. Então a gente, já naquele tempo, preparou terreno para hoje. E assim foi a nossa vida.

Um cidadão brasileiro

Wroblewski se naturalizou brasileiro em 1938. Para agilizar o processo de naturalização, que estava parado no Rio de Janeiro, ele procurou um "irmão da maçonaria", nada menos que o Secretário de Justiça, o doutor Marrey Junior. Em trinta dias, saiu a publicação. O passo seguinte foi acertar sua posição com o Exército.

Fomos à Rua São Joaquim e um coronel fez a cerimônia, nos fez jurar a Bandeira e assim terminou, quer dizer, fui naturalizado e fui aceito também no Exército, como reservista.

Os laços de Wroblewski no Brasil são múltiplos. Ele os sintetiza com estas palavras:

Eu encontrei aqui no Brasil um tipo de sociedade em que eu tinha confiança e uma amizade impossíveis de ter com os poloneses. Lá é outra raça, outra mentalidade completamente diferente daqui. E aqui no Brasil, graças ao bom *Dios*, encontrei tudo, tanto na amizade, na parte da família, na amizade de patrícios, como também na amizade que eu ganhei e que tenho ainda com os brasileiros não *idn*. Estamos em condições de dizer que somos como irmãos mesmo.
Ainda mais: foi-me fácil ter essa amizade, porque pertenço a uma ordem [maçonaria], onde dizer que somos irmãos é pouco e onde se procura não apagar, não esfriar esta intimidade familiar que existe. Ainda esta última sexta-feira tivemos uma festa de despedida do ano. Nós fazemos isso todos os anos e trazemos nossas esposas e filhos para comemorar. Quando eu estou entre os brasileiros, eu não sinto diferença se é ídiche ou não, absolutamente. Porque, para mim, os brasileiros são meus irmãos; não só os ídiches são irmãos.

A maçonaria

Entusiasta da entidade que o "trata como irmão", procurou esclarecer o significado da maçonaria. Wroblewski desmente que seja uma instituição que trabalha em segredo:

Lá aprendi não só a língua, mas o que os brasileiros podem dar aos outros: cultura. Essa sociedade fez, e faz ainda hoje, boas coisas para aqueles que necessitam não só de ajuda em dinheiro, como também para os que necessitam, na vida, de conselhos.

Wroblewski viveu entre Łódź, Buenos Aires, São Roque, Sorocaba e São Paulo. Dois terços de sua vida se passaram no Brasil. "Não sou muito religioso não, confesso. Mas no coração, como ídiche, sim, isso sim!"

São vários os caminhos que levam os imigrantes a adotar a cidadania do país de imigração. Esses mecanismos são seletivos. Para fazer parte de um grupo qualquer, uma associação, há duas portas: o sujeito busca pertencer a ela; ela aceita ou não. No caso de Wroblewski, a maçonaria foi um fato integrador à cidadania brasileira, sem fazê-lo perder a condição de judeu.

Agricultor, ambulante, comerciante, industrial

Entender a inserção dos imigrantes, não apenas judeus, no mercado de trabalho e na estrutura de produção requer informações dificilmente disponíveis; é necessário entrar no âmago das relações pessoais, nos mecanismos subjetivos que levam a tomadas de decisão. É raro desvendar certas ações, caladas por medo, chantagem ou ilegalidades vividas.

A trajetória dos imigrantes é vista popularmente como uma escada em que os degraus levaram sempre ao sucesso. Esta é uma falsa imagem. Se muitos alcançaram melhores condições econômicas, raros são os que fizeram fortuna.[24]

Ao imigrar, foram várias as trajetórias de trabalho dos imigrantes judeus. Houve os que tentaram o trabalho rural sem sucesso. Na área urbana, foram abrir ruas, implantar trilhos de bondes, trabalhar como motoristas. Embora o mais frequente fosse exercer a atividade de vendedor ambulante, de início muitos não aceitavam realizar esse tipo de trabalho.

Para ser ambulante era necessário, antes de tudo, ter algum capital para comprar as mercadorias. Mesmo aquelas obtidas em consignação precisavam ser pagas rapidamente. Assim, uma alternativa era começar como empregado de um ambulante, ganhando uma pequena comissão sobre o que fosse vendido. Essa era uma condição muito precária que não permitia alçar voos econômicos mais altos, como vimos com vários historiantes.

Outros, a partir desta etapa, passaram para outros patamares econômicos.

Analisarei a seguir duas trajetórias: a do garçom Mario Jacob Schinigue[25] e a de Moisés Dejtiar. Por meio de suas histórias pode-se comparar os impasses e a superação,

24 Houve os que caíram de posições alcançadas. A classe média, mais sujeita às instáveis condições econômicas brasileiras, aos períodos inflacionários e às mudanças fiscais, não encontrou como suportar esses impactos. Somem-se a isso a deterioração econômica associada à velhice, às doenças, e a ausência de fundos previdenciários, para entender por que muitos empobreceram.

25 Entrevista realizada em 16 de abril de 1982 por Eva Alterman Blay e Fulvia Leirner.

realizada ou não. Estes relatos nos conduzem às entranhas das relações econômicas brasileiras.

Mario Jacob é um homem simples e direto, uma pessoa comum. Moisés Dejtiar detalhou com muita franqueza (e certo humor) sua vida de trabalho; revelou impasses que enfrentou e artifícios que teve de usar. Ele foi trabalhador rural, comerciário, vendedor ambulante e industrial.

Mario Jacob Schinigue, garçom de profissão

Mario Jacob Schinigue é caucasiano e nasceu na cidade de Kutaisi em 1907. Sua região foi incorporada pela Rússia ainda no período tsarista. Quando o conhecemos, tinha 75 anos e trabalhava como garçom num clube armênio.

Mario chegou ao Brasil em 1928. Falava "negrusino, caucasiano, georgiano", línguas do local onde nasceu e viveu até os 9 anos. Com a Revolução de 1917, sua família foi para a Turquia, onde já se encontrava um dos filhos. Imigraram com a roupa do corpo, pois "o governo não deixava levar nada".

Tudo que aprendeu foi obtido ao longo da vida em suas relações sociais. Assim aprendeu espanhol na Turquia, onde viveu dos 9 aos 18 anos.

Aprendi porque havia israelitas, espanhóis ídiches, lá em Istambul. Na Turquia eles falam espanhol e a gente aprende. Em 1928 vim embora, sozinho, para cá. Imigrei em busca de independência. Fui operário, trabalhador; no Rio de Janeiro fui condutor de bonde, por poucos meses. Arranjei o emprego porque eu falava um pouquinho de espanhol, o que me ajudou um pouco. Em busca de um lugar para ficar, fui arrumar um quarto perto da cervejaria Brahma, onde justamente arranjei emprego e trabalhei. Na fábrica eu carregava garrafas, porque precisava de emprego, precisava comer. Trabalhei lá uns oito meses, depois saí e fui trabalhar na fábrica Ford de automóveis, na Rua da Alegria. Lá a gente botava aquelas borrachas dentro das portas, levantava, fazia aquelas ferragens, parafusava.

DESPEDIDO. Depois trabalhei na venda Mem de Sá, uma casa de comestíveis, mercearia, que era de um ídiche. Trabalhei lá uns três anos mais ou menos.

MARIO SABIA MUITO, MAS APENAS SOBRE TRABALHO. Passei a Revolução de 1932, passei tudo no Rio de Janeiro. Não posso saber como foi, porque não sabia muito bem da política brasileira.

Mario pode ser considerado analfabeto; não sabe ler nem escrever. No entanto, adquiriu conhecimento de línguas:

> Aprendi com convivência, sem colégio, sozinho, porque trabalhava lá em Copacabana, numa confeitaria húngara, e tinha muitos estrangeiros, e a gente falava francês. Aprendi francês também, um pouquinho. Falo quatro línguas: russo, que aprendi aqui no Brasil, castelhano, português e turco. E um pouco de francês, então são cinco.

Ele se esqueceu do incluir o caucasiano.

> Trabalhei na mercearia até 1939 e depois vim para São Paulo. Aqui trabalhei no Juca Pato,[26] que era do David Nahum, ídiche, dos ídiches espanhóis. Lá eu trabalhava com tudo, era balconista. A gente vendia lá muito pernil, café, trabalhava em todo serviço; eu era homem de confiança dele. Muito boa pessoa, falecido, muito boa pessoa. Cheguei em São Paulo em 1939, quando começou a guerra. Passei bem, não tinha problema. Estava trabalhando sempre, sempre trabalhei. Fiquei aqui até 1953.

Depois de 25 anos vivendo no Brasil, Mario altera seu trabalho, começando a vender alguns produtos para conhecidos ou outros ambulantes. Tenta viver em Buenos Aires. Volta para o Brasil, se fixa em Porto Alegre, mas vai a São Paulo periodicamente fazer compras de produtos que vendia na capital gaúcha. Isso dura oito anos: "Foi o período mais alegre de minha vida".

Em 1960, Mario vem definitivamente para São Paulo e fica um ano sem ocupação definida. Começa a vender carros pequenos por algum tempo até retomar a antiga atividade de garçom:

> Hoje estou trabalhando num clube armênio, onde estou há onze anos. Porque eles falam turco e eu também. Arranjei esse emprego por intermédio de um armênio que conheci. Ele me levou e estou lá até hoje. A língua também facilita, já que eles falam armênio e turco. Mas geralmente falamos português. O serviço não é pesado não, o serviço é leve, só que é preciso andar muito, um pouquinho. São doze horas, treze horas por dia.

Mario não frequenta sinagogas ou clubes judaicos. Esteve uma vez em Israel, onde tem família. Divide seu apartamento com outro conhecido, solteiro, também judeu;

---

26 Tradicional lanchonete dos anos 1950 que ficava no centro de São Paulo.

dividem também as compras e a limpeza. Sua vida se resume a ir de casa para o trabalho e do trabalho para casa.

Era judeu, condição que não colocava em dúvida, mas afirmava:

> Como judeu, não sei falar ídiche nem hebraico, nem rezar eu sei. Porque sempre fui (pode-se dizer) uma criança levada, e por isso não estudei. Lá tinha *heder*, tinha colégio, tinha de tudo, mas eu sempre fugia.

Mario, um simples trabalhador, mais um judeu à sua maneira.

Moisés Dejtiar: um homem de múltiplas profissões e participação política

A longa vida de Moisés Dejtiar será detalhada, pois por meio dela se pode conhecer como uma pessoa entra, cresce e decresce na economia, e como a vida política se infiltra no cotidiano.

Moisés Dejtiar viveu em vários lugares e quando o encontramos estava com 84 anos; ficava bastante tempo em sua loja de fogões na Rua São Caetano, no Brás. Tinha 14 anos ao chegar ao Brasil em 1912; veio com o pai e mais nove irmãos. Foram para a Colônia Quatro Irmãos, da ICA, no Rio Grande do Sul, para serem agricultores. O sonho logo se revelou um pesadelo:

> E não sei o que deu no meu pai, convenceram ele e ele nos levou a todos para aquele mato. [...] Para nós, a meninada, era uma vida folgada: não tínhamos que fazer lições, não íamos à escola, não tinha escola, não tinha médico, não tinha nada lá. Não tinha polícia, nada. Era uma terra de ninguém.

A família Dejtiar, juntamente com outros inexperientes imigrantes judeus russos, que nunca tinham sido agricultores, aceitou a orientação de um também inexperiente agrônomo e plantou milho. Muitas outras famílias ali instaladas fizeram o mesmo. Resultado: uma superprodução e ausência de compradores.

Perderam o milho. Tentaram o amendoim e também perderam toda a colheita. A família mudou-se em 1916 para o interior da Argentina, mas nada melhorou. Moisés foi então trabalhar em Buenos Aires como empregado em uma loja de tecidos.

BRÉSIL (RIO GRANDE DO SUL)
Nord magnétique
Propriété de Manoel Correa dos Santos
Propriété de Pedro Barcellos et autres
Propriété de José Bento da Rosa
Rio Ibicuhy
Moulin
Arroio do Cimetière
Propriété de Francisco Floricio
Propriété de Geroncio Pinto Ribas
Bains publics
SUPERFICIE : 5766,11
Ecole
Synagogue
Propriété de Manoel Fausto Pereira et autres
Propriété de João de Antonio Barcellos et Mme Aurelia R. Barcellos
Propriété de Catão Vicente Coelho
Propriété de José Jorge da Costa
Village en formation
Station Pinhal
Ecole construite en 1914
Propriété de Pedro Albrecht
Propriété Privée
Propté de Barcellos et Mme Aurelia Rodrigues Barcellos
Propriété de Vve Philippe Albrecht
Propriété de Jacob Albrecht
Propriété de Jorge da Costa

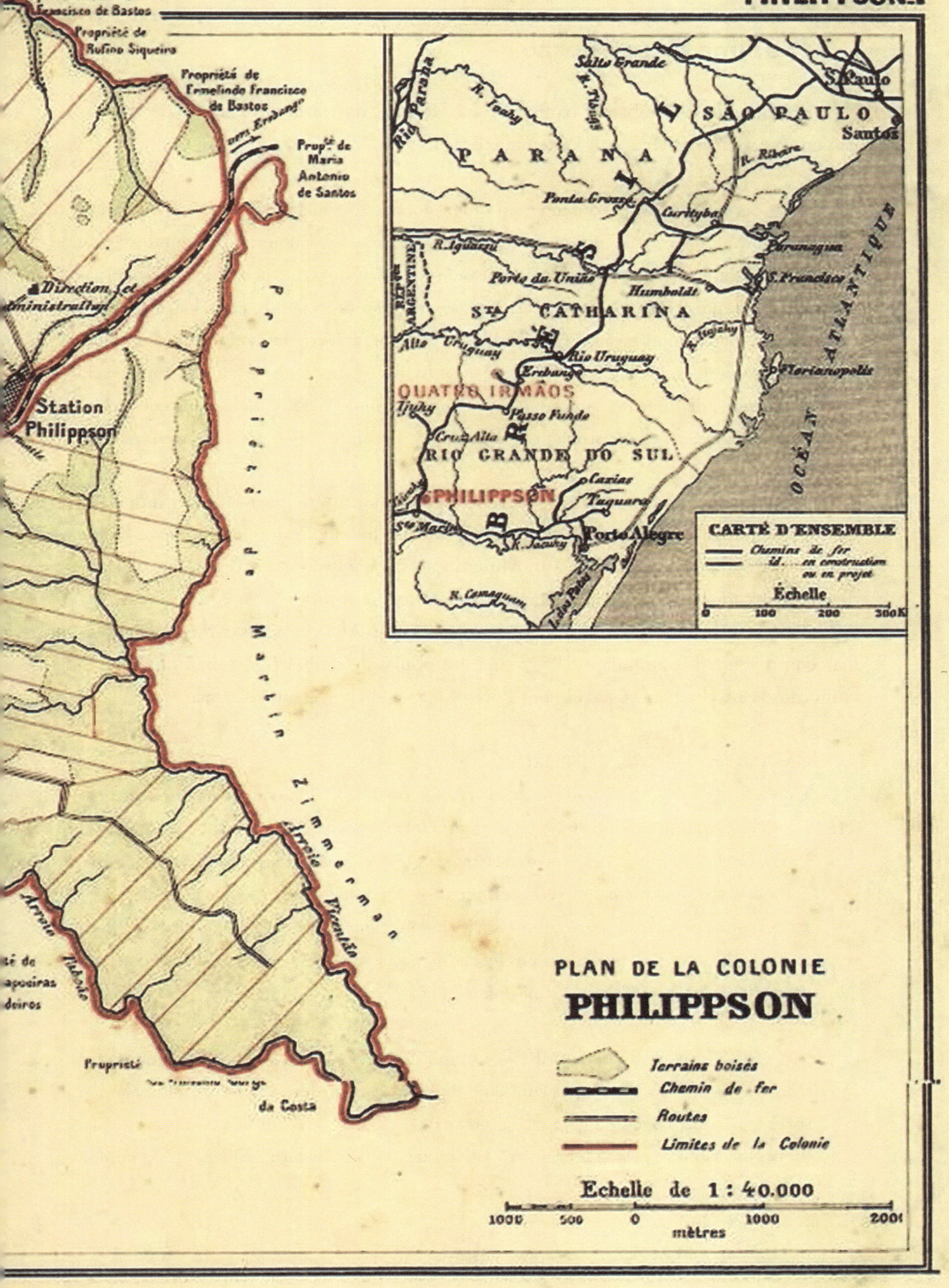

Propté de Feliciaximo Francisco de Bastos

Propriété de Rufino Siqueira

Propriété de Ermelindo Francisco de Bastos

vers Erebango

Propté de Maria Antonio de Santos

Direction et Administration

Station Philippson

Propriété de Martin Zimmerman

Arroio Ficanito

Arroio Taboão

Propriété

da Costa

CARTE D'ENSEMBLE

Salto Grande

S. Paulo

SÃO PAULO

Santos

Rio Paraná

R. Ivahy

R. Tibagy

PARANÁ

R. Ribeira

Ponta Grossa

Curityba

Paranaguá

R. Iguassú

REP. ARGENTINE

Porto da União

S. Francisco

Humboldt

STA CATHARINA

R. Itajahy

Alto Uruguay

Rio Uruguay

Erebango

Florianopolis

QUATRO IRMÃOS

Ijuhy

Passo Fundo

Cruz Alta

RIO GRANDE DO SUL

BRÉSIL

OCÉAN ATLANTIQUE

PHILIPPSON

Caxias

Taquara

Sta Maria

R. Jacuhy

Porto Alegre

R. Camaquam

Lagôa dos Patos

Chemins de fer

id. en construction ou en projet

Échelle

0 100 200 300 K

PLAN DE LA COLONIE

PHILIPPSON

Terrains boisés

Chemin de fer

Routes

Limites de la Colonie

Echelle de 1 : 40.000

1000 500 0 1000 2000

mètres

O drama da corrupção

Foi convidado a trabalhar na firma Fucks & Cia., que fazia importação e exportação entre Argentina, Uruguai, Paraguai e Brasil.

> Aí Fucks veio e me ofereceu um bom ordenado. Isso foi em 1918, eu tinha uns 20 anos. Vinham muitos cereais, porque antigamente aqui não se plantava; vinha muito trigo e vinho. E exportávamos muita laranja para a Argentina naquela ocasião. Fui para Uruguaiana, em frente a Passo de los Libres. Antigamente não tinha ponte, eram barcas. Lá eles tinham toda a importação... Eu estava bem, ganhava dinheiro, era encarregado de tudo, ele me pôs mais como homem de confiança. Existia guarda-livros e tal, mas em questão de finanças, de dinheiro, tinha que passar tudo na minha mão. Ia tudo muito bem. Mas depois começamos a ter problemas, havia muita corrupção, os fiscais, o governo...

Moisés conta as pressões que sofreu, especialmente por parte de um indivíduo que depois ocuparia um altíssimo cargo no governo do Rio Grande do Sul: este exigia uma gorda comissão sobre toda a movimentação financeira. Para satisfazê-lo, teria de desviar mercadoria. "Eu não aguentava isso... Preferi ir embora."

Moisés abandonou seu emprego e foi para Porto Alegre, onde começou a trabalhar como vendedor ambulante. "Arranjei um pouco de dinheiro, arranjei um sócio e começamos a trabalhar." Instalado em Porto Alegre, ele pensa em se casar.

> CASAMENTO NA COMUNIDADE.
> E nisso... diziam que havia um conhecido chamado Salomão Bilkis que tinha cinco meninas muito bonitas. Então eu, com este sócio, um rapaz solteiro também, resolvemos visitar o Bilkis. Porque eu conhecia os velhos da Colônia Quatro Irmãos, mas não conhecia as filhas. Fomos para lá uma noite, nos receberam muito bem, porque eles... com cinco filhas...
> E foi lá que encontrei a pessoa que ficou comigo 53 anos! Eu disse: "Enxoval? Não quero enxoval". "Vamos ter enxoval, vamos ter tudo." Casei em 1923, e graças a Deus ficou cada vez melhor. Aos nove meses, já tinha meu Hélio.

> SER AMBULANTE E TER FAMÍLIA. Lá em Porto Alegre, naquele tempo, podia-se ter mais freguesia, mas não havia gente com dinheiro. Depois que nasceu o Hélio, ele deu sorte – não sei, quando a gente casa, gosta da mulher e vem um filho... É como lá na Bíblia, diz assim: a pessoa tem quatro vidas, quando é criancinha pequena, todo mundo

gosta, quando chega aos 10 anos parece uma cabra, pula e não sabe o que quer. Quando chega aos 20, não sabe nem onde vai parar, ele quer casar. Depois que casa e vem um filho, aí compara com um burro que tem que puxar a carroça. E é isso mesmo. A gente sai na rua e não sabe o que vai inventar para trazer para casa, para a mulher e o filho. E depois eu gostava muito dela; não me casei por interesse nenhum. Meu sogro não tinha nada para me dar e eu pouco tinha também para dar a ele. Mas sempre fui subindo.

Em Porto Alegre, moravam em casa de aluguel, e Moisés respeitava muito seu locatário, com quem sempre conversava. Este o aconselha a ir para São Paulo para progredir.

Eu falei para minha conselheira:
– O que você acha?
– Olha, o melhor é você ir até lá e ver esse negócio, para ver se você gosta de lá.
E vim para São Paulo. Cheguei, vi que eram todos gente arrumada, estavam bem, já tinham suas casas de moradia, já tinham casas de móveis. Porque era assim, primeiro faziam uma freguesia a prestação, depois abriam uma casa de móveis para servir aquela freguesia.

Moisés "vendeu" a freguesia de Porto Alegre, isto é, sua carteira de clientes, os quais pagariam suas dívidas ao sucessor, o novo ambulante, e trouxe a família para São Paulo.

Viemos de vapor. Quando desci e cheguei em São Paulo tinha 20 mil-réis no bolso, e aqui não tinha como pagar as despesas.

QUEBRANDO O MONOPÓLIO DOS GUARDA-CHUVAS. Aí comecei a especular, o que vou fazer? Estava procurando alguma coisa fácil. E me aconselharam a vender guarda-chuvas. Os guarda-chuvas eram patentes das lojas. Ninguém podia vender na rua, só na loja. E as lojas vendiam por quatro vezes o que custava na fábrica. Era um negócio! Comecei a vender guarda-chuva, pedindo justamente metade do que custava na loja. A freguesia dizia que os guarda-chuvas não prestavam, não eram bons, não sei o quê! Precisava explicar para a pessoa interessada: "Eu deixo o guarda-chuva, a senhora repara, é igual. Só que eles querem ganhar muito, porque tem loja; eu não tenho loja, vendo direto". Sei que arranjei uma freguesia enorme, saía de manhã e voltava de noite, nem ia almoçar em casa. Porque tinha sede daquele dinheiro. E comecei a ganhar bem, mas muito bem; nos últimos tempos saía de casa às 9 horas e voltava às 15 horas.

1925. Rosa Schwartz. O guarda-chuva, símbolo de *status*.
Foto cedida por Malvina Teperman.

Dejtiar procurava bairros de maior poder aquisitivo, como Campos Elíseos e Consolação,

> [...] porque lá, para esses bairros da Barra Funda, Bom Retiro, lá por baixo, já era gente de menos posses. Lembra quando chovia? Antigamente chovia tanto que precisava andar de barco na Rua Anhaia, Rua dos Italianos, lá embaixo. Quer dizer, só morava lá quem não pagava aluguel ou pagava uma ninharia.

Sem dinheiro para pagar o aluguel, um amigo lhe pagou os primeiros aluguéis e, com a venda dos guarda-chuvas, ele pôde pagar a dívida e assumir a casa.

> Ganhei dinheiro para pagar dois aluguéis. Porque, imaginem, se os guarda-chuvas custavam na fábrica de 10 mil a 12 mil-réis, na loja vendiam por 30 mil, 25 mil [...]. Eu vendia só à vista. Ninguém vendia este artigo à prestação. Era monopólio das lojas. Eu também não tinha dinheiro para financiar. Eu comprava lá nos Rabinovitch, que tinham fábrica, e no Felipe Kaufman. Comprava de manhã e de tarde; quando vendia todos, voltava lá.

Quebrando o monopólio

A prefeitura não dava licença para os mascates venderem guarda-chuva na rua; protegiam as lojas. Era preciso encontrar um meio de circular e esconder a mercadoria.

> Tanto que quando eu andava na rua, fazia um embrulho, para não suspeitarem. E tinha um fiscal, um português, que pegava os prestamistas, porque a maioria trabalhava sem licença. E não sei decerto alguém falou para ele, [...] no meio dos nossos patrícios, porque de repente ele me para:

– O que o senhor tem aí?
– São guarda-chuvas que comprei para levar em casa, para minha senhora escolher, está aqui a nota – disse.
– Está bem – disse ele, e me deixou sair. Aí me viu entrar numa casa, depois em outra, e me seguiu. Aí perguntou:
– Como é seu nome? Sr. Moisés, o senhor tem que ir comigo no depósito da prefeitura.
– Não brinca!, para quê?
– O senhor disse que levava para sua senhora. O senhor mora onde?
– Por quê? O senhor quer ir na minha casa?
– Não, quero a licença do que o senhor vende.
– Bom, olha, para que ficar falando muito...? Quanto é esse negócio?
– É 10 mil-réis.
– O senhor está louco? Dez mil-réis? Não. Olha, vendo guarda-chuvas, está aqui.
E ele sabia que a lei proibia vender.
– Isso é proibido. Eu levando o senhor lá, eles lhe tiram os guarda-chuvas. O senhor pode querer pagar a licença que o senhor não tira – ele disse.
– Olha, meu amigo, cheguei recentemente de Porto Alegre, se o senhor me faz isso fico sem dinheiro. Como vou fazer? Deixa passar. Olha, o senhor leva 2 mil-réis e quando estiver melhor eu lhe dou mais.
– Não, menos que 5 mil, não.
– Está bom, tá aqui, 5 mil.
– Você se cuida. Se outro te pega, leva – ele disse, já meio assim...
De vez em quando eu mesmo dava para ele o dinheiro, compreende?

VENDEDOR DE CASIMIRAS. Depois os fabricantes arranjaram para os ambulantes poderem vender guarda-chuva. Aí acabou o negócio. Depois que saiu a licença aquilo ficou avacalhado, e não quis trabalhar mais com esta mercadoria. E eu resolvi: "Vou começar a vender casimiras".

Nos anos 1940, 1950, era habitual comprar tecidos em lojas de varejo ou atacado. As roupas femininas eram feitas por costureiras ou modistas, dependendo do poder aquisitivo da clientela. As roupas masculinas podiam ser compradas prontas, mas os que podiam pagar contratavam um alfaiate e faziam-nas sob medida. Os alfaiates tinham amostras de tecidos que, depois de escolhidos pelo cliente, eram comprados no atacadista; o lojista ficava por longo tempo com as peças, vendendo os cortes aos poucos. Além disso, restavam retalhos. Tudo isso encarecia o tecido para o consumidor.

Dejtiar percebe que poderia auferir um melhor preço se fizesse uma proposta ao "célebre"[27] R. Monteiro:

> Eu comprava tudo no R. Monteiro. O velho me via três, quatro vezes por dia. Fui lá e falei com ele: "Escuta, compro uma peça inteira de cada tipo, mas não quero levar, não tenho onde pôr na minha casa; quanto você me dá de desconto? De acordo com o que eu vender, eu venho, pode ser no mesmo dia, ou no outro dia, aí venho e corto outra vez da mesma peça e te pago. Quanto você me dá de desconto?". Eu comprava três peças, mas ele queria, fora isso, que eu desse um dinheiro, garantindo os retalhos. Porque falei para ele que não queria retalho. Concordei. Aí ele me deu 5% de desconto. Antigamente isso era dinheiro.

Sem data. São Paulo. Amigos judeus em um bar na esquina da Celso Garcia com R. Monteiro (sentado ao centro), proprietário de loja de casimiras.
Foto cedida por José Zilberberg.

Como Dejtiar vendia os tecidos por preços menores, as pessoas pensavam que a mercadoria não era "*English*". Ele não as enganava e se fosse nacional, dizia. Foi merecendo a confiança dos compradores, que ampliaram as demandas com outros produtos.

27 Esta firma, muito conhecida na época, tinha um grande estoque de tecidos e importava casimiras inglesas.

Recebeu a proposta de trabalhar junto com um dos alfaiates, fornecendo o tecido. Dejtiar aceita, principalmente porque era muito pesado carregar os cortes de tecido.

Um dos alfaiates me disse assim: "Queria fazer negócio com o senhor. O mesmo preço que o senhor vende para as pessoas, eu lhe pago; também trabalho com o R. Monteiro, mas para mim custa mais caro, e depois tenho que abandonar aqui para ir buscar um corte na cidade. O senhor tem telefone?". Neguei. Aí me entrou na cabeça o telefone.

1918. Malvina Teperman posa para foto ao telefone, objeto raro e importante.
Foto cedida por Malvina Teperman.

Expor o microacerto entre produtores, vendedores e compradores – dimensão ignorada nas análises econômicas – esclarece, aqui, não só o papel do Estado (e daqueles que possuem na mão um poder digno do Estado), mas ainda o nível da corrupção cotidiana e a ilegalidade, fatores que integram do mercado.

A "ARANHA" E A CARTA DE COCHEIRO. Comecei a oferecer o tecido para alfaiates. Comprei um cavalo e uma "aranha" [espécie de charrete pequena] e, em vez de carregar nas costas, era o cavalo que puxava a aranha de duas rodas. Atrás do assento construí uma caixa fechada onde punha a mercadoria, porque eu ia muito longe. Primeiro tinha um cavalinho, depois tive que comprar outro porque um só não dava conta; as ruas eram de pedra, e o cavalo podia ficar manco. Eu morava na Rua Guarani e guardava os cavalos na cidade; bem em frente, tinha uma padaria que fazia a distribuição do pão usando burros. Isso não é do tempo de vocês. A minha aranha eu mesmo guiava, tinha carta de cocheiro. Antigamente era obrigatório ter carta de cocheiro para poder guiar um animal.

Aproximadamente 1930. São Paulo. Leonardo e Paulina Blay em uma charrete.

Foto cedida por Eni Leiderman.

SOCIEDADE UNIÃO DOS VIAJANTES
RIBEIRÃO PRETO

MATRICULA N. 779
Inscrito em 3 de Agosto de 1942
Categoria CONTRIBUINTE.
Nome JOSÉ EISENBAUM.-

Ribeirão Preto, 4 de Setembro de 1942.
Presidente
Secretario

Setembro de 1942. Ribeirão Preto. Carteira de José Eisenbaum da Sociedade União dos Viajantes.

Foto de documento cedida por Cecília Abramczyk.

REPUBLICA DOS ESTADOS UNIDOS DO BRASIL
BRASIL
DIRETORIA DO SERVIÇO DE TRÂNSITO DO ESTADO DE SÃO PAULO
CARTEIRA DE HABILITAÇÃO

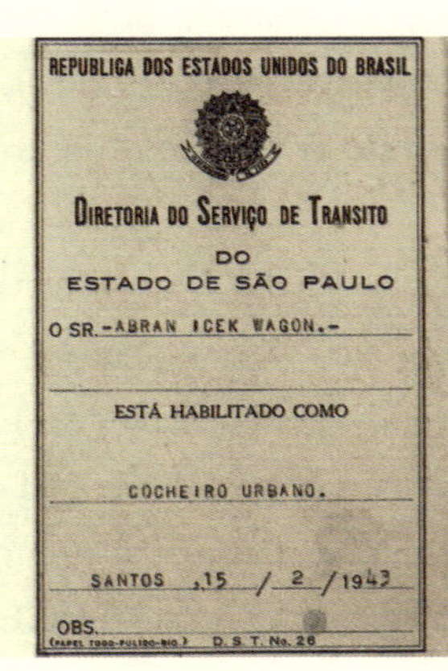

REPUBLICA DOS ESTADOS UNIDOS DO BRASIL
DIRETORIA DO SERVIÇO DE TRANSITO DO ESTADO DE SÃO PAULO
O SR. -ABRAN ICEK WAGON.-
ESTÁ HABILITADO COMO
COCHEIRO URBANO.
SANTOS, 15 / 2 / 1943
OBS.
D. S. T. No. 26

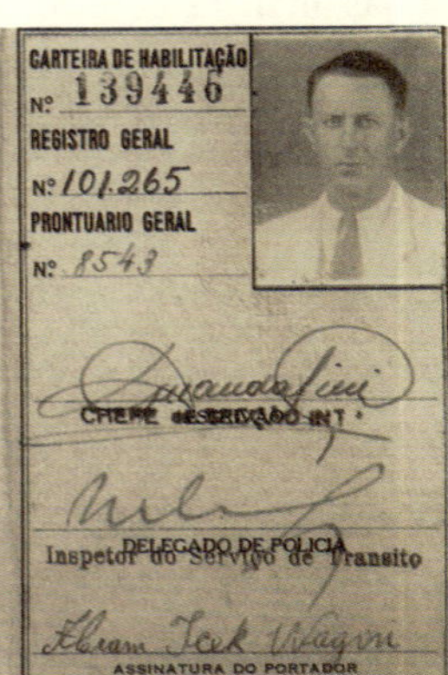

CARTEIRA DE HABILITAÇÃO
Nº 139446
REGISTRO GERAL
Nº 101.265
PRONTUARIO GERAL
Nº 8543
CHEFE
DELEGADO DE POLICIA
Inspetor do Serviço de Transito
ASSINATURA DO PORTADOR

1943. Santos. Carteira de Habilitação de cocheiro urbano de Abran Icec Wagon.

Foto de documento cedida por Moisés Wagon.

UM TELEFONE EM 1925. Aí já tinha me entrado na cabeça o telefone. Antigamente era difícil um telefone. Fui na Telefônica, me mandaram na Caixa, paguei, no outro dia já tinha um. Isso foi no final de 1925. (O jornal *O Estado de S. Paulo* também, foi nessa época que comecei a receber, sou assinante desde 1926, há 56 anos.) Então instalei o telefone, fiz cartões e comecei a distribuir no meio dos alfaiates, no Tucuruvi, no Tremembé, na Vila Galvão, todos aqueles bairros, e explicava: "Quero tanto, para lhe trazer os cortes. O senhor não gasta tempo, nem condução nem nada. Quando precisar, me telefone".

A importância dos novos meios de comunicação. Cartão-postal de Ano-Novo enviado da Polônia para o Brasil em 21 de agosto de 1931.
Cartão-postal cedido por Paulina Klepacz.

LOJA DE MÓVEIS. Quando começou a evoluir muito o negócio, fui conversar com o R. Monteiro. Fiquei muito amigo dele, era uma pessoa muito séria, muito boa. A loja dele era no Mercado Velho, no fim da General Carneiro. Aí ele me disse:

– Por que você não abre uma casa?

– Vou abrir uma casa, mas não de casimira. Não quero mais saber.

De fato, dava muito trabalho. E depois precisava muito dinheiro para abrir casa de casimira. Para trabalhar com amostra é fácil, mas... sou homem que não gosto de comprar fiado.

RUA DAS PALMEIRAS: UMA LOJA DE MÓVEIS FINOS. Abri uma casa de móveis na Rua das Palmeiras. Foi em 1928. O ponto era bom porque havia lá duas garagens onde vinham os fazendeiros. Comecei a especular e vi que móvel barato lá não vendia, só móveis finos, bons. Assim, fiz lá o ponto, aluguei a casa.

O PRIMEIRO AUTOMÓVEL. Em 1928 também comprei o primeiro carro. Era um Ford lá da Saul Kagi & Cia., na Rua dos Gusmões, perto do gabinete.[28] Comprei por 5 contos, para pagar em dez meses. Um amigo meu, Schwartzait, me disse:

– Você não tem medo de guiar automóvel?

– Ué, meu amigo, eu vou ter medo por quê?

E desde aquele ano tenho carta de motorista.

1929. Poços de Caldas. Da esquerda para a direita, atrás do carro: Salomão Lerner, não identificado, Marchevski. Na frente: José Teperman, não identificado. Fora do carro: Salomão Grossman.

Foto cedida por Malvina Teperman.

A CRISE DE 1929. E ia muito bem. De repente, dia 30... O Washington Luís tinha emprestado dinheiro da Inglaterra e queria estabilizar 1 mil-réis com dinheiro emprestado. O que fizeram os concorrentes, a América do Norte? É o que diziam, eu não era político: abaixaram o preço do café e os fazendeiros começaram a quebrar. Foi uma crise enorme; foi em 29, em 30 foi quando arrebentou a Revolução. Aí parou o negócio, vi que o fazen-

28 Gabinete da Secretaria de Polícia.

deiro não tinha dinheiro para comprar os móveis; liquidei e não quis mais saber. Quando fechei a casa de móveis, depois da Revolução de 30, mudei para a Avenida Angélica e comecei a trabalhar com joias. Já tinha freguesia, conhecidos, gente boa, famílias boas.

AS JOIAS. Comecei assim: tinha o Leon da Silva, que fazia leilões. A família tinha um negócio na José Bonifácio. Penhorava máquinas de costura, joias, qualquer objeto, e por lei podiam cobrar 5%. Conheci o filho do velho e ele me propôs um negócio: quando eu arrematava, eles mesmos me recomendavam o ourives que transformava as joias. Às vezes se compra uma joia grande e tem só o brilhante do centro; com ele se faz um anel, compreende? Comecei a trabalhar com aquilo. Foi a maior besteira em que caí. Imagine se cuidasse só daquilo, abrisse uma casa... aquilo é uma beleza! A gente anda limpo, lida com gente boa, mas não é garantido.

INDUSTRIAL. Ia muito bem com as joias. Mas comecei a pensar que aquele negócio é dinheiro na mão de outro, sempre. Amanhã quero dispor e aquilo não tem valor. Preciso pensar em fazer uma fábrica, gostaria de fazer uma indústria.

Um dos fregueses das joias lhe propôs fabricar fogões. Mostrou como se fabricava, quanto ia de ferro, mão de obra, quanto pagava de "selos" (impostos), preço de venda.

Prometi 10% para ele. Nunca penso muito para fazer [as coisas]. Aluguei um salão na Barra Funda e uma casa na Rua Santa Ifigênia. Comprei as máquinas que ele recomendou e começamos a fabricar o fogão.

FOGÕES HÉLIO. O fogão tinha o nome de Fogão Hélio, por causa do meu filho mais velho. Era a carvão. Propaganda, coloquei em todo lugar. Vinha gente. Os outros estavam vendendo a 150, 140, e o número um eu vendia a 120. Mas era difícil. Era mais fácil vender uma joia de 10 contos que um fogão de 120 mil-réis. E ponha vendedor, e ponha isso etc. Aí vi que era negócio para um diabo, não era para mim não. Mas era feio formar uma fábrica com tanta propaganda e desistir. E precisava cuidar da freguesia. Hoje, quando o freguês quer alguma coisa, é preciso atender logo, senão ele procura outro. Eu não queria dar para trás.

UM PRÉDIO, UMA FÁBRICA. E com o tempo criei um nome, comecei a vender no atacado. Tomei conta daquilo e a coisa foi – não como as joias, mas devagar, devagar...

Construí um prédio próprio para a fábrica, coloquei as máquinas e chegamos a fabricar dois mil fogões por mês. Os rapazes já eram grandes, estavam estudando. Mas não me conformei, aluguei mais duas, três lojas. Não me conformei ainda e comecei a fazer importação de ferragens: que dor de cabeça. Às vezes minha mulher acordava às 2 horas eu ainda estava lá fazendo contas ou procurando faltas. Mas venci, aquilo foi embora. As chapas vinham de fora e eram recortadas. Tínhamos prensas, todo maquinário. Cortavam-se os pedaços com as facas e guilhotinas elétricas. Depois, levava o material para prensar, furar, abrir os buracos. A frente levava o furo do forno e mais três aberturas: para carvão, para a ventilação e, embaixo, para a gaveta.

A SEGUNDA GUERRA MUNDIAL: VOLTA REDONDA. Durante quarenta anos fabriquei os fogões. De fato, ganhei dinheiro. Aí veio a guerra. E quedê chapa? Eram importadas. Com a Segunda Guerra não se podia fazer importação de ferro. Pararam a gente, mas não podia parar tudo. Aí começou a desenvolver, em Volta Redonda primeiro, o metal que pipocava quando esmaltado. Depois eles aperfeiçoaram e no fim, mesmo depois que acabou a guerra, não queria mais saber, comprava só de Volta Redonda. Tinha uma cota lá. Ficava mais bonito o esmalte em cima do metal, pois era mole para trabalhar.

ENCERRAMENTO DA FÁBRICA. Faz catorze anos que fechei a fábrica. Meus filhos não queriam trabalhar comigo e eu não podia atender tudo. Vi que ou fazia um ou outro: ou cuidava da indústria ou do comércio. Não perdi, mas me parece que se tivesse largado o comércio e me dedicado mais à indústria, tinha ganho mais. Agora não, nesta época não; nesta época a indústria é uma grande praga. Mas no tempo em que larguei, começou a sair o fogão industrial a gás.

Dejtiar teve três filhos: dois homens e uma mulher. Todos concluíram o curso de Direito. Ele não fez diferença de gênero, ao contrário: fez os três frequentarem o secundário no Colégio Rio Branco. Não por acaso, os colocou em escolas onde fizessem "amizades para depois". Esta escolha significava criar relações sociais, amizades para facilitar a vida profissional. Ele, Dejtiar, e vários outros historiantes expressaram a mesma preocupação: vincular seus filhos a outros jovens com os quais pudessem se relacionar futuramente em suas carreiras, trabalho, amizades e vida social. Sabiam que se inserir na sociedade brasileira significava manter laços com outros grupos sociais, sem perder aqueles com a comunidade judaica. Ele assim se expressa:

Fiz de caso pensado, sempre. Quando pensei em alguma escola, tinha que ser boa para aprender. O Rio Branco era boa, mas sempre precisa amizade para depois. Quem é que ia no Rio Branco antigamente? Era muito caro. Meus filhos deviam ser os mais cultos do mundo, não é só aqui no Brasil. Porque nunca fiz questão de gastar. Queria que eles estudassem piano, largaram. Queria línguas. Minha filha fala inglês perfeitamente. Até recebeu o diploma de Cambridge. Ela fez o curso do primeiro ano até o fim, sempre em primeiro lugar. Depois, começou a estudar literatura.

ELE ERA UM FEMINISTA. Mulher é engraçado. Minha filha tinha um pretendente e podia viver como uma rainha. Lá, dinheiro era lixo. E preferiu, naquela ocasião, alguém que estudava. Ela o conheceu num casamento, um tipo mais ou menos como ela, que nunca ficava sem um livro. A gente pensou que ela ia ser uma grande escritora... tanta cultura, elogios de todo lugar. Entrou em primeiro lugar na São Francisco, os próprios diretores a elogiaram e jogaram isso na cara: "Imagina, uma mulher no meio de três mil, e entrou em primeiro!". Ela não trabalha. Ela fez gente, do marido. E ela ficou cozinheira. Ela não deixa ele em paz. E ele tem boa cabeça. É um médico importante, já era presidente mundial de... (desses negócios de medicina entendo muito pouco)... negócio de quem se envenena, e que ele salva, é como toxicologia. Estuda. Eles vivem mais fora, agora ficaram seis semanas na Europa. Dinheiro nada, só honras. Foram à Inglaterra, dar aulas sobre aquilo; de lá convidaram para a América.

Ferrenho getulista, Dejtiar considera que o *status* dos brasileiros e a qualidade de vida melhoraram graças a esse presidente. Define Getúlio Vargas como um político honesto, que não se suicidou.

Ele não era covarde não, não ia se matar. Era um bom homem, eu gostava dele e, depois, era um homem honesto, isso que é essencial. Ele deixou o governo cheio de dólares. Depois da guerra, o Brasil estava cheio de dólares. Onde é que estão? Depois que mataram ele, qualquer um que queria importava dólar. Para comprar um Austin na Inglaterra tinha que ficar na fila, e aqui no Brasil a pessoa entrava na agência e comprava. Por quê? Porque queriam tirar os dólares daqui, ou as libras que o Getúlio economizou. E de fato, depois ficou aquela crise de novo.

O RUSSINHO ENCONTRA OS POLÍTICOS NO CAFÉ PAULISTA EM PORTO ALEGRE. Em Porto Alegre, de tarde, faz muito calor. E lá pelas 16 horas e pouco, no Café

Paulista, estavam o João Neves da Fontoura, o Batista Rosalvo, o Getúlio Vargas, eram todos deputados, e tratavam eles de "conselheiros". O único que não vinha era o Borges de Medeiros. O resto dos "grossos" estava. E eles ficavam discutindo política. O Oswaldo Aranha também. Primeiro todo mundo gostava dele, depois começou um zum-zum de que ele era advogado de uma viúva, fez o inventário e roubou, tirou dinheiro, sei lá. Era muito inteligente esse homem. Pode ser que mentiam, sabe como é, na política, quando fulano vê um que sobe um pouco, inventam qualquer coisa. Mas depois o Getúlio subiu mais que os outros. De quem eu gostava muito era do João Neves da Fontoura. Que beleza, como esse homem falava, como discursava! Era um orador que podia falar dia e noite. Muito boa gente. Ele sabia que eu era *id*, sabiam todos, ficava perto deles, tomava café, mas dava palpite. Eu tinha o nome de Russinho lá.

O PARTIDO REPUBLICANO. Quando cheguei a São Paulo, vim recomendado lá de Porto Alegre, do Partido Republicano, quer dizer, do partido do Borges de Medeiros. E lá no Bom Retiro o major Molinaro tinha uma casa com uma garagem enorme. O Sílvio de Campos, o irmão do governador, todos os grandes, passavam por lá.

MAJOR MOLINARO. Esse major Molinaro era cocheiro, analfabeto. Naquele tempo, perto da Estação da Luz, ficavam aqueles coches puxados a cavalo. Ele fazia isso. E na Revolução de 24 ele salvou o governador. O Isidoro cercou o quartel, no Campos Elíseos, o governador estava lá e não havia jeito de tirá-lo. Não sei se alguém foi chamar o Molinaro, combinaram com ele para fazer esse serviço; ele entrou com o coche. Pintaram o Carlos de Campos, para desfigurar [sic], e ele saiu com aquele coche. E Molinaro ficou lá dentro. Depois da Revolução, o Isidoro perdeu aqui em São Paulo e deram para o Molinaro o título de major. Eu era cabo eleitoral do Molinaro. Me recomendaram aqui para ele. E ele dizia para mim: "Ô Mosé", me chamava assim, de Mosé. Ele tinha um carro, da Alemanha, aquele carro todo brilhante, cobreado, muito bonito. E ele dizia para mim:
– Você não quer sair conosco nos domingos, fazer um volta?
– Ué, posso sair, por que não?
E saí com ele uma, duas, três vezes, e os outros lá diziam:
– É, você é capanga do Molinaro.

CAPANGA DO MOLINARO.
– Vocês estão malucos! – eu respondia. Aí, depois, não queria sair mais. Capanga! O que eles pensavam, não sei, mas eu...Tanto que quando tiravam mercadoria de um prestamista,

por exemplo, eu tinha carta aberta. Ia no depósito e o homem tinha que devolver a mercadoria. E o outro lá tinha raiva, um antissemita desgraçado, dizia para mim: "Isso é só aqui em São Paulo!".

A MORTE DO MAJOR MOLINARO. Era importante esse major, era tudo. Mataram ele na entrada da Assembleia, aqui na cidade. Era bom homem.

FIZ MUITOS *IDN* ELEITORES. Quem subiu depois, graças a ele, foi o secretário dele, o Narciso Pieroni. Aquele foi eleito deputado por causa dele, porque trabalhava com ele. O Molinaro não tinha filhos, o Pieroni desde pequeno sempre trabalhou junto. Depois passou a ser secretário do Centro Republicano do Bom Retiro e, quando o homem morreu, ele se candidatou e os italianos o elegeram. E quantos *idn* eu fiz como eleitores lá!

CARTEIRA DECLARATÓRIA E A AVÓ DO VIZINHO. Eu não quis me naturalizar por causa da idade militar. Antigamente tinha a Carteira Declaratória. Quem tinha propriedade, casado no Brasil, filhos brasileiros, ou um filho só, podia pedir a Carteira Declaratória. Depois, estava pensando em fazer isso, mas quem me aconselhou foi... pegado a minha casa, quando morava na Rua Albuquerque Lins. Tinha um advogado que era secretário do ministro da Fazenda, no tempo do Getúlio Vargas. A avó dele vivia na nossa casa. Aí falei para ele: "Escuta Ney, queria me naturalizar", não sabia desse título declaratório. Ele me disse: "Não, senhor Moisés, o senhor não deve pedir naturalização, deve pedir Carta Declaratória", me explicando como era. "Sabe de uma coisa, me dá todos os dados que vou tratar isso no Rio", eu resolvi. Sem esperar por isso, nos chamou o secretário do Governo, que era o doutor Sinésio Rocha. Nós assinamos.

O filho Hélio chegou a eleger-se vereador e deputado.

Meu filho, esse é muito bravo. Na legislatura dele, chamou o Secretário de Finanças aqui de São Paulo de antissemita. E era, porque expressou que o bairro que mais sonegava impostos era o Bom Retiro. Como deputado tinha entrada franca em todas as seções, ele foi tirar os impostos pagos, para ver o movimento de São Paulo. E demonstrou que o Bom Retiro paga de impostos metade de quanto paga o resto de São Paulo. E achou que aquela declaração era antissemita. O outro foi na Assembleia se desculpar, disse que ele não queria dizer isso.

1954. São Paulo. Foto tirada na Sinagoga Israelita da Penha por ocasião da campanha de Horácio Lafer a deputado federal. Da esquerda para a direita: Angelo Iampolski, José Zilberberg, Mechil Scalman, Moisés Kahn, Horácio Lafer, rabino Raffalovitch e Berko Saposznik. Em pé: Aron David, pessoa não identificada e Wolf Doltorchik.
Foto cedida por José Zilberberg.

"Desaforo, não traga para casa"

Alguns judeus alertavam Dejtiar para evitar as manifestações do filho. Temiam. Ao que ele respondia que educara os filhos para reagir.

> Desaforo, não traga para casa. Não provoque, mas desaforo... você se defende, como puder, na ocasião. Isso eu sempre falava para os dois. Porque trabalhei com os índios lá no mato, lá está cheio deles. Os gaúchos, o melhor dos brasileiros acho que é o gaúcho, mas se dizem uma ofensa para ele, aí, defenda-se! Compreende? Ou mata ou morre. Lá na Colônia Quatro Irmãos sempre andávamos com um punhal ou um revólver. Lá precisava.
>
> "GAÚCHO SÓ MATA POR MULHER." O gaúcho só mata por causa de mulher, nunca assalta, nunca. Nunca se ouviu lá de um gaúcho assaltar por dinheiro. Quero dizer é que meu filho foi criado assim.

O menino Moisés Dejtiar atravessou a Europa, chegou à América do Sul, passou pela Argentina e pelo Uruguai e finalmente aportou no Brasil. Nasceu na Bielorrússia: é judeu e tornou-se brasileiro e muito gaúcho.

O jovem imigrante cresceu, participou da construção da comunidade judaica, enfrentou e superou com criatividade os inúmeros impasses econômicos e políticos da vida brasileira. Além de ter sido criado em uma família judia em que os laços patriarcais de respeito ao pai e à mãe eram valorizados e inquestionavelmente aceitos, sobreviver às dificuldades materiais nos velhos e novos países o fez fortalecer esses valores. Jovem, conviveu com os gaúchos, com os quais aprendeu o valor da independência e a ética de lutar e garantir seus direitos. Foram esses os valores que transmitiu aos filhos.

Vivendo num mundo restrito, nas colônias agrícolas do Rio Grande do Sul ou como empregado no comércio urbano, Dejtiar aos poucos expande seus limites sociais e econômicos. Aprende com todos à sua volta: com o empregador, o locatário, os fiscais corruptos. Cresce então nele o desejo de ampliar seu espaço, seja na comunidade judaica, seja no mundo do capital; estes alvos foram paulatinamente sendo alcançados por meio da construção de nova sinagoga e da participação em muitas entidades judaicas de assistência em São Paulo. Concomitantemente, sobe os degraus da estrutura do mercado capitalista: de ambulante, chega a industrial. No fim da vida, conhece a redução de seu capital.

No relato de sua história, nenhuma menção foi feita à própria frequência escolar. Superou a ausência de formação educacional com a observação minuciosa dos processos produtivos industriais – e ousando, apesar dos riscos. Com acertos e erros, foi alcançando seus alvos. Para os filhos, porém, procurou lhes dar todas as oportunidades educacionais, sem distinção de gênero.

A trajetória de Dejtiar pode ser tomada como uma versão individual do desenvolvimento econômico brasileiro urbano. Penetra na difusão de mercadorias, começando pelas classes mais pobres. Ao baratear os produtos consumidos pela elite – aparentemente um simples guarda-chuva, ou as casimiras inglesas –, ajuda a romper a exclusão da camada de consumidores que não tinham condições de chegar às elegantes lojas ou alfaiates. Para isso, Djtiar entra no esquema da venda a domicílio e na pequena corrupção endêmica. Se a resistência que fizera quando chantageado pelos grandes políticos no Sul o levaram a desistir do emprego para não se tornar corrupto e ladrão, percebe que recusar a "pequena" contravenção lhe seria fatal.

Esta história revela o âmago do cumprimento e descumprimento da lei no cenário brasileiro; seus guardiães são os que chantageiam.

Esse *modus operandi*, muito conhecido e nunca contado, Djtiar revela. Infelizmente, não se trata de fatos que tenham se extinguido: dobrar-se a eles foi condição da sobrevivência daqueles que levaram a industrialização à frente.

Chanuka.

IDENTIDADE: POLÍTICA, CULTURA, RELIGIÃO

Ouvindo as histórias de vida de homens e mulheres que chegaram ao Brasil, aqui se instalaram e criaram suas famílias, apreende-se a variedade de formas de construção da identidade dos judeus. Alguns negaram o pertencimento à etnia judaica, outros a afirmaram enfaticamente; há ainda os que são indiferentes a tal "marca". Razões políticas, religiosas ou hereditariedade social estão na base de algumas autodefinições identitárias.

A definição de identidade é um dos cruciais problemas da teoria sociológica[1] e uma questão que aflora, de longa data, entre os judeus que se questionam: quem é judeu? O que significa ser judeu? Como se transmite a "herança judaica"?

Até a Segunda Guerra Mundial, o conceito de raça distinguia indivíduos pela cor da pele, pelo sangue, por características fisionômicas e outros aspectos biológicos. De raça, chegou-se rapidamente ao racismo. Críticas aos critérios valorativos que associavam a raça branca ao "superior" e o negro ao "inferior" foram fundamentais para o questionamento desse conceito, baseado num falso determinismo biológico. O racismo aplicado aos judeus "justificou" o terrível Holocausto.

Indivíduos são diferentes entre si. Um conjunto de indivíduos interarticulados e que possuem características sociais, culturais e históricas comuns (ou que os "outros" consideram que as possuam) constitui um grupo étnico. Nas sociedades complexas, os

1 Connerton (1993), Halbwachs (1990), entre outros.

grupos étnicos, como os judeus, se diferenciam por delimitadas fronteiras sociais, que são flexíveis, se movem; os indivíduos interagem com outros grupos sociais. As fronteiras são dinâmicas, se estruturam, se modificam, mas perduram (Barth, 1969 e 2000).

As fronteiras podem ser nacionais, com territórios de jurisdição política; ou sociais, invisíveis do ponto de vista geográfico, mas claras socialmente. Vivendo em sociedades complexas e não mais em pequenas cidades como os *shtetlach*, os judeus "tentam" definir sua identidade. Há os que não aceitam ser identificados como judeus. Outros procuram evitar o rompimento do judaísmo para garantir a continuidade de uma herança histórica. Do ponto de vista teórico, processos diversos são elaborados para definir a etnia. Como mostra Barth (2000), há duas possibilidades de se pertencer a um grupo étnico: ser inscrito (*ascription*) ou se autoinscrever (*self-ascription*) nele. Ao focalizar os processos de manutenção das fronteiras, verifica-se que os grupos étnicos e suas características são produzidos por interações particulares em circunstâncias históricas, econômicas e políticas. Os processos são altamente situacionais.

Mario Schenberg: "Não sou judeu"

Os limites das fronteiras sociais se tornam visíveis empiricamente quando se focalizam os comportamentos e valores sociais dos membros de um grupo étnico. A fala dos historiantes revela como se identificam (ou não) como judeus e como viam o judaísmo.

Comecemos com o físico Mario Schenberg, cujo relato foi longo e complexo. De início, ele informou que nada tinha a relatar numa pesquisa sobre os judeus, mas depois que começamos a conversar ele foi extremamente amável e a entrevista durou duas tardes, cerca de seis a sete horas.[2] Do total, apresentaremos alguns trechos vinculados à temática aqui proposta, deixando para outra oportunidade ricos aspectos ligados às suas atividades profissionais e acadêmicas.

> Eu não sou judeu. Não é que eu não me considere judeu: é que eu não sou, não é questão de me considerar. Eu não posso me considerar, compreende? Porque me faltam muitas vivências essenciais. A vivência dentro de uma coletividade judaica, da prática da religião, estas coisas todas que eu não tenho.

Assim fomos recebidas quando procuramos o eminente físico Mario Schenberg para a pesquisa *Os judeus na memória da cidade de São Paulo*. Seu nome constava de todas

2 Entrevistas realizadas em 7 e 14 de outubro de 1982 por Eva Alterman Blay e Roberta A. Sundfeld.

as listas que havíamos construído sobre a parcela da população judaica a ser pesquisada. Seu nome sempre era lembrado "pelos outros" como judeu. Ante a reação de Schenberg, que fazer? Cancelar a entrevista? No entanto, ele próprio começou a explicar por que não era judeu:

> Não nasci aqui em São Paulo, eu vim do Recife. Quando nasci [1914] havia um número insignificante de judeus na minha cidade e eu nunca vivi em ambiente judeu, a não ser dentro de casa. De modo que, realmente, não sou muito integrado em ambiente judeu, nunca fui. Recife não tinha sinagoga naquela época, depois é que fundaram.

Para Schenberg, ser judeu, portanto, é fazer parte de uma comunidade judaica, o que não ocorria com ele. Sobre sua infância em família, lembrou que:

> Bem, aos 13 anos eles me fizeram fazer o Bar-Mitzvá, mas não representou grande coisa para mim, porque minha família não era realmente religiosa, não era praticante. Eles achavam que eu tinha que fazer e eu fiz, mas não foi de uma forma especial.

Embora não religiosa, a família o levou a seguir o ritual da maioridade judaica.

> Eles me fizeram também estudar hebraico por causa desse negócio do Bar-Mitzvá. Eu andei estudando hebraico durante uns anos e até que gostei da língua hebraica. É... acho que eu até sabia mais ou menos, até porque já dava para ler a Torá; achei bonito e cheguei a ler o livro de Isaías, que eles achavam a coisa mais bonita na Bíblia.

Anos 1950. França. Bar-Mitzvá, por S. Seeberger.
Cedido por Eva Alterman Blay.

A Bíblia e o Colégio Batista

Schenberg explica a origem de seu conhecimento bíblico:

> É curioso, eu tinha certa educação bíblica, mas não foi dada nas escolas judaicas. É que eu fiz a escola primária no Colégio Americano Batista, que era considerado um dos melhores do Recife. Era um colégio americano, protestante, e eles davam aula de Bíblia toda semana e nos levavam para um lugar onde cantavam aqueles hinos. Foi aí que eu adquiri certos conhecimentos de Bíblia; não foi em casa.

Entre os historiantes, sobretudo entre os nascidos no Brasil, Schenberg era dos poucos que sabia o ídiche.

> Em casa meus pais falavam mais ídiche, mas falavam o russo também. Só que falavam o russo quando queriam que a gente não entendesse! O ídiche eu aprendi com a avó, a mãe da minha mãe, que viveu muitos anos lá em casa. Ela veio da Europa. Agora, russo não me ensinaram. Mas, já não estava mais nessa... logo depois, comecei a ter influência marxista e... essas coisas não me interessavam.

Sua história revela uma formação semelhante à grande parte dos meninos judeus de origem ashkenaz: aprendeu a falar o ídiche, foi preparado para o Bar-Mitzvá, rito de iniciação da maioridade judaica, aprendeu o hebraico e leu a Torá com um professor particular pelo qual não demonstrava grande admiração.

A questão judaica

Sobre a questão judaica, Schenberg fez um longo retrospecto histórico e revelou que acompanhava tudo que dizia respeito ao judaísmo. É claro que isso não o identifica como judeu, pois era uma pessoa profundamente ligada aos movimentos políticos internacionais.

> Antigamente a coletividade judaica era muito esquerdista... A maior parte dos imigrantes judeus tinha vindo daqueles países da Europa Oriental e muitos deles eram operários mesmo. Eles trabalhavam na confecção de roupas. Era um pessoal muito politizado. E o resto ainda ficou naquele clube ali da Rua Três Rios, lá onde tem o teatro Taib [Teatro de Arte Israelita Brasileiro] (Casa do Povo). Aquilo foi o que sobrou do movimento. Em

compensação, começou a se desenvolver mais o movimento sionista. O sionismo era um movimento dos setores mais ricos da comunidade; o pessoal mais pobre não ligava muito para isso. Depois, naturalmente, com a criação do Estado de Israel e com o nazismo, a comunidade se identificou muito com isso! Hoje não sei dizer muito bem como é.

1947. São Paulo. Theatro Municipal. Da esquerda para a direita: Gevertz, Ziche Vamper, pessoa não identificada, Bernardo Lichfitz, Waiskop, José Sandacz discursando, Clara Kaftal e Jacob Len.
Foto cedida por José Sandacz.

"MEU PAI FOI OPERÁRIO." Mas aqui mudou muito; o pessoal que vinha lá da Europa Oriental era um pessoal muito pobre. Mesmo antes da guerra eles viviam no meio de operários da confecção. Meu pai mesmo foi operário, não aqui no Brasil, mas nos Estados Unidos e na Argentina. Era gente realmente pobre que vinha e tinha uma tendência à esquerda.

O SIONISMO É DE DIREITA. O sionismo tinha mais uma tendência de direita – não é que sejam chamados injustamente de fascistas; eles tinham uma ideologia totalmente fascista e eram ligados ao movimento fascista internacional. O Jabotinsky [Zeev Jabotinski (1880-1940)], que foi o criador dessa coisa, era fascista. E até na ocasião em que criaram esse movimento houve um manifesto, inclusive assinado pelo Albert Einstein,[3] que denunciava a formação de um fascismo judeu.

---

3 Não encontramos esse documento.

RENASCE O ANTISSEMITISMO. E, apesar de tudo, prevalecia em Israel uma atitude não tanto de direita (havia o Partido Socialista), sobretudo em relação aos árabes. E, finalmente, levou a esta situação que eu acho muito séria. Agora uma onda internacional de antissemitismo está se formando a partir desse negócio de Israel, e vai ser muito difícil. Israel se mantém pelo apoio norte-americano; acho que o dinheiro que eles mandam pode ser descontado do imposto de renda. Esse problema dos judeus, atualmente, está difícil. E o pior é que se criou esta onda antissemita internacional; não há mais dúvida sobre isso.

Schenberg previa acertadamente, nessa entrevista em 1982, a emergência de um movimento antissemita que foi se acentuando nos anos seguintes em decorrência (pelo menos parcialmente) da questão palestina em Israel. Ele historia as origens do antissemitismo.

ANTISSEMITISMO E A IGREJA CATÓLICA. Inclusive, o próprio papado nunca teve uma posição muito boa na questão do antissemitismo. Aliás, quem criou o antissemitismo no mundo foi a Igreja católica, desde a Idade Média, com aquela história de que os judeus eram responsáveis pela morte de Cristo. A Igreja católica foi sempre antissemita.

SOBRE O CONCÍLIO VATICANO II. Foi só agora, com o Concílio Vaticano II, que alteraram essa posição em relação à interpretação de que os judeus, coletivamente, eram responsáveis pela morte de Cristo! Imagine se meia dúzia de "trouxas" podiam responsabilizar um povo inteiro! Há esses católicos mais de direita que são contra o Concílio Vaticano; esse pessoal aí, aquele bispo francês. E aqui, o pessoal da TFP,[4] que está ligado à questão, quer a missa em latim.

A EXPULSÃO DOS JUDEUS ÁRABES. É um problema muito complicado... agora eu não sei! Parece que está havendo um protesto dentro de Israel mesmo. Aliás, estão acontecendo umas coisas muito estranhas em Israel. Sabe que a maior parte hoje da população em Israel não é mais de judeus europeus? São judeus árabes que vieram dos países onde estavam há mais de 2 mil anos porque os muçulmanos eram muito tolerantes com o negócio de religiões. Não eram como a Igreja católica. Quando foi criado o Estado de Israel, a maior parte dos países árabes expulsou as comunidades judaicas que estavam estabelecidas lá, em alguns casos, já há milhares de anos.

UM LAR NACIONAL PARA OS JUDEUS. Por ocasião da fundação de Israel, o meu posicionamento foi o mesmo que o do Einstein: que houvesse um lar nacional para os

4 Tradição, Família e Propriedade.

judeus. Mas essa ideia desse Estado de Israel, como fundaram, nunca admiti! Acho uma coisa horrível, que se criasse até um precedente como esse, de pegar a terra de um povo e outro vir de fora, dizendo que há 2 mil anos... Einstein foi a favor do Estado de Israel, mas ele não queria que o Estado de Israel fosse o dono... Ele achava importante que houvesse um país onde pudessem desenvolver as (vamos dizer assim) melhores qualidades da raça. Mas não desenvolveram os melhores, desenvolveram os piores, os fatos estão aí mostrando. Nem a cultura está tendo um grande florescimento em Israel.

O VOTO DOS ATRASADOS. A votação de [Menachem] Begin se baseia, em geral, nos setores mais atrasados. Não sei se você sabe, mas até os beduínos do deserto, que não são nem judeus, votam também em Begin! Quer dizer, o que há de mais atrasado é a base desse governo... Realmente, infelizmente, nós estamos numa época de recrudescimento do antissemitismo.

FASCISMO E NAZISMO. Quando começou o fascismo na Itália, eu estava trabalhando com o Fermi.[5] O fascismo italiano não era antissemita. No princípio havia até uma grande oposição entre Hitler e Mussolini, por causa da Áustria. Mas depois o Mussolini se submeteu, fez aliança com Hitler, e foi aí, nesse momento – foi até uma surpresa, eu me lembro que apareceu uma revista chamada *A Defesa da Raça*. Assim, de um dia para o outro! Todo mundo lia, dava risada. Logo em seguida, começou a legislação para a defesa da raça italiana. Se bem que o fascismo italiano nunca chegou aos extremos do nazismo. Mas eu não senti o antissemitismo na Itália, porque não tinha. A gente podia ver um ou outro antissemita, mas um movimento, um antissemitismo generalizado, [ainda] não havia.

O ANTISSEMITISMO ANTECEDE A PRESENÇA DOS JUDEUS. [Havia] outros países católicos onde não havia judeus e havia antissemitismo muito grande; era o caso da Irlanda. Então, os irlandeses começaram a ir para os Estados Unidos e chegavam com um antissemitismo muito grande, iam para os bairros de Nova York. Depois, ficavam amigos dos judeus e até havia casamentos múltiplos na Igreja católica.

NO ENTANTO, FUGA DO ANTISSEMITISMO ITALIANO. Quando eu fui para os Estados Unidos, eu tinha muitos amigos lá e ainda tenho, são alguns daqueles italianos que eu conheci e que estão nos Estados Unidos. Aquele físico que ganhou o Nobel era meu amigo na Itália. Eu o conheci em Roma e depois estivemos juntos em Paris, para onde fugi quando começou o antissemitismo na Itália.

---

5 Enrico Fermi (1901-1954), cientista laureado com o Prêmio Nobel de Física em 1938.

FERMI NÃO VOLTOU PARA A ITÁLIA. O Fermi saiu da Itália para receber o Prêmio Nobel; naquela ocasião ele ainda era professor. Foi para a Suécia e não voltou mais para a Itália. Recebeu o prêmio e foi para os Estados Unidos... parece que ele tinha um certo sangue judeu, mas não sei se era 100% judeu. A mulher dele era judia.

ESTADOS UNIDOS. Eu fui para os Estados Unidos em fins de 1940 e fiquei até 42. Nessa época o grosso já estava lá, mas ainda estavam chegando alguns refugiados, os que puderam sair naquela época; já tinha até começado a Segunda Guerra Mundial... mas os Estados Unidos ainda não tinham entrado na guerra... Também outros que não eram judeus tinham se refugiado lá. É, tinha muita gente.

ANTISSEMITISMO NOS ESTADOS UNIDOS. Engraçado, nos Estados Unidos há muito antissemitismo também, um antissemitismo curioso. Você sabia que muitas das grandes universidades americanas tinham se fechado para estudantes judeus até há pouco tempo? Mesmo lá na Universidade de Princeton, nada havia contra o professor, mas havia com relação aos estudantes. Quando achavam que tinham que contratar um professor judeu, eles contratavam, mas para receber estudantes judeus eles tinham limitações.

ANTISSEMITISMO EM NOVA YORK. Nas universidades dos Estados Unidos eu diria que não senti discriminação, mas você sabe, é um país complicado. Havia certas manifestações de antissemitismo, por exemplo, nos bairros elegantes de Nova York! Não se alugavam casas ou apartamentos para judeus. Provavelmente havia alguns judeus que eram grandes milionários e compravam apartamentos. Mas em certas zonas, lá do centro, não queriam alugar. Acho que agora tem menos formas de antissemitismo assim ostensivas.

"NÃO SE ALUGA PARA JUDEUS." Morei em vários lugares nos Estados Unidos, sempre em quartos alugados. Mas mesmo lá, numa cidadezinha onde está o observatório astronômico, havia muitas casas de pensão que punham na porta que não alugavam para judeus.

O TAOISMO. Depois, bem mais tarde, eu redescobri outro ângulo do budismo diferente nos Estados Unidos, que é exatamente o zen, uma mistura do budismo e do taoismo chinês. Tanto que, hoje em dia, já não tenho tanta simpatia pelo budismo como tive em outras épocas. Mas o taoismo chinês é uma das coisas que me fascinam muito... são essas religiões que ao mesmo tempo não são religiões, sabe como é? São espécies de filosofias de coisas... Não sei por que, mas eu gosto muito da ideia do vazio. Não sei se isso seria aquela coisa do espaço também. Porque eu gosto muito, sou muito sensível para questões espaciais. Já tive aquele negócio da geometria, agora vem este negócio de espaço. Essas

religiões de origem chinesa têm muito essa ideia de vazio, não é? O hinduísmo também tem, mas acho que no taoismo é mais marcado. Bem, como isso tudo se concilia com o marxismo, é uma coisa curiosa, sabe? Em geral, os marxistas têm certa tendência para gostar do taoismo. E alguns até gostam muito, é o caso do [Bertolt] Brecht. O Brecht tinha um retrato do Lao Tsé, naqueles rolos, que ele levava consigo sempre que viajava. Para onde ia, logo tirava aquele retrato do Lao Tsé e o pendurava!
O taoismo é uma coisa que a gente pode chamar de religião, mas realmente Deus não desempenha ali papel nenhum, não se fala em Deus. É uma religião sem Deus. Mesmo na União Soviética os filósofos têm uma certa simpatia pelo taoismo. Eles o consideram um precursor da dialética. É muito forte no taoismo a ideia de que o vazio – que, aliás, existe até no hinduísmo – é mais do que o cheio, e eu acho o *Tao Te Ching* uma das coisas mais lindas que existe, tanto poética como filosoficamente; acho um negócio maravilhoso!

Schenberg é figura ímpar na Física mundial. Homem cultíssimo, observador extraordinário. Discorreu detalhadamente sobre sua carreira, as previsões a respeito do neutrino,[6] as viagens e os colegas em várias partes do mundo, mas nada falou sobre sua atividade político-partidária nem sobre sua eleição como deputado. Rápida menção sobre o tema feita pelas entrevistadoras foi por ele contornada como sendo algo não significativo para seu relato. Profundo conhecedor do que ocorria no mundo, detalhadamente em Israel, acompanhava com preocupação o fortalecimento do antissemitismo. Responsabilizava a política israelense e a forma como fora construído o Estado de Israel pelo crescente antissemitismo. Dizia que não sofrera esse tipo de discriminação pessoalmente, nem na Itália nem nos Estados Unidos, mas viveu em locais onde não se alugavam moradias para judeus e disse ter fugido da Itália quando o antissemitismo fascista se tornou altamente perigoso. Destaco estes pontos que revelam a coerência de uma pessoa que não se considera judia e se sente distante do antissemitismo presente nos locais onde vivera e trabalhara – até mesmo o fascismo é visto por ele como um movimento político não antissemita.

Schenberg afirma que o Prêmio Nobel Fermi, com quem ele trabalhara, "[...] tinha certo sangue judeu, mas não sei se era 100% judeu". Para entender esta suposta divisão do sangue em parcelas judaicas ou não judaicas, temos de recorrer aos estudos de Victor Klemperer (1996) sobre linguagem. Ao analisar o conteúdo da linguagem do Terceiro Reich, Klemperer mostra como por meio da linguagem constroem-se valores,

6 Não incluímos aqui as reflexões teóricas que fez sobre o neutrino.

criam-se verdades e explicações passam a ser aceitas indiscutivelmente. Ele demonstra como se infundem valores racistas no cotidiano e como é aceita a suposta herança judaica através de "uma parte" do sangue.

Como sabemos, o nazismo perseguia indivíduos que tinham metade ou um quarto do sangue judeu, conforme um dos pais ou avós fossem judeus. Como se o judaísmo se transmitisse por uma herança sanguínea! Esta visão racista foi incorporada por quase todas as sociedades e se manteve até muito recentemente, quando uma revisão crítica mostrou seu fundamento racista: como se fosse possível dividir o sangue de uma pessoa em partes e, em consequência, configurar sua identidade através dele.

Schenberg foi um indivíduo aberto a várias ideologias e conciliou o materialismo à filosofia oriental, quando tomou contato com o taoismo e o budismo por influência de colegas cientistas asiáticos.

Sua rejeição ao judaísmo o manteve ligado ao que acontecia com os palestinos, Israel e o antissemitismo. Talvez se pudesse concluir que tentou, até o fim da vida, romper com o judaísmo. Ironicamente, sempre foi considerado judeu.

Cientista, físico, matemático, crítico de arte, comunista, Schenberg se aproxima da definição de Isaac Deutscher (1970) do "judeu não judeu", pessoa antes voltada para a cultura universal.

Comunista e *pour cause* antiamericano, revoltava-se contra a política do Estado em Israel. Adotava a defesa do povo palestino e responsabilizava a onda de antissemitismo como consequência do sionismo.

Abraão Brickman: catolicismo x judaísmo

Retomando a questão da identidade étnica, a análise de Barth (2000, p.26-9) ensina que a etnicidade não é um inventário cultural, ao contrário, ele parte da "organização étnica", dos processos de mudança dos grupos étnicos, da relação dinâmica entre eles, da origem histórica do conjunto dos traços culturais. Cada cultura mantém um fluxo constante, contradições e incoerências, as quais variam diferencialmente conforme a posição socioeconômica dos agentes. Portanto, não há sentido em se fazer um inventário cultural para definir limites étnicos fixos, de acordo com Barth.

Se as pessoas parecem divergir neste fluxo cultural, o que se deve procurar para entender a reprodução da cultura são os processos que sustentam as descontinuidades relativas neste fluxo e assim provêm uma base para a identidade étnica. Isso nos leva a

entender como para Abraão Brickman a forte influência do catolicismo não afetou seu vínculo com o judaísmo.

Abraão Brickman nasceu em Franca, interior de São Paulo, em 1910. Fez o ensino primário na escola pública da cidade. Como para a maioria das famílias judaicas imigrantes, a formação educacional dos filhos era fundamental. Surge um grande problema quando os meninos judeus de Franca devem prosseguir os estudos. Nesta ocasião, como já vimos, a criança ou a própria família se muda para São Paulo, a fim de dispor de colégios. O pai de Brickman procurou solucionar a educação do filho nos limites de Franca. Queria colocá-lo no Colégio dos Irmãos Maristas, colégio católico muito conceituado; o menino não foi aceito por ser judeu. O pai, influente cidadão da cidade, decidiu enfrentar a restrição e fazer com que o filho fosse aceito na escola.

Brickman relata, com muito entusiasmo, a seguinte cena:

> O ginásio em Franca era dos irmãos maristas católicos. Aí o papai foi "quebrar o pau", no sentido do colégio marista aceitar alunos judeus. O reitor era um sujeito muito capaz, inteligente, francês, cartesiano, formado em engenharia na França, o irmão Marie Gilbert. E ele falou: "Olha aqui, esse frei agostiniano, o Frei Gil, não vai permitir [aceitar alunos judeus]. Mas vindo uma ordem do bispo diocesano de Ribeirão Preto, que é o dom Alberto [que tinha sido governador do Paraná], eu aceito todos os meninos judeus, com a condição de nas horas da reza ficarem na classe, sem serem obrigados à cadeira de religião.
>
> CATÓLICOS X PROTESTANTES X ESPÍRITAS. Dom Alberto era um homem muito interessante, inteligente, um sujeito muito evoluído. Papai foi falar com ele: devia grandes favores ao papai, porque quando havia aquelas guerras religiosas entre protestantes e espíritas, lá em Franca (e o "pau caía" mesmo, feio...), o bispo telefonava para o meu pai, que era naquela ocasião líder importante da maçonaria, para que ele fosse acalmar a situação, e o papai ia, acomodava a situação entre espíritas, protestantes e católicos: era um líder!

A paz entre católicos e espíritas era obtida pela intervenção de um comerciante judeu e maçom – uma idiossincrasia bem brasileira.

Mas não bastava a aquiescência do bispo. Este precisava se justificar perante seu rebanho. A solução também foi encontrada por Jacob Brickman.

> UM LÍDER JUDEU CONVERSA COM O BISPO. O bispo lhe disse: "Jacob, não posso lhe negar nada, mas qual é a desculpa que eu vou dar?". Papai respondeu: "Bom, você pode não aceitar protestante ou espírita, que são religiões derivadas do catolicismo, entraram

> em conflito, são dissidentes do catolicismo. Mas o catolicismo é uma continuação do judaísmo, a dissidência foi de vocês com o judaísmo". E foi essa a desculpa! Então podiam nos admitir! Admitiram todos os judeus de Franca.

O relato de Brickman rememora a antiquíssima intermediação entre os detentores dos territórios ocupados pelos judeus do *shtetl* na Europa Oriental e um líder da comunidade judaica. Os representantes do tsar na Rússia ou dos nobres na Polônia e demais países não se relacionavam diretamente com os judeus, e sim por meio de líderes, pessoas de posição econômica mais elevada e de distinto saber. Eram os porta-vozes da comunidade judaica na relação hierárquica entre dominador-dominado.

No caso de Franca, indiferentes à religião da escola, a complexa negociação pretendia que as crianças judias pudessem prosseguir estudando no local. A família de Brickman concordava inteiramente com que o filho e a filha cantassem e tocassem piano na igreja durante a missa; conheciam a influência de várias forças culturais e confiavam que o catolicismo seria contrabalançado pela educação judaica, a vida no grupo familiar, as relações comunitárias e o cumprimento dos rituais religiosos (Connerton, 1993).

Não erraram. Brickman manteve-se muito ligado ao judaísmo ao longo de sua vida. Desde muito jovem, acompanhou de perto os esforços de seu pai para trazer da Europa outros membros do grupo familiar. De condição econômica muito próspera, os grandes gastos com este esforço imigratório abalou seriamente as finanças da família em Franca.

A comunidade judaica da cidade cresceu com a vinda de dezenas de parentes e outros conhecidos.

Brickman, ao longo da vida, acompanhou as ocorrências com relação aos judeus em várias partes do mundo. Sua adesão às tradições judaicas se fez, por vezes, de modo doloroso, como no rompimento de seu noivado.

No judaísmo, a promessa de casamento é mais difícil de romper do que um casamento, para o qual há o divórcio. Brickman ficou longos anos marcado por um desses rompimentos, embora a iniciativa tivesse sido da noiva.

> Eu fui noivo no Rio de Janeiro, depois nós desmanchamos o noivado, a moça foi embora para o Norte e casou-se lá. Com seis meses ou quase um ano de casada, ela adoeceu e morreu. Foi um romance desgraçado... Quando ela ficou doente, o pai do marido, que era muito religioso, mandou me pedir perdão...Aí teve um rabino lá no Rio que veio me procurar para eu referendar. Ele deu os dados e assinei o troço. Ele perguntou quanto eu ia

cobrar da família da moça para dar esse documento de rompimento de noivado. É como se fosse uma indenização, é uma prática do judaísmo. E eu falei: "Mas como? Eu considero isso uma questão de caridade! Não posso compreender uma indenização". Assinei o documento que ele mandou, mas apesar disso a moça morreu. Vocês podem imaginar o meu drama nessa ocasião, com uma situação dessas; eu dei para sair à noite, jogar, estava numa situação!... professor de faculdade, diretor de hospital, com nome... eu estava me prejudicando. Esta foi a razão de minha transferência para São Paulo.

Brickman tinha um grande mentor, o doutor Ricardo Severo, que, prevendo eventual desgaste, o indicou para trabalhar em São Paulo, no Hospital Beneficência Portuguesa.

Pelas cidades do interior

6 de agosto de 1933. Festa caipira de Pirapora. Da esquerda para a direita, em pé: Shalom Bornstein e Shmiel Rucherger. Sentados: Pintzchovski Tecutiel, ou "João Eleazari", e Chasquiel.
Foto cedida por Shalom Bornstein.

1919. Piracicaba. Haim e seu filho José Polacov.
Foto cedida por Malvina Teperman.

1913. Mogi das Cruzes. Arão Schwarz.
Foto cedida por Malvina Teperman.

1928. Grupo de amigos judeus em um parque de Campinas.
Foto cedida por Malvina Teperman.

Vida e morte: Franca e São Paulo

A primeira geração e parte da segunda viveram e morreram em Franca. Foram enterrados no cemitério local, mantendo-se uma separação virtual. Conta Brickman:

> Os judeus enterram os corpos separados, porque não pode haver corpos superpostos nem misturados. Não há uma regra de que não possam ser enterrados no cemitério católico; não tendo outra possibilidade, ele é enterrado! Aqui na Consolação, por exemplo, a família Mesquita tem um *mogunduved* [estrela de davi], mas não havia outro cemitério naquela ocasião, e quando não há, a solução é essa, porque tem que ser enterrado. E de acordo com o sistema judaico, quer dizer, sem catacumbas, na própria terra. Porque *in pulveris reverteris*, isso é a máxima latina, tem que reverter em pó e o quanto antes. Tanto que, desde que o judeu morre, imediatamente ele é colocado no chão.

COMUNISTAS EM PRAGA. Conheço o Cemitério de Praga, é o cemitério mais antigo da Europa, e tem lá o corpo de um rabino célebre, que fazia milagres. Lá existe superposição [de corpos] porque não havia espaço. Aquele cemitério está localizado numa zona que era o gueto, então eles foram obrigados a permitir a superposição. Ainda existe esse cemitério, eu fui visitar. Só não visitei a sinagoga porque o representante do Partido Comunista de lá me disse que o rabino estava em férias! Tinha rabino, mas eles proíbem as reuniões, uma proibição assim meio tapeada.

Com o declínio dos judeus em Franca, passou a ser impossível reunir *minian* para fazer o sepultamento, conforme prescrição religiosa. Decidiram então encerrar o cemitério; os corpos posteriormente foram transladados para o Cemitério Israelita do Butantã. Foi uma decisão "em respeito aos corpos", diz Brickman.

A sociedade do Cemitério do Butantã fez toda a transferência, não cobrou os locais, deram gratuitamente. Lá em Franca nós cedemos, aliás o papai já tinha em vida cedido os lugares vagos. Ele previu que isso ia acontecer e cedeu para um asilo espírita e um asilo católico, para dividirem os terrenos. Depois da transferência, consubstanciou-se essa doação e a prefeitura tomou conta. Puseram uma placa comemorativa: "Aqui foi o Cemitério dos Judeus Russos".

DUPLA CIDADANIA: BRASILEIRO E SIONISTA À SUA MANEIRA, JUDAÍSMO É RELIGIÃO. Ostensivamente eu nunca participei de nenhum grupo sionista de apoio, mas sempre ajudei. Eu sempre pensei na questão da dupla nacionalidade, eu sou brasileiro, não vou dar as costas. O pessoal faz, às vezes, umas questões aí que podem servir de ataque, então para evitar isso eu posso ajudar, mas sem ser sionista no sincero sentido, não em caráter nacional, mas religioso. Acho que a existência do judaísmo se deve à religião! Não tem outro caráter! O caráter sionista veio com Hertzel, mas o que aguentou mesmo foi a religião. Isso é um ponto de vista importante. A pressão exterior que houve foi a perseguição. De toda ação nasce uma reação, é defesa.

A trajetória de Brickman é mais um dos exemplos da identidade judaica. Aprendemos com vários autores que os valores e as tradições são coletivos, porém individualmente incorporados; entram na corrente histórica dos grupos étnicos e são seletivamente introjetados pelos indivíduos. Brickman foi um menino judeu que conviveu muito de perto com o catolicismo. Tinha lembranças positivas daquela convivência. A contradição não encontrou eco em sua formação. Não expressou um sentimento de rejeição por não ter sido aceito pelo ginásio católico. Tornou-se um assumido judeu do ponto de vista religioso e não ortodoxo em sua conduta de vida.

David Rosenberg: "judeus sem dinheiro"

Da geração chegada ao Brasil ou aqui nascida no começo do século XX que alcançou nível universitário, a Medicina foi uma opção como carreira masculina. Profissão instrumental, a Medicina era altamente valorizada no ambiente brasileiro, entrando portanto no campo de opções daqueles que pudessem escolher uma carreira universitária. Outras opções, em menor proporção, foram a Engenharia e o Direito, este altamente valorizado pela camada dominante brasileira – todas elas profissões para garantir inclusão social e ascensão econômica.

Obter formação universitária era um alvo que demandava esforços extraordinários e apoio familiar. O famoso cirurgião David Rosenberg, mesmo depois de clinicar muitos anos, ser professor universitário e ter o nome reconhecido, afirmava:

> Eu sou da geração de judeus sem dinheiro. Não digo isso com orgulho porque, da minha geração de judeus, há vários. Sou imigrante de terceira classe, vim num navio de terceira classe para cá. Nasci em 1915, devo ter chegado ao Brasil por volta de 1918, com menos de 4 anos. Eu sou imigrante, não sou filho de imigrante. Disse isto quando tomei posse na Academia. Meus pais imigraram por causa dos pogroms; não existia perspectiva para os judeus de um pequeno *shtetl*. Nós não éramos miseráveis, mas pobres. Para se ter uma ideia, morávamos numa casa muito pequena. Mas escolaridade, todos tínhamos que ter.

Nestas frases, Rosenberg resume a situação da maioria dos imigrantes judeus dos fins do século XIX e começo do XX: pobres, fugindo dos pogroms, da perseguição antissemita dos países do Leste europeu. Aqui chegando, o caminho para as crianças era estudar em escolas públicas e, concomitantemente, em escolas judaicas fundadas para a transmissão do judaísmo.

> Eu só frequentei escolas públicas, o pré-primário na Sete de Setembro. Lembro de minha professora, dona Araci, uma beleza de professora! Depois fui para o Prudente de Moraes, na Avenida Tiradentes. Eu ia a pé, naturalmente. Nos anos 1920 foi fundado o Renascença, que funcionou na Rua Amazonas, na esquina com a Guarani. Era uma casa grande, o Samuel Wainer [jornalista fundador do diário *Última Hora*] era meu companheiro. Eu fui aluno do primeiro Renascença. Lá nós tivemos a instrução ídiche. Fazia simultaneamente o Grupo Escolar Prudente de Moraes e o Renascença.

Estratégias de sobrevivência

Como vimos com a maioria dos historiantes, para sobreviver, uma estratégia frequente era alugar uma casa e sublocar o melhor quarto para um ou mais inquilinos.

Nós nos mudamos para uma casa na Rua Guarani, era um pouco melhor; o quarto da frente era alugado para rapazes solteiros. Meus pais não vieram para cá com dinheiro, nem um tostão. A manutenção da casa era feita na base do aluguel do quarto e era dada pensão para os rapazes. O melhor quarto era o alugado. Eu e minha irmã dormíamos num quarto só.

O medo acompanhava os judeus imigrantes, como explica sensivelmente Rosenberg:

No Bom Retiro moravam judeus, italianos e alguns brasileiros. Havia muita convivência com os goim, disso não há dúvida, principalmente porque eram imigrantes. Os judeus ainda tinham medo dos goim; imagina, o sujeito tinha fugido do *shtetl* por causa dos goim, tinha uma prevenção contra eles! O judeu nunca se segregou, ele foi sempre segregado pelos outros; esta é a história desde o tempo dos guetos! E quando veio para cá e não precisava mais se segregar, qual era a forma de defesa dele? Ele se juntava, se enquistava, precisava se defender, precisou muito tempo para que verificasse que não precisava desconfiar de todos os goim. E o que a guerra mostrou? Que ele estava errado? Quando os judeus mais procuraram se assimilar do que com os alemães? E de que adiantou? Quando eles diziam que não eram judeus, Hitler dizia: "Você é judeu! Como não?".

NUNCA TIVE UM QUARTO SÓ MEU. Naquele quarto em comum com a minha irmã, eu morei até me formar e me casar. Nunca tive um quarto meu. A mesa tinha um abajurzinho para não incomodá-la; enquanto ela dormia, eu estudava, estudava muito, meu curso de faculdade foi muito duro.

ESTUDAR COM BOLSA. Cursei a Faculdade de Medicina de São Paulo, não existia outra naquele tempo, entrei muito bem, com média 9. Fui um estudante brilhante na faculdade. Além de gostar de saber, de estudar, tinha uma outra razão: a faculdade dava três bolsas por ano e não se pagava nada. Esta bolsa não era em dinheiro, era só para não pagar a matrícula, uma taxa, uma porcaria, mas tinha. Não existia a USP [Universidade de São Paulo] no meu tempo, existia a Faculdade de Medicina; a Universidade foi criada em 1934.

1918. São Paulo. Marcos Tabacow. Estudou medicina e trabalhou no Hospital das Clínicas.
Foto cedida por Malvina Teperman.

1941. São Paulo. De paletó branco, o estudante de medicina Bernardo Blay visita o Hospital das Clínicas com amigos.
Foto cedida por Bernardo Blay Netto.

Comunismo e sionismo

Rosenberg se autodefine como judeu e de esquerda. Diverge de Schenberg na questão judaica:

> Eu não achava nenhuma contradição em lutar pelo bem-estar do país em que se vive. Mas por ter um espírito universalista e judeu, tenho interesse em querer que também se tenha uma pátria judia e que se implante o socialismo lá. Essa era a minha posição. Isso representava uma cisão na esquerda.

A grande ruptura entre judeus de esquerda com o comunismo veio com as revelações de Khrushchev sobre o antissemitismo na União Soviética no período stalinista.

> Depois do XX Congresso Comunista, em 1956, muita gente teve um grande abalo. Eu não acreditava absolutamente, nunca pude imaginar um socialismo antissemita! Isso não tem sentido! Uma discriminação de qualquer tipo!

Rosenberg, como Schenberg, foram perseguidos por suas ideias políticas: tanto a ditadura getulista como o golpe militar de 1964 os atingiram.

Schenberg foi preso inúmeras vezes, além de ter perdido seu mandato de Deputado Estadual por ato da ditadura getulista, que excluiu o Partido Comunista.

Membros do corpo docente da Faculdade de Medicina se serviram das perseguições políticas para excluir Rosenberg.

> Eu fui aposentado compulsoriamente pelo Ato Institucional n.1. Fui o primeiro professor a ser aposentado. Fui aposentado pelo Castelo Branco, em 1964. Contra mim havia um "libelo acusatório", tinha coisas do arco da velha! Um dia, quando escreverem a história desse período, eu vou emprestar o "libelo" para se conhecer mais; eu era acusado, por exemplo, de ser o "cirurgião do Partido Comunista", principalmente do Comitê Central e de Prestes. Ora, quando um cliente vai ao meu consultório, eu não peço atestado ideológico dele, de modo que não sei dizer se é comunista ou não.

Depois de aposentado, o cargo de Rosenberg foi ocupado por um médico ligado à comissão inquiridora da Faculdade de Medicina.

Judeu por convicção

Rosenberg herdou de seu pai os vínculos com o judaísmo, os quais ele afirma ter procurado transmitir aos filhos.

> Eu queria muito que eles [filhos] tivessem não uma formação judaica, mas que soubessem o que era ser judeu. Eles tiveram e têm até hoje o sentido do "ídiche", sabem que são judeus, mas nada de religiosidade. As duas cadeiras [na sinagoga da Rua Newton Prado] que eram do meu pai e minha hoje têm o meu nome e o do Luís Paulo, meu filho. Ele vai no *chil* no Kol Nidrei, no Yom Kipur, assim como eu ia e ainda vou. Ele me traz netos, para eles sentirem também o ambiente. Esse é o caráter da religiosidade.

Coerente com sua ideologia no campo do judaísmo, Rosenberg e outros criaram e frequentaram a Casa do Povo, e para seus filhos organizaram uma escola inovadora.[7] Foi a forma encontrada para ser judeu, brasileiro e de esquerda, com todas as consequências.

As fronteiras vão se construindo, incorporando diferenças ideológicas e culturais. As variações se somam e se cruzam. A complexidade da organização social dá espaço para diferentes grupos que acabam construindo um grupo étnico internamente heterogêneo.

Júlio Aizenstein: a corporação médica e os estrangeiros

O doutor Júlio Aizenstein viveu uma triste tirania antissemita para estudar na Romênia. Ter seu diploma reconhecido no Brasil foi verdadeira saga.

Professores e diretores das escolas romenas extorquiam os judeus sob a promessa de que eles pudessem ter uma vaga na escola, e ainda assim acabavam recusando-os. O sonho infantil de Aizenstein de vestir o uniforme escolar nunca se realizou.

Cursar Medicina foi outro caminho de terríveis obstáculos, exclusivamente por ser judeu. Aizenstein conseguiu matricular-se em Praga, na Tchecoeslováquia de então, mas concluiu o curso na Itália, paradoxalmente sob o fascismo.

---

7 Escola Scholem Aleichem.

A perseguição no dia a dia, na escola, na universidade, é referida inúmeras vezes em seu relato. A polícia protegia a classe dominante; os judeus raramente tentavam defesa pessoal, como se viu. De nada adiantava.

Depois de formado, Aizenstein voltou para sua cidade natal, Britcheva, na Romênia, onde clinicou. Em 1935 decidiu vir para o Brasil, onde tinha um irmão e um tio.

Decidiu vir para cá impressionado com os relatos que antigos vizinhos faziam da nova terra. Informou-se das exigências para exercer a profissão, mas ao chegar, em 1935, a nova Constituição mudara as regras para o reconhecimento de médicos estrangeiros, frustrando seu objetivo de clinicar – é curioso como as pessoas de posses iam para a Europa resolver problemas de saúde, mas dificultavam ao máximo o reconhecimento dos diplomas dos médicos imigrantes.

Júlio Aizenstein levou um tempo extraordinário para revalidar seu diploma: dezenove anos! Teve de refazer o secundário e prestar todos os exames para a Faculdade de Medicina. Na etapa final, para conseguir seu diploma, depois de anos de curso de português, história e geografia do Brasil etc., fez exames no Rio de Janeiro, embora morasse em São Paulo e se sustentasse com uma farmácia.

> A cada exame era um sofrimento, porque os médicos brasileiros não aceitavam os estrangeiros. Não queriam aceitar. Achavam que iam fazer muita concorrência, não queriam admitir. De fato, dos dezenove que nos apresentamos, fomos cortados para onze, oito caíram fora. Levou ainda mais um ano e pouco para revalidar o diploma e vir para São Paulo, onde a família tinha ficado.

A corporação médica tudo fazia para impedir médicos estrangeiros de clinicar no país. Não era uma oposição aos judeus, mas a todos que viessem disputar o mercado da saúde. A questão do reconhecimento de diplomas obtidos no exterior provavelmente ia além da proteção do mercado para os nativos; era um problema de desconfiança para com os estrangeiros, como se fossem todos vigaristas e falsos profissionais. Limitava-se a inclusão dos imigrantes em altos postos.

Aizenstein traz em sua bagagem a indelével experiência do antissemitismo europeu e da rejeição brasileira a seus direitos profissionais. Pensou várias vezes em sair do Brasil e imigrar para Israel. Mas todas as vezes acabava desistindo.

Júlio Aizenstein morreu no Brasil.

1978. Júlio Aizenstein no Cemitério Israelita de Brucevo. Procurou o túmulo dos pais, mas não os encontrou. A foto mostra o abandono do cemitério. Foto de Jacob Krociac, seu sobrinho, chefe dos trólebus da Moldávia.

Foto cedida por Júlio Aizenstein.

Tatiana Belinky: uma artista

Tatiana Belinky, mulher com múltiplas competências artísticas, difícil de sintetizar em uma única palavra: escritora, teatróloga, roteirista, crítica de literatura infantil, pioneira na dramaturgia televisiva. Nasceu em Petrogrado, na Rússia, em 1919, e veio para o Brasil ainda criança, com sua família.[8]

1903. Riga, Letônia. Família reunida para uma "foto anual". As duas mulheres da esquerda para a direita: vovó Bathariba e tia Letta.

Foto cedida por Tatiana Belinky.

8 Entrevista realizada em 10 de agosto de 1983 por Célia Eisenbaum e Cecília Abramczyk.

Mulher amplamente conhecida e admirada pela sua atuação, por anos, na adaptação das histórias de Monteiro Lobato (1882-1948) para a televisão, ela nos surpreendeu quando em sua casa deparamos com revistinhas do movimento hassídico Lubavitch, que estavam ao alcance de sua mão. Tatiana explicou que continham artigos que despertavam seu interesse pelo judaísmo. Sua família conhecia, desde Riga, na Letônia, onde morou, o movimento do "Lubavitch Rebe".

O LUBAVITCH. Essa revistinha é publicada em Nova York e eles escolhem alguns artigos que se prestam para o uso deles; quando morávamos em Riga, o Lubavitch Rebe, que é assim um papa, o chefe espiritual de toda a comunidade (aqui no Brasil tem Lubavitch Rebe em Curitiba, no Norte, em Belo Horizonte, em vários lugares) tinha centros, principalmente escolas judaicas, para não deixar o judaísmo se perder. E [essa revistinha] é interessante porque eles sabem despertar o interesse, eles são modernos, usam coisas atualizadíssimas.

A família Belinky imigrou para o Brasil em 1928, basicamente por razões econômicas.

IMIGRAÇÃO. A saída de Riga, Letônia, foi devido à Primeira Guerra Mundial, porque meus avôs perderam tudo; eram muito ricos e ficaram sem nada; só que toda a família era formada em faculdade, eram engenheiros, advogados. Moravam na capital, porque já não havia mais impedimentos aos judeus. As condições de vida na Europa estavam difíceis e a política já estava começando a cheirar mal. Resolveram se mudar de Riga; foram embora e, como não dava para ir para os Estados Unidos ou para a Argentina, porque tinha que esperar muito, e como o Brasil estava chamando e recomendando, então resolvemos vir para cá; fácil, fácil.

Tatiana considera que a imigração dos anos 1928/29 era diferente daquela que veio do *shtetl*. Era constituída de uma pequena onda de imigração burguesa desses países bálticos e eram muitas famílias, com profissionais liberais e comerciantes:

Nós somos esses imigrantes da burguesia judaica, sendo que meus avôs, materno e paterno, antes da Primeira Guerra, eram gente muito rica, tanto que eu nasci em Petrogrado, onde meus pais moravam na época do tsar. Meu avô morava na capital, era um comerciante, madeireiro, tinha indústria. Meu avô materno também era madeireiro na Letônia e trabalhava com pinho-de-riga.

1929. Riga, Letônia. Último passeio antes da família Belinky vir para o Brasil. Da esquerda para a direita: os filhos Abram, Tatiana e Benjamim. Clemente é primo. Mãe: Rosa Belinky.

Foto cedida por Tatiana Belinky.

Observe-se que nos anos 1928/29 a imigração judaica vinha tanto dos *shtetlach* quanto de cidades de médio ou grande porte. Provenientes de famílias muito abastadas, a família de Tatiana chega ao Brasil sem nada.

> Papai foi na frente dois meses antes, em meados de 1929, e depois escreveu: "Pode vir que eu estou em São Paulo parece que dá pé". Então viemos, mamãe com três filhos, eu com 10 anos, meu irmão com 7, Benjamin, de colo, com um 1 ano. Ela veio com crianças, travesseiros de plumas, edredom, instrumentos de dentista e livros. Os instrumentos ela comprou novos na Alemanha, por onde passamos; a viagem teve várias etapas: de Riga para Berlim, de Berlim para Hamburgo. Em Hamburgo tinha uma estalagem para imigrantes que esperavam o navio. Era complicado, e viemos num vaporzinho chamado *General Mitre*, era uma casquinha de noz, um naviozinho. Viemos de terceira classe.

TRABALHO DA MÃE. Mamãe era dentista. Ela sempre trabalhou em Petrogrado e papai não terminou a faculdade por causa da guerra. Ele estava fazendo Psicologia, imagine, naquele tempo! Mamãe fez Odontologia, se formou em 1914 ou 15, numa universidade antiguíssima na Estônia, numa cidade que se chamava Dorpa; um mês depois de chegar aqui, ela estava trabalhando.

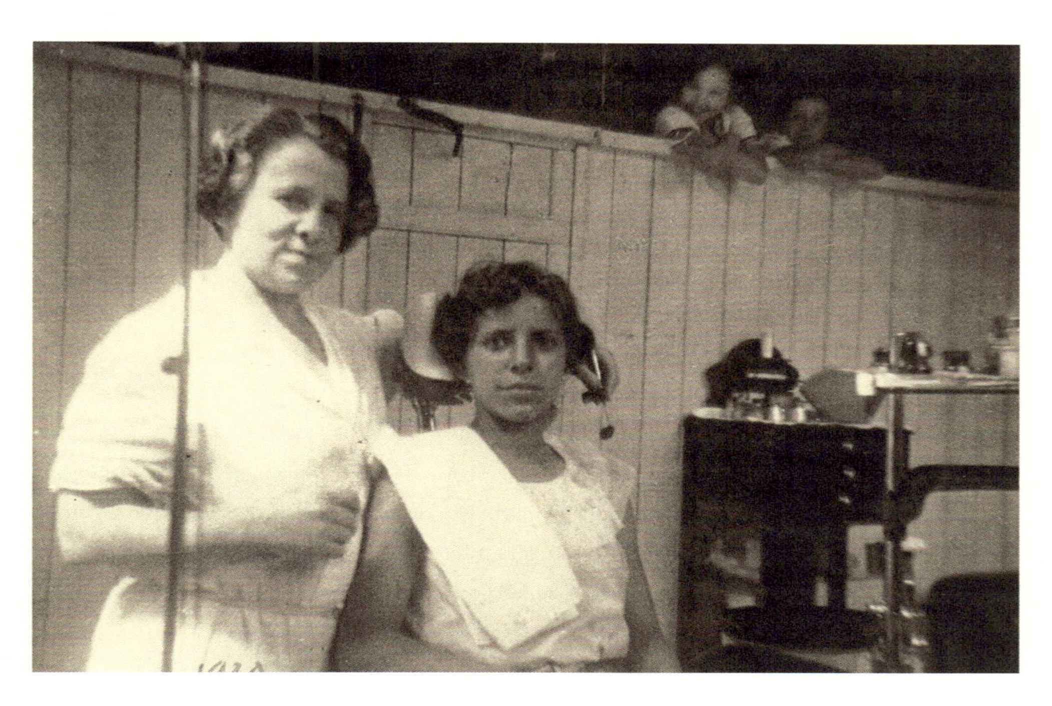

1930. São Paulo. Rosa Belinky em seu consultório dentário com sua primeira cliente brasileira, dona Dirce. Rua Jaguaribe, em frente à Rua Cesário Motta. Ao fundo, em cima da "mureta", Tatiana e Abram. Foto tirada por um dos inquilinos.
Cedida por Tatiana Belinky.

RUA JAGUARIBE. Viemos com nada, com 28 dólares, com a cara e a coragem; mas mamãe, como eu disse, um mês depois ela já estava trabalhando.

Foram morar numa pensão, como a maioria dos imigrantes judeus. Não no Bom Retiro, erroneamente atribuído como reduto de todos os judeus imigrantes: foram para o bairro de Santa Cecília. A Rua Jaguaribe, próxima à Santa Casa, para onde acorriam os doentes de todas as partes, marcou intensamente o período da chegada da menina Tatiana a São Paulo. Logo mudaram para um sobrado na mesma rua:

Desses sobradinhos com parede na rua, com muito fundo, muitos quartos, onde moravam vários imigrantes recém-chegados; judeus éramos só nós; e era uma tragédia, porque tínhamos um banheiro só. Tinha fila, porque as pessoas tinham que trabalhar, as crianças tinham que ir pra escola. Foi uma estranha experiência essa, mas durou pouco. Um mês depois nós tínhamos alugado um sobradinho que ainda existe na Rua Jaguaribe.

OS MÚLTIPLOS TRABALHOS DE UMA MULHER. Naquele sobradinho mamãe abriu um consultório dentário; conseguiu uma licença com uns amigos, um médico que era casado com uma senhora judia, por sinal irmã do Rafael Markman [importante advogado da comunidade judaica], Sofia. E mamãe, com seu diploma europeu de cirurgiã-dentista, não podia trabalhar como dentista; mas oficialmente havia os práticos licenciados.

Com a licença de prático-dentista, o trabalho fica regularizado. Mudam-se mais uma vez para uma casa um pouco melhor, onde ficaram até 1934.

Mamãe pegou logo quatro inquilinos, porque tinha três ou quatro dormitórios, não sei quantos; naquele sobradinho cabia tudo: nossa família, três inquilinos e uma empregada. Eu dormia na sala de jantar, em cima de um baú onde vieram os travesseiros que serviram de cama para mim durante alguns anos, e era muito bom. Nossos inquilinos também eram rapazes imigrantes jovens, um deles foi da Chevra Kadisha, um moço muito engraçado, inteligente, de uma família muito boa de Riga. E os outros três que moraram lá voltaram, coitadinhos, e voltaram para serem assassinados, ficaram com saudades, não aguentaram, não se arranjaram e voltaram e lá morreram.

A clientela do consultório era de pessoas pobres e de imigrantes que a procuravam, pois ela falava ídiche, polonês e russo.

A família se manteve sobretudo pelo trabalho da mãe, que, como disse Tatiana, "comandou a família muito bem" até que o pai, muito mais tarde, conseguisse melhorar a situação financeira e insistisse para ela parar de trabalhar.

Escola alemã

Tatiana já estudava em Riga, numa escola conservadora onde a língua falada era o alemão. Em São Paulo, tentaram fazer ela e o irmão estudar na escola alemã para manter a língua, mas o sistema era muito agressivo e havia punições físicas por qualquer

motivo: Tatiana rememora quando seu irmão foi agredido pela professora com um tapa no rosto porque usara lápis em vez de caneta. Lembra também como ela foi verbalmente agredida por uma colega, na escola alemã:

"VOCÊ CRUCIFICOU CRISTO!" Foi uma experiência horrível. Pela primeira vez na minha vida eu ouvi que eu tinha crucificado Jesus Cristo, eu pessoalmente; me foi dito isto, foi uma senhorita chamada Lorena, também disso me lembro, não esqueci.

Mudaram de escola e foram para o Mackenzie.

Trabalho

O pai de Tatiana trabalhava com representação de produtos importados. Faleceu muito jovem, num desastre de avião. Ela, que já trabalhava com o pai, teve de garantir a continuidade dos ganhos da família. Era recém-casada e, com seu marido, Júlio Gouveia, vai para os Estados Unidos visitar os clientes. São bem-sucedidos; os clientes permanecem ligados a eles, o que ajuda a manter economicamente a mãe e os irmãos.

JUDAÍSMO. Meus pais falavam ídiche para que a gente não entendesse (a gente entendia, claro), mas nós falávamos alemão; éramos bilíngues russo e alemão. O ídiche é muito parecido com o alemão, e depois, eu curtia o ídiche; mamãe lia Scholem Aleichem em ídiche e a gente rolava de rir, era muito engraçado. Mamãe era muito artista também; cantava muito bem. Papai contava histórias da Bíblia, lia livros, quer dizer, a gente tinha um ambiente cultural muito bom em casa.

ANTISSEMITISMO. A Letônia, quando independente, foi um paizinho bem fascista, desses que tinham parque público com placa "não entram judeus e cachorros"; em compensação, tinha nomes de ruas em três línguas que a gente falava: russo, alemão e até o letão, que era a língua local.

Um passado familiar judaico: o pão do Shabat

Entre suas vivas lembranças, Tatiana relembra que sua mãe costumava contar uma parábola, aliás muito recorrente entre muitos historiantes, sobre o significado da caridade simbolizado pelo pão preparado para o Shabat.

Mamãe contava que as meninas, para as festas e feriados judaicos, faziam o pão para o Shabat. Elas mesmas faziam a massa, assavam o pão e levavam pessoalmente para os pobres da cidade. E não era dar dinheiro, era fazer e entregar, um negócio bem judaico. Com caridade não se brincava, caridade é uma palavra sagrada porque é de justiça, não é favor para ninguém e para si mesmo. Dela eu aprendi muitos costumes interessantes.

O "PERFUME DAS VELAS" DO SHABAT. Meu pai era filho de um hassid, de Lubavitch, meu avô. Ele era mais místico, mais da religião, daquela alegria da religião, coisa louca. Minha infância toda é perfumada por essas coisas, as velas que a minha avó acendia e com que abençoava, e meu pai, que contava as coisas, e meu avô, que ouvia – meu avô com barba, o lindo avô que eu tinha, o Lubavitch, era um avô lindíssimo, ele parecia o próprio Moisés, tanto que quando eu via uma medalhinha com Moisés com os raios e a barba, eu dizia que era meu avô.

Aproximadamente 1935. Reprodução de um quadro com a inscrição "Feliz Ano-Novo" em hebraico. Enia e Berco Alterman enviaram para o Brasil a seu filho Moyses.
Cedida por Moyses Lejb Alterman.

"TALVE SARA." As grandes festas judaicas a gente assistia na casa dele. Como nós éramos filhos do décimo quinto filho, éramos pequenininhos, os menorzinhos, últimos, eu era a última neta. Meus irmãos eram mais novos do que eu, e ele tinha netos mais novos do que eu, mas de menina eu era a última, e meu nome é o nome da minha avó que não é Tatiana evidente, Tatiana em russo, que em ídiche é Talve Sara. Essas festas judaicas assim ficaram tão gravadas!

A SINAGOGA, A *SUCAT*, A DANÇA. A sinagoga era muito linda e para mim era imensa (não sei se realmente tão grande ou se eu é que era tão pequena). É uma lembrança muito bonita: meu avô tinha uma bengala com cabo de prata, que ele ficava balançando, mas tinha que ir a pé e sem bengala para a sinagoga, porque lá não se pode carregar nada, nem um lenço.

A gente assistia às festas na sinagoga e na casa dele fazia a *sucat* numa cobertura no fundo. Fazia frio, bastante frio, mas construíamos aquela casinha de tábuas e ervas e faziam-se as refeições lá; era muito bonito. Cantavam-se as orações e também aquelas músicas alegres... eu me lembro da melodia de todas elas. Eu tenho lembrança dessas festas alegres, e eu adorava datas festivas assim, eles festejavam muito e dançavam, reuniam os homens, a família toda. Para mim eram todos anciãos, barbudos, provavelmente eles deviam ter seus 40, 50 anos, e para mim eram todos velhos, vestidos de preto e barbudos. Para mim era surrealista a forma como eles dançavam: até cair, até a exaustão, pulavam na mesa e dançavam, pode ser até que tomassem um bom pileque, porque judeu não bebe fora de hora, só no Shabat e em ocasiões apropriadas. A bebida significa acima de tudo alguma coisa muito simbólica, o que se faz não é gratuito – daí a importância de cada coisa ter um peso, um significado. Isso se perdeu, é uma pena.

NÃO SOU RELIGIOSA. Não posso dizer que sou religiosa, porque eu não sou. Eu nunca fui, mas sempre achei e acho muito bonito. E dá um significado; cada coisa que se faz tem significado, simboliza, lembra alguma coisa. A história do judaísmo é qualquer coisa de fantástico. Tudo isso eu tive muito na minha infância, aliás até vi muita discussão por causa dessas coisas, porque se por um lado meu avô paterno era Lubavitch Hassid, ortodoxo hassídico – desses que dão mais importância à parte mística, à fé, à crença, à alegria do que à erudição, apesar de o estudo ser importantíssimo sempre –, havia a outra parte, dos que não gostavam disso, que eram opositores, criticavam. Agora estão todos em paz, mas naquele tempo era uma espécie de guerra entre as correntes.

Embora com posições diferentes das do marido, a mãe de Tatiana mantinha em sua casa em Riga o casher. As festas judaicas, após a morte do marido no Brasil, ela as realizou durante a vida toda. O pai, no Brasil, fazia as preces em casa.

Papai no começo foi à sinagoga, aquela da Rua Martinho Prado, um par de vezes e não gostou. Não sei, alguém não o tratou bem porque ele não era rico, sei lá, não tinha lugar reservado, foi malcriado com ele, e ele nunca mais entrou numa sinagoga, fazia as coisas na casa dele, no quarto dele, saía de lá iluminado, isso eu me lembro sempre.

TATIANA E A POLÍTICA. Eu tinha as duas correntes políticas em casa, porque meu pai era o que se chamaria hoje de liberal, liberal brasileiro, liberal americano, e minha mãe era radical revolucionária; então discutia-se política dia e noite. Toda a minha infância eu ouvi discussão, mas era sempre interessante, porque nós só ficávamos escutando e todo mundo argumentava e gritava bastante. Meu pai não, ele não levantava a voz, mas minha mãe gritava pelos dois. Isso eu vivi até os 10 anos. Mas foi um tempo da minha vida que não tem tamanho, e quando os Hassid nos encontraram aqui muito depois, uns quarenta anos depois, papai já tinha morrido, mamãe já tinha morrido, mas nos acharam aqui e eu fiquei encantada, eu gostei demais.

As lembranças do passado bolchevique Tatiana conta de forma tragicômica:

Meu pai estava preso quando eu nasci, minha mãe estava grávida de mim em Leningrado (ou Petersburgo). Ele foi preso porque era "burguês". Logo depois da Revolução, fuzilavam a torto e a direito, não perguntavam nem o nome. Foi um terror. E ele não foi fuzilado porque simplesmente minha mãe arrancou meu pai da prisão, ela ia lá com a barriga de nove meses e voava pra cima do comissário, brava que era. Ela dizia: "Isto é comunismo? Eu acreditava nisso, acreditava que era coisa séria, e agora vocês ficam aí assassinando meninos de 20 anos? Como mulher de barriga, eu vou ter filho aqui na sua frente, senhor comissário!". Ela encheu tanto o saco dele que ele soltou meu pai.

A condição de ser burguês serviu para muitas perseguições, inclusive de militantes do partido "socialista" no poder. O fato foi verificado com vários historiantes desta pesquisa: além do pai de Tatiana, também Sachs e Barras foram suas vítimas.

Atuação política no Brasil

Proveniente de uma família em que se discutia política, Tatiana se define: "Eu sempre fui muito política, tinha emoções políticas desde que eu me conheço por gente".

No Brasil, Tatiana desde criança participa das lutas nacionais pelo petróleo. Sua primeira emoção política se deu com a guerra da Espanha.

Foi assim muito emocionante. Quando caiu Madri, o que eu chorei!, parecia que eu tinha alguma coisa com aquilo, e depois na guerra, imagine, todo mundo torcia para os Aliados, acompanhava a batalha de Stalingrado, ia aos comícios. Depois, as coisas foram mudando.

A CASA DO POVO. Júlio foi cofundador da Casa do Povo; ele redigia os estatutos. Não participamos diretamente. Eu era ligada a Elisa Kaufman, muito amiga desde a escola; eu escrevia no jornalzinho que eles tinham, o *Nossa Voz*. Eu fazia uma crônica, completamente apolítica.

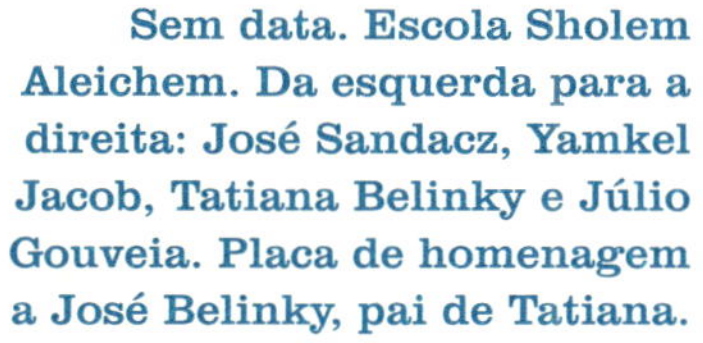

Sem data. Escola Sholem Aleichem. Da esquerda para a direita: José Sandacz, Yamkel Jacob, Tatiana Belinky e Júlio Gouveia. Placa de homenagem a José Belinky, pai de Tatiana.
Foto cedida por José Sandacz.

STALINISMO. Mas daí as coisas começaram a ficar muito feias lá na Rússia. Perseguições a inocentes? Não, isso eu não aceito, já comecei a me revoltar quando na Tchecoslováquia começou a perseguição. Os meus ideais libertários foram traídos, e viraram antissemitas lá, tá louco! *Yet*. Não dá. Eu fico com a literatura, com os escritores, e isso aí!

O desencanto com o regime comunista atingiu fortemente os judeus quando se revelaram as perseguições de Stálin e demais membros do governo aos judeus. Tatiana foi um dos que ficaram devastados. Esta etapa foi crucial para seu total envolvimento com o teatro e a escrita.

O teatro

Desde a infância, Tatiana se relaciona com jovens que depois se tornaram grandes artistas: Paulo Autran, Nydia Licia, o próprio Júlio Gouveia, Sara Abiar, Marina Freire, Abílio Pereira de Almeida, Clóvis Garcia. Sua atividade no teatro amador e profissional e na televisão mereceria todo um capítulo. Considerando os objetivos deste livro, deteremo-nos especificamente nos aspectos do judaísmo que a envolvem e que foram cruciais.

Júlio Gouveia

Médico, psiquiatra, foi seu marido por toda a vida. Companheiro no teatro, na política, depois de muitos anos Júlio deixa o teatro para se dedicar exclusivamente à sua carreira médica. Tatiana prossegue na dramaturgia. Quando se casaram, Júlio não era judeu:

O CASAMENTO. Conheci o Júlio num casamento judeu na sinagoga, era o destino; a primeira coisa que ele disse foi que ia casar comigo; nove meses depois estávamos casados. Minha mãe não tinha preconceitos desse tipo, ela era muito radical de esquerda. Já meu pai, a moda dele era religioso mas liberal; além do que, ele gostou muito do Júlio. Então foi assim. Aí o Júlio, muito entusiasmado, muito encantado para casar, disse:
– Eu vou me converter, vamos nos casar na sinagoga.
– Você vai se converter, para quê, para casar? Isso eu não quero! – eu disse.
– Como assim você não quer? Mas o seu pai não ia gostar?
– Que palhaçada é essa? Pra casar? Você sabe o que é judaísmo? Você sabe o que é religião judaica? É falta de respeito até, você tá maluco? Não quero! Vamos casar no civil e olhe lá!
E foi desse jeito, casando no civil. Cinco meses depois, papai morreu.

CIRCUNCISÃO. Aí quando nasceu meu filho ele me disse: "Vamos fazer tudo direito, vamos fazer circuncisão tudo como deve ser". Eu não falei nada, eu queria, mas não falei; esperei. Ele é que propôs primeiro, daí eu disse: "Por que você quer?", e ele: "Seu pai ia gostar". "Disso ele ia gostar mesmo." E daí o Júlio se interessou demais, o judeu da família é o Júlio: desde que casou comigo, começou a ler, a procurar livros, a estudar; ele tem quilômetros de livros sobre o judaísmo, e uns vinte anos atrás ele resolveu se converter, foi procurar um rabino, que começou a fazer muitas exigências: ele ia ter que aprender hebraico, que não sei o quê, o desconvenceu.
Sabe, os rabinos não facilitam. Aliás, eu acho que eles fazem muito bem – assim como eu não quis a conversão só para casar, eu não gosto de misturar coisas pouco sérias com as coisas que são sérias. Eu brinco muito, mas com as coisas sérias eu sou séria, respeito demais religião. Para mim religião é meu passado, minha infância, não brinco com isso não! Então ele desanimou porque o desanimaram de tanto que falaram que não precisava, para quê? É difícil, é complicado, e ele desistiu.

O FILHO. Quando morreu meu filho, com 25 anos, na França, e foram buscar [o corpo], foi um negócio terrível, porque ficamos seis dias esperando até trazerem em casa. O Júlio, no desespero, chorava. Uma hora ele disse:

– Nem enterrado junto do meu filho eu vou poder ser, porque sou "goi". Aí o Ricardo, Ricardo, o irmão, quando o viu daquele jeito, não disse nada. (Ele é muito judeu também por contato, eles ficaram os mais judeus de todos.) Ele se levantou, foi procurar o rabino Diesendruk, um rabino bem ortodoxo, e contou essa história pra ele. Diesendruk disse:
– Mas claro, numa hora dessas não precisa de nada, chama aqui que eu falo com ele.
O Júlio na época estava com 50 e tantos anos e disse:
– Na sua idade não precisa de certa formalidade, de passar pelos sete dias [para ser convertido judeu]. O Júlio disse:
– Mas eu quero tudo, quero tudo, quero completo.
E foi assim. Foi operado [por um médico] na presença do *moe* que só pôs a mão para sacramentar. E estuda até hoje. Conhece. Deixou crescer a barba, porque diz que judeu sem barba não fica bem, meio piada, meio a sério. Então ele está barbudinho, faz cinquenta dias que ele deixou crescer a barba, está ficando parecido com o [Ernest] Hemingway, ou com o Papai Noel, ou com meu avô materno, talvez. O rabino Diesendruk disse que nada é por acaso, Júlio já era judeu, ele devia ser dos cristãos-novos. Ele disse que isso aqui [a vida] é uma volta, ele já era judeu. Eles são mágicos, eles sabem das coisas.

BAR-MITZVÁ DE TRÊS GERAÇÕES. Com o Ricardo [filho], o Bar-Mitzvá foi uma coisa interessante; na hora ele não quis, disse que não estava afim, nem o André, mas quando meu neto estava na hora do Bar-Mitzvá, o Júlio deu um daqueles suspiros e disse: "Eu que não posso fazer".
E o rabino disse:
– Mas por que não pode? Sempre pode, a partir dos 13 anos pode.
Quando o Ricardo soube, ele disse:
– Mas eu também quero!
Então eles fizeram o Bar-Mitzvá os três juntos, três gerações, foi um negócio inédito. Foi lá na sinagoga do Beith Chabad, um Bar-Mitzvá triplo: avô, filho e neto. O rabino até escreveu para Nova York mandando fotografias, porque, agora, em Nova York e em Israel, é comum um pai e um filho fazerem juntos. Aquele pessoal que vem da Rússia, onde isso era proibido, faz junto.

O teatro, a literatura, as artes são um veio percorrido por muitos judeus, sejam profissionais, amadores ou espectadores. Os atores do teatro ídiche mereceriam um capítulo à parte, tarefa excepcionalmente cumprida por Berta Waldman (2010). O teatro ídiche teve um vasto repertório encenado desde os primeiros anos da imigração para o Brasil. O cenário teatral brasileiro contou e conta com muitos diretores, atores e atrizes judeus.

A história de Tatiana revela a construção da identidade judaica pessoal e familiar. Ela e seu companheiro mantiveram uma família onde não vigoravam imposições religiosas. E, no entanto, é justamente nela que as tradições culturais e os vínculos com um moderno judaísmo religioso reaparecem – por exemplo, no casamento considerado "misto" pela comunidade judaica tradicional –, em que espontaneamente há aderência ao judaísmo.

A convicção e a persistência de Júlio Gouveia venceram as barreiras contrárias à incorporação dos não judeus ao judaísmo.

Miguel Siegel: um discreto engenheiro na metalurgia paulista

Miguel Siegel[9] chegou ao Brasil em 1911 com poucos meses. Nasceu em Vilna, capital da Lituânia, em 1909, e veio com a mãe e o pai, Oscar Siegel. O problema que provocou a imigração paterna é recorrente: não queria se submeter ao serviço militar tsarista. Siegel chegou ao Brasil muito antes de seu irmão Lasar Segall.[10]

Foram para Campinas, no interior do estado de São Paulo, onde tinham parentes, como as famílias Kliass e Epstein.

> Meu pai era marchand. Os padres e os bispos gostavam de *portraits*, ele não pintava, mas tinha quem o fizesse. Convivia muito com os padres e os bispos, às vezes almoçava no Arcebispado.

O pai de Siegel tentou várias atividades: venda de móveis; importação; peleteria; tentou até viver no Rio de Janeiro. Em São Paulo, moraram em vários bairros, como Jardim Paulista e Paraíso, locais ainda desprovidos de serviços básicos. Avesso à propriedade privada, a casa era sempre alugada. O filho o descreve como "um homem de mentalidade esquerdista e antissionista. Dizia que não adiantava criar um estado capitalista, onde um judeu iria explorar o outro".

---

9 Entrevistas realizadas em 10 de outubro de 1980 e 17 de dezembro de 1980 por Eva Alterman Blay, Elisabeth Greiber e Julio Blay.

10 Nomes com frequência eram grafados diferentemente, como no caso de Siegel e Segal.

Embora se afirme que os imigrantes judeus (assim como outros) preferissem viver nos Estados Unidos e só viessem para o Brasil ou fossem aos países da América do Sul pelo fato de não conseguirem vistos para a América do Norte, já vimos que essa generalização leva a vários enganos. Alguns não quiseram ficar naquele país, como foi o caso da família de Miguel Siegel. Um irmão de seu pai vivia nos Estados Unidos e a família foi visitá-lo e tratar de negócios em comum.

APRENDENDO INGLÊS. Em 1918, depois da guerra, fomos para os Estados Unidos visitar um irmão de meu pai que morava lá e com quem tinha uma associação de negócios. Ficamos pouco tempo, eu não falava uma palavra de inglês, mas o fiscal de lá, o *officer*, me mandou para a escola. Fiquei três meses e pulei três anos. A matéria eu sabia: não sabia era o inglês. Quando voltamos, entrei para a Escola Anglo-Brasileira.

Em consequência desta viagem Miguel aprende inglês, que ele aperfeiçoa na volta ao Brasil. Esse conhecimento lhe é de grande valia profissional nos anos seguintes.

Durante a adolescência, Miguel mantém contato (sobretudo nos momentos de encontros religiosos) com a parcela da família dotada de alto nível econômico.

SÃO PAULO ANTES DA CONSTRUÇÃO DAS SINAGOGAS. Não havia nem sinagoga, e então se ia à casa de dona Berta Klabin na Vila Mariana. Meu pai não era observante, ia à sinagoga nos grandes feriados, mas não era religioso. Quando meu avô veio para o Brasil, muito mais tarde, aí todos éramos obrigados a frequentar, inclusive meu pai. Eu não fiz Bar-Mitzvá porque meu pai já estava doente. Foi uma decepção na família.

A PROMESSA. Meu pai ficou gravemente doente e em 1926 foi para a Alemanha ver se podia fazer alguma coisa. Mas lá morreu. Antes de partir ele me fez prometer: "É bem possível que eu não volte e não vou te deixar nada. A única coisa que quero é que você me prometa que vai se formar engenheiro na Escola Politécnica de São Paulo".

O pai, conhecedor do Brasil e das possibilidades futuras para o filho, legou-lhe uma difícil orientação: cursar Engenharia. Ser engenheiro ia além de obter um título de doutor – era a possibilidade de se inserir, no futuro, no mercado de trabalho. Pode-se avaliar a responsabilidade que acompanhou a juventude de Miguel Siegel, órfão de pai: ser o cuidador da família e ainda estudar numa escola prestigiosa e nada fácil de aprovar novos alunos. O pai pensava no futuro do filho no Brasil. O filho assumiu o encargo.

ESTUDAR E TRABALHAR. Ficaram minha mãe, minha irmã, mais um irmão de 2 anos e eu com o compromisso de fazer o curso de Engenharia sem ter meios nem recursos, e ainda sustentar a casa e tudo o mais. Eu trabalhava em tudo, praticamente biscateava. Tentava vender livros, depois tijolos.

A relativa ajuda de parentes ricos

Como a Escola Politécnica era em tempo integral, Miguel se viu no impasse de conciliar trabalho e estudo.

Nós tínhamos alguns parentes ricos que tinham vindo antes. A irmã de meu pai, Liuba, era casada com Salomão Klabin, que já era rico, tinha indústria de papel. O Salomão mandou buscar minha tia Liuba para se casar. Então fui falar com minha tia rica e disse: "Você vai me fazer o favor de ajudar minha família passar este período; eu prometi me formar em Engenharia; não se incomode comigo, eu me sustento, não tem problema. Mas você vai ajudar minha família, meu irmão de 2 anos".

A POLITÉCNICA. Eu tinha uns 16, 17 anos e já dava aulas, muitas aulas. Assim, podia me manter no curso, e consegui fazer dois deles, o de eletricista e o civil. Mamãe também trabalhou e minha irmã aprendeu datilografia e começou a trabalhar.[11] A tia Liuba ajudava.

Após grande esforço e relativa ajuda da família, Miguel cumpriu sua promessa e se tornou engenheiro, um profissional que iria se envolver em importante desenvolvimento tecnológico em São Paulo. "Comecei a exercer engenharia em 1930. Era o começo da engenharia em São Paulo, mas era mais fácil, mais simples, tinha padrões menos sofisticados."

Associado a colegas da Politécnica, Miguel desenvolveu algumas atividades privadas, até que foi trabalhar no Instituto de Pesquisas Tecnológicas (IPT).

METALURGISTA. Fui trabalhar no IPT quando surgiu uma vaga na sessão de metais. Um colega me persuadiu a ficar no lugar dele. Metalurgia era coisa muito nova naquela época. Havia um chefe suíço muito competente, eu simpatizei com ele e achei que podia

---

11 Ester Siegel trabalhou em empresas da família ou locais indicados por eles. Tornou-se uma mulher independente e contou que, no começo, tinha vergonha de trabalhar: no início dos anos 1930 não era comum as mulheres trabalharem.

aprender muito. Fiquei lá no departamento, virei metalurgista. No fim o Crea [Conselho Regional de Engenharia e Agronomia] deu reconhecimento de títulos e me deu o diploma de metalurgista também.

A Revolução de 1932

O IPT envolveu-se na Revolução de 1932 contra Getúlio: produziu armamento e apoio logístico. Miguel atuou durante esse período, quando o instituto foi mobilizado para produzir material bélico.

O IPT era contra o Getúlio. Era uma desilusão, porque vimos que o Getúlio não era aquilo que prometera ser. Ele entrou como democrata e no fim ele suprimiu a Constituição. Daí veio a Revolução Constitucionalista. Eu fui mobilizado pelo IPT e fiquei chefiando o setor de artilharia, fui até o posto de capitão: andava fardado, tinha um automóvel requisitado, trabalhava todo o período do dia, tinha um tenente para o período da noite e nós corríamos todas as fábricas que trabalhavam para a artilharia para fazer inspeção, porque nossa fabricação era muito primitiva. Corríamos as estradas de ferro, fazíamos os testes dos eixos de vagões para ver quais eram os eixos adequados para tirar, tornear e fazer obuses. Aqui nós não tínhamos o aço para essa finalidade. Tivemos umas passagens muito apertadas, porque fazíamos dentro do IPT a montagem de granadas de mão e tivemos algumas explosões lá dentro; uma delas quase matou o diretor do IPT, que perdeu a mão e cortou a carótida. Outro colega perdeu a vista, porque explodiu uma bandeja de detonadores. Estávamos sempre em perigo, éramos inexperientes naquele setor, trabalhávamos sem segurança nenhuma. Fomos até o fim da Revolução. Perdemos. O IPT se desmobilizou.

Perdida a Revolução, o IPT começou a ser vigiado.

Os novos governantes iam lá xeretar o que estávamos fazendo. Imediatamente pusemos nossos trajes civis, avental branco, devolvi a farda e o automóvel para a Força Pública. Eu soube com mais de uma semana de antecedência que a Revolução ia acabar, como meu antigo chefe avisou. Começamos a arrumar as malas e realmente voltamos à vida civil. Nunca ninguém tocou no IPT em represália.

1935, 1937, DITADURA. Os anos de 35 e 37 foram muito tumultuados, com interventores constantes, o Waldomiro Lima, João Alberto, Miguel Costa. O Ademar [de Barros] foi num período posterior.

A Segunda Guerra Mundial

Durante a Segunda Guerra Mundial, Miguel Siegel se envolveu mais uma vez na atuação do IPT. O aprendizado de inglês foi valioso para o instituto. Seu nome "estrangeiro" causou alguma resistência, vencida pelos tomadores de decisão. Mesmo porque, disse Siegel:

> Por exemplo, na primeira viagem para os Estados Unidos, no conselho diretor do IPT havia um professor mineiro que vetou meu nome porque, em primeiro lugar, ele dizia que eu tinha um nome estrangeiro, que para representar o Brasil precisava alguém com um nome bem brasileiro, e em segundo porque eu acho que ele era um pouco antissemita.

Um levantamento dos nomes mostrou que:

> O diretor do IPT, que tinha um nome "muito" brasileiro – chamava-se Martinez... –, fez um balanço de todos os engenheiros do IPT, e parece que só havia uns dois ou três com nomes brasileiros, aliás portugueses! Um era Torres Brotero, outros com nomes italianos.
>
> MOBILIZAÇÃO NA SEGUNDA GUERRA. Durante a Segunda Guerra eu estava mobilizado também dentro do IPT com o esforço de guerra. Estávamos bem a par do que estava havendo, tínhamos longas discussões e alguns estavam vendo a guerra como perdida: íamos ser invadidos pelos alemães, era o fim da linha. Eu sempre mantive o ponto de vista de que os Estados Unidos iam entrar na guerra e quem ia ganhar era o potencial industrial deles. Acho que era *wishful thinking* esse tamanho desespero no caso dos alemães entrarem. Aqui se sabia dos campos de concentração, evidentemente não sabíamos dos detalhes, mas soubemos depois. Inclusive vinha gente da Europa com a qual tínhamos contato e sabíamos da exterminação. Por exemplo, meu tio tinha a ex-mulher na Alemanha e ela escrevia de lá, mas sempre numa comunicação indireta.
>
> GETÚLIO GERMANÓFILO. A gente sabia, eu sentia o bafo quente aqui na nuca o tempo todo – inclusive o governo do Getúlio, no começo, era essencialmente germanófilo, e eu tive um episódio que me pôs numa situação muito desagradável. Eu viajava com frequência para os Estados Unidos para assistir o Congresso de Fundição e, como era visitante estrangeiro, me convidavam para a mesa como representante do Brasil. Estávamos em plena guerra, e cada um falava alguma coisa a respeito, e o Brasil ainda não tinha en-

trado, ainda não sabia de que lado estava... Então eu tinha que preparar um discursozinho curto e dúbio.

DO IPT PARA A EMPRESA PRIVADA. Fiquei no IPT até 1945, até o fim da guerra. Durante a Segunda Guerra acho que passei mais tempo nos Estados Unidos que no Brasil, sempre mandado pelo IPT.

Ao se desligar do IPT, Siegel abriu mão de todos os seus direitos e fundou uma empresa de equipamentos industriais com um sócio suíço.

O suíço saiu e fiquei mais de trinta anos com a empresa. Chegou num ponto que tive de vender porque já tinha mais de duzentas pessoas trabalhando e é necessário expandir; precisava de dinheiro. Então vendi para americanos e posteriormente entraram os japoneses.

Faz parte do senso comum supor que parentes abastados garantem o sucesso econômico dos imigrantes. No caso dos judeus, esta imagem é recorrente. A história de Miguel Siegel revela que os auxílios podem facilitar em alguns casos, mas em outros não. Seu pai, por exemplo, não se beneficiou da significativa base financeira dos parentes próximos. Miguel, por sua vez, obteve certa tranquilidade ao conseguir que sua mãe e irmãos tivessem o rendimento do próprio trabalho suplementado por algum apoio financeiro familiar. Ele próprio trabalhou para se manter durante o curso na Escola Politécnica.

Pouco falou sobre sua vida privada. No entanto, Siegel fez um relato que traz uma dimensão diversa sobre o casamento misto. Tanto ele quanto sua irmã não realizaram casamentos, por oposição dos não judeus:

Um dia fui numa festa com um amigo da turma e lá conheci a irmã dele; e então começou o namoro. Mas foi muito difícil, porque a mãe dela não queria. Não sendo meu pai um observador [do judaísmo], não havia problema namorar com não judeus.

E o namoro acabou. No caso de sua irmã ocorreu fato semelhante:

Minha irmã namorava um rapaz de descendência italiana, católico, e meu pai aceitava de maneira normal. Minha irmã acabou não casando com o namorado não judeu porque o pai dele não quis. Acabou se casando com uma italiana.

Miguel Siegel é pessoa muito discreta. Em seu relato, nada indicaria que ele se tornara um importante suporte para a implantação da metalurgia do IPT e, mais ainda, uma referência para os estudantes. Seu papel só se avalia analisando a história da metalurgia no IPT e sua obra escrita. Alguns de seus livros servem ainda hoje aos estudantes politécnicos e, pelo conjunto de seu trabalho, recebeu, em 2004, a Medalha de Ouro da Associação Brasileira de Metalurgia, Materiais e Mineração. Oscar Siegel, visionário pai, pensava no futuro do filho – mas talvez nem imaginasse que, ao plantar suas raízes no Brasil, florescesse árvore tão frondosa.

Frederico (Fritz) Freudenheim. Capa de livreto. Revista *Shalom*, 2007.

Cedido por Irene Freudenheim.

BRASIL, TERRA DE IMIGRAÇÃO

Imigrar para o Brasil foi um destino nunca interrompido. Levas mais ou menos intensas da imigração judaica ocorreram periodicamente desde meados do século XVIII, e são ininterruptas até o século XX. A Segunda Guerra Mundial marcou um limite na implantação das raízes da comunidade judaica brasileira, que posteriormente foi enriquecida com imigrantes vindos dos países do Oriente e da América Latina. Do Oriente vieram levas de judeus expulsos e perseguidos em países onde habitavam por séculos – história que ainda merece ser contada mais detalhadamente.

Às vésperas da Segunda Guerra Mundial, o Brasil recebeu judeus muito qualificados do ponto de vista educacional: profissionais liberais, empresários, cientistas, artistas, entre outros. Famílias trouxeram jovens que aqui se desenvolveram. Comecemos por Ignacy Sachs,[1] adolescente quando veio com seus pais e avós para o Brasil.

Ignacy Sachs: um brasileiro itinerante

Sachs atualmente não mora no Brasil; sua casa é em Paris. Mas vive, virtualmente, no Brasil. Acompanha a política brasileira, está sempre por aqui, propõe projetos ino-

1 Entrevista realizada, em Paris, em 4 de abril de 1996, por Eva Alterman Blay e Afrânio Garcia Jr.

vadores, orienta estudantes brasileiros na École des Hautes Études en Sciences Sociales (EHESS) e seus pais estão enterrados em São Paulo.

O Brasil entrou em sua vida quando tinha cerca de 13 anos e sua família teve de deixar a Polônia, durante a Segunda Guerra Mundial. O antissemitismo o afastou de sua tão amada terra.

Sachs distingue-se da maioria dos demais historiantes por sua origem socioeconômica: como ele diz, é de uma "família de banqueiros". Ele e Suzana Frank[2] têm a mesma origem socioeconômica.

Certamente por isso a trajetória de fuga dos dois foi tão semelhante, inclusive nos encontros supostamente improváveis que ocorreram durante a guerra: Sachs encontrou por acaso o pai numa agência do correio, e o filho de Suzana encontrou, inesperadamente, seu pai no meio de um grupo de refugiados numa cidade francesa.

Esclareço desde já que o depoimento de Sachs, aqui transcrito, foi obtido graças à sua generosidade. Ele foi oferecido a mim e ao professor Afrânio Garcia, em Paris, em 6 de abril de 1996, quando solicitei que me contasse sua história para incorporá-la à minha pesquisa sobre a imigração judaica contemporânea. Era esse o motivo de minha estada na EHESS para meu pós-doutorado,[3] vinculado ao tema deste livro. O depoimento aqui analisado tomou por base aquele por nós gravado e se distingue, embora tenha partes semelhantes, do extraordinário livro de memórias de Ignacy Sachs, *A terceira margem*, que li em janeiro de 2010. As reflexões aqui expostas faço-as seguindo a mesma metodologia interpretativa que adotei em relação a todas as histórias coletadas. Corro este inevitável risco frente ao grande mestre que é Ignacy Sachs.

UMA FAMÍLIA JUDIA DE CLASSE ALTA. Nasci em Varsóvia, em 17 de dezembro de 1927. Família de banqueiros judeus, sendo que meus pais eram totalmente assimilados. Nunca aprendi nem hebreu nem ídiche. Meu primeiro contato com minha identidade judaica foi no primeiro dia de escola, porque na Polônia a gente podia ter qualquer religião, mas não podia não ter religião; se ensinava religião até o último ano do liceu, era matéria obrigatória figurando no *baccalauréat* [exame que dá acesso à universidade].

ELE NÃO SABIA QUE ERA JUDEU. Quando cheguei na escola, com 7 anos, no primeiro dia eu vi que os católicos deviam ficar do lado esquerdo da sala, os protestantes

2 Cuja história vimos anteriormente.

3 Com o apoio da Fapesp.

do lado direito, os ortodoxos perto da janela, e os judeus perto da porta. E alguém me empurrou para a porta. Então me encaminhei para a sinagoga, para o serviço religioso em comemoração ao começo do ano letivo. As únicas vezes que estive na sinagoga foram nos três primeiros dias de aula, porque era obrigatório.

Sachs considera que foi criado numa família assimilada, dotada de "amplo relativismo cultural", em que se cumpriam alguns rituais, como comer a comida casher em um dia da Páscoa e presunto no outro. Teria tido uma formação plena de contradições.

As histórias até agora examinadas revelam que o comportamento contraditório face às prescrições religiosas foi o que encontramos na maioria dos relatos; raro foi o cumprimento rigoroso dos mandamentos.

A QUESTÃO DA IDENTIDADE. A educação (que tive) foi não religiosa. Não fiz Bar-Mitzvá, também porque estávamos na guerra. Em mim fizeram circuncisão, mas eu não fiz nos meus filhos. É claro que em Varsóvia havia comemorações religiosas na casa de meus avós e a gente estava presente. Predominava o relativismo cultural.

A controversa questão da identidade judaica é definida por Sachs e por tantos outros como deter ou não o conhecimento das línguas (ídiche ou hebraico) e da cultura judaica. Mas quais são os judeus que conhecem essas línguas? E o que é a cultura judaica? A pluralidade de judeus em várias partes do mundo tem respostas distintas para estas questões. Os judeus de Portugal, do Marrocos ou mesmo de Israel não conhecem o ídiche. E quando há referência à cultura judaica, qual é o foco: a Bíblia Hebraica (Velho Testamento), a literatura, os costumes, a gastronomia?

NUMERUS CLAUSUS. Eu estava numa escola onde tinha uma forte maioria protestante. Para nós judeus havia o *numerus clausus*, era 10% por baixo: ou seja, 4 para 40, e 3 para 30. E obviamente o problema da competição, da afirmação pela excelência do estudo, era um problema que todos nós sentimos muito cedo e que deu lugar, evidentemente, a relações tensas porque éramos os melhores alunos... Este problema de identidade, de ser melhor no estudo, isto evidentemente criava inveja. A cultura na qual eu fui criado era uma cultura 100% polonesa. Primeiro, a escola era muito boa, mas, como todas as escolas da época, era terrivelmente nacionalista. Portanto, recebi uma educação primária nacionalista polonesa. Aliás isto se assemelhava bastante com o que vivi nas escolas brasileiras da época do Estado Novo.

"COMO SERIA GOSTOSO SER UM CACHORRO." Tínhamos muito espaço, uma mesa de pingue-pongue no meio do quarto, condições muito cômodas. Um evento me marcou para a vida toda. Devia ter 8 ou 9 anos. Eu estava dando de comer ao meu cachorro, que tinha estado muito doente. Comia numa dieta muito rigorosa, arroz com carne cozida, era um cocker, com orelhas compridas, eu estava segurando as orelhas para que não caíssem na sopa. Atrás de mim havia um arbusto, atrás do arbusto estava escondido um menino judeu, de 6, 7 anos, que num mau polonês disse: "Como seria gostoso ser um cachorro". Olha, isto são coisas que marcam para sempre... Como seria gostoso ser um cachorro...

O BAIRRO JUDEU DE VARSÓVIA. Aquela parte onde estava concentrada a população judaica era como uma visita a um país exótico: outra língua, outra maneira de se vestir. A maioria dos judeus pobres e de classes médias baixas vivia num outro setor da cidade, e eram um quarto da população de Varsóvia, trezentos mil. Era um setor bem no centro da cidade, que depois se dizia "gueto" por analogia, mas não era gueto, pois não havia nenhuma obrigação; nós não vivíamos nem perto de lá.

A ótica de Sachs ao se referir ao bairro judeu de Varsóvia é mais de classe do que de etnia. O mesmo ocorre quando, numa excursão escolar, passava por paupérrima aldeia polonesa, habitada por judeus.

Nos arrabaldes de Varsóvia, passava por uma cidade que era famosa por um *tzadek* [santo], a cidade de Gora Kalvaria, literalmente "A montanha do Calvário", povoada por talvez 90% de paupérrimos. No mercado se vendia fósforos por peça (palito) e cabeça, cauda e pedacinhos de arenque ainda cru. Era uma sujeira, um fedor; faltava esgoto, faltava tudo... Uma pequena cidade onde havia muitos judeus. Aliás o cinema atual funciona numa antiga sinagoga que foi reconstruída pelo Ministério da Cultura. As pedras tumulares foram destruídas durante a guerra e depois reunidas para fazer um monumento... Bem... Para alguém que vivia no conforto europeu, que andava de carro, e eram pouquíssimos na época, quando se chegava de carro numa aldeia todas as crianças corriam atrás do carro. Era um evento: a distância cultural, o anacronismo... Assim, muito cedo comecei a pensar sobre isso.

Varsóvia e a parte da Polônia percorrida pelo atento Sachs desvendam a ele desde cedo a extrema desigualdade étnica e de classe. Certamente, não apenas os judeus eram pobres. Esse submundo marca o menino desde cedo e germina nele, como o futuro mostrará, uma visão socialista para o resto da vida.

Um antissemitismo nublado

Ao rememorar o passado, vem à tona o antissemitismo presenciado, mas como algo que não o atingia. Sachs relembra:

> O clima nacionalista era muito presente. E havia o problema do antissemitismo, claro, porque perto de onde vivíamos havia uma delicatéssen de donos judeus, e, por exemplo, os militantes dos partidos de extrema-direita, às vezes, eu os via venderem jornais na frente da loja com as fotografias das donas de casa polonesas que compram dos judeus. Isto já dá para imaginar. E havia o problema dos *numerus clausus* nas universidades e até de atos brutais contra os judeus da parte dos militantes de direita, da direita *musclé*.

O resultado destas vivências é avaliado pelo próprio Sachs:

> O que posso dizer desta infância é que foi muito despreocupada no sentido material; por outro lado, houve um amadurecimento intelectual precoce, provavelmente por causa destas situações. Talvez também pelo fato de que comecei a ler cedo.

E depois veio o choque da guerra

Família culta, pai colecionador de valiosas pinturas, uma vida farta e, repentinamente, a guerra. Mas como levar a sério uma guerra quando o país se sentia protegido pela França e pela Inglaterra e supunha ter um exército forte?

> Fomos tomados de surpresa e fugimos dos bombardeios sem levar nada, certos de que em breve voltaríamos. Mobilizamos uns quatro carros e a família toda, a família estendida, e decidiu-se que íamos partir para um lugar qualquer do campo. A visão era que os ocidentais iam ganhar esta guerra em questão de dias ou semanas.

> NÃO TEVE VOLTA. Deixamos a casa com todos os quadros nas paredes, com uma maleta cada um, e eu, ainda com reação de criança, peguei um objeto de prata e me disseram: “Você está louco, deixe isso aí”. Só levamos um esboço, um quadro não acabado, mas que era um Rubens [pintor flamengo, 1577-1640], quadro que acabou pagando a viagem para o Brasil... Mas isto vem depois.

No meio de uma multidão que fugia, quatro carros levavam a família; chegaram a Lublin, uma cidade a cerca de 140 quilômetros de Varsóvia. Uma divergência divide a

família, e um tio-avô vai para Noroeste, onde hoje é a Lituânia. Ele se salva, atravessa a União Soviética, vai à Manchúria, ao Japão, e acaba nos Estados Unidos. Nem todos tiveram final feliz.

Entre as lembranças da fuga está o diretor de uma refinaria de petróleo, parente próximo, que nega gasolina para os carros; e a cidadezinha que dobra os preços quando chegam os automóveis.

Com a aproximação dos bolcheviques, a polícia polonesa foge e a família Sachs também busca abrigo. Vão para a fronteira romena, que é próxima.

Do outro lado, sofri um dos piores bombardeios da minha vida. Os alemães estavam bombardeando os refugiados do lado da Romênia, talvez porque tenham se enganado, ou porque queriam chatear, mas lá nos dirigiram para um campo, mandaram ficar, esperamos até a noite, disseram que era para ir à esquerda. Estávamos a uns 20 quilômetros de Czernowitz.

Czernowitz

Mais uma vez, a porta de fuga é Czernowitz: assim como nos anos 1920 e 1930, a cidade era a porta para escapar da Polônia.

Meu avô mandou chamar o responsável da comunidade judaica do lugar, confirmou que a estrada era à direita e não à esquerda, avisou que fôssemos os últimos a sair no meio da noite, que entrássemos na primeira árvore à esquerda. Lá haveria uma junta de bois que puxaria os carros para pegar a outra estrada. Meu avô falava ídiche fluente. Dito e feito. Passamos horas com a junta de bois. Pagamos não sei quanto dinheiro. Quando chegamos a Czernowitz, os outros já estavam lá há doze horas; tinham pego os melhores apartamentos...

Na interpretação de Sachs, eles foram ludibriados.

Não iam perder esta oportunidade de montar um negócio da China, uma junta de bois para puxar três carros durante a noite. Foi a nossa primeira lição de solidariedade.

SOLIDARIEDADE VERDADEIRA. Em Czernowitz, ao contrário, o pessoal nos recebeu muito bem. Eu lembro que passamos vários dias na casa de um casal de engenheiros que

> nos hospedou sem pedir nada. Havia uma certa compreensão. De lá fomos para Bucareste, infelizmente de carro. Na Romênia daquela época a corrupção era total, a cada dez quilômetros nos paravam e tínhamos que pagar: um dólar, dois dólares, pedágio... Sobre 500 quilômetros, foi muito pedágio!

A Polônia ficava cada vez mais distante. A guerra avançava e era preciso fugir das zonas ocupadas pelos nazistas. O destino era a França, mas para alcançá-la era preciso ir à Itália. Dolorosas armadilhas dificultavam a fuga.

> Não se podia ir para a frente nem para trás. Meu pai viajou para Liubliana suspeitando que com um forte argumento financeiro convenceria o cônsul italiano que era primo-irmão do papa, de que só queria entrar na Itália para pegar o navio e ir para os Estados Unidos, para onde tinha visto. O cônsul italiano botou vistos. Mas... na verdade, para passar da Polônia para a Itália, havia acordo e não precisava de visto. Tomamos de novo o mesmo trem, e quando chegamos na fronteira, outra vez nos apearam: por que vocês têm o visto, se não precisa? É suspeito. Minha mãe, muito loira, de olhos azuis, perguntou: "Afinal de contas, o que está acontecendo? Olhe para mim, eu não pareço polonesa?". "A senhora tem razão, desculpe!"

Esta "solução" lembra a reação do jovem Jean Meyer quando sua mãe, Suzana Frank, cujo passaporte era falso, mostrou a carteira de motorista a um policial, que os liberou.

Os percalços, o desespero, a corrupção – tudo igualmente vivido por Sachs, assim como por Suzana Frank e os seus. Outros devem ter tido os mesmos empecilhos, idas e vindas, sobretudo aqueles que tinham algum dinheiro. Nos dois casos, as mulheres usaram argumentos convincentes frente a um comportamento machista e autoritário e conseguiram salvar suas famílias. Infelizmente, esse argumento não serviu para os campos de concentração.

O Brasil, um local passageiro?

Sachs chegou ao Brasil com 13 anos e foi estudar no liceu francês, escola adequada para que pudesse continuar os estudos sem precisar iniciar tudo desde o princípio, exigência da escola brasileira.

Como os demais refugiados poloneses da época oriundos de classe média alta ou alta, sua família também achava que iria voltar, que a estadia seria passageira. Sachs explica:

> Esta era a diferença entre os que chegaram antes da guerra e a geração que foi refugiada de guerra. Nunca achando que era uma mudança definitiva, a geração de meus pais custou a aprender o português, não porque não pudessem; falavam várias línguas, mas achavam que iam voltar, que este era um problema passageiro. Para eles, a América Latina não fazia parte; o mundo era a Europa Ocidental.

No Brasil, desmancharam-se as imagens trazidas da Europa e, como disse Sachs: "Quando vim para o Brasil encontrei a civilização. O Rio era uma metrópole comparando com Varsóvia, que era muito pequena".

Situação econômica no Brasil

A situação econômica familiar dos Sachs no Brasil foi precária durante mais de dez anos. Ignacy relacionava-se com jovens e isso serviu para aproximá-lo do Consulado da Polônia Popular em São Paulo, onde obteve um emprego remunerado – razão para que, em 1946, a colônia polonesa o considerasse um traidor. Mesmo assim, quando a Delegação da Polônia Popular chega ao Rio, ele vai visitá-la e o convidam a trabalhar lá. A recompensa econômica era muito atraente para quem estava em situação bastante precária. "A ascensão foi rápida: de datilógrafo e tradutor passei a diretor dos assuntos culturais da embaixada."

Universidade no Brasil

Sachs entra no curso noturno da Faculdade Candido Mendes, casa-se aos 19 anos e "mergulha" nos assuntos culturais do Brasil. Conhece Portinari, Gilberto Freyre, Jorge Amado e muitos outros artistas e intelectuais brasileiros.

> Foi aí que entrei em cheio na cultura brasileira. Mas ao mesmo tempo um PC [Partido Comunista] de fora, num posto avançado da Guerra Fria. Havia de um lado um grande e maravilhoso contato com a inteligência de esquerda...

Polônia, Índia e Brasil

Sachs voltou para a Polônia com a mulher, dois filhos e seus livros para seguir a orientação de Oscar Lang, diretor da Escola de Planejamento Lang, na condição de "especialista em estatística". Em suas palavras, foi uma preparação dura, mas positiva. O ambiente que encontrou foi de desconfiança:

> Foi difícil voltar, pois por um lado me viam como neto de banqueiro judeu – resistência, inimigo de classe pelos dogmáticos. [No] fim dos anos stalinistas, não era a melhor das recomendações...

Designado a trabalhar com assuntos relacionados a América Latina, África e Ásia no Serviço de Relações Exteriores, depois de alguns anos, em 1957, teve a oportunidade de ir acompanhado de seu chefe para a Índia, onde ficou por três anos.

Intelectualmente e como pesquisador, ele passa a analisar a Índia: "Meu interesse pelo Brasil redobrou".

Sachs conclui sua tese sobre o papel do Estado em economias mistas, aproximadamente em 1960, o que segundo ele provoca grandes problemas políticos.

> Estudei o lado teórico. Mostrei que havia dois modelos de capitalismo de Estado: o modelo japonês e o modelo indiano, como modelos weberianos, para servir de referência... O Brasil era mais modelo japonês, mas com exceções importantes, como a Petrobras; a Índia estava evoluindo para o modelo japonês.

A questão é que Sachs teve de mostrar a tese aos soviéticos que lá estavam, os quais o convidaram para um "chá", durante o qual ousadamente lhe mostraram os desvios de sua tese com relação ao marxismo – segundo Sachs, foi uma verdadeira *Din Toire* [julgamento rabínico].

É sintomático como Sachs se expressa a respeito da repressão que sentiu ao ser julgado pelo grupo stalinista. Em um momento crucial para o jovem intelectual, seriíssimo e empenhado, que vê alguns indivíduos ocupando posições de poder tentando desqualificar um trabalho científico lançando mão da ideologia. Chama a atenção a lembrança simbólica de Sachs face ao poder fatal, irreversível dessas pessoas: como a decisão de um julgamento máximo judaico perante a Torá.

> Aceitei as observações, mas não mexi em nada. Tive de homologar a tese na Universidade de Varsóvia, onde tinha grandes professores como Kalevski e Bobrovski, e um "marxista de serviço".

Por recusar-se a fazer uma autocrítica, a tese não é publicada, mas circula como um documento de "uso restrito".

Em seu retorno a Varsóvia, passou a dirigir um centro de pesquisas sobre economias subdesenvolvidas. Era novembro de 1960. Desenvolvendo várias atividades acadêmicas e cursos internacionais, Sachs obtém o patrocínio da ONU, onde se torna muito conhecido, condição que futuramente irá salvá-lo.

Um antissionista acusado de sionista

Extremamente estudioso, competente, ocupa um cargo de direção de pesquisa e planejamento vinculado ao governo polonês. A lua de mel dura quatro a cinco anos:

> De 1961 a 65 foram anos maravilhosos. Em 66 as coisas começaram a empepinar. Em 67 foi o começo da grande intolerância. E em 68 fui colocado no olho da rua sob a alegação de ter participado de uma conspiração sionista, revisionista.

Querendo ou não, sua condição de judeu é utilizada contra ele.

Na Polônia, a Guerra dos Seis Dias de Israel sofreu contraditória interpretação pelo governo polonês, segundo nos conta Sachs:

> O polo antissemita aplaudia a vitória [de Israel] só porque complicava a vida soviética. A opinião pública política se pautava pelo antirrusso, e o paradoxo é que nós, judeus, os poucos que ficamos na Polônia, não tínhamos essa posição. Tínhamos a posição contrária e fomos acusados de sermos a quinta-coluna, depois de 67. Tive até que passar por um tratamento médico por causa da maneira como me trataram moralmente.
> Tocaram todo mundo no olho da rua e Kalevski se demitiu em sinal de protesto.

A história se repete: as lutas dentro do Partido Comunista, o conflito entre gerações por postos de poder levam a acusações esdrúxulas, mas suficientes para expulsar Sachs e outros judeus. A acusação era de que:

> [...] havia uma concentração de descendentes de judeus nas profissões intelectuais. E foi isso que permitiu usar essa questão de antissemitismo. Ninguém acreditava que houvesse uma conspiração sionista, mas já era motivo para uma operação por atacado para liquidar

centenas de professores e jornalistas... Parei de receber cartas. Fui acusado de ter feito no México uma conferência sobre antissemitismo na Polônia. Usaram trechos de uma conversa privada que eu tivera com um embaixador polonês.

Judeu tem de ir para Israel

O recrudescimento do antissemitismo como arma política retorna à Polônia; as pressões são insuportáveis, sobretudo para idealistas como Sachs, empenhado em construir uma nova Polônia. Sachs é obrigado a sair da Polônia tendo paradoxalmente como destino Israel.

Tínhamos de sair com um visto para Israel, a única saída da Polônia em 68, com um documento que se chamava "título de viagem", em que se dizia que o portador não era cidadão polonês. É o único título na história que é um título negativo de cidadania.

UM VISTO VIA ITÁLIA PARA ISRAEL. Em 68, quando fui jogado fora da universidade, um belo dia toca a campainha e aparece o encarregado de negócios italiano. "Eu soube o que lhe aconteceu e vim saber o que posso fazer para facilitar a sua situação." Eu disse: "Um visto para a Itália". Este documento tinha, para efeitos práticos, validez de oito dias e um espaço para colocar o visto de Israel e os de trânsito. "O visto só posso dar se vocês disserem que têm lugar reservado num navio que sai de Gênova para Haifa."

Israel não estava nos planos, mas o governo polonês decidira que os judeus poloneses tinham de ir para lá.

Voltas e reviravoltas, Sachs telefona para o economista italiano e seu conhecido Silos Klabin:

Disse que tinha um problema... Ele disse: "Me dê três horas". Depois de duas horas me telefonou: "A minha mulher joga bridge com a cunhada da mulher do ex-chefe da polícia. Isto deve ser bastante". No dia seguinte, saímos da polícia italiana com títulos de viagem italianos.

Comenta Sachs: "Só na Itália acontecem coisas deste tipo!".

Provavelmente não só na Itália; como vimos várias vezes, são as relações pessoais (e muitas vezes as mulheres) que dispõem de caminhos políticos alternativos.

Revendo pela enésima vez esta história de vida, ainda me surpreendo como, por mais universalista que seja o indivíduo, por maior que seja seu apego afetivo a um determinado país, ainda assim ele é empurrado para assumir a condição judaica. E por ser considerado judeu, outros decidem: seu destino deve ser Israel.[4]

Em certo momento de sua entrevista Sachs contou que sua

> [...] avó materna foi deportada de Paris e desapareceu. O pai de minha mulher morreu três dias depois da liberação de Auschwitz; tenho tios, primos, primas que foram mortos. Isto cria uma certa identidade, mas não no sentido cultural e certamente não no religioso.

Finalmente, Sachs se autodefine como judeu, pois "enquanto houver antissemitismo eu vou afirmar que sou judeu". E cita Korngold, arquiteto polonês que também viveu no Brasil, ao explicar que é judeu em honra de "todos os antepassados no cemitério judeu, que está sendo profanado".

Em síntese, não é preciso ser religioso, conhecer o ídiche nem mesmo profundamente a cultura judaica para ser judeu: a vida cotidiana levou Ignacy Sachs a perceber as contradições do cumprimento das regras religiosas, alimentares e de comportamento. Conheceu outras culturas. Amou a Polônia, e por duas vezes foi expulso dela por antissemitismo.

Quando teve sua obra acadêmica desqualificada politicamente, sua memória o levou a lembrar-se do Beth Din, o imperioso tribunal judaico. Ao longo de toda a vida dedicou ao Brasil e aos estudantes brasileiros intensos esforços pela implantação de políticas públicas que melhorassem a qualidade de vida da população.

Como sintetizar estas complexas experiências identitárias fundantes?

Khäte Schwarz: uma cientista no Brasil

Entre os que vieram para o Brasil às vésperas da Segunda Guerra Mundial está Khäte Schwarz. Nascida em 1902, em Viena, na Áustria, de uma família de classe média conservadora, viveu momentos de grande ebulição social entre as duas guerras. Participou de seminários de jovens, de grupos politizados e teve contato com intelectuais contestadores do autoritarismo nas relações familiares e escolares. Conheceu importantes

4 A família vem para o Brasil, troca os passaportes e vai para a França.

sociólogos, psicanalistas e psicólogos inovadores que, depois de Hitler, foram para outros países, como Adler e Reich.

Os judeus em Viena no século XX[5]

Somos austríacos de Viena. Não sou assim tipicamente judia, não sou religiosa. Viena tinha judeus já meio assimilados. Minha vida não é típica de imigração.

Khäte, como vários outros historiantes, imagina que sua trajetória de vida é diferente da dos demais judeus; como vimos ao longo das histórias aqui relatadas, a imagem não corresponde à realidade: a vivência judaica é muito semelhante e distante de um comportamento ortodoxo ou mesmo religioso.

Ela define-se como membro de uma família "pequeno-burguesa". O pai lutara na Primeira Guerra Mundial, quando seus negócios foram muito prejudicados.

Com a inflação posterior, o padrão econômico familiar cai drasticamente: antes, tinham cozinheira, arrumadeira, governanta que falava francês; depois, quem fazia tudo em casa era a mãe.

Judeus e judeus

Antes da Segunda Guerra Mundial,

[...] os judeus moravam predominantemente em Leopoldstadt [distrito vienense]. Era como aqui [em São Paulo] o Bom Retiro... Eram de uma categoria econômica menor, mas estavam muito bem situados, em geral.

Khäte morava em outro bairro.

Como em outros países, na França ou na Inglaterra, por exemplo, havia tensão entre as diversas levas de imigrantes judeus em decorrência da concorrência econômica e dos costumes. Conta Khäte que, durante e após a Primeira Guerra Mundial, os judeus vieram da Polônia, da Galícia, da Bucovina e das províncias perto da Polônia e da Rússia.

---

5 Blay, 2010. Parte deste texto foi exposto em duas ocasiões: em palestra para Na'Amat Pioneiras, em 3 de março de 2009, no Colégio Renascença; e em palestra no Instituto de Pesquisas Tecnológicas (IPT), em São Paulo, em 9 de março de 2009.

Muitos eram comerciantes [os judeus de Viena], já eram mais sólidos... Havia muitíssimos profissionais liberais, por exemplo, ótimos médicos, advogados. Em Viena os judeus já eram a segunda geração, como vocês dizem aqui; os filhos eram doutores. Havia muitos intelectuais judeus.

Mulher tem de casar

Justamente nessa fase de grandes mudanças um obstáculo lhe foi imposto: o pai era contrário a que mulheres estudassem:

"Você não pode estudar, não pode ir para a universidade"... Os tempos eram difíceis e ele disse que eu precisava ajudar a ganhar dinheiro. Não era bem verdade, mas ele falou assim.

A autoridade paterna limitava os horizontes de Khäte, porém apenas provisoriamente.

Antissemitismo, nazismo

A vida cotidiana e as relações sociais sofreram profundas alterações com o nazismo:

Lá conheci antissemitismo da parte de professores e alunos. Em Viena tivemos o antissemitismo de Karl Lueger, que foi prefeito de Viena no fim do século XIX, começo do XX. Era um antissemitismo religioso e havia proibição de judeus no serviço militar e entre funcionários públicos. Estas proibições tinham caído com a Primeira Guerra, mas retornaram... Quando chegou a ocupação da Áustria, encontrei colegas na rua, não judeus, e eles não me cumprimentavam mais. Depois falaram secretamente com os judeus e se desculparam, dizendo que eles não eram contra, mas o que se pode fazer... Tínhamos amigos não judeus, bons amigos, que não estavam de acordo com esta separação dos judeus...

PROIBIDO PARA CÃES E JUDEUS. Os não judeus, os arianos, tinham a cruz gamada, e os judeus não tinham nada. Mais tarde eles tiveram de pôr o... não sei como se chama aquilo [estrela amarela no braço]. Então a gente nunca estava segura de voltar para casa. Naquele tempo a gente não podia entrar num parque, por exemplo, sem a cruz gamada. Não podia sentar num parque, estava escrito: "Proibido para cães e judeus".

Uma menina educada numa sociedade aparentemente igualitária se vê discriminada, alijada, e constata como o antissemitismo entrou para o currículo escolar:

Os nazistas também mandavam nas escolas. Cuspiam nas crianças judias, [as crianças não judias] aprendiam com os pais que os judeus são porcos. Isto foi no começo, depois as crianças judias foram proibidas de ir à escola.

A Suécia resgatou várias crianças, inclusive um sobrinho de Khäte.

"Explicando" o antissemitismo

Racionalizando, Khäte encontra na história dos judeus uma explicação para as características do povo judeu e o decorrente antissemitismo:

Acho que o antissemitismo é uma tradição. Os judeus saíram do gueto apenas no século passado. Emprestavam dinheiro porque não podiam exercer muitas profissões, nem possuir terras. O judeu é mais hábil, mas não é de nascença, e sim devido a este passado. Isto variou de país para país. Na Polônia tinha muitos artífices judeus e muitos pobres também.

A universidade

Apesar da proibição paterna, Khäte e o marido vão para a universidade.

Depois de casada comecei a estudar na universidade e meu marido também. Ele estudava Direito e eu Biologia, e depois também Química. De manhã eu ia à Universidade e de tarde trabalhava no negócio do meu sogro. Assim como meu pai, [meu sogro] não queria que eu estudasse; também não podia dizer ao meu sogro que estudávamos. Os comerciantes eram assim... Na Áustria a gente termina o curso já com o doutoramento.

"MEU ÚNICO FILHO." Não tive logo o filho, primeiro estudamos os dois. Depois demorou nove anos até ter meu filho, meu único filho... Casei em 1929 e ele nasceu em 38, justamente depois da chegada dos nazistas.

Khäte retardou sua saída da Áustria para esperar o nascimento do filho. Conseguiu fugir quando ele tinha apenas cinco semanas.

Sem volta

Sair de Viena significava salvar-se.

Em 1939 permitiu-se que saíssemos, só que eles pegaram tudo. A gente só podia sair sem nada. Saímos de Viena com o nenê e sem ter o visto para o Brasil.

Sair de Viena foi torturante. O Brasil exigia visto, atestado de batismo e possibilidade de retorno ao país de origem. O nazismo austríaco impunha que não havia volta, caso se saísse com vida. A trajetória foi homérica. Tiveram que contornar a Áustria, em cujo território não podiam mais pisar; foram para Hungria, Iugoslávia, Itália, França. Finalmente a família, com o apoio de alguns padres, obteve atestados falsos de batismo. "Isso muita gente fez e, com isso, o Brasil deixou entrar."

CHEGAR A UM PAÍS TROPICAL. Era uma complicação louca! Da França viemos para Santos de navio. Chegamos no começo de 1939. Viajamos com meu cunhado, irmão de meu marido, e minha cunhada. Dois casais e um bebê.

Moraram em uma pensão com todas as dificuldades materiais atenuadas apenas pelo apoio da Congregação Israelita Paulista (CIP).

Na CIP eles falavam alemão e nos aconselharam... Meu cunhado era químico, foi ao Matarazzo, meu marido foi procurar as fábricas de chapéus, a Prada, a Cury. Meu marido era formado em Direito, mas aqui isso não valia. Também fizemos cursos de português na Congregação. Lá recebi ajuda para o nenê. Tinha a Gota de Leite, que ficava no Bom Retiro, eles deram leite em pó e o mais importante, a gente podia consultar o pediatra regularmente, pesar, ter conselhos.

A bióloga Khäte muda para uma pensão mais barata onde havia

[...] jardim para lavar e estender as fraldas na grama. Lá dava. E nesse tempo arranjei um carrinho e depois arranjei uma cama e... Então depois... não, isso não dá para contar... Enquanto isso os homens procuravam emprego...

O jornal *O Estado de S. Paulo*

Em São Paulo, apenas a intelectualidade e poucas outras pessoas obtinham informações sobre o que acontecia na Europa. Os demais nem acreditavam. O marido de

Khäte consegue escrever para o democrático *O Estado de S. Paulo* graças à ajuda de alguns amigos como Sérgio Milliet, Afonso Schmidt e Paulo Duarte. Mas a ditadura getulista fecha esta porta, e ele vai trabalhar na fábrica de chapéus Prada, em Limeira. Sua experiência obtida nos negócios do pai foram de valia aqui no Brasil.

Mudamos para Limeira com tudo, nossas coisas e o nenê. Isso quase deu uma tragédia. Foi contratado como técnico e ele deveria modernizar uma parte da produção. [Houve] desavenças com os operários na maioria italianos fascistas: não aceitavam ordens de um judeu... Os europeus têm um modo mais duro, e isso causava problemas também.

Finalmente eles se mudam para São Paulo, onde o marido de Khäte continuaria a trabalhar na mesma empresa de chapéus, mas numa função administrativa e financeira.

BRASILEIRA. Mudamos para São Paulo e meu marido trabalhava no escritório. Ele abriu uma porção de lojas, seis ou sete, para a Prada. Fomos morar na [rua] Oscar Freire, numa casa que um conhecido indicou. Eram casas pequenas onde tinha muitos judeus imigrantes e isso era muito agradável, eles se ajudavam. Eram mais ou menos do mesmo nível, classe média. Com o tempo já tinha ambiente no Brasil. Com meu filho fiquei muito brasileira.

O SOCIALISMO NÃO RESOLVEU O PROBLEMA JUDAICO. Somos contra orientação religiosa. Continuamos sendo uma linha de esquerda. Antes de Hitler pensávamos que o socialismo ia resolver todos os problemas, inclusive dos judeus. A gente viu que não é assim, [veja] a Rússia...

MUDANÇA TOTAL DE VIDA. Uma vez fui à feira e encontrei uma conhecida chamada Wekselman. Falamos como era chato o *ménage* de sempre, cozinhar e outras coisas. Eu não gosto disso e gostaria de trabalhar outra vez. Ela me disse: "Conheço um professor lá do Biológico, chama-se Karl Zilberschmidt e me contou que o Instituto tem bolsas à disposição e ele não encontra ninguém com a qualificação exigida para as bolsas. Ele vem muitas vezes jantar em nossa casa e vou falar com ele".

O INSTITUTO BIOLÓGICO. Depois ela me telefonou; ele queria falar comigo. Fui ao Instituto Biológico, contei sobre meus estudos[6] e ele me disse para fazer um requerimento.

---

6 Khäte Schwarz se diplomou em 7 de junho de 1935 pela Universidade de Letras de Viena, com título de Doutora em Filosofia com a tese *Uber den Blutzucker der Weinberg schnecke* [Sobre o açúcar no sangue de caracol].

Depois de muitos meses não houve resposta... Muito tempo depois ele me chamou e disse que podia começar "já". Pouca gente aqui tinha estudos universitários e eram doutores, então o Conselho Nacional [de Desenvolvimento Científico e Tecnológico, o CNPq] me aceitou.

UMA NOVA CARREIRA AOS 50 ANOS. Lá no Biológico tive um chefe muito gentil, brasileiro, o doutor Bittencourt. Conheci o doutor José Reis e muitos brasileiros. Quando entrei já tinha 50 anos e era uma das poucas mulheres. Os colegas estranharam um pouco. Depois mudou muito, quando saí já tinha mais mulheres que homens, muitas mocinhas agrônomas. Fiz tudo atrasada, estudei atrasada, já casada e com 36 anos tive nenê, sempre tive dificuldade, e depois veio o Hitler e acabou com minha carreira. E aqui... Primeiro tive de fazer crescer o Roberto e depois entrei no Biológico, quando ele já tinha 12 anos.

Khäte avalia que fez tudo atrasada, mas atrasada com relação a quê? Foi precoce ao estudar e fazer um doutorado quando poucas estudavam. Teve um filho com 37 anos, idade atualmente nada incomum. Recomeçou a trabalhar com 50 anos e, nos dezessete anos de atividade, publicou no Brasil e no exterior dezoito trabalhos originais de pesquisa! Sua produção científica trouxe inovações metodológicas.

Aos 51 anos perdeu o marido e se tornou responsável pelo filho e por si mesma.

A avaliação da idade e do tempo são relativos. Considerar o tempo dentro dos padrões de sua época levou-a a uma autoavaliação negativa, o que não impediu Khäte de aplicar seu talento ao trabalho e à ciência. Nos anos 1960, ter 57 anos significava socialmente ter idade avançada. Atualmente, ela seria considerada uma cientista na flor da idade.

Criativa, perseverante, estudiosa, ela fez avançar muito a área à qual dedicou sua atenção: o "câncer dos vegetais", denominação que foi depois alterada ao mostrar que os tumores só remotamente se assemelhavam ao câncer dos animais.

A contribuição de Khäte se deu na introdução de métodos quantitativos em substituição aos qualitativos. Suas publicações no Brasil e no exterior lhe renderam uma bolsa da Fulbright em 1959.

Khäte relembra ainda que estava com 57 anos quando foi para Boston,

[...] onde fiquei dez meses para continuar um trabalho que aqui não conseguia resolver porque não tinha aquela aparelhagem. Em Boston estive no Hospital do Câncer, onde tinha um instituto de pesquisa. Nos Estados Unidos também publiquei em revistas como *Biochemical Journal* e *Biochemical Acta*, e em outras estrangeiras.

Voltando ao Brasil, relata que:

> Após a bolsa mantivemos correspondência com cientistas americanos, ingleses, franceses. Isso se desenvolveu muito no Brasil, hoje não é nada especial, mas naquele tempo...

Khäte fez parte da acumulação do saber na bioquímica dos vegetais. Voltada à ciência e à vida, superou as dificuldades da condição feminina, de ser judia num país dominado pelo nazismo. Imigrante, recompôs a vida, construiu uma família e uma carreira. Sua história não termina no momento em que ela, por razões de saúde, deixa o Instituto Biológico e se aposenta. Depois de alguns anos, decidiu se mudar para o Lar dos Velhos da comunidade judaica, onde encontrou novas amizades e muitas atividades. Deixou vários escritos sobre sua vida, o significado e as vantagens da velhice e as novas alegrias de viver num lar para idosos.

Alguns comentários paralelos

Há ainda muito a descobrir sobre o papel das mulheres em geral, e das judias em particular, na ciência brasileira e internacional. Ao mesmo tempo que Khäte trabalhou no Instituto Biológico, outras importantes pesquisadoras vieram para o Brasil.

Em *Elogio à imperfeição*, autobiografia da Prêmio Nobel[7] Rita Levi Montalcini (1991), ela cita dois reveladores fatos. Carlos Chagas, então diretor do Instituto de Biofísica no Rio de Janeiro, convidou a judia alemã Herta Meyer para "organizar uma unidade de culturas em seu laboratório", o que ela faz com muita eficiência. A especialidade de Herta era a cultura *in vitro*, técnica então recente na biologia. Herta recebe sua amiga pesquisadora Rita Levi Montalcini para fazer suas pesquisas no laboratório que ela criara justamente para o uso desta nova técnica. O objetivo da visita era continuar seus experimentos, que são os primeiros a confirmar as hipóteses de Rita que finalmente a levaram ao Nobel.

Que inovadores eventos se passaram naquele laboratório onde Carlos Chagas, elogiado por Montalcini (1991, p.164), desenvolvia um tão propício ambiente de pesquisa e onde duas notáveis pesquisadoras, perseguidas pelo nazismo e pelo fascismo, trouxeram para o Brasil e para a humanidade conhecimentos valiosos para a saúde humana!

A condição judaica foi usada pelo nazismo e pelo fascismo para perseguir estas mulheres. Elas nunca negaram esta dimensão de suas identidades, cada uma à sua maneira.

7 Recebeu o Prêmio Nobel em Fisiologia e Medicina de 1986 por seus estudos sobre o sistema nervoso.

Rômulo Bondi: um nobre judeu italiano

Rômulo Bondi[8] nasceu em Ancona, Itália. Chegou ao Brasil em 1939, quando naquele país fora lançado o "manifesto da raça".

Bondi compara a imigração italiana com a alemã:

> A massa dos [judeus] alemães chegou ao Brasil antes de nós, porque Hitler começou a perseguir desde 1933. Na Itália, a campanha racial começou no dia 14 de julho de 1938, quando foi lançado o "manifesto da raça". Era assinado por um grande professor da universidade, o professor Bendi, e um outro médico pouco conhecido, e dizia que os judeus não pertenciam à raça ariana e que não eram italianos. Para nós, que éramos mais italianos que judeus, foi um choque muito grande: se havia um país onde não existia antissemitismo, era a Itália!

Para entender Bondi é preciso conhecer por que – e o quanto – ele se sentia italiano ao recompor sua genealogia.

> OS BONDI E O BRASÃO DO CARDEAL. Minha ascendência é italiana pelos dois lados. Bondi é uma família muito grande de Roma. Da família tenho um objeto hebraico, uma *chanukia* [candelabro de sete braços] que tem incrustado um *galero* [galo] no chapéu do cardeal, mantido por dois anjos. Na Itália, os sefaraditas iluminam a *chanukia* com azeite, é diferente dos alemães, que usam velas. Esta *chanukia* está na família há muito tempo e vou deixar para meu filho. Descobri em Israel que aquele *galero* era o *estenau*, o brasão do cardeal Aldo Brandini, primo do papa Clemente VII. Brandini pediu ao primo para abolir uma lei restritiva aos judeus. E os judeus, em reconhecimento, punham o brasão deste cardeal nas *chanukia* que faziam. Esta minha *chanukia* está na família desde 1500, época daquele cardeal. Meu pai sempre dizia: "Nosso brasão é o galo que canta para o sol"; e eu achava que era brincadeira. Depois vi que o brasão tem o galo que canta para o sol, o que quer dizer "bom dia" ou "*bon di*", são duas palavras.

A árvore genealógica

Bondi nos levou a um quadro que continha a árvore genealógica de sua família. Remontava a quinhentos anos. Começou a ler a partir do casamento de David Bondi, em Roma, em 1700. Em seguida, leu que

8 Entrevista realizada em 1º de maio de 1982 por Eva Alterman Blay e Cecília Abramczyk.

em 1776 nasceu outro David Bondi e um Amadeo Bondi. Aí está escrito: "Minha esposa, Ester Bondi, nascida Modigliani, deu à luz um menino depois chamado Amadeu; Vita Bondi nasceu em 1813". Embaixo está escrito: "Minha esposa teve um menino que foi chamado Efraim". E este, me parece, é meu avô, Elia, que nasceu em 1822.

YedidYa Hayim Ben David Bondì e Regina, filha de Mordekay Samuel Veneziani, casamento celebrado no Ghetto di Roma às margens do Rio Tibre, em 1771.

Foto da Ketuba cedida por Mauro David Bondi.

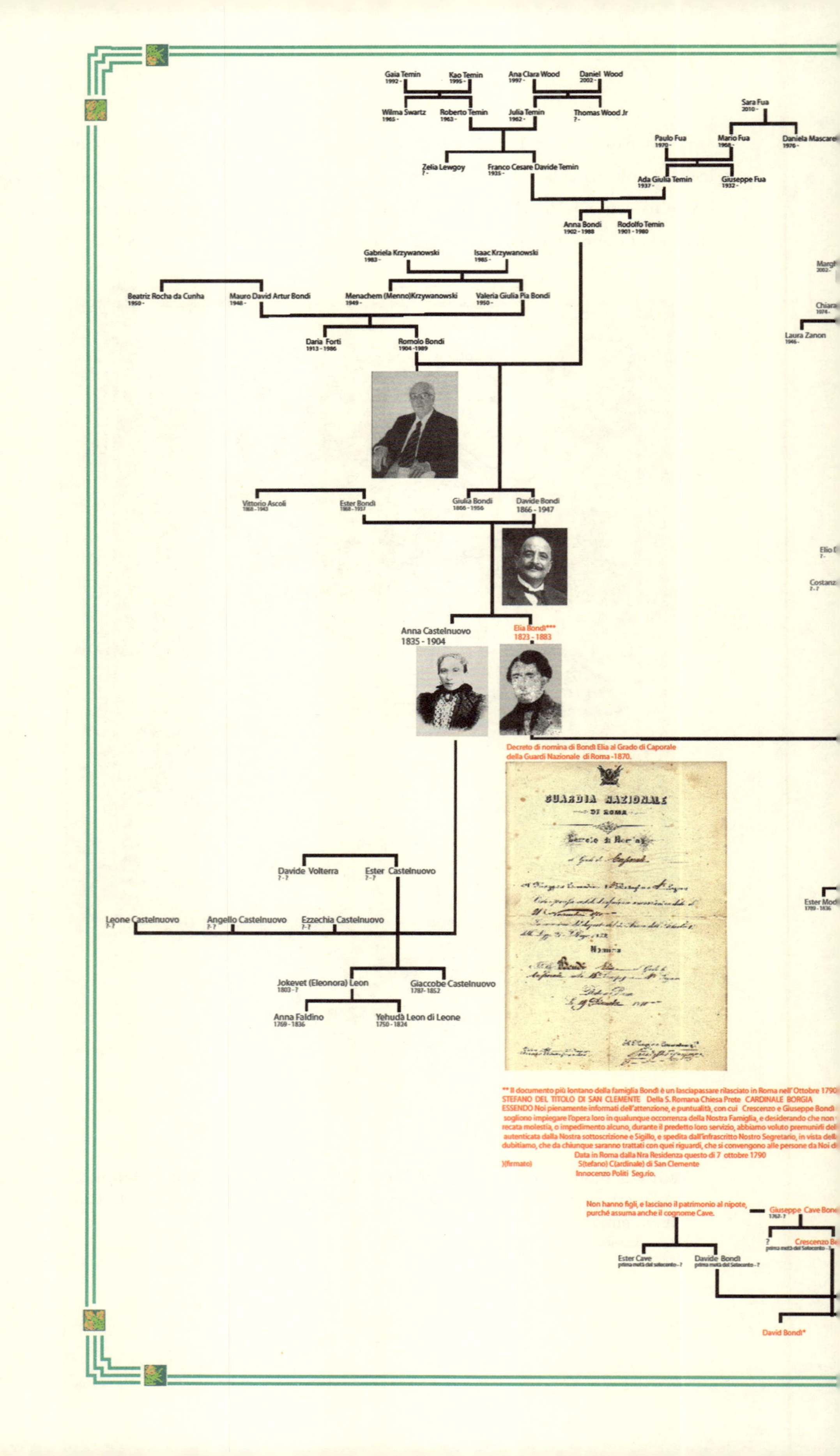
Gaia Temin
1992 -
Kao Temin
1995 -
Ana Clara Wood
1997 -
Daniel Wood
2002 -
Sara Fua
2010 -
Wilma Swartz
1965 -
Roberto Temin
1963 -
Julia Temin
1962 -
Thomas Wood Jr
? -
Paulo Fua
1970 -
Mario Fua
1968 -
Zelia Lewgoy
? -
Franco Cesare Davide Temin
1935 -
Ada Giulia Temin
1937 -
Giuseppe Fua
1932 -
Anna Bondi
1902 - 1988
Rodolfo Temin
1901 - 1980
Gabriela Krzywanowski
1983 -
Isaac Krzywanowski
1985 -
Beatriz Rocha da Cunha
1950 -
Mauro David Artur Bondi
1948 -
Menachem (Menno)Krzywanowski
1949 -
Valeria Giulia Pia Bondi
1950 -
Laura Zanon
1946 -
Daria Forti
1913 - 1986
Romolo Bondi
1904 - 1989
Vittorio Ascoli
1868 - 1943
Ester Bondi
1868 - 1937
Giulia Bondi
1866 - 1956
Davide Bondi
1866 - 1947
Anna Castelnuovo
1835 - 1904
Elia Bondi***
1823 - 1883
Decreto di nomina di Bondi Elia al Grado di Caporale della Guardi Nazionale di Roma -1870.
GUARDIA NAZIONALE
DI ROMA
Nomina
Davide Volterra
? - ?
Ester Castelnuovo
? - ?
Leone Castelnuovo
? - ?
Angello Castelnuovo
? - ?
Ezzechia Castelnuovo
? - ?
Jokevet (Eleonora) Leon
1803 - ?
Giaccobe Castelnuovo
1787 - 1852
Anna Faldino
1769 - 1836
Yehudà Leon di Leone
1750 - 1824
** Il documento più lontano della famiglia Bondì è un lasciapassare rilasciato in Roma nell' Ottobre 1790
STEFANO DEL TITOLO DI SAN CLEMENTE Della S. Romana Chiesa Prete CARDINALE BORGIA
ESSENDO Noi pienamente informati dell'attenzione, e puntualità, con cui Crescenzo e Giuseppe Bondì
sogliono impiegare l'opera loro in qualunque occorrenza della Nostra Famiglia, e desiderando che non
recata molestia, o impedimento alcuno, durante il predetto loro servizio, abbiamo voluto premunirli del
autenticata dalla Nostra sottoscrizione e Sigillo, e spedita dall'infrascritto Nostro Segretario, in vista del
dubitiamo, che da chiunque saranno trattati con quei riguardi, che si convengono alle persone da Noi d
Data in Roma dalla Nra Residenza questo di 7 ottobre 1790
)(firmato) S(tefano) C(ardinale) di San Clemente
Innocenzo Politi Seg.rio.
Non hanno figli, e lasciano il patrimonio al nipote, purché assuma anche il cognome Cave.
1762 - ?
?
prima metà del Settecento - ?
Ester Cave
prima metà del Settecento - ?
Davide Bondì
prima metà del Settecento - ?
David Bondi*

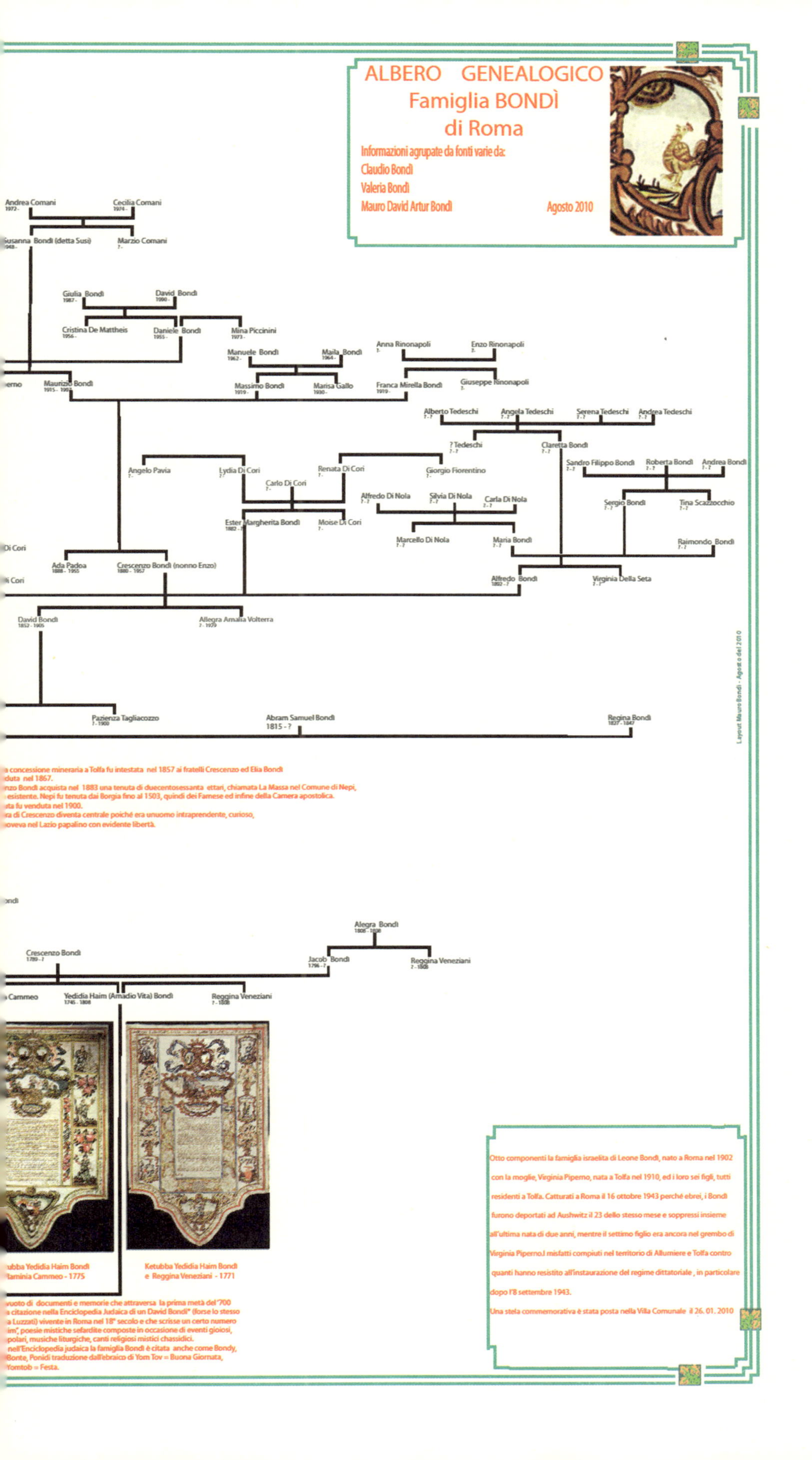

ubba Yedidia Haim Bondì
laminia Cammeo - 1775

Regina, a Veneziana

Na família Bondi destaca-se a culta Regina, a Veneziana. Ela teria escrito em italiano e em hebraico o livro *Rezas de mulheres*, concluindo-o em 1807, um ano antes de morrer. Rômulo conta que no livro ela explica:

> Esta oração deve ser dita pelas mulheres antes de acender as velas do *kiduch* do Santo Sábado. Tem a reza de quando as mulheres estão "incomodadas" [menstruadas], de quando esperam um filho... tem rezas para todas as ocasiões. Era uma mulher muito culta, sabia italiano e hebraico profundamente e tinha uma bonita caligrafia. E não devia também ser muito velha. Escreveu em 5567 [segundo o calendário judaico]. Ela nasceu em 1771 e morreu em outubro de 1808.

Uma história que remonta a quinhentos anos deu a Rômulo Bondi a certeza de ser italiano. Profundo choque se deu quando, pela Lei da Raça, lhe tolheram esta identidade.

> OS JUDEUS NA ITÁLIA ERAM UMA MIGALHA. Antes de 1939 nós éramos 45 mil em toda a Itália, numa população de 45 milhões. A única grande comunidade era a de Roma, com 11 mil. Em Nápoles fiz o primário. Na época havia uns oitenta judeus numa população de 800 mil napolitanos. Tinha uma pequena sinagoga, era um quarto, três vezes a grandura desta sala onde estamos.[9] Foi o barão Carlo de Rothschild que deu bastante dinheiro para fazer a sinagoga; ainda está lá, o que acho um milagre. Uma tia da minha mulher, que mora em Nápoles, disse que a comunidade nem tem dinheiro para pagar o rabino. Ele vai de Roma para Nápoles e fica sexta e sábado. Em Gênova, onde passei a segunda parte de minha vida na Itália, éramos 800 pessoas. Migalhas! Ainda tem judeus na Itália, uma parte foi expatriada, deportada.

O caso Mortara

Apesar de dizer que não havia antissemitismo na Itália, Rômulo nos conta o "caso Mortara", indelével em sua memória. A família Mortara fora vítima da cruel relação entre a Igreja católica e o judaísmo:

9 Estávamos no *living* do apartamento de Bondi, de cerca de 30 m^2.

> Nasci em Ancona, na província de Marche, que na minha época já era do Reino da Itália. Até 1864, mais ou menos, era Estado Pontifício, o papa tinha poder temporal. Este poder do papa foi responsável por um caso fatal na província da Emília. Os emilianos Mortara, já falecidos hoje, eram nossos parentes através de um tio-avô de Bolonha. Neste Estado Papal, para se fazer de bonita perante as autoridades da época e do papa, uma empregada – antes os judeus não podiam ter empregados, naquela época já se admitia que tivessem – cuidava de um menino de uns 4 ou 5 anos, ele ficou muito doente e não tinha sido batizado. Ela o levou para batizar, pois temia que morresse sem estar batizado. Na mesma noite os guardas do papa foram na casa dos Mortara e levaram o menino embora.

Desesperados, os pais imploraram ao papa que devolvesse o menino. Escreveram até à rainha Vitória para que intercedesse, mas de nada adiantou:

> Pio IX, que era o papa da época, dizia: "Não podemos devolver, não podemos". Eles diziam que, sendo a família Mortara judia e a criança batizada, não houvera rapto, apenas a *guardia* do papa, porque a criança batizada não podia ficar num ambiente judeu. E a família não podia rever o menino, só quando ele fosse adulto e padre. Por isso, o pessoal que vivia naquele Estado tinha muito medo. Isto aconteceu em Bolonha mais ou menos em 1866, pouco antes da liberação do poder do papa.

Só posteriormente, quando os italianos ocuparam a região e caiu o poder papal, a questão se resolveu.

As portas do gueto

A história dos judeus na Itália assemelha-se à de outras partes da Europa no quesito discriminação e sujeição. Bondi relembra os guetos e sua origem vêneta.

> Em Livorno, os judeus gozavam de certa liberdade com o grão-duque de Toscana. Mas no centro da Itália, em Roma, Marche e Emília, quem mandava era o papa. [...] Antes os judeus tinham medo porque havia *i cancelli*, as portas do gueto se fechavam. Cada cidade importante tinha um gueto. Tudo começou em Veneza. Em vêneto, a palavra *getti* significa "fundição de ferro", e daí saiu a palavra "gueto". Aquela localidade foi escolhida, em Veneza, para fazer o isolamento dos judeus. Depois a palavra gueto se generalizou.

Bondi relembra como funcionava o gueto no período papal, quando os judeus eram eternos inquilinos do papa. No século XX, o papa continuava proprietário de terras de Roma:

> Em Ancona, tinha o gueto. Meu tio vendeu um apartamento que estava no gueto e ele tinha que pagar um imposto de "casa" a favor do Estado do papa.

Antepassados religiosos, antepassados sionistas

Na família Bondi havia religiosos ortodoxos, como os avôs paternos:

> Minha avó e meu avô eram religiosos. Ela era um Castelnuovo, família muito conhecida de Roma, também judia. Meu pai sempre dizia que não se podia começar a comer se o pai dele não dissesse a bênção. Meu bisavô foi grão-rabino em Ancona, e seu retrato foi pintado num quadro que trouxemos para o Brasil. Este quadro ficou depois no escritório do rabino Diesendruck.

Quando houve o Primeiro Congresso Sionista Mundial, na Basileia, em 1890, em que Theodor Herzl propôs a criação de um Estado judeu na Palestina, a família Bondi esteve presente.

A restrição à liberdade de ir e vir, na Itália e no Brasil

No passado medieval e no Renascimento, a circulação dos judeus era controlada. Durante a Segunda Guerra Mundial, o mesmo ocorreu com os estrangeiros no Brasil. No caso dos italianos e dos alemães, provenientes dos países inimigos, o controle foi ainda maior. Por ironia, os judeus italianos e alemães também entraram na categoria de "adversários".

> Meu pai sempre foi de Roma. Tenho um salvo-conduto em nome dele. Tenho também um salvo-conduto de um antepassado de 1690, assinado pelo cardeal Borja, dando ordens para tratarem bem dele. Porque quando os judeus viajavam, na época, antes da liberdade – era como nós [aqui no Brasil] durante a Segunda Guerra –, precisávamos de um salvo-conduto para ir a Santos. Tinha que ir à polícia pedir um documento antes de ir, e um documento antes de voltar para São Paulo. Éramos considerados inimigos.

A DECISÃO DE EMIGRAR. Quando resolvemos vir para o Brasil, foi na época que começaram... Foi um choque, em 14 de julho, com o manifesto racial do professor Bendi e outros, que dizia que os judeus não eram italianos. É claro que foi pressão de Hitler. Depois o pessoal começou a perder o trabalho público. Eu tinha um cunhado que era funcionário do Estado e perdeu o lugar. Depois, saiu a disposição que dizia não poder ter um empregado. Meu tio, por exemplo, tinha uma empregada em casa que era a verdadeira dona; ele era solteiro. Ela estava lá desde 1912 e isto aconteceu em 39! Ela era, como dizíamos, "serva-patrão", fazia o que queria. Mas meu tio era 100% cumpridor da lei e disse: "Você tem de sair de casa". O prédio todo se revoltou, todos defenderam esta mulher. Aí ele compreendeu que na Itália, até que Hitler entrasse, tudo que era tragédia virava comédia. Começaram a dizer que acima de tantos anos podia ter empregada etc. Mas aí ele já tinha "liquidado" a casa.

A FAMÍLIA FOI ENVIADA PARA CAMPOS DE CONCENTRAÇÃO. Foi então que resolvi virar engraxate e ir embora. O que, aliás, foi nossa sorte, porque uma tia, irmã de minha mãe, foi deportada de Roma, não teve quem a ajudasse. O marido, a filha, o genro e a menina também foram deportados. Não sei se morreram durante a viagem ou num campo de concentração. Eles moravam em Gênova com a filha, mas como Gênova era bombardeada e Roma não, foram para Roma. E quando os alemães chegaram a Roma, eles tiveram que sair da casa. Meu tio era funcionário do Ministério dos Negócios Italianos, ele tinha seu apartamento no prédio dos funcionários do Estado. E na noite de 16 de outubro, o Sábado Preto... Os vizinhos depois disseram que minha tia, pela escada, falava com os alemães... E os soldados lhes davam pontapés. E também tiraram o velhinho que estava na cama com febre e botaram todos no caminhão. Não se salvou...
Minha esposa, que também tinha família em Roma, a irmã de seu pai, foi deportada. Pegaram daquela vez, parece que 4 mil e tantas pessoas.

A luta por um visto para o Brasil

O Brasil já fazia parte das atividades de Bondi como importador de café.

Viemos para o Brasil, mas foi uma luta conseguir o visto, uma luta! Escrevemos aos fornecedores de café, nossos clientes em São Salvador e na Guatemala, que eram judeus, pedindo notícias. Porque depois que estourou a guerra não era mais possível encontrar nenhum lugar. A Inglaterra, que controlava três quartos do mundo antes da guerra, fe-

chou a porta em todo mundo. E depois fomos ao Consulado do Brasil e ali, se dessem um tiro no vice-cônsul ainda era pouco, porque ele pediu milhares de documentos para dar um visto temporário de seis meses! Visto definitivo, não!

Bondi encontrou toda uma série de dificuldades burocráticas. Muitos bancos se recusaram a auxiliá-lo, embora fosse grande correntista. Finalmente encontrou apoio no

> [...] Banco da América e da Itália, em que dois diretores eram muito amigos. Disseram: "Isto [carta de referência de crédito] nós fazemos". E me fizeram. Era gente contra aquele regime. Agora me lembro, o pai [do vice-cônsul], que era comendador e presidente da Câmara de Comércio Itália-Brasil, tinha sido banqueiro no Rio Grande do Sul, e era financiador do velho conde fundador das Indústrias Matarazzo. O vice-cônsul ficou no consulado um mês, um mês e meio, e nada... Esse safado depois disse para os outros que "quando se está no Brasil, não tem problema".

> FINALMENTE NO BRASIL BONDI ENCONTRA INESPERADO APOIO. Naquela época não era fácil. Aqui no Brasil recebi apoio de um fascista, diretor da *Fanfula*, jornal fascista. Pois sabe o que ele fez? Um contrato fictício para minha cunhada como técnica em chocolate e bombom, porque ele tinha uma pequena fábrica de chocolate e fez como se tivesse contratado ela para trabalhar aqui! Eles chegaram com visto definitivo e o meu era temporário. Depois, aqui, o convertemos... Preciso dizer que o Brasil foi generoso!

A saga dos imigrantes é penosa. As questões da vida cotidiana, que resolvemos com facilidade pelos caminhos que nos são conhecidos, se tornam tragédias inesquecíveis para os imigrantes. Comprar um bilhete de navio com destino diverso do desejado, desencontros com familiares ou conhecidos, a prepotência dos funcionários em situações banais, a desconsideração por objetos afetivos, a exploração de todo tipo, a corrupção – tudo isso torna amarga e inesquecível a viagem e a chegada.

> O MEDO: OS PERSEGUIDOS SÃO TIDOS COMO INIMIGOS. Cheguei sem nenhum parente. Tem muitos judeus aqui que têm amigos nos Estados Unidos, amigos aqui e parentes. Nós não, toda a família estava em Roma. Emprego, nunca pedi. Tínhamos cartas de apresentação da Itália para gente que trabalhava aqui. Mas depois da segunda carta que apresentamos e do terror que víamos na cara da pessoa, foi uma coisa tão mortificante que resolvemos não apresentar mais carta nenhuma.

UM NOVO AMIGO. Em Santos havia um comissário, o [Mário] Botti, pai do arquiteto, pediu que nós o visitássemos. Foi diferente de outro comissário do depósito de Gênova, onde estavam todos os comerciantes de café, que me pediu, quando começou a campanha racial, de não ir mais procurá-lo. Por causa da crise não fomos visitar o Botti. Um dia nos encontramos e ele disse: "Como é, você não apareceu, venha aqui, vamos tomar um café". E dali para a frente eu me senti muito ligado a ele. Era uma pessoa correta, honesta. Foi praticamente o fundador do Banco Brasul, que depois virou Comercial Brasul e agora é Itaú. E ele nos recomendou para o banco.

FELIZMENTE, ALGUMAS SITUAÇÕES AMENAS E SOLIDÁRIAS TRAZEM CONFORTO. Fomos para uma pensão na Rua Monsenhor Passalaqua, onde encontramos a professora Anita Salmoni com o marido. Lá nos conhecemos.

UM CIDADÃO PROVISÓRIO. Eu sou sincero: o Brasil é onde tenho residência há mais tempo, mas ainda me sinto provisório. Estou aqui desde 1939. Fiquei dezoito anos em Nápoles, dezenove em Gênova. Eu estou contente que meus filhos sejam brasileiros, mas digo que, se tivesse que trocar de nacionalidade, pegaria a nacionalidade judaica, porque não tenho razão para pegar a brasileira, minha descendência era mais italiana que judaica. Éramos de família tradicional porque minha mãe era muito observante. Meu pai, pouco. Respeitava tudo que minha mãe fazia, mas quem trouxe a religião foi minha mãe.

A história de Rômulo Bondi, como ele a conta, é um contraponto à própria história da Itália. Todos os fatos têm uma referência ao que se passava no território italiano; o poder do papa e a construção da unidade italiana fazem parte do passado de Bondi, um passado que remonta a quinhentos anos.

Como tantos outros, Bondi foi obrigado a aprender que a condição de ser italiano era incompatível com a condição de ser judeu.

Diversamente das correntes imigratórias italianas não judaicas do século XIX, Bondi e sua família vêm empurrados pelo antissemitismo fascista. Aquelas foram impulsionadas pelo desemprego, pela fome e pela promessa de "fazer a América e depois voltar", embora nunca retornassem. Bondi, ao contrário, nunca pensa em voltar a viver naquele país.

No entanto, a Itália nunca se apaga. No Brasil ele mescla a língua, mantém as comidas, busca amigos da velha terra; tudo gira em torno daquela primeira socialização. Bondi perdeu a cidadania legal, mas não a sociopsicológica.

A grande ruptura ocorre quando dele foi retirado o direito de *ser* italiano. Consequências permanentes ele expressa ao dizer que se sente "transitório". Nesta expressão residem os sentimentos de perda, traição e uma eventual opção por uma identidade inevitável, a "nacionalidade judaica".

No Brasil, Bondi se insere numa camada socioeconômica alta, compatível com a que tivera na Itália; era a decorrência do saber profissional que trouxera. Trabalhava com importação de café na Itália e logo se aproxima, por apresentação, de alguns grandes fazendeiros e exportadores brasileiros.

Aos poucos vai recomeçando. Tem uma gratidão eterna a gestos de amabilidade de outro imigrante que o acolhera, ou de um ex-empregado que o esperava no porto de Gênova guardando o que restara da companhia fundada por seu avô.

Rômulo teve dois filhos. A filha vive em Israel, e o filho, Mauro Bondi, vive em São Paulo, é arquiteto e se dedica à preservação do patrimônio histórico e arquitetônico brasileiro.

Leizer Barras: médico

Leizer Barras é médico. Nasceu em 1917 em Botoşani, Romênia. Entrevistei-o em 1998.

Na Romênia era impossível um judeu cursar Medicina, o que levou Barras a estudar na Itália. Quando Mussolini promulgou as leis raciais que impediam os judeus de continuar na universidade e lhes restringiam inúmeras atividades profissionais e civis, Barras se transferiu para a Bélgica, onde concluiu os estudos. Ao retornar para sua casa na Romênia, encontrou o antissemitismo concentrado em dois partidos políticos.

> A situação foi indo até 1936 e 1937, quando o antissemitismo começou a ficar bastante forte. Em 1938 fizeram uma divisão: havia os romenos e os que perderam a cidadania; entre estes havia muitos judeus; alguns viajaram para a Bolívia.

Comunismo e antissemitismo

Foram muitas as reviravoltas na relação entre o Partido Comunista e os judeus: aceitos, perseguidos, novamente aceitos, por fim eliminados. A expectativa de inúme-

ros comunistas era a de que o Partido construiria uma sociedade sem antissemitismo. A decepção não tardou:

> Eu me considerava um comunista pequeno-burguês. Mas houve enorme mudança e as perseguições se tornaram brutais. Em 1942, a Europa já em guerra, os romenos [aliados de Hitler] dividiram as pessoas em "comunistas romenos" e "judeus" e mandaram os judeus para Transnístria, na Bessarábia. Na cidade de Berezok,[10] colocaram todos os judeus numa praça e os mataram; era setembro de 1942. Os romenos mataram trezentas a quatrocentas pessoas. Os considerados comunistas mais ferozes foram mandados para uma prisão de Ribnick, perto do [Rio] Dniester. Em uma noite mataram todos eles, e os romenos disseram que foram os alemães. O único que se salvou foi o que se fingiu de morto. Ele se chamava Rischbar Pinko, era estudante. Alguns comunistas fugiram atravessando o Dniester.

Quando do acordo entre a Romênia e Hitler durante a Segunda Guerra Mundial, Barras, considerado comunista, foi enviado para um campo de concentração que ele assim descreve:

> Era como uma prisão, lá não havia fornos crematórios. Fui para o campo de concentração depois que voltei da Itália. (Quer dizer, me levaram.) No começo o campo de concentração ficava na Romênia, era muito grande; me mandaram para lá, por ser judeu e também por acharem que eu era comunista. Achavam que todo judeu era comunista; existia sim muito judeu comunista. Naquela época tinha que ser comunista ou ir para os lados dos comunistas, porque pensávamos que eram mais liberais e que não matavam judeus. Mas mataram bastantes judeus, sim. Fui para o campo de concentração junto com alguns políticos. Entre os tidos como comunistas, muitos eram simpatizantes. Alguns eram doutores. Fiquei quatro anos no campo de concentração; no começo ninguém fazia nada. Os intelectuais tinham quartos separados em galpões, e faziam essa distinção. Depois nos mandaram para trabalhar numa construção ferroviária, em viadutos. Fiquei lá como médico. Era tudo com arame farpado, com guardas armados, soldados com fuzis. Eram guardas romenos, não alemães.

10 Possivelmente trata-se do distrito de Braşov, em Buneşti.

A PARALISIA. No campo nos deram uma alimentação com uma espécie de lentilha. Depois de três meses (isso foi em setembro) começaram a surgir casos de paralisia e de semiparalisia espástica [partes dos dedos dos pés se atrofiavam e caíam]; não se sabia o que era, antigamente tudo o que era estranho era chamado de "produto da sífilis". Depois de algumas pesquisas do neurocirurgião Kistner (inclusive trabalhei pra ele), chegou-se à conclusão de que era a lentilha, que, quando fermentada, produzia uma substância tóxica. Foram 140 casos de paralisia, que para muitos foi irreversível. Eu tenho ainda as fichas, os prontuários da pesquisa que foram feitas. Cada caso que ia aparecendo eu fazia uma ficha nominal. O primeiro caso apareceu em 27 de dezembro de 1942, mais ou menos depois de três meses comendo essa lentilha. Ajudava um pouco ser médico no campo de concentração: eu ficava na enfermaria; não dava para comer melhor, mas dava para passar o tempo. Restaram poucos judeus na Romênia aliada de Hitler até a entrada dos russos em 1944. Todo mundo esperava os russos, pensava-se que os judeus eram comunistas porque os judeus achavam que a solução viria quando os russos entrassem. Pensava-se que os nazistas matavam e os comunistas não. Mas...

JUDEUS COMUNISTAS CONTRA JUDEUS COMERCIANTES. A guerra na Romênia acabou em 1944. Com o armistício os russos entraram e os judeus se tornaram classe dominante, e com isso veio aquela vida de disputas: os judeus que eram chamados de comunistas eram contra os judeus comerciantes. Na minha cidade os russos entraram em 7 de abril de 1944. Os romenos fugiram, e então ficaram mais judeus na cidade.

Sobre a ascensão dos comunistas ao poder, Barras conta com ironia: "Ninguém mais era amigo: quando subiram, começaram a levar uma vida de burgueses!".

Ana Pauker, a líder comunista

Para comprovar a perseguição dos comunistas a antigos companheiros, judeus ou não, Barras lembra a trajetória da importante líder política Ana Pauker.

A COMUNISTA PERSEGUIDA POR STÁLIN. Ana Pauker estava na prisão desde 1933 sofrendo um longo processo anticomunista. Quando os romenos devolveram a Bessarábia aos russos, os romenos queriam um grande político e os russos o trocaram pela Ana Pauker. Depois de 1944, quando entrou o Exército russo, ela chegou a ser ministra do exterior. Mas não durou muito.

Ana Pauker (Levy, 2001) teve tumultuada vida dedicada ao comunismo. Presa pelo governo romeno por ser comunista, foi libertada pelos russos. Desenvolveu em seguida importante carreira no governo romeno. À medida que se destacava, passou a ser perseguida por Stálin, que se aliou a seus inimigos, levando-a a se afastar do partido. Lutou muito para ser reincorporada, sem o conseguir.

Em 1952 começaram a se comer uns aos outros, um grupo desses grandes chefes comunistas contra outro grupo, especialmente contra intelectuais. Eles mandaram Ana Pauker e mais dois embora. Depois ela morreu de câncer.

1961: a perseguição comunista aos judeus romenos

Assim como na Polônia, como vimos pelo relato da perseguição e da expulsão de Ignacy Sachs, na Romênia ocorreu processo semelhante: sob o pretexto de que havia muitos judeus ocupando cargos governamentais, começaram a ser demitidos, perseguidos e até punidos, como foi o caso de Ana Pauker, que caiu na rede do stalinismo. A perseguição atingiu pessoas comuns como Leizer Barras e sua família:

Eu fazia serviço de médico e fiquei até 1961 na Romênia. No começo os judeus é que eram os grandes, tinham poder, estavam na política; mesmo quando não tinham poder, eram tratados com certa consideração. Depois o governo [comunista] tentou atrair os romenos cristãos. Eram pessoas que por certa posição social e econômica não entravam no Partido Comunista. O operário que tinha uma situação boa também não entrava no Partido Comunista. Então começaram a buscar os operários de baixo nível e o resultado foi que virou uma espécie de partido de vagabundos.

UMA CARTELA DE ALIMENTOS PARA OS JUDEUS. Com a população local não judaica nós tínhamos relações, porque eles precisavam de mim também. O povo romeno não era fácil, quem era amigo era amigo mesmo, alguns ajudavam muito porque existia uma caderneta, chamada "cartela", só para os judeus. Com ela se comprava açúcar e farinha, mas nunca o suficiente. Cada um tinha um amigo que podia comprar um pouco mais. Então pedíamos para comprarem um quilo de açúcar e outras coisas, e eles compravam. Não eram todos, mas alguns ajudavam.

A gota d'água: um menino judeu não pode ser o melhor aluno

Durante a entrevista, quando perguntei por que tinham deixado a Romênia, quem respondeu foi a esposa de Barras, a senhora Frida. Originária da mesma cidade que ele, ela contou:

> Você pergunta por que nós saímos de lá? A situação era com meu filho. Ele estava no primário, havia uma perseguição contra os alunos judeus – não só contra judeus, mas também contra quem tinha uma origem social mais elevada, como filhos de médicos. Meu filho era um ótimo aluno, a média dele era a melhor dentre todas as escolas da cidade. E no final do ano era ele quem receberia a medalha de ouro. Haveria uma cerimônia com a presença do Partido e a diretora da escola foi recriminada fortemente: a diretora então chamou meu marido para dizer que ela não podia dar essa medalha para meu filho. Primeiro, porque ele era judeu; depois, era filho de origem social nobre, neto de burguês, filho de médico burguês. Essa diretora fora chamada no Partido para explicar por que motivo ela não fora vigilante e por que deixara o menino tirar nota dez em todas as matérias e por que um aluno "desses" conseguia tirar essas notas. Imagine só como que era! Decidimos ir embora.
>
> JUDEUS NÃO PODEM SE DESTACAR. Esse que é o problema, o judeu sempre tem que ir mal. Tem muita gente aqui no Brasil [que] fala que os filhos não sabem que são judeus. Em nossa casa, a educação judaica se restringia a irmos umas duas vezes por ano à sinagoga. Respeitávamos as sextas-feiras, eu respeitava o rabino da cidade, mas não tinha uma vida muito religiosa.

Imigrar? Pode! Mas sem levar nada

Quando Barras conta que saíra "oficialmente", com passaporte, tudo fazia crer que havia tomado uma decisão de ordem pessoal: imigrar com a família e procurar outro país. Mas não foi bem assim.

> Trabalhei sempre para o governo, fui chefe de hospital, eu tive meu consultório particular, trabalhava basicamente com cirurgia. E foram bons anos, em que os judeus eram bem recebidos. Depois dos russos, o antissemitismo ficou forte, houve alguns problemas

com o Stálin. Com o comunismo, o antissemitismo ficou pior. Na vinda para o Brasil não pudemos trazer nada, não se deixava sair com nada, acho que podia levar 20 quilos por pessoa. Nada de valor se podia levar, joias, nada, mas a gente não se importava. Quando saímos da Romênia, além de não terem deixado levar nada de valor, precisamos assinar um documento dizendo que não teríamos pretensões de reaver o que tínhamos deixado lá, como terras, casas etc.

A caminho do Brasil

Barras tinha uma irmã vivendo no Brasil, seu país de opção. Vendo-se sem recursos, procurou a Hebrew Immigrant Aid Society (Hias), sociedade americana de ajuda a imigrantes em situação de perigo fundada em 1881.

A Hias me ajudou muito. Quando cheguei a Viena, a Hias providenciou alojamento, deram dinheiro para comer e nos trataram muito bem.

Vimos como Ignacy Sachs achou inadequada a forma como foi tratado e procurou seus próprios contatos para chegar ao Brasil. Barras, ao contrário, ficou muito agradecido pelo apoio institucional que conseguiu obter.

Médico no Brasil

Diferentemente de Júlio Aizenstein, que levou mais de vinte anos para ter seu diploma de médico reconhecido, Barras encontrou uma legislação modificada.

Depois de dois meses no Brasil, pôde realizar os exames para revalidar seu diploma. “Já em 1962 eu era médico brasileiro.”

Essa trajetória não termina aqui: o menino que não pode receber o prêmio na infância, Edmond Barras, tornou-se médico e clinica atualmente no Brasil.

גמל מה הוא אומר
ה' ממרום
ישאג ממעון קדשו
יתן קולו שאג ישאג
על נוהו :

פיל מה הוא אומר
מה רבו מעשיך
ה' כלם בחכמה עשית
מלאה הארץ קנינך :

אריה מה הוא
אומר ה' כגבור יצא כאיש
מלחמות יעיר קנאה
יריע אף יצריח על
אויביו יתגבר :

Louvor ao Criador pelo rabino Eliezer. Fim do século XVIII.

Shana Tova.

NO MEIO DO CAMINHO...

Em 2009 havia no Brasil 95.800 judeus. Com as devidas ressalvas decorrentes das dificuldades em obter esses números – temor explicado por razões persecutórias presentes desde os relatos bíblicos –, é possível afirmar que houve um relativo crescimento da população judaica no Brasil: 6 mil nos últimos quarenta anos.

A Argentina, que em 1970 tinha 282 mil judeus, sofreu uma redução para 182.500 em 2009 (Della Pergola, 2011). Razões econômicas e sobretudo políticas, como perseguição antissemita durante a ditadura militar de 1976 a 1983 (Kacowicz, 2011, p.256), são responsáveis pela emigração de judeus argentinos. Na América Latina, durante o século XX, o México revelou aumento percentual para uma população de 40.800 judeus. Reduções foram observadas em países dominados por governos ditatoriais, assim como elevação em pequenos países da América Central. Portanto, na América Latina a população judaica brasileira é quantitativamente estável desde 1970.

Do ponto de vista bíblico, os judeus que vivem fora da Palestina ou de Israel, ou seja, longe de Jerusalém, estão na Diáspora. Outros povos foram compulsoriamente forçados a emigrar por razões políticas: os africanos escravizados, os armênios dominados pelos turcos, os chineses, os gregos, entre outros. Embora a maioria dos judeus do mundo atualmente viva fora de Israel, a literatura acadêmica israelense os classifica como vivendo na Diáspora.

As histórias de vida aqui relatadas mostraram o esforço concreto dos judeus para a construção e a manutenção do Estado de Israel. Assim como no passado, no presente

se acompanham os fatos internacionais que põem em risco a sobrevivência daquele país onde vivem familiares e amigos, e, mais ainda, pela certeza de que há um destino comum entre o que ocorre com Israel e os judeus do mundo.

A utopia de criar um país para os judeus na Palestina levou à construção de redes sionistas de apoio político e econômico anteriores à globalização. Intensa solidariedade articulou redes pessoais e institucionais. O vínculo entre judeus brasileiros e Israel é antigo e diversificado, sofreu mudanças ao longo do tempo. O movimento sionista no Brasil não foi unânime: judeus de esquerda contestaram a criação do Estado de Israel, e o internacionalismo os opunha à implantação de novas fronteiras. Com o objetivo de moldar no Brasil uma sociedade mais igualitária, participavam ativamente da política nacional, dedicando toda a energia para a construção desse novo mundo. Homens e mulheres de esquerda elegeram deputados nas eleições de 1945. Com o Partido Comunista colocado na ilegalidade, em 1946, eles perderam seus mandatos. Observe-se que os historiantes, que foram candidatos ou eleitos, não fizeram menção a essa atividade quando contaram suas histórias. Fica em aberto o porquê dessa deliberada omissão. A resistência a Israel perdurou até as revelações de Khruschchev no XX Congresso Comunista e a divulgação das perseguições stalinistas antissemitas. Foi este o *turning point* da resistência comunista ao Estado de Israel.

A reduzida imigração de judeus brasileiros para Israel, filhos e filhas dos primeiros imigrantes, foi guiada pelo ideal de construir uma vida socialista através de "aldeias" agrícolas, os *kibutzim*. Juntaram-se, nessa proposta, jovens "pioneiros" [*chalutzim*] do resto do mundo.

Erguida em área absolutamente inóspita e sem nenhuma infraestrutura, Israel dependia do apoio financeiro, técnico e político, especialmente dos judeus de várias partes do mundo. No Brasil, organizações judaicas sionistas foram muito ativas no apoio à construção do novo Estado e na criação de condições materiais para absorver os sobreviventes da Segunda Guerra. As associações femininas, que atuaram ininterruptamente desde o começo do século XX, somaram-se ao esforço sionista coletivo: formaram redes, trocaram informações, reagiram a manifestações antissemitas ou antissionistas, fortaleceram-se – o verbo deve ser colocado no presente: as redes se mantiveram, se ampliaram, tornaram-se transnacionais utilizando a tecnologia de comunicação disponível.

Desde a década de 1980, um novo cenário econômico se desenrolou, influindo decisivamente sobre o processo emigratório brasileiro e afetando vários grupos migrantes.

A crise econômica levou centenas de filhos e netos de japoneses e brasileiros descendentes de outros grupos nacionais a buscar trabalho e renda no exterior. A expectativa era de uma emigração provisória; vínculos com o país de origem se mantiveram fortalecidos por relações afetivas, familiares, culturais e sobretudo econômicas. O trabalho e a renda teceram e continuaram atualizando redes internacionais e agora transnacionais. A remessa de bens financeiros para a família que permaneceu no lugar de origem intensificou-se desde as últimas décadas do século XX. Dos Estados Unidos e do Japão, principalmente, vieram recursos para amainar as difíceis condições econômicas de famílias brasileiras que "exportaram" força de trabalho. A visibilidade de novas oportunidades foi a contrapartida da globalização econômica atraindo mão de obra brasileira barata. Nos novos *hábitats* os emigrantes brasileiros viveram toda sorte de dificuldades para se estabilizar, obter visto de trabalho permanente ou naturalização. De modo geral, permaneceram numa condição política incerta, sem adquirir uma nova cidadania e fragilizados no país de nascimento por estarem afastados por longos anos.

A crise econômica brasileira das duas últimas décadas do século XX evidentemente também atingiu os judeus, sobretudo os mais velhos. Inflação, mudanças tecnológicas, problemas de saúde, corroeram os reduzidos capitais, inclusive da classe média. Agravou-se a condição dos pequenos comerciantes e artesãos; alguns tiveram de encerrar seus negócios. Tornou-se difícil manter os filhos nas escolas particulares judaicas ou não. Os jovens se viram frente ao desemprego. Contudo, a emigração judaica em busca de melhores condições não foi significativa. Possivelmente isso decorreu da resposta institucional à crise. As instituições de ajuda solidária, criadas no começo do século XX para os imigrantes judeus, nunca se extinguiram, como vimos em vários relatos; pelo contrário, com a crise dos anos 1980 e 90 elas foram ampliadas e diversificadas. Mobilizaram-se para atender às demandas, muitas delas de sobrevivência. Atuaram de várias formas: bolsa-emprego, profissionalização, ajuda material, recursos monetários, refeitórios gratuitos, bolsas de estudo, ajuda médica e sepultamento nos cemitérios judaicos. Ajudar os pobres ou empobrecidos não eliminou a pobreza; minorou-a apenas.

Na primeira década do século XXI a globalização deu uma guinada: alterou-se a balança econômica. Cresceu a economia dos chamados países emergentes, como o Brasil, e entraram em crise os mercados antes absorvedores de força de trabalho, como os Estados Unidos, o Japão e alguns países da Europa. Apesar do novo cenário econômico, as instituições coletivas judaicas não se extinguiram, e mesmo continuaram a ajudar desempregados, enfermos, idosos e todos aqueles incapazes de se manter. Ainda assim, as atividades coletivas de ajuda promovidas pelas instituições judaicas são, não raramente, objeto de dúvida: "Existem judeus pobres?". É a face do preconceito que perdura na sociedade brasileira, onde os judeus ainda são "os outros", os diferentes, os "não" brasileiros, os ricos.

A atuação solidária foi além dos limites da coletividade judaica, estendeu-se à sociedade em geral: as creches antes para filhos dos imigrantes passaram a absorver todas as crianças, judias ou não; o mesmo ocorreu com os cursos de profissionalização, o apoio às mães trabalhadoras e a participação em todas as campanhas, governamentais ou não, como nas calamidades ou intempéries. São a vertente multicultural de atuação social.

Quando escolheram como destino viver no Brasil, os judeus imigrantes e seus descendentes almejavam uma nova condição civil, a cidadania plena: liberdade de opção religiosa, cultural e política. A realidade foi diversa. Estes valores e comportamentos não lhes foram dados: tiveram de ser conquistados e reafirmados a todo momento mesmo para os judeus de terceira ou quarta geração. A cada momento apresentava-se uma nova luta pelo direito à preservação da condição étnica. Não por acaso ainda hoje se coloca a questão de ser judeu. Os conceitos e preconceitos sobre os judeus afloram em todas as classes sociais. Demonstra-o o uso do termo "judeu", que só muito recentemente entrou para o vocabulário cotidiano, substituindo "israelita". Se os judeus brasileiros não são estrangeiros, por que é necessário lutar pela preservação de seus valores étnicos? As histórias de vida mostraram que os judeus, com relativa frequência, são ainda aqueles estrangeiros (embora tivessem aqui ficado), incluindo os que nasceram no Brasil.

Por longas décadas a questão da dupla cidadania foi colocada para os judeus. Não se concebia que os imigrantes e seus descendentes tivessem uma memória histórica. O falso problema da dupla lealdade atormentou gerações de jovens judeus, vistos com desconfiança. As radicais mudanças provocadas pelos movimentos emigratórios de brasileiros intensificados na segunda metade do século XX, a nova divisão transnacional do trabalho e a globalização criaram uma nova relação dos indivíduos entre si, com a comunidade e com o Estado. E o problema da dupla lealdade se diluiu. O processo inverso – o retorno dos migrantes nacionais – mudou as referências empíricas e teóricas.

Desapareceu o nacionalismo essencialista, radical, substituído pela globalização e pelas relações internacionais e transnacionais na demanda por trabalho e renda.

Qual passa a ser então a identidade dos judeus nessa nova era?

Nada mais completo do que a síntese de Liwerant et al. (2011, p.62): "A etnicidade do judeu não se define numa dimensão individual, ela se liga ao judaísmo e aos aspectos comunitários e coletivos da própria identidade cultural".[1]

Ou seja, no caso dos judeus, os códigos culturais e étnicos os aproximam da realidade judaica de outras regiões do mundo sem excluir a inclusão nos países onde vivem. Ainda assim, obstáculos foram interpostos à participação política das gerações dos jovens descendentes face aos conflitos envolvendo Israel e os palestinos. Tema tratado com paixão desde a segunda metade do século XX, desvenda a emergência de enraizados preconceitos. Como nos anos 1930, repetem-se as "desinformações".

Jovens militantes judeus no exercício de atividades políticas depararam com complexos conflitos étnicos – cite-se sua conturbada participação no emergente Partido dos Trabalhadores (PT) criado em 1980. Alvo de acusações antissemitas, para alcançar paz interna (e externa) o PT criou uma Comissão de Assuntos Judaicos (Caju). Visava mostrar que o partido não era antissemita, não recebia dinheiro da Organização para a Libertação da Palestina (OLP) e não era contra a existência do Estado de Israel. Assim pretendia convencer a "comunidade judaica" e também deixar claro para os próprios membros a posição do partido. Criar a Caju expôs uma ação defensiva, gesto inusitado para um partido político. Ao longo dos anos seguintes, muitos membros do partido fizeram demonstrações públicas de repúdio ao antissemitismo. Mas a *realpolitik*, como no caso do Irã e da Síria e a posição na ONU falou mais alto, deixando pairar sempre uma dúvida.

Os judeus imigrantes e a segunda geração enfrentaram problemas políticos. Durante a ditadura militar (1964-1979) a participação política de jovens de segunda e terceira geração teve funestas consequências que, de algum modo, ficaram ligadas à questão étnica e identitária coletiva. O confronto político, simbolicamente, se expôs em torno dos funerais em cemitérios judaicos. No judaísmo os suicidas são enterrados em locais específicos junto ao muro dos cemitérios. Quando Vladimir (Vlado) Herzog foi assassinado pela ditadura militar, em 1975, os militares queriam enterrá-lo como suicida, como evidência de que ele não fora assassinado. A mistificação foi impedida por

---

1 Tradução de: *"Además no se sostiene la etnicidad del judío a título individual sin el judaísmo y las expresiones comunales de una dimensión social colectiva que posee su propria identidad cultural".*

uma autoridade judaica religiosa, o rabino Henry Sobel, num gesto que consagraria o assassinato. O enterro não foi feito junto aos muros. Até hoje há ausência de informações sobre o estado do corpo do jornalista. A polícia política impediu que fosse examinado e fez enorme pressão para apressar o enterro, apesar da forte manifestação dos presentes. Em momentos ditatoriais, mesmo estar presente no enterro de um perseguido político era perigoso, o que não impediu que centenas de pessoas lá estivessem. Testemunhas contam ter ouvido, além dos gritos da tortura, xingamentos referentes à condição judaica de Vlado. O caso Herzog ainda não está totalmente esclarecido (Jordão, 2005). A família de Vlado, em 2013, recebeu o atestado de óbito definindo a execução de que ele foi vítima.

Iara Iavelberg, militante de esquerda, foi assassinada em 1971 pela ditadura militar e enterrada como suicida. Desenterrar um corpo num cemitério judaico é um ato envolvido por proibições religiosas. No entanto, por treze anos sua família lutou para o reconhecimento de que Iara tinha sido assassinada pelo regime militar. Conseguiu prová-lo na Justiça. O corpo de Iara foi então transferido para uma ala de não suicidas, numa confirmação de seu assassinato. Impor normas religiosas judaicas iluminou a condição étnica e cidadã de Iara.

A jovem química Ana Rosa Kucinski Silva desapareceu, juntamente com seu marido, em 1974. Foi intensamente procurada, sem resultados. Em desespero, seu pai recorreu à Comissão de Direitos Humanos da Organização dos Estados Americanos (OEA) e, em resposta àquele organismo, o governo brasileiro informou que desconhecia seu paradeiro. A família então recorreu ao Departamento de Estado Norte-Americano solicitando informações. Considerando a condição judaica de Ana Rosa, requisitou-se a competência de duas agências judaicas, o American Jewish Committee e o American Jewish Congress. Obtiveram estranhíssima e contraditória resposta: ela estava viva em paradeiro desconhecido! (Kucinski, 2011).

Laços étnicos e culturais, mais do que religiosos, foram instrumentalizados na busca da verdade sobre a jovem militante política judia. Ana Rosa e seu marido nunca reapareceram.

Atualmente observa-se uma variada adesão à religião judaica. Uma parte dos filhos, netos e bisnetos dos imigrantes judeus são o que se poderia chamar de judeus "seculares" ou laicos, face à ortodoxia judaica. O afastamento do ritual religioso remete ao modo como no passado a religião judaica era observada, isso é, adaptada ao ritmo da vida no Brasil. Respeitavam-se as grandes festas com ou sem sinagogas. Mais tarde elas foram construídas, junto com escolas judaicas. O cumprimento dos rituais sagrados manteve-se flexível: comparecia-se ao Rosh Hashaná, ao Yom Kipur e se comemorava o Pessach. Raríssima era a desobediência à prática da circuncisão dos meninos e à encomendação do corpo fora do cemitério judaico.

Uma nova tendência religiosa igualitária entre homens e mulheres foi introduzida por um judaísmo com práticas que subvertem a divisão ritual de gênero. Permite-se às mulheres usar o *talit* [xale usado pelos homens para as rezas], carregar a Torá e se tornarem rabinas. Na sinagoga não há lugares separados para homens e mulheres.

Paralelamente ao movimento fundamentalista global, observa-se no Brasil a ampliação de um judaísmo ortodoxo. Chamo a atenção para o fato de que entre os historiantes da primeira geração foram raros os judeus com práticas mais conservadoras, que obedeciam as normas alimentares [*kashrut*] ou rezavam diariamente. O *revival* da ortodoxia judaica espalha-se na nova geração. Sinagogas de várias tendências surgiram e nelas há total separação entre homens e mulheres. Elas devem cobrir todo o corpo, especialmente os cabelos. Nesses grupos a tendência é não restringir a natalidade. As mulheres ficam ocultas nas cerimônias sob a justificativa de que induziriam a pensamentos "pecaminosos", desviando os homens de suas obrigações religiosas.

Difícil apontar as várias modalidades de interpretação do judaísmo como religião. A dimensão étnico-cultural se sobrepõe à diversidade religiosa.

As várias vertentes religiosas têm subdivisões internas, multiplicando as sinagogas. No passado remoto, quando havia dúvidas sobre o cumprimento de rituais, escrevia-se aos sábios rabinos em busca de orientação. Atualmente a comunicação entre as vertentes religiosas é mais rápida e não menos eficiente. Há uma articulação transnacional entre as várias correntes. Cada uma tenta ser dominante, impor regras de conduta, ter influência além da religião.

A pluralidade de formas de adesão ao judaísmo não impediu a formação de organizações políticas judaicas. Guerras no Oriente Médio, proteção a Israel, defesa contra o antissemitismo, direitos civis, cidadania e democracia impulsionaram a criação de organismos latino-americanos à semelhança do que ocorre nos Estados Unidos e em alguns países da Europa. Das associações locais passou-se às estaduais e à criação de federações ligando os judeus de vários estados brasileiros; estas formaram uma rede latino-americana. Contatos internacionais e transnacionais as aproximaram num mundo de redes globalizadas. Essa estrutura mantém constante vigilância sobre manifestações antissemitas em qualquer parte do mundo. A história do século XX não permite facilitar a vigilância, mesmo que exagerada, segundo alguns.

Os judeus imigrantes trouxeram sua história; não apagaram o passado, o incorporaram à realidade brasileira. A história da presença dos judeus no Brasil não deve continuar a ser uma historia oculta, esquecida. Este livro se soma a outros que tentaram revelá-la.

Foram quase uma centena de historiantes que contaram suas vidas. Vieram de inúmeros países e fizeram questão de se expressar em português: não se tratava de usar a língua culta, mas de, através da linguagem popular, expressar o que viveram e sentiram, e transmitir a imagem que têm da própria vida no Brasil.

O problema teórico de definir a identidade judaica não se apresentava para eles. Cada um, à sua maneira, era judeu. E, como brasileiros, tinham todas as crenças e idiossincrasias que nós brasileiros temos.

Mais algumas palavras devem ser ditas.

Eles nos receberam em suas casas com muita afabilidade. Com cuidadosa atenção, revelaram o passado. Nem uma vez eu ou a equipe ouvimos queixas, mesmo quando os fatos recordados eram dolorosos. Por vezes se detinham e depois de algum tempo continuavam. Sempre nos olhavam nos olhos. Sentimos que queriam passar um testemunho. Do passado, chegaram ao presente. Suas famílias, criadas no Brasil, representavam o futuro.

Ao descrever as condições de nossos encontros, pode-se pensar que romantizamos. Outros dirão que ficamos profundamente envolvidas com os relatos dos historiantes – é verdade, ficamos mesmo. Não há como ignorar a generosidade com que se expuseram. Mesmo quando discordávamos de seus pontos de vista, respeitávamos.

Não é a primeira pesquisa em que nossa equipe multiétnica se emociona com os relatos de vidas. Não há como evitar. A emoção não precisa comprometer a análise, se estivermos preparadas – como ensinavam meus mestres Maria Isaura Pereira de Queiroz, Azis Simão e Florestan Fernandes.

São histórias de pessoas. Algumas famosas, outras não, pessoas que estudaram, trabalharam, construíram, cada uma à sua maneira, um pedaço do Brasil. Muitas histórias não puderam ser contadas aqui; esperamos fazê-lo em outro momento.

REFERÊNCIAS BIBLIOGRÁFICAS

AMARAL, A.; WAINER, S. (Orgs.). *Almanaque Israelita*: Israel no passado e no presente. Rio de Janeiro: [s.n.], 1937.

AMITZUR, I. [Steinholz]; AMITZ, M. [Tzarkis]; WAIZBERG, S. (Orgs.). *Britchon*: Organização dos Emigrados de Britchon. Tradução de Rifca Gutnik. Tel Aviv: [s.n.], 1964.

ANCEL, J.; ESKENASY, V. (Orgs.). *Bibliography of the Jews in Romania*. Tel Aviv: Goldstein--Goren Centre for the History of the Jews in Romania/Diaspora Research Institute/Tel Aviv University, 1991.

ARAÚJO, M. M. et al. *Universos sensíveis*: as coleções de Eva e Ema Klabin. São Paulo: Pinacoteca de São Paulo; Rio de Janeiro: MNBA, 2004.

ARBELL, M. *Comfortable Disappearance*: Lessons from the Caribbean Jewish Experience. Jerusalém: Institute of the World Jewish Congress, 1998. (Policy Study n.15.)

AVNI, H. et al. (Eds.). *Pertenencia y alteridad. Judios en América Latina*: Cuarenta años de cambios 2011. Madri: Iberoamericana Vervuert, 2011.

BARNAVI, E. (Org.). *História universal dos judeus. Da gênese ao fim do século XX*. Belém/São Paulo: Editora Cejup, 1995.

BARON, S. *The Russian Jew Under Tsars and Soviets*. Nova York: Macmillan, 1976.

BARTH, F. *O guru, o iniciador e outras variações antropológicas*. Rio de Janeiro: Contracapa, 2000.

_______. *Les Groupes ethniques et leurs frontières*. Paris: PUF, 1995.

BELLER, I. *De Mon Shtetl à Paris*. Paris: Éditions du Scribe, 1991.

BENCHIMOL, S. *Eretz Amazônia*: os judeus na Amazônia. Manaus: Valer, 1998.

BEREZIN, R.; MEZAN, R. (Coords.). *Caminhos do povo judeu*. 1.ed. São Paulo: Federação Israelita do Estado de São Paulo, 1975. v.3.

BERINDEI, D. *Les Juifs dans les Principautés Unies (1866-1888)*. In: ROTMAN, L. (Ed.). *SHVUT. Jewish Problems in Eastern Europe*. Tel Aviv: The Goldstein-Goren Center for the History of the Jews in Romania/Diaspora Research Institute/Tel Aviv University, 1993.

BERTAUX, D. (Ed.). *Biography and Society*: The Life-History Approach in the Social Sciences. Londres/Beverly Hills: SAGE Publications, 1981.

BLAY, E. A. A memória transplantada: contradições e inovações. In: Latin American Jewish Association. 12th International Research Conference. Dartmouth College, Hanover, New Hampshire, 26-29 jun. 2004.

______. Algumas raízes do antissemitismo no Brasil ou Um outro olhar sobre Paris. In: *Tempo Social*, São Paulo, v.13, n.1, p.129-42, maio 2001.

______. Inquisição, inquisições: aspectos da participação dos judeus na vida sociopolítica brasileira nos anos 30. In: *Tempo Social*, São Paulo, v.1, n.1, p.15-30, 1989.

______. Migrações intermináveis: judeus no Brasil. In: XXX Encontro da Anpocs, Caxambu, 2006.

______. Mulheres cientistas: aspectos da vida e obra de Khäte Schwarz. In: *Revista de Estudos Feministas*, Florianópolis, v.18, n.2, p.473-89, 2010.

______. Onde está o amor? Imigrantes judeus no Brasil: gênero, identidade e cidadania. In: 36º Encontro Nacional de Estudos Rurais e Urbanos, 18-20 maio 2008.

______. Sinagoga: oração e ação. In: *Boletim Informativo do Arquivo Histórico Judaico Brasileiro*, São Paulo, n.26, p.30-48, 2002a.

______. Um outro olhar sobre Paris ou Algumas raízes do antissemitismo no Brasil. In: Actas VI Congresso Luso Afro-Brasileiro de Ciências Sociais, Faculdade de Letras da Universidade do Porto, Portugal, p.19-28, 2002b.

BOSI, E. *Memória e sociedade*: lembranças de velhos. São Paulo: Companhia das Letras, 1979.

BRANDÃO LOPES, J. R. *Desenvolvimento e mudança social*: formação da sociedade urbano-industrial no Brasil. São Paulo: Companhia Editora Nacional, 1976.

BRANDI, P. *Vargas*: da vida para a história. Rio de Janeiro: Zahar, 1983.

BRAUDEL, F. *Civilisation matérielle, économie et capitalisme*: XVe-XVIIIe siècles, v.II. Paris: Armand Colin, 1979. 4v.

CAMPOS, H. de. Em favor de Israel. In: LIMA, M. C. (Org.). *Os judeus na Allemanha no momento actual*. Rio de Janeiro: Flores & Mano, 1933.

CARNEIRO, M. L. T. *Antissemitismo na era Vargas*: fantasmas de uma geração. 1930-1945. São Paulo: Perspectiva, 2001.

CARONE, E. *Movimento operário no Brasil. 1877-1914*. Rio de Janeiro: Difel, 1979.

_______. *A República Nova (1930-1937)*. Rio de Janeiro: Difel, 1982.

CASTELO BRANCO, C. *O judeu* [1866]. 6.ed. Lisboa: Parceria A. M. Pereira, 1970.

COELHO NETO, H. M. A brecha. In: LIMA, M. C. (Org.). *Os judeus na Allemanha no momento actual*. Rio de Janeiro: Flores & Mano, 1933.

CONNERTON, P. *Como as sociedades recordam*. Oeiras: Celta, 1993.

COSTA, J. F. *Sem fraude nem favor*: estudos sobre o amor romântico. Rio de Janeiro: Rocco, 1998.

CYTRYNOWICZ, R. Instituições de assistência social e imigração judaica. In: *História, Ciência, Saúde – Manguinhos*, Rio de Janeiro, v.12, n.1, jan-abr. 2005.

DAVIES, N. Z. *Nas margens. Três mulheres do século XVII*. São Paulo: Companhia das Letras, 1997.

DELLA PERGOLA, S. ¿Cuantos somos hoy? Investigación y narrativa sobre población judía en América Latina. In: AVNI, H. et al (Eds.). *Pertenencia y alteridad. Judíos en América Latina*: Cuarenta años de cambios 2011. Madri: Iberoamericana Vervuert, 2011.

DEUTSCHER, I. *O judeu não judeu e outros ensaios*. Rio de Janeiro: Civilização Brasileira, 1970.

DOBROSZYCKI, L.; KIRSHENBLATT-GIMBLETT, B. *Image Before my Eyes. A Photographic History of Jewish Life in Poland 1864-1939*. Nova York: Schoken, 1977.

DUBNOV, S. *Histoire Moderne du Peuple Juif*. Paris: Payot, 1933.

EBERLIN, E. *Bund et Sionisme*. Paris: Cahiers de la Quintaine, 1904.

ELAZAR, D. J. The Reconstitution of Jewish Communities in the Post-War Period. In: *The Jewish Journal of Sociology*, XI, n.2, p.187-226, dez. 1969.

ERTEL, R. *Le Shtetl*: La Bourgade juive. Paris: Payot, 1986.

ESKENASY, V. et al. (Orgs.). *Sources Testimonies Concerning the Jews in Romania*. Bucareste: Federatia Comunitatilor Evreiesti din Republica Socialista Romania/Centrul de Documentare, 1986.

FELMANAS, A. *Sua excelência, meio cidadão*. Prefácio de Menotti del Picchia. São Paulo: Cupolo, [s.d.].

FERNANDES, F. *Folclore e mudança social na cidade de São Paulo*. São Paulo: Anhembi, 1961.

FOURNIER, M. *Marcel Mauss*. Paris: Fayard, 1994.

FREUDENHEIM, F. Da minha velha Terra, para minha nova Terra. In: *Revista Shalom*, Suplemento, 2007.

FURTADO, C. *Formação econômica do Brasil*. São Paulo: Nacional, 1969.

GOLD, M. *Judeus sem dinheiro*. São Paulo: Livraria Cultura Brasileira, 1934.

GOTTMANN, J. Preface. In: PRÉVELAKIS, G. *Les Réseaux des diasporas*. Nicósia: Kykem, 1996.

GOVRIN, Y. *Israeli-Romanian Relations at the End of the Ceausescu Era*: As Observed by Israel's Ambassador to Romania, 1985-89. Londres: F. Cass, 2002. [O texto de 1993 era datilografado.]

HALBWACHS, M. *Memória coletiva*. São Paulo: Revista dos Tribunais, 1990.

HERTZ, S. *Di Gichirte fun Bund*. In: LODZ, Nova York, 1958.

HOLANDA, S. B. de (Org.). *História geral da civilização brasileira, n.3: O Brasil monárquico*: o processo de emancipação. v.1. t.II. São Paulo: Difel, 1977.

HOWE, I. *World of Our Fathers. The Journey of the East European Jews to America and the Life They Found there*. Nova York: Simon and Schuster, 1976.

IANCU, C. *Les Juifs en Roumanie, 1866-1919*: De l'exclusion a l'emancipation. Aix-en-Provence: Université de Provence, 1978.

______. *Le Combat international pour l'emancipation des juifs de Roumanie*: documents et temoignages. Tel Aviv: The Goldstein-Goren Center for the History of the Jews in Romania/ Diaspora Research Institute/Tel Aviv University, 1994.

______. *L'Émancipation des Juifs de Roumanie (1913-1919)*. Montpellier: Centre de Recherches et d'Études Juives et Hébraïques/Université Paul Valéry, 1992.

JORDÃO, F. P. *Dossiê Herzog. Prisão, tortura e morte no Brasil*. São Paulo: Global, 2005.

KACOWICZ, A. M. Las comunidades judias y América Latina en un escenario internacional cambiante. In: AVNI, H. et al (Eds.). *Pertenencia y alteridad. Judios en América Latina*: Cuarenta años de cambios 2011. Madri: Iberoamericana Vervuert, 2011. p.251-70.

KARADY, V. La Presence juive en Europe Centrale à l'époque contemporaine, invariants et specificités nationales. In: *Cahiers de Varsovie*, n.22, p.161-9, 1991.

KOIFMAN, F. *Quixote nas trevas*: o embaixador Sousa Dantas e os refugiados do nazismo. Rio de Janeiro: Record, 2002.

KUCINSKI, B. *K*. São Paulo: Expressão Popular, 2011.

KUSHNIR, B. *Baile de máscaras*: mulheres judias e prostituição. As polacas e suas associações de ajuda mútua. Rio de Janeiro: Imago, 1996.

LAFER, C. *O judeu em Gil Vicente*. São Paulo: Conselho Estadual de Cultura, 1963.

LATIN, G. Manuscrito. Paris: [s.d.].

LESSER, J. *O Brasil e a questão judaica*. Rio de Janeiro: Imago, 1995.

LESTSCHINSKY, J. Migrações judaicas 1840-1956. In: RATNER, H. (Org.). *Nos caminhos da diáspora*. São Paulo: Centro Brasileiro de Estudos Judaicos, 1972.

LEVY, R. *Ana Pauker*: The Rise and Fall of a Jewish Communist. Berkeley: University of California Press, 2001.

LIWERANT, J. B. et al. Cuarenta años de cambios: transiciones y paradigmas. In: AVNI, H. et al (Eds.). *Pertenencia y alteridad. Judios en América Latina*: Cuarenta años de cambios 2011. Madri: Iberoamericana Vervuert, 2011.

LIMA, M. C. (Org.). *Os judeus na Allemanha no momento actual*. Rio de Janeiro: Flores & Mano, 1933.

LOY, R. L'Antisémitisme et la persécution des juifs dans l'Italie fasciste. In: Conferência no Memorial do Shoa, Paris, 25 nov. 2008.

LÖWY, M. *Redenção e utopia*. São Paulo: Companhia das Letras, 1989.

MAIO, M. S. *Nem Rothschild nem Trotsky. O pensamento antissemita de Gustavo Barroso*. Prefácio de Hélgio Trindade. Rio de Janeiro: Imago, 1992.

MARGULIES, M. *Iudaica Brasiliensis*: repertório bibliográfico comentado dos livros relacionados com o judaísmo e questões afins, publicados no Brasil desde os primórdios das atividades editoriais no país até o presente momento. 1.ed. Rio de Janeiro: Documentário, 1974.

MAXZALTOV, J.; BEILINSON, M.; LATTES, D. *O Talmud. Seleção de máximas, parábolas, lendas*. Tradução de Vicente Ragognetti. São Paulo: [edição ditográfica], 1937.

MELLO, J. A. G. de. *Gente da nação*: cristãos-novos e judeus em Pernambuco (1542-1654). 2.ed. Recife: Fundação Joaquim Nabuco/Massangana, 1996.

MENDES-FLOHR, P.; REINHARZ, J. (Eds.). *The Jew in the Modern World*. Nova York: Oxford University Press, 1980.

MINCZELES, H. *Histoire génèrale du BUND. Un mouvement révolucionnaire juif*. Paris: Austral, 1995.

MONTALCINI, R. L. *Elogio da imperfeição*. São Paulo: Studio Nobel, 1991.

MORAES FILHO, E. de. *Os judeus*. Prefácio de Antonio Piccarolo. Rio de Janeiro/São Paulo: Civilização Brasileira, 1940.

MOULINAS, R. *Les Juifs du Papa*. Paris: Albin Michel, 1992.

NOVINSKY, A. W. *Cristãos-novos na Bahia*: a Inquisição no Brasil (1624-1654). São Paulo: Perspectiva, 1972. (Coleção Estudos n.9.)

PATKIN, A. L. *The Origins of Russian Jewish Labour Movement*. Melbourne: [s.n.], 1947.

PEIXOTO, A. Israel continuará. In: ZWERLING, U. (Org.). *Os judeus na história do Brasil*. Rio de Janeiro: [s.n.], 1936. p.125-8.

PETRONE, M. T. S. Imigração. In: FAUSTO, B. (Ed.). *História geral da civilização brasileira*: o Brasil republicano. t.III. v.2. São Paulo: Difel/Difusão Editorial, 1978. p.93-180.

PIPPIDI, A. The Mirror and Behind It. In: ROTMAN, L. (Ed.). *SHVUT. Jewish Problems in Eastern Europe*. Tel Aviv: The Goldstein-Goren Center for the History of the Jews in Romania/Diaspora Research Institute/Tel Aviv University, 1993. p.73-83.

PINSKER, L. *Auto-emancipation*. Nova York: Maccabaean Pub. Co., 1906. [Ed. bras.: *Autoemancipação*. São Paulo: Tip. Frankental, 1942.]

POLIAKOV, L. *Histoire de l'antisemitisme, v.II – Du Christ aux Juifs de Cour.* Paris: Calmann-Lévy, 1955.

QUEIROZ, M. I. P. de. Identidade cultural, identidade nacional no Brasil. In: *Tempo Social*, São Paulo, v.1, n.1, 1989.

RAGO, M. *Os prazeres da noite*: prostituição e códigos de sexualidade. São Paulo: Paz e Terra, 1991.

RAMOS, A. O problema psyco-sociológico do judeu. In: ZWERLING, U. (Org.). *Os judeus na história do Brasil*. Rio de Janeiro: [s.n.], 1936. p.117-22.

RAPHAËL, F.; WEYL, R. *Juifs en Alsace*: culture, société, histoire. Toulouse: Privat, 1977.

REVEL, J. (Org.). *Jeux d'échelles*: la micro-analyse à l'expérience. Paris: Gallimard/Seuil, 1996.

ROSEN, A. The Contribution of the Jews to the Industrial Development and Modernization of Romania, 1900-1938: The Case of Bucharest. In: ROTMAN, L. (Ed.). *SHVUT. Jewish Problems in Eastern Europe*. Tel Aviv: The Goldstein-Goren Center for the History of the Jews in Romania/ Diaspora Research Institute/Tel Aviv University, 1993.

ROTMAN, L. (Ed.). *SHVUT. Jewish Problems in Eastern Europe*. Tel Aviv: The Goldstein-Goren Center for the History of the Jews in Romania/Diaspora Research Institute/Tel Aviv University, 1993.

_______. *The History of the Jews in Inter-War Romania*. Tel Aviv: The Goldstein-Goren Centre for the History of the Jews in Romania/Diaspora Research Institute/Tel Aviv University, 1995.

ROSENFELD, A. *Mistificações literárias. Os Protocolos dos Sábios de Sião*. São Paulo: Perspectiva, 1982.

ROTMAN, L. (Eds.). *The History of the Jews in Inter-war Romania*. Tel Aviv: The Goldstein--Goren Centre for the History of the Jews in Romania/Diaspora Research Institute/Tel-Aviv University, 1995.

SAIDEL, R. *As judias do campo de concentração de Ravensbrück*. São Paulo: Edusp, 2009.

SAINT MARTIN, M. Les Élites: Formation, reconversion, internationalisation. Simpósio de Estocolmo, 24-26 set. 1993. In: BROADY, D.; SAINT MARTIN, M. de; PALME, M. (Eds.). Centre de Sociologie de l'Éducation et de la Culture. Paris: École des hautes études en sciences sociales, 1995.

SAYAD, A. *A imigração ou os paradoxos da alteridade*. São Paulo: Edusp, 1998.

SCHAARY, D. Jewish Culture in Multinational Bukowina Between the Two World Wars. In: ROTMAN, L. (Ed.). *SHVUT. Jewish Problems in Eastern Europe*. Tel Aviv: The Goldstein-Goren Center for the History of the Jews in Romania/Diaspora Research Institute/Tel Aviv University, 1993. p.281 et seq.

SCLIAR, M. *Caminhos da esperança*: a presença judaica no Rio Grande do Sul. Porto Alegre: Riocell/Palotti, 1990.

SIMMELL, G. O estrangeiro [1908]. In: MORAES FILHO, E. de (Org.). *Georg Simmel*: sociologia. São Paulo: Ática, 1983. p.182-8.

SORJ, B. Conversões e casamentos "mistos": a produção de "novos judeus". In: ______. Identidades judaicas no Brasil Contemporâneo. Rio de Janeiro: Imago, 1997.

SPITZER, L. *Hotel Bolivia. The Culture of Memory in a Refuge from Nazism*. Nova York: Hill and Wang, 1998.

STANCIU, S. Structure et organisation des communautés juives depuis leur première forme jusqu'a l'obtention de l'autonomie interne. In: ROTMAN, L. (Ed.). *SHVUT. Jewish Problems in Eastern Europe*. Tel Aviv: The Goldstein-Goren Center for the History of the Jews in Romania/ Diaspora Research Institute/Tel Aviv University, 1993.

SUGANAS, O. Villes et shtetl au quotidien. In: PLASSERAUD, Y.; MINCZELES, H. *Lituanie juive 1918-1940. Message d'un monde englouti*. Paris: Éditions Autrement, 1996.

TERDIMAN, E. W. *A imprensa ídiche em São Paulo*: vivência e dinamismo (*San Pauler Idiche Tsaitung – A Gazeta Israelita de São Paulo*). São Paulo, 1997. 191p. Dissertação (Mestrado) – Faculdade de Filosofia, Letras e Ciências Humanas, Universidade de São Paulo.

TRONCA, I. *A revolução de 1930*. São Paulo: Brasiliense, 1976.

TRUZZI, O. O lugar certo na época certa: sírios e libaneses no Brasil e nos Estados Unidos – um enfoque comparativo. In: *Estudos Históricos*, Rio de Janeiro, n.27, p.110-40, 2001.

UPHOFF, D. As línguas do outro: reflexões sobre um caso de bilinguismo. In: *Fragmentos*, Florianópolis, n.33, p.299-43, jul.-dez. 2007.

UROVITZ, I. História da Transnitria (Atrás do Rio Dniester). In: AMITZUR, I. [Steinhoiz]; AMITZ, M. [Tzarkis]; WAIZBERG, S. (Orgs.). *Britchon*: Organização dos Emigrados de Britchon. Tradução de Rifca Gutnik. Tel Aviv, 1964. p.142 et seq.

VAGO, R. The Past and the Future of Research on the Jews of Rumania. In: ROTMAN, L. (Ed.). *SHVUT. Jewish Problems in Eastern Europe*. Tel Aviv: The Goldstein-Goren Center for the History of the Jews in Romania/Diaspora Research Institute/Tel Aviv University, 1993.

VALADARES, P.; FAIGUENBOIM, G.; ANDREAS, N. *Os primeiros judeus em São Paulo*: uma breve história contada através do Cemitério Israelita de Vila Mariana. Rio de Janeiro: Fraiha, 2009.

VALENSI, L. *Fábulas da memória. A gloriosa batalha dos três reis*. Lisboa: Asa, 1996.

VASCONCELLOS, G. *A ideologia curupira (análise do discurso integralista)*. São Paulo, 1977. Tese (Doutoramento) – Ciências Sociais, Universidade de São Paulo.

VIDAL-NACQUET, P. *Les Juifs, la mémoire et le présent*. Paris: La Découverte, 1991.

WACHTEL, N. *Mémoires juives*. Paris: Gallimard-Julliard, 1986.

WALDMAN, B. *O teatro ídiche em São Paulo*. São Paulo: Annablume, 2010.

WEINRYB, B. D. *The Jews of Poland*: A Social and Economic History of the Jewish Community in Poland from 1100 to 1800. Filadélfia: Jewish Publication Society of America, 1973.

_______. *The Beginning of East European Jewry in Legend and Historiography* [reimpressão de: *Studies and Essays in Honor of Abraham A. Neuman*]. Leiden: E. J. Brill, 1962.

WIESEL, E. *O golem*: a história de uma lenda. Rio de Janeiro: Imago, 1986.

ZWERLING, U. (Org.). *Os judeus na história do Brasil*. Rio de Janeiro: [s.n.], 1936.

Sites

MUSEU VIRTUAL ARISTIDES DE SOUSA MENDES. Disponível em: http://mvasm.sapo.pt/bc/default.aspx.

VISÃO JUDAICA. Visão Judaica On-Line. Contém edições on-line da revista. Disponível em: http://www.visaojudaica.com.br.

Museus

Camp d'Internement de Drancy, França, 1996.

Centre de documentation juive contemporaine, França, 1996.

Collégiale Saint-Martin de Colmar, França, 1996.

Conservatoire Historique du Camp de Drancy, França, 1996.

Fundação Cultural Ema Klabin, Brasil, 2009.

Musée Unterlinden, França, 1996.

Museu Judaico de Berlim, Alemanha, 2008.

Strasbourg Archives Municipales, França, 1996.

Jornais

ACTUALITÉ JUIVE, n.467, p.18, 21/3/1996.

A NOITE, Rio de Janeiro, p.2, 2/6/1936.

_______. p.6, 3/6/1936.

_______. p.2, 29/6/1936.

A NOITE. 14/10/1936.

_______. 18/10/1936.

_______. 23/10/1936.

Relatórios de pesquisa

BLAY, E. A. *Judeus em São Paulo: o encontro de diferentes trajetórias*. 1984.

SUNDFELD, R. A. *Sinagogas de São Paulo*. Relatório (Fapesp). Bolsa de Iniciação Científica. 1984.

Vídeos

JUDEUS em São Paulo: o encontro de diferentes trajetórias. Produção de Eva Alterman Blay. São Paulo: TV Cultura, 1984. Videocassete (26').

Dados Internacionais de Catalogação na Publicação (CIP) de acordo com ISBD
Elaborado por Odilio Hilario Moreira Junior - CRB-8/9949

B645b

Blay, Eva Alterman
O Brasil como destino: raízes da imigração judaica contemporânea para São Paulo / Eva Alterman Blay. – 2.ed. – São Paulo: Editora Unesp: Imprensa Oficial do Estado de São Paulo, 2020.

Inclui bibliografia.
ISBN: 978-85-393-0802-6 (Editora Unesp)
ISBN: 978-85-401-0183-8 (Imprensa Oficial)

1. Imigração. 2. Judeus – São Paulo. I. Título.

CDD 981.61
CDU 94 (815.6)

Esta publicação contou com apoio da Fundação de Amparo à Pesquisa do Estado de São Paulo (Fapesp).

Editora afiliada:

Direitos de publicação reservados à:

Fundação Editora da Unesp (FEU)
Praça da Sé 108
01001 900 São Paulo SP Brasil
Tel.: (0x11) 3242 7171
Fax: (0x11) 3242 7172
www.editoraunesp.com.br
www.livrariaunesp.com.br
atendimento.editora@unesp.br

Imprensa Oficial do Estado de São Paulo
Rua da Mooca 1921 Mooca
03103 902 São Paulo SP Brasil
SAC 0800 0123 401
www.imprensaoficial.com.br

SOBRE O LIVRO

Formato: 18 x 25,5 cm
Tipologia: Perpetua 12/16
Papel: Pólen 80g/m² (miolo)
Cartão Triplex 250 g/m² (capa)
1ª edição Editora Unesp: 2013
2ª edição Editora Unesp / Imprensa Oficial do Estado de São Paulo: 2020

EQUIPE DE REALIZAÇÃO

Edição de texto
Fábio Bonillo (Copidesque)
Elisa Andrade Buzzo e Tomoe Moroizumi (Revisão)

Capa
Negrito Editorial

Imagens
Capa: Luise Weiss, *Abraço*, acrílico sobre tela, 100 × 100 × 1,5 cm, 2010. Fotógrafo: Felipe Werner
Quarta-capa: Luise Weiss, xilogravura, 40 × 50 cm, 2011. Série "Navios". Impressão: Sebastião Jorge Flores Teixeira.
Fotógrafos: Wilson Roberto da Silva e Leonardo Crescenti

Editoração eletrônica
Eduardo Seiji Seki (Diagramação)

Assistência editorial
Alberto Bononi

IMPRENSA OFICIAL DO ESTADO DE SÃO PAULO

COORDENAÇÃO EDITORIAL
CECÍLIA SCHARLACH

EDIÇÃO
ANDRESSA VERONESI

IMPRESSÃO E ACABAMENTO
IMPRENSA OFICIAL DO ESTADO S/A – IMESP